'김영란법' 등에 따른
공익신고의 모든 것

최종배 編著

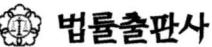
법률출판사

머리말

　요즈음 공익신고에 관심을 갖게 된 분들이 꽤 많이 계신다고 알려집니다. 그러나 막상 공익신고에 참여하려고 해도 그 요령을 배우기가 쉽지 않습니다. 광고를 보고 찾아가면 정작 필요한 지식은 알려주지 않습니다. 카메라 등 장비를 사도록 유도하는 것이 전부입니다. 그것도 터무니없는 고가로 구입하기 일쑤입니다.

　공익신고는 어떠한 행위를 대상으로 하는가? 신고서는 어느 기관에 어떻게 제출해야 하나? 신고사건은 누가 언제 처리하는가? 상금은 누가 언제 얼마를 주는가? 고액의 상금을 받을 수 있는 것은 무엇이 있나? 공익신고에 참여하려는 분들의 공통적인 질문입니다.

　이 책은 위와 같은 물음에 시원한 답을 드리고자 엮었습니다. 초심자도 어려움 없이 공익신고에 참여할 수 있도록 충분히 배려했습니다. 포상금의 최고액은 30억 원, 보상금의 상한액은 20억 원입니다. 보상금 또는 포상금을 지급하는 대상 법률의 종류는 300개가 넘습니다. 그러나 위 법률들 중에서도 상금다운 상금이 지급되는 법률은 30여 개의 법률로 압축할 수 있습니다. 여기에는 이른바 '김영란법'이라고 더 잘 알려진 「부정청탁 및 금품등 수수의 금지에 관한 법률」이 포함됩니다.

　이 책은 공익신고자가 알아두어야 할 필수적인 법률 32개를 엄선하였습니다. 그리고 이들 법률 중에서도 공익신고자에게 매우 중요한 내용을 다시 골라냈습니다. 신고서의 작성 사례들을 소개하고, 그 내용에 관하여 친절히 설명하였습니다. 그렇지만 부족한 느낌을 감추기 어려운 것도 사실입니다.

　이 책의 내용만으로 부족한 부분은 언제든지 주저할 것 없이 전자우편을 활용하십시오. 필자가 직접 친절한 답변을 신속히 보내드리겠습니다.

　사무실도 필요 없고, 종업원이 없어도 되는 면세사업자인 공익신고자! 공익신고는 결코 고자질이 아닙니다. 독자 여러분 모두의 건승을 기원합니다.

최종배 드림
cjb4128@naver.com

차 례

I. 공익신고 이해하기

1. 공익신고란 무엇인가? ···14
2. 상금의 종류 ···15
   - 가. 「공익신고자 보호법」에 근거한 상금제도 ··············15
     1) 2016. 1. 24. 이전 ··15
     2) 2016. 1. 25. 이후 ··16
   - 나. 개별 법률에 근거한 포상금 ·······························22
   - 다. 「공익신고자 보호법」의 보상금 관련 규정 ···········23
2. 상금을 받을 수 있는 신고 대상 ·······························26
   - 가. 「공익신고자 보호법」이 규정하는 법률 ···············27
   - 나. 포상금을 규정한 법률 ··39
3. 신고를 받는 기관 ··40
   - 가. 「공익신고자 보호법」에 의한 보상금 및 포상금 대상 ·······40
   - 나. 개별 법률에 의한 포상금 대상 ···························42
   - 다. 신고서 접수기관의 경합 문제 ·····························43
4. 신고사건의 처리 절차 ··44
   - 가. 수사와 재판 ··44
     1) 약식재판 절차 ··45

2) 정식재판 절차 ···47
　나. 행정처분과 과태료의 부과 ·······························47
　　　1) 과태료의 절차 ···48
　　　2) 행정처분의 절차 ···48
5. 상금의 결정 기준 ··49
　가. 국민권익위원회의 보상금 ·····································49
　나. 국민권익위원회의 포상금 ·····································60
　다. 개별 법률에 의한 포상금 ·····································93
6. 상금 지급신청 요령 ··93
　가. 국민권익위원회의 보상금 및 포상금 ···············93
　나. 개별 법률이 규정하는 포상금 ·····························97

Ⅱ. 범죄의 증거

1. 증거란 무엇인가? ···99
2. 증거의 종류 및 수집 요령 ······································100
　가. 사람 증거 ··100
　나. 문서 증거 ··101
　다. 물건 증거 ··102

Ⅲ. 신고서

1. 신고서 작성 요령 ··104
　가. 공통적인 신고서 ··104
　나. 공정거래위원회만의 신고서 ·································107
　다. 신고서 작성에서의 유의사항 ·······························107
　　　1) 신고자에 관한 정보 ·······································107

2) 피신고자에 관한 정보 ·· 108
   3) 신고의 취지 및 이유 ·· 108
   4) 신고 내용 ··· 109
  2. 신고서 제출 방법 ·· 109

Ⅳ. 중요한 법률의 해설 및 신고서 작성례
  1. 「가맹사업거래의 공정화에 관한 법률」 ····························· 112
   가. 법률 이해하기 ·· 112
   나. 가맹본부의 허위·과장의 정보제공행위 ························· 114
   다. 정보공개서 제공 전 가맹금 수령행위 ·························· 117
  2. 「건강기능식품에 관한 법률」 ··· 121
   가. 법률 이해하기 ·· 121
   나. 건강기능식품 허위·과대의 표시·광고행위 ····················· 122
   다. 무허가자가 제조한 건강기능식품 진열행위 ·················· 127
   라. 무신고 건강기능식품판매자 ·· 129
   마. 유통기한이 지난 건강기능식품을 판매한 영업자 ·········· 130
  3. 「건설산업기본법」 ··· 132
   가. 법률 이해하기 ·· 132
   나. 입찰담합행위 ·· 132
   다. 부정청탁 및 배임수재 ··· 135
   라. 건설업등록증 대여행위 ·· 139
   마. 무등록 건설업자에게 하도급한 수급인 및 무등록 건설업자 ······· 141
   바. 건설기술자 현장배치의무 위반 ···································· 152
  4. 「건축법」 ·· 157
   가. 법률 이해하기 ·· 157
   나. 무허가 건축행위 ·· 158

다. 무허가 용도변경 ··160
　　　라. 미신고 건축행위 ··177
　　　마. 건축물의 사용승인 전 사용행위(속칭 '사전입주') ············182
　　　바. 미신고 공작물 축조행위 ··185
5. 「공직선거법」 ···188
　　　가. 법률 이해하기 ··188
　　　나. 선거운동 이용 목적 재산상 이익 제공행위 ··················189
　　　다. 선거사무관계자에 대한 수당·실비 초과지급행위 ········191
　　　라. 현수막 철거행위 ··194
　　　마. 후보자의 배우자에 관한 허위사실공표행위 ··················195
　　　바. 사전선거운동행위 ··197
　　　사. 5명을 초과한 무리가 다수의 선거구민에게 인사하는 행위 ········198
　　　아. 선거일 후 답례행위 ··199
6. 「관세법」 ···201
　　　가. 법률 이해하기 ··201
　　　나. 수입신고 누락에 의한 밀수입죄 ····································201
　　　다. 수입물품과 다른 물품으로 신고한 밀수입죄 ················218
7. 「국세기본법」 ···220
　　　가. 법률 이해하기 ··220
　　　나. 체납자가 재산을 은닉한 행위 ··220
　　　다. 타인 명의를 차용한 사업자 ··222
8. 「농수산물의 원산지표시에 관한 법률」 ·····································223
　　　가. 법률 이해하기 ··223
　　　나. 원산지 표시 대상 농수산물에 다른 농수산물을 혼합한 행위 ·····224
9. 「농지법」 ···225
　　　가. 법률 이해하기 ··225

나. 무허가 농지전용행위 ··226
　　다. 전용된 토지를 승인을 받지 않고 다른 목적으로 사용한 행위 ···229
10.「대규모유통업에서의 거래공정화에 관한 법률」························231
　　가. 법률 이해하기 ···231
　　나. 대규모유통업자의 납품업자에 대한 경영정보 제공 요구행위 ·····231
　　다. 부당하게 납품업자로부터 종업원을 파견받은 대규모유통업자 ····234
11.「대부업 등의 등록 및 금융이용자 보호에 관한 법률」············249
　　가. 법률 이해하기 ···249
　　나. 미등록 대부업자 ···250
　　다. 제한 이자율을 초과한 이자를 받은 대부업자 ·······························252
　　라. 대부조건 등 중요사항 게시의무를 위반한 대부업자 ···················255
　　마. 대부업자의 허위·과장 광고행위 ··256
12.「독점규제 및 공정거래에 관한 법률」··259
　　가. 법률 이해하기 ···259
　　나. 계열회사에 대한 채무보증 금지 위반행위 ······································260
　　다. 부당한 공동행위(가격의 결정·유지) ···267
　　라. 부당한 공동행위(입찰담합) ··269
13.「방문판매 등에 관한 법률」··273
　　가. 법률 이해하기 ···273
　　나. 사행적 판매원 확장행위 ···273
　　다. 취업 등 명목으로 판매원을 유인하는 행위 ····································276
　　라. 미등록 다단계판매업자 ···278
14.「보건범죄단속에 관한 특별조치법」···280
　　가. 법률 이해하기 ···280
　　나. 무허가 유흥주점영업자 ···281
　　다. 무허가 일반음식점영업자 ···283

라. 한의사 아닌 사람의 한방의료행위 ·················· 285
15. 「보조금관리에 관한 법률」 ···························· 287
　　가. 법률 이해하기 ·································· 287
　　나. 허위의 방법으로 농업소득보전직불금을 지급받은 자 ··········· 287
16. 「부정경쟁방지 및 영업비밀보호에 관한 법률」 ············· 300
　　가. 법률 이해하기 ·································· 300
　　나. 상표 관련 부정경쟁행위(위조상품 판매) ··················· 301
17. 「부정청탁 및 금품등 수수의 금지에 관한 법률」(김영란법) ···· 302
　　가. 법률 이해하기 ·································· 302
　　나. 금품등을 수수한 공직자등 ························· 303
　　다. 배우자가 금품등을 수수한 사실을 알고도 신고하지 아니한 공무수
　　　　행사인(公務遂行私人) ··························· 306
18. 「산업안전보건법」 ··································· 310
　　가. 법률 이해하기 ·································· 310
　　나. 지반굴착 현장에서 위험방지조치 불이행 ··················· 312
　　다. 석면해체·제거작업자 아닌 자의 석면해체·제거행위 ··········· 315
　　라. 무자격자에게 위험한 작업을 하게 한 사업주 ·············· 318
　　마. 기관석면조사를 하지 아니하고 건축물을 철거하는 행위 ········ 324
19. 「산지관리법」 ····································· 327
　　가. 법률 이해하기 ·································· 327
　　나. 무허가 산지전용행위 ···························· 328
　　다. 변경허가를 받지 아니한 토석채취자 ····················· 331
20. 「수질 및 수생태계 보전에 관한 법률」 ················ 333
　　가. 법률 이해하기 ·································· 333
　　나. 무허가 폐수배출시설 설치자 ························· 333
　　다. 공공수역에 특정수질유해물질을 버리는 행위 ··············· 335

라. 미신고 기타수질오염원 설치자 ·················336
21. 「식품위생법」 ··············338
　　가. 법률 이해하기 ··············338
　　나. 식품의 허위·과대 표시·광고행위 ···············339
　　다. 미신고 집단급식소 식품판매업자 ··············344
22. 「양곡관리법」 ··············361
　　가. 법률 이해하기 ··············361
　　나. 거짓·과대의 표시행위 ··············361
　　다. 국산 쌀에 수입 쌀을 혼합한 행위 ···············366
23. 「자동차관리법」 ··············368
　　가. 법률 이해하기 ··············368
　　나. 미등록 자동차정비업자 ··············368
　　다. 폐차 대상 자동차 매집행위자 ··············371
　　라. 자동차를 도로에 장기방치한 행위 ···············373
24. 「청소년보호법」 ··············375
　　가. 법률 이해하기 ··············375
　　나. 청소년에 대한 청소년유해약물 판매행위 ···············375
　　다. 청소년에게 술·담배를 판매한 행위 ···············378
25. 「축산물위생관리법」 ··············381
　　가. 법률 이해하기 ··············381
　　나. 무허가 도축업자 ··············381
26. 「폐기물관리법」 ··············383
　　가. 법률 이해하기 ··············383
　　나. 사업장폐기물 불법 매립행위 ···············384
　　다. 미신고 폐기물처리시설 설치자 ··············387
　　라. 미신고 폐가전제품 수집행위 ···············393

마. 폐기물을 처리시설 외의 장소로 운반한 행위 ·····················395
　　　바. 사업장폐기물배출자의 신고의무위반 ······························397
27.「표시·광고의 공정화에 관한 법률」·····································401
　　　가. 법률 이해하기 ···401
　　　나. 부당하게 비교하는 표시·광고행위 ·································402
　　　다. 중요정보 표시·광고의무 위반행위 ·································404
28.「품질경영 및 공산품안전관리법」··446
　　　가. 법률 이해하기 ···446
　　　나. 자율안전확인을 하지 아니한 자율안전확인대상공산품에 자율안전표시를 한 수입업자 ···446
　　　다. 자율안전확인표시 없는 자율안전확인대상공산품을 판매 목적으로 진열·보관한 행위 ··450
29.「하도급거래 공정화에 관한 법률」·······································452
　　　가. 법률 이해하기 ···452
　　　나. 원사업자에게 부과된 의무를 수급사업자에게 전가하는 약정 체결행위 ···453
　　　다. 계속적 거래계약에서 수급사업자에게 불리하게 하도급대금을 결정하는 행위 ··461
　　　라. 선급금을 지급하지 아니한 원사업자 ······························466
　　　마. 정당한 사유 없이 수급사업자에게 경제적 이익을 요구한 원사업자 ···474
　　　바. 공사대금 지급보증을 하지 아니한 원사업자 ···················476
30.「학교급식법」···481
　　　가. 법률 이해하기 ···481
　　　나. 원산지표시를 거짓으로 한 농수산물을 사용한 학교급식공급업자 ····481
31.「화재예방, 소방시설 설치·유지 및 안전관리에 관한 법률」··484
　　　가. 법률 이해하기 ···484
　　　나. 소방시설을 폐쇄·차단한 특정소방대상물 소유자 ·····················484

32. 「환경범죄 등의 단속 및 가중처벌 등에 관한 법률」 ············487
    가. 법률 이해하기 ··487
    나. 오염물질 불법배출자 ··487
    다. 환경보호지역에서 토지 300㎡ 이상을 형질변경한 행위자 ······489

I

공익신고 이해하기

1. 공익신고란 무엇인가?

'공익신고(公益申告)'를 정리하면, 국가기관 또는 지방자치단체가 법률에 근거하여 국민들을 상대로 '현상광고(懸賞廣告)'를 하고, 이에 응하여 범죄행위를 저지른 자를 신고한 사람에게는 일정한 상금을 지급하는 공공(公共)의 이익을 위한 제도라고 말할 수 있다.

우리의 순수한 단어 중에는 '고자질'이라는 명사가 있다. 부정적인 의미를 갖는 단어이다. 국어사전에서는 '남의 잘못이나 비밀을 일러바치는 짓'이라고 정의하였다. 이 단어의 어원 중 일설에 의하면 조선 연산군 시대에 내시(거세된 남자)들이 스트레스를 풀기 위하여 수군거리는 한편 남의 비위를 일러바친 데에서 유래했다고 한다.

공익신고는 고자질과는 차원을 달리한다. 국가의 경쟁력은 청렴한 사회에서 강해진다. 청렴한 사회를 만들기 위해서는 필연적으로 국가 또는 지방정부에 단속의 근거(수사 또는 행정처분의 단서)가 있어야만 한다. 위법한 행위로 이득을 보는 사람들이 있다면 반사적으로 선량한 국민들에게는 손해가 된다. 따라서 국가와 지방정부는 단속의 근거(정보)를 제공해주는 국민에게는 상금을 지급하겠다는 것이 공익신고의 진정한 취지이다. 상금은 노력에 대한 당연하고 정당한 보상이다. 따라서 상금에는 세금도 부과되지 않는다.

아직도 우리 사회에는 공익신고를 마치 고자질 정도로 폄하하는 기류가 있다. 공익신고 전문가를 양성한다면서 학원 유사한 것을 차려놓고 장비 판매의 목적만을 달성하는 일부 그릇된 사람들로 인한 부작용이다. 그것도 부실한 카메라 등을 고액에 팔아 폭리를 취하는 사람들!

공익신고의 진정한 의미를 음미해보면 이는 애국행위이자 국민의 의무라는 사실을 알게 될 것이다.

2. 상금의 종류

가. 「공익신고자 보호법」에 근거한 상금제도

'보상금'은 「공익신고자 보호법」에 근거하여 국민권익위원회가 '내부신고자'에게 지급하는 상금을 말한다. '내부신고자'의 범위는 뒤에서 설명한다. 이에 비하여 「공익신고자 보호법」에 터 잡아 지급하는 상금일지라도 '외부신고자(법은 단순히 "공익신고자"라고 표현하였다)'에게 지급하는 상금은 '포상금'이다. 그리고 「공익신고자 보호법」외의 여러 법률에서 규정하는 모든 상금은 '포상금'이라고 이해하면 된다.

「공익신고자 보호법」에 근거한 '보상금'은 국민권익위원회가 당연히 - 의무적으로 - 지급하는 상금인 반면 '포상금'은 국민권익위원회가 재량에 의하여 상금의 액수를 결정한 다음 공익신고자(외부신고자)에게 알려주면 신고자는 그 때에 가서 포상금 지급신청을 할 수 있다. 즉 이 포상금은 국민권익귀원회가 지급하지 않더라도 신고자로서는 권리를 주장할 수 없는 상금에 해당한다. 결론적으로 말하자면 신고자로서는 신고서를 작성할 때 내부신고자임을 밝혀주어야만 유리한 결과를 기대할 수 있다는 의미가 된다.

개별 법률(「공익신고자 보호법」외의 법률)이 규정하는 각각의 '포상금'은 공익신고자가 스스로 신고사건의 최종 처리결과를 확인한 다음 상금 지급신청을 해야 하는 경우가 대부분이다. 다음부터는 이들 상금을 구분하여 설명한다. 먼저 「공익신고자 보호법」에 근거한 상금을 검토한다.

1) 2016. 1. 24. 이전

「공익신고자 보호법」은 2011. 9. 30. 처음으로 시행되면서부터 2016. 1. 25. 현행법이 시행되기 전까지는 180개 법률에 관하여 공익신고자에게 일률적으로 '보상금'을 지급하였다. 즉 '내부신고자'와 '외부신고자'를 구별하지 않았다. 이는 신고일을 기준으로 한다. 따라서 2016. 1. 24. 이전에 신고한 공익신고의 경우 신고사건의 처리결과가 2016. 1. 25. 이후에 확정되는 경우에도 구법(개정 전의 법)에 의하여 '보상금'이 지급된다. 보상금을 지급하는 주체는 '국민권익위원회'이다.

2) 2016. 1. 25. 이후

2016. 1. 25. 개정 시행된 「공익신고자 보호법」은 구법과는 달리 공익신고자를 두 부류로 구분하였다. 법률이 '외부 공익신고자'라는 명칭을 사용하지는 않았지만, '공익신고자'라는 명칭과는 별도로 '내부 공익신고자'라는 명칭을 사용하면서 이 둘에 대한 취급을 각각 달리하고 있다. 따라서 이 책에서는 편의를 위하여 '내부신고자'와 '외부신고자'로 구분하여 명명하기로 한다.

개정법은 대상 법률의 수를 279개 법률로 확대하였고, 2016. 9. 28.부터는 이른바 '김영란법'이 추가되었다. 김영란법은 동법 자체의 규정에 의하여 「공익신고자 보호법」의 관련 규정을 준용하도록 규정하였기 때문이다. 동법의 법명은 「부정청탁 및 금품등 수수의 금지에 관한 법률」이다.

(가) 내부 공익신고자(보상금)

개정 「공익신고자 보호법」에 의하면 '내부신고자'는 다음에 해당하는 신분(身分)을 가진 공익신고자를 말한다(법 제2조제7호 및 시행령 제3조의2).

① 피신고자인 공공기관, 기업, 법인, 단체 등에 소속되어 근무하거나 근무하였던 자
② 피신고자인 공공기관, 기업, 법인, 단체 등과 공사·용역계약 또는 그 밖의 계약[1]에 따라 업무를 수행하거나 수행하였던 자
③ 피신고자인 공공기관, 기업, 법인, 단체 등에 소속되어 근무하기 전에 피신고자인 공공기관, 기업, 법인, 단체 등에서 직무교육 또는 현장실습 등 교육 또는 는 훈련을 받고 있거나 받았던 자
④ 피신고자인 공공기관의 감독을 받는 「공직자윤리법」 제3조의2에 따라 지정된

---

[1] 여기에서 말하는 계약에는 말로만 - 문서에 의하지 않는 - 하는 이른바 '구두계약(口頭契約)'도 포함된다.

공직유관단체에 소속되어 근무하거나 근무하였던 자

↳ 「공직자윤리법」 제3조의2(공직유관단체) ① 제9조제2항제8호에 따른 정부 공직자윤리위원회는 정부 또는 지방자치단체의 재정지원 규모, 임원선임 방법 등을 고려하여 다음 각 호에 해당하는 기관·단체를 공직유관단체로 지정할 수 있다.

1. 한국은행
2. 공기업
3. 정부의 출자·출연·보조를 받는 기관·단체(재출자·재출연을 포함한다), 그 밖에 정부 업무를 위탁받아 수행하거나 대행하는 기관·단체
4. 「지방공기업법」에 따른 지방공사·지방공단 및 지방자치단체의 출자·출연·보조를 받는 기관·단체(재출자·재출연을 포함한다), 그 밖에 지방자치단체의 업무를 위탁받아 수행하거나 대행하는 기관·단체
5. 임원 선임 시 중앙행정기관의 장 또는 지방자치단체의 장의 승인·동의·추천·제청 등이 필요한 기관·단체나 중앙행정기관의 장 또는 지방자치단체의 장이 임원을 선임·임명·위촉하는 기관·단체

⑤ 다음의 어느 하나에 해당하는 기업, 법인에 소속되어 근무하거나 근무하였던 자

㉠ 피신고자인 기업, 법인과 「독점규제 및 공정거래에 관한 법률」 제2조제3호에 따른 계열회사의 관계에 있는 기업, 법인

↳ 「독점규제 및 공정거래에 관한 법률」 제2조(정의) 이 법에서 사용하는 용어의 정의는 다음과 같다.

3. "계열회사"라 함은 2이상의 회사가 동일한 기업집단에 속하는 경우에 이들 회사는 서로 상대방의 계열회사라 한다.

㉡ 피신고자인 기업, 법인과 「주식회사의 외부감사에 관한 법률」 제1조의2제2호 및 같은 법 시행령 제1조의3에 따른 지배·종속의 관계에 있는 기업, 법인

↳ 「주식회사의 외부감사에 관한 법률」 제1조의2(정의) 이 법에서 사용하는 용

어의 뜻은 다음과 같다.

2. "연결재무제표"란 주식회사와 다른 회사(조합 등 법인격이 없는 기업을 포함한다)가 대통령령으로 정하는 지배·종속의 관계에 있는 경우 지배하는 회사(주식회사만을 말한다. 이하 "지배회사"라 한다)가 작성하는 다음 각 목의 서류를 말한다.

↳ 「주식회사의 외부감사에 관한 법률 시행령」 제1조의3(지배·종속의 관계)
① 법 제1조의2제2호에서 "대통령령으로 정하는 지배·종속의 관계"란 주식회사가 경제활동에서 효용과 이익을 얻기 위하여 다른 회사(조합 등 법인격이 없는 기업을 포함한다)의 재무정책과 영업정책을 결정할 수 있는 능력을 가지는 경우로서 그 주식회사(이하 "지배회사"라 한다)와 그 다른 회사(이하 "종속회사"라 한다)의 관계를 말한다. 이 경우 지배·종속의 관계는 법 제13조제1항제1호에 따른 회계처리기준(이하 "한국채택국제회계기준"이라 한다) 또는 법 제13조제1항제2호에 따른 회계처리기준에 따라 판단하여야 한다.

④ 한국채택국제회계기준을 적용하지 아니하는 지배회사에 대하여 제1항을 적용할 때 「금융위원회의 설치 등에 관한 법률」에 따른 증권선물위원회(이하 "증권선물위원회"라 한다)가 정하여 고시하는 기준에 해당하는 종속회사는 종속회사가 아닌 것으로 본다.

⑤ 제1항에 따른 지배·종속의 관계가 연속적으로 발생하는 경우 한국채택국제회계기준을 적용하는 회사 중 연결재무제표를 작성하는 지배회사의 범위는 한국채택국제회계기준에서 정하는 바에 따른다.

⑥ 제1항에 따른 지배·종속의 관계가 연속적 또는 순환적으로 발생하는 경우 한국채택국제회계기준을 적용하지 아니하는 회사 중 연결재무제표를 작성하는 지배회사의 범위는 증권선물위원회가 정하는 바에 따른다.

⑥ 그 밖에 피신고자인 공공기관, 기업, 법인, 단체 등의 지도 또는 관리·감독을 받는 자로서 공익신고로 인하여 피신고자인 공공기관, 기업, 법인, 단체

등으로부터 불이익조치를 받을 수 있는 자

내부신고자에게는 종전과 같이 '보상금'을 지급한다. 보상금의 액수는 20억원으로 상향 조정하였다. 내부신고자는 공익신고로 인하여 다음 중 어느 하나에 해당하는 부과 등을 통하여 국가 또는 지방자치단체에 직접적인 수입의 회복 또는 증대를 가져오거나 그에 관한 법률관계가 확정된 때에는 국민권익위원회에 보상금의 지급을 신청할 수 있다(법 제26조제1항 및 시행령 제21조).

① 벌칙 또는 통고처분
② 몰수 또는 추징금의 부과
③ 과태료 또는 이행강제금의 부과
④ 과징금(인허가 등의 취소·정지 처분 등을 갈음하는 과징금 제도가 있는 경우에 인허가 등의 취소·정지 처분 등을 포함한다)의 부과
⑤ 국세 또는 지방세의 부과
⑥ 부담금 또는 가산금 부과 등의 처분
⑦ 손해배상 또는 부당이득 반환 등의 판결

「공익신고자 보호법」과 그 시행령 및 국민권익위원회 고시 등을 종합해보면, '내부신고자' 아닌 사람이 내부신고자라고 주장하는 신고서를 제출한 경우에는 다소 어려운 문제점이 예상된다.

국민권익위원회로서는 해당 사건의 신고자가 '내부신고자'인지 또는 '외부신고자'에 해당하는지를 파악하는 일이 쉽지 아니할 경우도 많을 것이다. 신고서의 내용만으로는 명백히 구분할 수 없는 경우가 많을 것이기 때문이다. 이러한 경우에는 국민권익위원회로서는 신고자에게 '내부신고자'라는 사실을 소명할만한 자료를 제출하도록 요구할 수 있다. 그러나 한편으로는 신고자가 그러한 자료를 제출하려다가는 신고 사실에 대한 비밀을 보장받지 못할 경우도 왕왕 발생할 것이다. 그 '소명자료'라는 것은 재직증명서, 근로계약서, 도급계약서, 사원신분증 등일 것이기 때문이다.

따라서 익명의 신고를 보장하는 위 법의 태도와는 어긋나는 자료의 제출을 요구

하거나 국민권익위원회 스스로 조사에 나서는 것은 어려움이 예상된다. 「공익신고자 보호법」의 관련 규정에 의하면 국민권익위원회는 신고자에 대한 비밀을 철저히 보장해주어야 할 의무를 부담하고 있다.

사실은 신고자가 외부신고자임에도 불구하고 내부신고자라고 주장할 경우에 국민권익위원회는 과연 어떠한 방법으로 외부신고자라는 사실을 밝혀낼 수 있을까? 이 질문에 대한 대답은 이 글을 읽는 이 각자에게 맡긴다.

② 외부 공익신고자(포상금)

내부신고자와는 달리 외부신고자(내부신고자 아닌 모든 공익신고자)에게는 '포상금'을 지급하되, 이 포상금은 공익신고자가 권리로써 지급을 청구할 수 있는 것은 아니고, 국민권익위원회가 재량에 의하여 지급결정을 하는 경우에만 지급받을 수 있는 것으로 해석된다. 그러나 지급하지 아니할만한 특별한 사유에 해당하지 않는 공익신고에 대하여는 포상금을 지급하리라고 기대한다. 공익신고는 적극 장려하여야 할 국가의 정책 사업이기 때문이다. 다만, 수사기관이나 조사기관의 '추천'이 중요한 역할을 할 것으로 보인다. 포상금과 관련이 있는 법령의 규정은 다음과 같다.

「공익신고자 보호법」

제26조의2(포상금) ① 위원회는 공익신고등으로 인하여 다음 각 호의 어느 하나에 해당되는 사유로 현저히 국가 및 지방자치단체에 재산상 이익을 가져오거나 손실을 방지한 경우 또는 공익의 증진을 가져온 경우에는 포상금을 지급할 수 있다. 다만, 제26조에 따른 보상금이나 다른 법령에 따른 보상금과 중복하여 지급할 수 없다.

1. 공익침해행위를 한 자에 대하여 기소유예, 형의 선고유예·집행유예 또는 형의 선고 등이 있는 경우
2. 시정명령 등 특정한 행위나 금지를 명하는 행정처분이 있는 경우
3. 공익침해행위 예방을 위한 관계 법령의 제정 또는 개정 등 제도개선에

기여한 경우

4. 그 밖에 대통령령으로 정하는 사유

② 제1항에 따른 포상금 지급기준, 지급대상, 절차 등에 관한 사항은 대통령령으로 정한다.

「공익신고자 보호법 시행령」

제25조의3(포상금의 지급기준 등) ① 법 제26조의2제1항에 따른 포상금(이하 "포상금"이라 한다)은 다음 각 호의 구분에 따른 사항을 고려하여 차등 지급한다. 이 경우 지급한도액은 2억원으로 한다.

1. 법 제26조의2제1항제1호 : 기소유예, 형의 선고유예 또는 집행유예의 여부, 형의 종류 및 경중
2. 법 제26조의2제1항제2호 : 행정처분의 내용, 행정처분을 받은 자의 수 또는 행정처분의 기간
3. 법 제26조의2제1항제3호 : 법령의 제정 또는 개정 등 제도개선의 내용·기여 정도 또는 공익 증진 정도
4. 제25조의2제1호 : 과태료 또는 과징금의 부과금액
5. 제25조의2제2호 : 사회재난의 예방 및 확산방지 등의 내용 또는 공익 증진 정도

② 포상금은 다음 각 호의 사유를 고려하여 포상금 지급액을 감액하거나 지급하지 아니할 수 있으며, 공익침해행위의 조사·수사업무에 종사 중이거나 종사하였던 공직자가 그 조사 또는 수사 사항과 관련하여 신고한 경우에는 포상금을 지급하지 아니한다.

1. 신고 내용의 정확성이나 증거자료의 신빙성
2. 신고한 공익침해행위가 신문·방송 등 언론에 의하여 이미 공개된 것인지 여부
3. 공익신고자가 공익신고와 관련한 불법행위를 하였는지 여부

> 4. 공익신고자가 공익침해행위 제거 및 예방 등에 이바지한 정도
> 5. 공익신고자가 관계 행정기관 등에 신고할 의무를 가졌는지 또는 직무와 관련하여 공익신고를 하였는지 여부
>
> ③ 위원회는 법 제26조의2제1항에 따라 공익신고 등으로 인하여 같은 항 각 호의 어느 하나에 해당하는 사유로 현저히 국가 및 지방자치단체에 재산상 이익을 가져오거나 손실을 방지한 자 또는 공익의 증진을 가져온 자 중에서 법 제6조제1호부터 제3호까지 및 제5조에 해당하는 자 또는 기관으로부터 추천을 받거나 위원회의 직권으로 포상금 지급대상자를 선정한다.
> ④ 위원회는 제3항에 따라 포상금 지급대상자를 선정하는 경우 보상심의위원회가 심의·의결한 사항을 기초로 포상금 지급 여부 및 지급금액을 결정하고, 포상금 지급결정이 있는 경우에는 결정서 정본 및 결정통지서를 포상금 지급대상자에게 지체 없이 보내야 한다.
> ⑤ 포상금의 세부적인 지급기준 및 지급절차 등에 관하여 필요한 사항은 위원회가 정한다.

국민권익위원회의 주도로 개정된 「공익신고자 보호법」은 '내부신고자'에게는 20억원의 범위 내에서 '보상금'을 지급한다고 규정하는 한편 그 밖의 공익신고자(외부신고자)에게는 최고액 2억원의 범위에서 '포상금'을 지급할 수 있다고 규정하였다. '당연 지급'과 '지급 가능'으로 차별하여 취급하고 있는 것이다. 이처럼 '내부신고자'와 '외부신고자'를 차별하여 대우하는 이유는 공익신고만을 전업(專業)으로 하는 사람들에게는 실질적인 불이익을 주려는 의도인 것이다.

나. 개별 법률에 근거한 포상금

여기에서 검토하는 포상금은 「공익신고자 보호법」 외의 법률로서 '포상금(또는 보상금)'에 관한 규정을 마련해놓고 있는 모든 법률이 규정하는 포상금이다.

이들 법률은 신고할 기관과 포상금을 지급하는 기관이 어느 기관인가에 관하여 해당 법률마다 각각 명문으로 규정하고 있다. 이에 관하여는 'Ⅳ. 중요한 법률의 해설 및 신고서 작성례'에서 해당 법률에 관한 위반행위의 유형을 설명할 때마다 구체적인 내용을 소개하기로 한다.

다. 「공익신고자 보호법」의 보상금 관련 규정

제26조(보상금) ① 내부 공익신고자는 공익신고로 인하여 다음 각 호의 어느 하나에 해당하는 부과 등을 통하여 국가 또는 지방자치단체에 직접적인 수입의 회복 또는 증대를 가져오거나 그에 관한 법률관계가 확정된 때에는 위원회에 보상금의 지급을 신청할 수 있다.
1. 벌칙 또는 통고처분
2. 몰수 또는 추징금의 부과
3. 과태료 또는 이행강제금의 부과
4. 과징금(인허가 등의 취소·정지 처분 등을 갈음하는 과징금 제도가 있는 경우에 인허가 등의 취소·정지 처분 등을 포함한다)의 부과
5. 그 밖에 대통령령으로 정하는 처분이나 판결
   ↳ 대통령령 제21조(보상금 지급 사유) 법 제26조제1항제5호에서 "대통령령으로 정하는 처분이나 판결"이란 다음 각 호의 어느 하나에 해당하는 처분·판결을 말한다.
      1. 국세 또는 지방세의 부과
      2. 부담금 또는 가산금 부과 등의 처분
      3. 손해배상 또는 부당이득 반환 등의 판결

② 위원회는 제1항에 따른 보상금의 지급신청을 받은 때에는 「부패방지 및 국민권익위원회의 설치와 운영에 관한 법률」 제69조에 따른 보상심의위원회(이하 "보상심의위원회"라 한다)의 심의·의결을 거쳐 대통령령2)으로 정하는 바에 따라

---

2) 대통령령은 뒤에서 인용한다.

보상금을 지급하여야 한다. 다만, 공익침해행위를 관계 행정기관 등에 신고할 의무를 가진 자 또는 공직자가 자기 직무와 관련하여 공익신고를 한 사항에 대하여는 보상금을 감액하거나 지급하지 아니할 수 있다.

③ 제1항에 따른 보상금의 지급신청은 국가 또는 지방자치단체에 수입의 회복이나 증대에 관한 법률관계가 확정되었음을 안 날부터 2년 이내, 그 법률관계가 확정된 날부터 5년 이내에 하여야 한다. 다만, 정당한 사유가 있는 경우에는 그러하지 아니하다.

④ 위원회는 제1항에 따른 보상금의 지급신청이 있는 때에는 특별한 사유가 없는 한 신청일부터 90일 이내에 그 지급 여부 및 지급금액을 결정하여야 한다.

⑤ 위원회는 보상금 지급과 관련하여 조사가 필요하다고 인정되는 때에는 보상금 지급 신청인, 참고인 또는 관계 기관 등에 출석, 진술 및 자료의 제출 등을 요구할 수 있다. 보상금 지급 신청인, 참고인 또는 관계 기관 등은 위원회로부터 출석, 진술 및 자료제출 등을 요구받은 경우 정당한 사유가 없는 한 이에 따라야 한다.

⑥ 위원회는 제4항에 따른 보상금 지급결정이 있은 때에는 즉시 이를 보상금 지급 신청인과 관련 지방자치단체(지방자치단체의 직접적인 수입의 회복이나 증대 및 그에 관한 법률관계의 확정을 이유로 보상금을 지급한 경우에 한정한다)에 통지하여야 한다.

「공익신고자 보호법 시행령」

제23조(보상금의 지급 결정) ① 위원회는 「부패방지 및 국민권익위원회의 설치와 운영에 관한 법률」 제69조에 따른 보상심의위원회(이하 "보상심의위원회"라 한다)가 심의·의결한 사항을 기초로 보상금 지급 여부 및 지급금액을 결정하고, 보상금 지급결정이 있는 경우에는 결정서 정본(正本) 및 결정통지서를 신청인에게 지체 없이 보내야 한다.

② 위원회는 제1항에 따라 보상금을 결정하는 경우 결정 당시 국가 또는 지방자치단체에 직접적인 수입의 회복 또는 증대를 가져오는 법률관계가 확정된 후

수입의 회복 또는 증대가 아직 시작되지 아니하였거나 수입 회복 또는 증대 금액이 제22조제1항에 따라 산정된 보상금의 100분의 50 미만인 경우에는 우선적으로 100분의 50 범위에서 보상금을 지급하고, 나머지 금액은 국가 또는 지방자치단체의 수입 회복 또는 증대 금액이 이미 지급된 보상금을 초과하는 경우에 지급하도록 결정할 수 있다.

제24조(보상신청의 경합 시의 보상금 결정) ① 하나의 공익침해행위에 대하여 2명 이상이 각각 공익신고를 한 경우 별표 2의 보상대상가액을 산정할 때에는 이를 하나의 공익신고로 본다.

② 위원회는 제1항에 따른 공익신고의 경우 각각의 내부 공익신고자에 대한 보상금 지급금액을 결정할 때 공익침해행위의 제거 및 예방에 이바지한 정도 등을 종합적으로 고려하여 각각의 내부 공익신고자에게 배분한다. 이 경우 제22조제1항 단서를 적용할 때에는 내부 공익신고자별로 사유를 고려하여 결정한다.

[별표 2]

보상금 산정기준(제22조제1항 관련)

보상대상가액	지급기준
1억원 이하	20%
1억원 초과 5억원 이하	2천만원+1억원 초과금액의 14%
5억원 초과 20억원 이하	7천6백만원+5억원 초과금액의 10%
20억원 초과 40억원 이하	2억2천6백만원+20억원 초과금액의 6%
40억원 초과	3억4천6백만원+40억원 초과금액의 4%

※ 보상대상가액 : 법 제26조제1항 및 이 영 제21조 각 호의 어느 하나에 해당하는 부과 등을 통하여 국가 또는 지방자치단체에 직접적인 수입의 회복 또는 증대를 가져오거나 그에 관한 법률관계가 확정된 금액을 말한다.

제25조(보상금의 지급시기) 보상금은 법 제26조제1항 각 호의 어느 하나에 해당하는 부과 등의 절차에 따라 국가 또는 지방자치단체에 직접적인 수입의 회복 또는 증대를 가져오거나 그에 관한 법률관계가 확정된 후에 지급한다. 이 경우 그 부과 등에 대한 이의 제기기간이 지나지 아니하였거나 불복 구제절차가 진행 중일 때에는 그 기간 및 절차가 끝난 후에 지급한다.

2. 상금을 받을 수 있는 신고 대상

상금을 지급하는 대상 법률은 「공익신고자 보호법」에서 279개 법률을 규정하였다. 이들 법률을 위반한 행위자를 신고한 사람에게는 해당 법률이 규정하는 모든 위반행위를 대상으로 하여 형사상의 처벌 또는 행정처분 등이 확정되면 내부신고자에게는 '보상금'을 지급하고, 외부신고자에게는 국민권익위원회가 재량에 의하여 '포상금'을 지급할 수 있다.

이른바 '김영란법'이라고 불리는 「부정청탁 및 금품등 수수의 금지에 관한 법률」은 「공익신고자 보호법」의 보상금과 포상금에 관한 규정들을 준용한다고 규정하였으므로, 위 279개 법률과 동일한 법률이라고 보면 된다.

「공익신고자 보호법」과는 별도로 개별 법률에서 '포상금'을 지급한다고 규정하는 경우도 있는데, 이들 법률은 해당 법률을 위반한 모든 행위에 관한 신고자에게 포상금을 지급하는 것은 아니고, 해당 법률에서 특히 정하고 있는 위반행위를 신고한 사람에게만 포상금을 지급한다.

「공익신고자 보호법」에서 규정하는 보상금 및 포상금과 개별 법률에서 규정하는 포상금이 경합(중복)되는 경우도 있다. 개별 법률이 규정하는 포상금은 그 지급의 주체가 국민권익위원회가 아닌 국가기관 또는 지방자치단체이다. 이러한 경우에는 신고자가 자신에게 유리한 기관을 선택하여 상금의 지급을 신청할 수 있다. 어느 하나의 기관으로부터 상금을 지급받은 경우에는 원칙적으로 다른 기관으로부터는 지급받을 수 없다. 이하 이들 법률의 법명(法名)만을 소개한다.

가. 「공익신고자 보호법」이 규정하는 법률

아래에 소개하는 279개 법률은 「공익신고자 보호법」을 적용받는 법률이다. 이들 법률 중에는 해당 법률 자체의 규정에 의하여 특정한 규정을 위반한 행위자를 신고한 사람에게 '포상금'을 지급하는 경우가 있다. 그러한 법률은 "경합"이라고 표시한다.

1. 「가맹사업거래의 공정화에 관한 법률」
2. 「가축 및 축산물 이력관리에 관한 법률」
3. 「가축분뇨의 관리 및 이용에 관한 법률」
4. 「가축전염병 예방법」
5. 「감염병의 예방 및 관리에 관한 법률」
6. 「개인정보 보호법」
7. 「개항질서법」
8. 「건강검진기본법」
9. 「건강기능식품에 관한 법률」 - 경합
10. 「건설근로자의 고용개선 등에 관한 법률」
11. 「건설기계관리법」
12. 「건설기술 진흥법」
13. 「건설산업기본법」
14. 「건설폐기물의 재활용촉진에 관한 법률」

15. 「건축물의 분양에 관한 법률」
16. 「건축법」
17. 「건축사법」
18. 「검역법」
19. 「게임산업진흥에 관한 법률」
20. 「경륜·경정법」
21. 「경비업법」
22. 「계량에 관한 법률」
23. 「고령친화산업 진흥법」
24. 「고압가스 안전관리법」
25. 「고용보험법」
26. 「골재채취법」
27. 「공간정보의 구축 및 관리 등에 관한 법률」
28. 「공연법」
29. 「공유수면 관리 및 매립에 관한 법률」
30. 「공인중개사법」 - 경합
31. 「공중위생관리법」
32. 「관광진흥법」
33. 「광산보안법」
34. 「광산피해의 방지 및 복구에 관한 법률」
35. 「교통안전법」
36. 「교통약자의 이동편의 증진법」
37. 「국가기술자격법」
38. 「국민건강증진법」

39. 「국민건강보험법」 - 경합

40. 「국민영양관리법」

41. 「국민체육진흥법」

42. 「국유림의 경영 및 관리에 관한 법률」

43. 「국제상거래에 있어서 외국공무원에 대한 뇌물방지법」

44. 「국토의 계획 및 이용에 관한 법률」

45. 「궤도운송법」

46. 「근로복지기본법」

47. 「금강수계 물관리 및 주민지원 등에 관한 법률」

48. 「금융지주회사법」

49. 「급경사지 재해예방에 관한 법률」

50. 「낙동강수계 물관리 및 주민지원 등에 관한 법률」

51. 「낚시 관리 및 육성법」

52. 「내수면어업법」

53. 「노인복지법」

54. 「노인장기요양보험법」

55. 「농수산물 유통 및 가격안정에 관한 법률」

56. 「농수산물 품질관리법」 - 경합

57. 「농수산물의 원산지 표시에 관한 법률」 - 경합

58. 「농약관리법」

59. 「농어촌도로 정비법」

60. 「농어촌정비법」

61. 「농업기계화 촉진법」

62. 「농지법」 - 경합

63. 「다중이용시설 등의 실내공기질관리법」

64. 「다중이용업소의 안전관리에 관한 특별법」

65. 「대규모유통업에서의 거래 공정화에 관한 법률」

66. 「대기환경보전법」

67. 「대부업 등의 등록 및 금융이용자 보호에 관한 법률」

68. 「대·중소기업 상생협력 촉진에 관한 법률」

69. 「대외무역법」

70. 「댐건설 및 주변지역지원 등에 관한 법률」

71. 「도로교통법」

72. 「도로법」

73. 「도선법」

74. 「도시가스사업법」

75. 「도시와 농어촌 간의 교류촉진에 관한 법률」

76. 「도시철도법」

77. 「독도 등 도서지역의 생태계 보전에 관한 특별법」

78. 「독점규제 및 공정거래에 관한 법률」 - 경합

79. 「동물보호법」

80. 「마약류 관리에 관한 법률」 - 경합

81. 「말산업 육성법」

82. 「먹는물관리법」

83. 「모자보건법」

84. 「무인도서의 보전 및 관리에 관한 법률」

85. 「문화산업진흥 기본법」

86. 「문화재보호법」

87. 「물가안정에 관한 법률」

88. 「물류정책기본법」

89. 「물의 재이용 촉진 및 지원에 관한 법률」

90. 「방문판매 등에 관한 법률」 - 경합

91. 「방사성폐기물 관리법」

92. 「백두대간 보호에 관한 법률」

93. 「보건범죄 단속에 관한 특별조치법」 - 경합

94. 「보험업법」

95. 「복권 및 복권기금법」

96. 「부정경쟁방지 및 영업비밀보호에 관한 법률」 - 경합

97. 「불공정무역행위 조사 및 산업피해구제에 관한 법률」

98. 「비료관리법」

99. 「비파괴검사기술의 진흥 및 관리에 관한 법률」

100. 「사격 및 사격장 안전관리에 관한 법률」

101. 「사료관리법」

102. 「사방사업법」

103. 「사회복지공동모금회법」

104. 「사회복지사업법」

105. 「사회서비스 이용 및 이용권 관리에 관한 법률」

106. 「산림문화·휴양에 관한 법률」

107. 「산림보호법」

108. 「산림자원의 조성 및 관리에 관한 법률」

109. 「산업기술의 유출방지 및 보호에 관한 법률」

110. 「산업기술혁신 촉진법」

111. 「산업디자인진흥법」

112. 「산업안전보건법」

113. 「산업재해보상보험법」 - 경합

114. 「산업표준화법」

115. 「산지관리법」 - 경합

116. 「상표법」

117. 「상호저축은행법」

118. 「새마을금고법」

119. 「생명윤리 및 안전에 관한 법률」

120. 「생물다양성 보전 및 이용에 관한 법률」

121. 「생활주변방사선 안전관리법」

122. 「석면안전관리법」

123. 「석유 및 석유대체연료 사업법」 - 경합

124. 「선박안전법」

125. 「소금산업 진흥법」 - 경합

126. 「소나무재선충병 방제특별법」 - 경합

127. 「소방시설 설치·유지 및 안전관리에 관한 법률」 - 법명 개정되었음

128. 「소방시설공사업법」

129. 「소비자기본법」

130. 「소재·부품전문기업 등의 육성에 관한 특별조치법」

131. 「소하천정비법」

132. 「송유관 안전관리법」

133.「수난구호법」

134.「수도권 대기환경개선에 관한 특별법」

135.「수도법」

136.「수산생물질병 관리법」

137.「수산업법」

138.「수산자원관리법」

139.「수상레저안전법」

140.「수질 및 수생태계 보전에 관한 법률」

141.「습지보전법」

142.「승강기시설 안전관리법」

143.「시설물의 안전관리에 관한 특별법」

144.「식물방역법」

145.「식물신품종 보호법」

146.「식품산업진흥법」

147.「식품안전기본법」

148.「식품위생법」 - 경합

149.「신에너지 및 재생에너지 개발·이용·보급 촉진법」

150.「신용정보의 이용 및 보호에 관한 법률」

151.「아동복지법」

152.「아동·청소년의 성보호에 관한 법률」

153.「아이돌봄 지원법」

154.「악취방지법」

155.「액화석유가스의 안전관리 및 사업법」

156. 「야생생물 보호 및 관리에 관한 법률」 - 경합

157. 「약사법」 - 경합

158. 「양곡관리법」 - 경합

159. 「어린이놀이시설 안전관리법」

160. 「어린이 식생활안전관리 특별법」

161. 「어선법」

162. 「어장관리법」

163. 「어촌·어항법」

164. 「에너지이용 합리화법」

165. 「여객자동차 운수사업법」 - 경합

166. 「여신전문금융업법」

167. 「연구실 안전환경 조성에 관한 법률」

168. 「영산강·섬진강수계 물관리 및 주민지원 등에 관한 법률」

169. 「영유아보육법」

170. 「영화 및 비디오물의 진흥에 관한 법률」

171. 「오존층 보호를 위한 특정물질의 제조규제 등에 관한 법률」

172. 「옥외광고물 등 관리법」

173. 「외국환거래법」

174. 「외식산업 진흥법」

175. 「원자력시설 등의 방호 및 방사능 방재 대책법」

176. 「원자력안전법」

177. 「위생사에 관한 법률」

178. 「위험물안전관리법」

179. 「유사수신행위의 규제에 관한 법률」

180. 「유선 및 도선 사업법」

181. 「유아교육법」

182. 「유전자변형생물체의 국가간 이동 등에 관한 법률」

183. 「은행법」

184. 「음악산업진흥에 관한 법률」

185. 「응급의료에 관한 법률」

186. 「의료기기법」

187. 「의료기사 등에 관한 법률」

188. 「의료법」

189. 「인공조명에 의한 빛공해 방지법」

190. 「인삼산업법」

191. 「인체조직안전 및 관리 등에 관한 법률」

192. 「임대주택법」

193. 「임업 및 산촌 진흥촉진에 관한 법률」

194. 「입양특례법」

195. 「자격기본법」

196. 「자동차관리법」 - 경합

197. 「자연공원법」

198. 「자연재해대책법」

199. 「자연환경보전법」

200. 「자원의 절약과 재활용촉진에 관한 법률」

201. 「잔류성유기오염물질 관리법」

202. 「장기등 이식에 관한 법률」

203. 「장애인·노인·임산부 등의 편의증진 보장에 관한 법률」

204. 「장애인복지법」

205. 「재난 및 안전관리 기본법」

206. 「재해구호법」

207. 「저수지·댐의 안전관리 및 재해예방에 관한 법률」

208. 「전기공사업법」

209. 「전기사업법」

210. 「전기용품안전 관리법」

211. 「전기·전자제품 및 자동차의 자원순환에 관한 법률」

212. 「전기통신사업법」

213. 「전력기술관리법」

214. 「전자문서 및 전자거래 기본법」

215. 「전자상거래 등에서의 소비자보호에 관한 법률」

216. 「전통주 등의 산업진흥에 관한 법률」

217. 「정보통신공사업법」

218. 「정보통신기반 보호법」

219. 「정보통신망 이용촉진 및 정보보호 등에 관한 법률」

220. 「정신보건법」

221. 「제대혈 관리 및 연구에 관한 법률」

222. 「제주특별자치도 설치 및 국제자유도시 조성을 위한 특별법」

223. 「제품안전기본법」

224. 「종자산업법」

225. 「주식회사의 외부감사에 관한 법률」

226. 「주택법」

227. 「중소기업제품 구매촉진 및 판로지원에 관한 법률」
228. 「중증장애인생산품 우선구매 특별법」
229. 「지역보건법」
230. 「지진재해대책법」
231. 「지하수법」
232. 「직업안정법」
233. 「진폐의 예방과 진폐근로자의 보호 등에 관한 법률」
234. 「집단에너지사업법」
235. 「철도사업법」
236. 「철도안전법」
237. 「청소년 보호법」 - 경합
238. 「청소년활동 진흥법」
239. 「체육시설의 설치·이용에 관한 법률」
240. 「초고층 및 지하연계 복합건축물 재난관리에 관한 특별법」
241. 「초지법」
242. 「총포·도검·화약류 등의 안전관리에 관한 법률」
243. 「축산물 위생관리법」 - 경합
244. 「축산법」
245. 「친환경농어업 육성 및 유기식품 등의 관리·지원에 관한 법률」
246. 「토양환경보전법」
247. 「폐기물관리법」
248. 「폐기물의 국가 간 이동 및 그 처리에 관한 법률」
249. 「표시·광고의 공정화에 관한 법률」
250. 「품질경영 및 공산품안전관리법」
251. 「풍속영업의 규제에 관한 법률」

252. 「하도급거래 공정화에 관한 법률」 - 경합

253. 「하수도법」

254. 「하천법」

255. 「학교급식법」

256. 「학교보건법」

257. 「학교폭력예방 및 대책에 관한 법률」

258. 「한강수계 상수원수질개선 및 주민지원 등에 관한 법률」

259. 「한국마사회법」

260. 「할부거래에 관한 법률」

261. 「항공법」

262. 「항공보안법」

263. 「항로표지법」

264. 「항만법」

265. 「항만운송사업법」

266. 「해사안전법」

267. 「해양생태계의 보전 및 관리에 관한 법률」

268. 「해양심층수의 개발 및 관리에 관한 법률」

269. 「해양환경관리법」 - 경합

270. 「해운법」

271. 「혈액관리법」

272. 「화물자동차 운수사업법」

273. 「화장품법」

274. 「화학물질관리법」

275. 「환경범죄 등의 단속 및 가중처벌에 관한 법률」 - 경합

276. 「환경보건법」
277. 「환경분야 시험·검사 등에 관한 법률」
278. 「환경영향평가법」
279. 「후천성면역결핍증 예방법」

나. 포상금을 규정한 법률

여기에서 소개하는 법률들은 해당 법률 자체의 규정에 따라 '포상금'이 지급되는 것들이다. 즉 「공익신고자 보호법」의 적용을 받지 않는 법률들이다. 여기에 열거하는 법률들이 지급하는 포상금은 각 법률에서 규정하는 국가기관 또는 지방자치단체에서 지급한다.

1. 「공공단체등 위탁선거에 관한 법률」
2. 「공직선거법」
3. 「관세법」
4. 「국가보안법」
5. 「국세기본법」
6. 「근로자 직업능력 개발법」
7. 「농업협동조합법」
8. 「범죄수익은닉의 규제 및 처벌 등에 관한 법률」
9. 「보조금관리에 관한 법률」
10. 「산림조합법」
11. 「성매매알선 등의 처벌에 관한 법률」
12. 「수산업협동조합법」
13. 「쌀소득 등의 보전에 관한 법률」
14. 「임금채권보장법」
15. 「자본시장과 금융투자업에 관한 법률」

16. 「장애인고용촉진 및 직업재활법」
17. 「조달사업에 관한 법률」
18. 「주민소환에 관한 법률」
19. 「출판문화산업 진흥법」
20. 「학원의 설립·운영 및 과외교습에 관한 법률」
21. 「화물자동차 운수사업법」

위 법률들 중 「국세기본법」은 포상금의 최고액을 30억원으로 규정하였다. 위에서 열거한 법률 중 1. 2. 3. 5.의 법률에 관하여는 'Ⅳ. 중요한 법률의 해설 및 신고서 작성례'에서 설명한다.

3. 신고를 받는 기관

가. 「공익신고자 보호법」에 의한 보상금 및 포상금 대상

「공익신고자 보호법」은 상금을 지급하는 대상으로 279개 법률을 규정하였다(법 제2조제1호 및 별표). 개별 법률이긴 하지만 상금에 관하여는 「공익신고자 보호법」을 준용한다고 규정한 법률로는 「부정청탁 및 금품등 수수의 금지에 관한 법률」이 있다. 이른바 '김영란법'으로 알려진 법률이다.

위 280개 법률에 관하여는 「공익신고자 보호법」이 내부신고자에게는 '보상금'을 지급하고, 외부신고자에게는 '포상금을 지급할 수 있도록 규정하였다.

「공익신고자 보호법」에 의하여 상금을 지급받을 수 있는 대상 행위의 신고서를 제출할 기관 등에 관하여는 이 법 제6조 및 같은 법 시행령 제5조제1항에서 규정하고 있다. 위 규정이 열거하고 있는 여러 기관 중에서 가장 의미 있는 기관으로는 '국민권익위원회'와 '수사기관' 및 '지방자치단체'이다.

국민권익위원회는 280개 법률에 관한 보상금과 포상금의 지급과 관련하여 심의하고 지급을 결정하며, 집행하는 주관 기관이다.

일반적으로 '수사기관'이라 함은 경찰관서 및 검찰청을 말한다. 여기에서 말하는 '경찰관서'란 경찰청, 지방경찰청, 경찰서, 특별사법경찰관 소속 기관을 말한다.

특별사법경찰관이 수사를 담당하는 사건과 소속 수사기관은 다음 표와 같다. 이들 특별사법경찰관이 있는 기관은 해당 위반행위가 형벌과는 별도로 행정처분의 대상이 되는 경우에 있어서 해당 행정처분을 집행하는 기관이기도 하다.

특별사법경찰관이 수사권을 갖는 범죄행위에 관하여도 일반사법경찰관인 경찰공무원도 수사권을 갖는다. 다만, 고용·노동과 관련한 사건은 근로감독관과 검사가 수사를 전담한다. 여기에 해당하는 법률은 「건설근로자의 고용개선 등에 관한 법률」, 「고용보험법」, 「근로복지기본법」, 「근로자직업능력 개발법」, 「산업안전보건법」, 「임금채권보장법」, 「장애인고용촉진 및 직업재활법」, 「직업안정법」이다. 이들 법률을 위반한 사건의 초동수사는 각 지방노동청 소속 근로감독관이 전담한다.

특별사법경찰관의 담당 사무	수사기관(소속 기관)
산림보호·경영 사무 및 목재제품 품질·규격 단속 사무	산림청과 그 소속 기관(산림항공관리소는 제외함), 특별시·광역시·특별자치시·도·특별자치도, 시·군·자치구
식품·의약품·화장품·의료기기 단속 사무	식품의약품안전처, 특별시·광역시·특별자치시·도·특별자치도, 시·군·자치구
관세범의 조사 업무	세관공무원
공중위생 단속 사무	보건복지부, 특별시·광역시·특별자치시·도·특별자치도, 시·군·자치구
환경 관계 단속 사무	환경부, 특별시·광역시·특별자치시·도·특별자치도, 시·군·자치구
청소년보호 업무	여성가족부, 특별시·광역시·특별자치시·도·특별자치도, 시·군·자치구
농수산물 원산지표시, 농수산물 품질관리, 친환경농산물, 축산물, 인삼, 양곡에 관한 단속 사무	농림축산식품부와 그 소속기관, 해양수산부와 그 소속기관, 식품의약품안전처, 특별시·광역시·특별자치시·도·특별자치도, 시·군·자치구
「대외무역법」에 규정된 원산지표시 단속 사무	산업통상자원부, 특별시·광역시·특별자치시·도·특별자치도, 시·군·자치구
농약 및 비료 단속 사무	농촌진흥청, 농업과학기술원, 특별시·광역시·특별자치시·도·특별자치도, 시·군·자치구

하천 감시, 개발제한구역 단속 사무	국토교통부, 특별시·광역시·특별자치시·도·특별자치도, 시·군·자치구
무등록자동차정비업, 자동차 소유권 이전등록 미신청, 자동차 무단방치 및 의무보험 미가입 자동차 운행에 관한 단속 사무	특별시·광역시·특별자치시·도·특별자치도, 시·군·자치구
해양환경 단속 사무	해양수산부와 그 소속기관, 특별시·광역시·특별자치시·도·특별자치도, 시·군·자치구
여객자동차 운수사업 및 화물자동차 운수사업의 단속 사무	특별시·광역시·특별자치시·도·특별자치도, 시·군·자치구
석유 및 석유대체연료 관련 검사·단속 등에 관한 사무	산업통상자원부, 특별시·광역시·특별자치시·도·특별자치도, 시·군·자치구
대부업 및 대부중개업의 검사·단속 등에 관한 사무	특별시·광역시·특별자치시·도·특별자치도, 시·군·자치구
방문판매, 전화권유판매, 다단계판매, 후원방문판매, 계속거래 및 사업권유거래 관련 조사·단속 등에 관한 사무	특별시·광역시·특별자치시·도·특별자치도, 시·군·자치구
선불식 할부거래업의 조사·단속 등에 관한 사무	특별시·광역시·특별자치시·도·특별자치도, 시·군·자치구
자본시장 불공정거래 조사·단속 등에 관한 사무	금융위원회

나. 개별 법률에 의한 포상금 대상

여기에서 말하는 '개별 법률'이라 함은 「공익신고자 보호법」이 규정하는 279개 법률 외에 '포상금'만을 지급한다고 규정하고 있는 법률들을 말한다. 위 279개 법률 중에도 「공익신고자 보호법」이 규정하는 '포상금' 외에 별도의 행정기관에서 '포상금'을 지급하는 규정을 둔 법률이 포함되어 있음은 앞에서 살펴보았다. 이처럼 포상금(보상금 포함)을 지급할 기관이 중복되는 경우에는 공익신고자가 자신에게 유리한 상금을 선택하여 지급받으면 된다.

개별 법률에서 포상금만을 지급하는 규정을 둔 법률들은 해당 법률에서 신고할 기관과 포상금을 지급할 기관을 특정하여 밝히고 있다. 이들 법률들이 공통적으로 신고서를 제출할 기관으로서 규정하고 있는 기관은 '수사기관'이다.

다. 신고서 접수기관의 경합 문제

가령 식품접객업의 영업을 하는 자가 「식품위생법」이 규정하는 준수사항을 위반하면 이는 형사상의 처벌(징역형 또는 벌금형) 대상행위임과 동시에 영업정지 등 행정처분의 대상행위에 해당한다.

형벌에 관한 사항은 사법경찰관리가 수사를 한 뒤 사건을 관할 검찰청에 송치한다. 「식품위생법」을 위반한 사건의 수사는 일반사법경찰관리인 경찰공무원이 수사를 할 수 있고, 특별사법경찰관리인 시·군·구의 식품 단속 사무에 종사하는 공무원도 수사를 할 수 있다. 한편 이 사안의 경우에는 위반행위자에게 영업정지나 과징금의 부과 등 행정처분을 해야 하는 위반행위이다. 행정처분은 기초지방자치단체의 장이 부과한다. 이러한 사안의 신고서는 기초지방자치단체에 제출하면 된다. 행정처분과 수사 모두 기초지방자치단체에서 해결하면 되기 때문이다.

위 사안과는 달리 「건축법」을 위반한 경우와 같이 수사권은 일반사법경찰관인 경찰공무원에게만 있고, 시정명령, 과징금의 부과 등 행정처분 및 과태료의 부과 등 권한이 지방자치단체의 장에게 주어진 경우에는 사정이 다르다. 원래 이러한 경우에는 경찰서에서 수사를 마친 다음 사건을 검찰청에 송치할 때 지방자치단체에는 수사결과를 통지하여 행정처분을 할 수 있는 기회를 주어야 한다. 그런데 일선 경찰공무원 중에는 위 통지를 누락하는 경우를 종종 볼 수 있다. 그렇게 되면 행정처분을 할 수 없으므로, 신고자로서는 형벌이 확정된 부분에 관한 것만을 기초로 상금을 수령하게 된다. 이 사안에서 신고서를 지방자치단체에 제출하였다고 가정하자. 지방자치단체에서는 수사권이 없으므로, 해당 신고서를 경찰서장에게 이송하게 될 것이다. 이 경우에는 수사를 마친 경찰공무원은 지방자치단체에 수사결과를 통지한다. 지방자치단체에서 그 통지를 해달라고 요청하면서 신고사건을 이송하였기 때문이다. 따라서 행정처분이 가능해진다.

어느 신고사건에 대하여 행정처분이 부과되는 한편 형벌이 선고되면 신고자는 형벌 및 행정처분의 결과를 합산한 것을 기초로 상금을 지급받게 된다. 따라서 신고서를 어느 기관에 제출하는가는 중요한 의미를 갖는다. 초심자이기 때문에 이를 구별하기 어려운 경우에는 신고서를 국민권익위원회에 제출하면 된다. 국민권익위원회는 신고서를 검토하여 해당 기관으로 이첩하고, 신고자게 그 사실을 통지한다.

4. 신고사건의 처리 절차

가. 수사와 재판

우리나라의 일반적인 사법절차를 검토한다. 초동수사는 경찰서, 지방자치단체, 노동사무소 등 사법경찰관리가 맡는다. 물론 수사의 주재자인 검사도 초동수사를 하는 경우가 있다.

사법경찰관리는 수사를 종결하면 의견을 첨부하여 지방검찰청(또는 지청)에 송치한다. 사건을 송치받은 검사는 보완수사를 하거나 그러한 수사를 하지 아니하고 사건을 종결한다. 검사의 결정은 큰 틀에서 불기소 또는 기소이다. 불기소의 종류는 ① 혐의없음', ② 공소권없음', ③ 죄안됨', ④ 기소유예', ⑤ 기소중지' 및 ⑥ 타관이송' 등이 있다.

①은 수사한 결과 피신고자에 대한 범죄혐의를 인정할 수 없기 때문에 - 범죄를 인정할만한 증거가 없거나 부족하여 - 사건을 그대로 종결함으로써 피신고자를 벌하지 않는다는 결정이다. ④는 피신고자의 행위가 범죄를 구성하고, 그를 입증할 자료(증거)도 있지만 사안이 경미한 경우 등 정상(情狀)을 참작하여 피신고자를 벌하지 않는 검사의 결정이다(기소편의주의). 이 경우에는 신고자에게 상금이 지급되기는 하지만, 그 상금은 극히 소액에 불과하다. 불기소처분 중에서 상금이 지급되는 유일한 경우이다. ⑤는 피신고자의 소재를 알지 못하거나 중요한 참고인의 진술을 들을 수 없는 경우 등에 일단 수사를 중단하였다가 나중에 수사를 재개할 사정

이 생기면 재기수사(再起搜査)를 하기 위한 결정이다.

'기소(起訴)'는 '공소제기(公訴提起)'를 말하는데, 두 종류가 있다. 하나는 정식재판 청구이고, 다른 하나는 '약식기소'이다. 뒤의 것은 서류만으로 재판을 하는 절차로써 벌금형의 '약식명령'을 구하는 검사의 결정이다. 이와 같은 재판절차가 종결된 후 해당 형벌이 '확정'되면 신고자는 상금의 지급을 신청할 수 있다. 우리의 재판 절차는 3심제(三審制)를 채택하고 있으므로, 경우에 따라서는 대법원의 판결 선고에 의해서 형이 확정될 수도 있다.

다음에는 공익신고서를 국민권익위원회에 제출하는 때부터 재판이 확정될 때까지의 과정을 정식재판의 절차와 약식재판의 절차로 구분하여 자세히 살펴본다.

1) 약식재판 절차

① 신고서의 접수

신고자가 신고서를 국민권익위원회에 제출하면 국민권익위원회는 이를 접수하여 담당자를 지정한다. 담당자는 요건을 갖춘 신고서에 대하여 수사 또는 행정처분의 관할기관이 어디인지를 검토한다.

② 신고서의 이첩

검토한 결과 수사사건인 경우에는 경찰청, 고용노동부, 지방자치단체 등에 이첩(移牒)한다. 그리고 공정거래위원회가 전담하는 사건은 공정거래위원회에 이첩한다.

과태료 또는 행정처분의 대상에 해당할 뿐 수사와는 무관한 사건은 과태료의 부과권자 또는 행정처분권자인 지방자치단체에 이첩한다. 과태료 및 행정처분에 관한 절차는 뒤에서 따로 설명하기로 하고, 여기에서는 수사사건의 절차만을 검토한다.

③ 신고사건의 초동수사

초동수사(初動搜査)를 담당하는 사법경찰관(일반사법경찰관인 경찰공무원 및 특별사법경찰관 모두 같다)은 신고자, 참고인, 피신고자 등을 조사하고, 증거를 수집하는 등의 방법으로 수사를 실행한다.

수사 과정에서 필요한 경우에는 검사에게 압수수색영장을 신청하거나 피신고자에 대한 구속영장을 신청할 경우도 있다.

④ 사건의 검찰 송치
사법경찰관이 수사를 마치면 기소 또는 불기소의 의견을 덧붙인 수사기록 일체를 관할 지방검찰청(또는 지방검찰청 지청)으로 송치(送致)한다. 만약 구속된 피의자가 있는 때에는 그에 대한 신병(身柄)도 검찰에 인계한다.

⑤ 약식기소(약식재판청구)
사건을 송치받은 검사는 기록의 검토 및 보완수사를 마친 뒤 불기소처분 또는 기소의 대상을 분류하고, 행정법령을 위반한 사건(공익신고사건의 대부분이 여기에 해당한다)으로서 재판이 필요한 사건은 대부분 약식재판을 청구한다. 이는 벌금형의 약식명령을 해달라는 검사의 법원에 대한 청구이다. 정식재판의 절차는 여기에서부터 다른 길을 걷게 된다. 이는 뒤에서 따로 설명한다.

⑥ 약식명령
약식재판을 청구받은 법관은 검사가 보내준 수사기록만을 검토한 뒤 정식재판에 회부할 수도 있으나, 거의 대부분의 사건에 대하여는 서류를 검토한 뒤 피고인(피신고자의 신분은 사법경찰관과 검사가 수사하는 절차에서는 '피의자'였다가 법원의 관할로 옮겨지면 '피고인'으로 바뀐다)에 대하여 벌금형의 납부를 명령한다. 이 명령이 확정되면 벌금은 검찰에서 징수한다.

⑦ 정식재판청구
약식명령을 받은 피고인은 7일 이내에만 정식재판을 청구할 수 있다. 정식재판이 청구되면 법원은 공판절차(公判節次)를 열어야 한다. 제1심의 소송절차가 진행된다. 그러나 대부분의 피고인은 정식재판을 청구하지 않는다.
신고서를 제출한 이후 피고인이 정식재판을 청구하지 아니하여 벌금형이 확정되기까지는 보통 6개월 내지 1년의 기간이 소요된다. 신고자는 이 때에 보상금 또는 포상금의 지급을 신청할 수 있게 된다.

⑧ 항소(抗訴)·상고(上告)

제1심 공판절차에 승복하지 못하는 피고인은 항소를 할 수 있고, 항소심의 재판 결과에도 불복(不服)하는 피고인은 대법원에 상고를 할 수 있다. 상고심은 서류심사를 하는 재판절차이다. 제3심인 대법원의 판결이 선고되면 그 즉시 재판은 확정된다.

만약 신고사건이 여기까지의 모든 과정을 거친다면 사건의 재판이 확정되기까지는 수년의 기간이 걸릴 수도 있다. 그러나 이러한 경우는 극히 드문 일일 것이다.

2) 정식재판 절차

위 ④의 단계까지는 약식재판의 절차에서 설명한 내용과 동일하다. 검사가 약식재판을 청구하지 아니하고 정식재판을 청구하는 사건은 사안이 매우 무겁다고 판단하여 징역형을 구형(求刑)할 정도의 사건이다. 이러한 사건은 그리 많지 않을 것이다. 이후의 절차는 위 약식사건에서 정식재판을 청구한 이후의 절차와 같다.

나. 행정처분과 과태료의 부과

여기에서 말하는 '행정처분'은 시정조치, 이행명령, 이행강제금의 부과, 과징금의 부과, 과태료의 부과, 영업정지, 허가·인가·승인·등록 등의 취소 등을 말한다.

이와 같은 행정처분을 받은 피신고자가 그 처분에 승복하지 않는 경우에는 법이 정한 절차에 따라 이의신청, 행정심판청구, 행정소송제기, 항고 등에 의하여 다툴 수 있다. 공무원 등에 대한 징계처분도 위와 같이 이해하면 된다.

이러한 모든 절차가 종결되면 신고자가 상금의 지급을 신청할 수 있다. 그러나 개별 법률에서 포상금의 지급을 규정한 법률 중에는 기소(起訴)된 사실만 확인되더라도 포상금을 지급하는 것으로 규정한 경우도 있다. 다음은 과태료의 부과 및 확정 절차와 행정처분의 절차에 관하여 구체적으로 검토한다.

1) 과태료의 절차
① 과태료의 부과

과태료는 해당 법률에서 어느 행위를 저지른 자에 대하여 과태료를 부과한다고 규정하고, 과태료를 부과할 기관이 어디이며, 그 액수는 얼마를 상한으로 한다는 내용을 규정한다. 대부분의 법률은 부과할 금액에 관하여는 시행령이 정하도록 위임한다.

과태료를 부과할 때에는 그 납부기한도 정한다. 과태료를 부과받은 당사자(피신고자)는 이에 불복하여 법원의 재판을 신청할 수도 있다. 이를 '항고'라고 한다.

② 항고(抗告)·재항고

과태료를 부과받은 피신고자가 부과된 과태료에 승복하지 않는 경우로서 항고를 하면 사건은 법원으로 넘겨진다. 법원은 「비송사건절차법」이 정한 절차에 의하여 재판을 하는데, 이는 원칙적으로 서류에 의한 재판절차이다. 항고심 재판에도 승복하지 못하는 항고인은 대법원에 재항고를 할 수 있다. 대법원의 재판이 결정되면 해당 사건은 확정되고, 신고자는 상금의 지급을 신청할 수 있게 된다.

2) 행정처분의 절차
① 행정처분의 종류

행정처분은 해당 법률에서 규정하는 기관이, 해당 법률에서 규정하는 요건에 해당하는 피신고자에게 내리는 명령이다.

시정명령, 과징금의 부과, 이행강제금의 부과, 영업정지, 신고·허가·인가·등록 등의 취소는 법적 요건을 갖추고 - 합법적으로 - 영업을 하는 자를 상대로 하는 행정처분이다.

법원의 재판절차는 법관에게 폭넓은 자유재량을 주고 있다. 그러나 행정처분은 법률과 시행령에서 명령권자(대부분은 기초지방자치단체의 장이다)에게 많은 재량을 허용하지 않는다.

② 불복절차(不服節次)

이들 행정처분에 대하여 불복하는 영업자는 이의신청, 행정심판의 청구, 행정소송의 제기 등의 절차에 의하여 다툴 수 있다. 이들 소정의 절차가 종결되어야만 사건이 확정된다. 신고자는 이러한 확정을 기다렸다가 상금의 지급을 신청할 수 있다.

그러나 법률이 영업정지에 갈음하는 과징금을 규정한 경우에는 위반행위자가 과징금을 선택하여 납부하고, 영업정지를 피할 수도 있다. 이러한 경우에는 사건은 즉시 종결된다.

5. 상금의 결정 기준

가. 국민권익위원회의 보상금

신고서를 국민권익위원회에 제출하면 국민권익위원회는 해당 신고서를 관할 수사기관이나 행정기관에 이첩한다. 이를 이첩받은 기관에서는 수사결과 또는 행정처분의 결과를 국민권익위원회에 통지한다. 이러한 경우에는 국민권익위원회가 해당 사건의 처리결과를 알고 있으므로, 스스로 '보상금' 또는 '포상금'의 지급액을 결정하여 신고자에게 통지한다.

위와는 달리 신고서를 수사기관 또는 행정기관에 직접 제출한 경우에는 수사기관 또는 행정기관이 수사 또는 행정처분의 결과를 국민권익위원회에 통지해주면서 포상금의 지급을 '추천'하여야만 국민권익위원회가 상금을 결정할 수 있다. 종전의 「공익신고자 보호법」(2016. 1. 25. 개정되기 전의 것)이 시행되던 때에는 수사기관과 행정기관에서 국민권익위원회에 통지나 추천을 하지 않더라도 신고자가 상금의 지급을 신청할 수 있었다. 그러나 이제는 위 법이 개정됨에 따라 수사기관 또는 행정기관에서 국민권익위원회에 추천을 하지 아니할 경우에는 다소 어려운 문제가 발생할 수도 있을 것으로 예상된다(시행 초기의 혼선).

다음의 고시는 법 시행령 제22조제4항이 위임한 사항에 관하여 국민권익위원회 위원장이 정하여 고시한 내용이다. 따라서 이 고시는 법령과 같은 효력을 갖는다.

공익신고 보상금의 지급기준 등에 관한 규정

제정 2014. 10. 31. 국민권익위원회 고시 제2014-1호
개정 2016. 1. 25. 국민권익위원회 고시 제2016-1호

제1조(목적) 이 규정은 「공익신고자 보호법」(이하 "법"이라 한다) 제26조 및 같은 법 시행령(이하 "영"이라 한다) 제22조에 따른 공익신고 보상금(이하 "보상금"이라 한다)의 세부적인 지급기준, 지급방법 및 지급절차 등을 규정함을 목적으로 한다.

제2조(보상금의 지급신청) ① 내부 공익신고자는 법 제26조에 따라 공익신고로 인하여 국가 또는 지방자치단체에 직접적인 수입의 회복 또는 증대를 가져오거나 그에 관한 법률관계가 확정된 때에 국민권익위원회(이하 "위원회"라 한다)에 보상금의 지급을 신청할 수 있다.

② 법 제2조제2호에 따라 공익신고로 보지 아니하는 경우 또는 법 제10조제2항에 따라 조사를 하지 아니하거나 중단하고 끝낼 수 있는 경우에는 위원회에 보상금의 지급을 신청할 수 없다.

↳법 제2조(정의) 이 법에서 사용하는 용어의 정의는 다음과 같다.
  2. "공익신고"란 제6조 각 호의 어느 하나에 해당하는 자에게 공익침해행위가 발생하였거나 발생할 우려가 있다는 사실을 신고·진정·제보·고소·고발하거나 공익침해행위에 대한 수사의 단서를 제공하는 것을 말한다. 다만, 다음 각 목의 어느 하나에 해당하는 경우는 공익신고로 보지 아니한다.
    가. 공익신고 내용이 거짓이라는 사실을 알았거나 알 수 있었음에도 불구하고 공익신고를 한 경우
    나. 공익신고와 관련하여 금품이나 근로관계상의 특혜를 요구하거나 그 밖에 부정한 목적으로 공익신고를 한 경우

↳법 제10조(공익신고의 처리) ② 조사기관은 공익신고가 다음 각 호의 어느 하나에 해당하는 경우에는 조사를 하지 아니하거나 중단하고 끝낼 수 있다.
1. 공익신고의 내용이 명백히 거짓인 경우
2. 공익신고자의 인적사항을 알 수 없는 경우
3. 공익신고자가 신고서나 증명자료 등에 대한 보완 요구를 2회 이상 받고도 보완 기간에 보완하지 아니한 경우
4. 공익신고에 대한 처리 결과를 통지받은 사항에 대하여 정당한 사유 없이 다시 신고한 경우
5. 공익신고의 내용이 언론매체 등을 통하여 공개된 내용에 해당하고 공개된 내용 외에 새로운 증거가 없는 경우
6. 다른 법령에 따라 해당 공익침해행위에 대한 조사가 시작되었거나 이미 끝난 경우
7. 그 밖에 공익침해행위에 대한 조사가 필요하지 아니하다고 대통령령으로 정하는 경우

   ↳**대통령령 제12조(조사가 필요하지 아니한 경우)** 법 제10조제2항제7호에서 "대통령령으로 정하는 경우"란 다음 각 호의 어느 하나에 해당하는 경우를 말한다.
   1. 신고 내용이 공익침해행위와 관련성이 없는 경우
   2. 공익침해행위를 증명할 수 있는 증거가 없는 경우
   3. 다른 법령 또는 그 위임에 따라 해당 공익침해행위에 대한 조사를 하지 아니할 수 있도록 한 경우

제3조(보상금의 산정기준) ① 위원회는 영 제22조제1항에 따라 보상금을 산정함에 있어 다음 각 호의 사유를 고려하여 보상심의위원회의 심의·의결을 거쳐 보상금을 감액하거나 지급하지 아니할 수 있다.
1. 신고 내용의 정확성이나 증거자료의 신빙성
2. 신고한 공익침해행위가 신문·방송 등 언론에 의하여 이미 공개된 것인지 여부
3. 내부 공익신고자가 공익신고와 관련한 불법행위를 하였는지 여부

4. 내부 공익신고자가 공익침해행위 제거 및 예방 등에 이바지한 정도
5. 내부 공익신고자가 법 제26조제2항 단서에 따라 관계 행정기관 등에 신고할 의무를 가졌는지 또는 직무와 관련하여 공익신고를 하였는지 여부

② 제1항에 따른 감액사유별 감액은 30% 범위 안에서 할 수 있고, 감액사유를 중복 적용하는 경우에는 총 감액비율이 보상금의 50%를 초과하여서는 아니 된다. 다만, 내부 공익신고자가 공익침해행위를 계획하거나 공익침해에 주도적 역할을 한 경우 등 특별한 사유가 있는 경우에는 그러하지 아니 하다.

③ 제1항 각 호의 감액사유가 확인될 경우 증빙자료 등을 확보하여 별표의 기준에 따라 감액할 수 있다.

[별표]

보상금의 감액기준(제3조제3항 관련)

1. 감액 원칙

   아래 감액사유를 적용할 경우에 중복되는 항목이 발생하더라도 최고 50% 감액비율을 상한선으로 하고, 단일 항목으로는 최고 30% 이하 적용을 원칙으로 한다.

2. 감액사유별 감액비율 및 기준

가. 신고 내용의 정확성이나 증거자료의 신빙성

등급 (감액비율)	감 액 기 준
최상(0%)	제시된 자료가 공익침해행위를 직접적으로 입증할 수 있을 정도로 구체적이고 정확하여 추가 조사의 필요성이 거의 없는 경우
상(10%)	제시된 자료가 대체로 공익침해행위를 직접적으로 입증할 수 있을 정도로 구체적이고 정확하나 일부 증거가 누락되거나 부족하여 자료 확보를 위한 추가 조사가 일부 필요한 경우
중(20%)	제시된 자료가 공익침해행위를 직접적으로 입증할 수준에는 미치지 못하나, 공익침해행위 사실을 육하원칙에 따라 구체적으로 기술한 자료와 이를 간접적으로 입증할 수 있는 상당한 증거인 경우
하(30%)	증거자료의 구체성 및 정확성 정도가 "중"에는 미치지 못하나, 공익침해행위의 적발에 중요한 단서에 해당한 경우

나. 내부 공익신고자가 공익신고와 관련한 불법행위를 하였는지 여부(공익침해행위에 가담 정도)

등급 (감액비율)	감 액 기 준
중(10%)	내부 공익신고자가 단순히 공익침해행위 실행에 일조하였거나 공익침해행위 실행이 용이해지도록 간접적으로 도움을 준 경우 (내부 공익신고자가 공익침해행위 종범으로 기소 등 신분상 처분을 받은 경우는 직접적인 공익침해행위 가담으로 보아 "하(30%)" 적용)
하(30%)	내부 공익신고자가 공익침해행위에 적극적으로 가담한 사실이 인정되는 경우 (기소 등 신분상 처분을 받은 경우)

* 내부 공익신고자가 공익침해행위를 계획하거나 공익침해에 주도적 역할을 한 경우, 법원의 유죄판결을 받은 경우, 신고와 관련하여 금품수수·근로계약상의 특혜 요구·사기·협박·명예훼손 등을 한 경우 기타 불법 행위에 대하여는 보상금을 지급하지 아니한다.

다. 신고한 공익침해행위가 신문·방송 등 언론에 의하여 이미 공개된 것인지 여부

등급 (감액비율)	감 액 기 준
상(0%)	신고한 공익침해행위가 신고 이전에 언론매체에 의하여 공개된 적이 전혀 없는 경우
중(10%)	공개 이후 신고하였으나, 공익침해 신고내용이 공익침해의 혐의 입증에 직접적인 단서를 제공한 경우
하(30%)	공개 이후 신고하였으나, 공익침해 신고내용이 공익침해의 혐의 입증에 간접적인 단서를 제공한 경우

라. 내부 공익신고자가 공익침해행위 제거 및 예방 등에 이바지한 정도

1) 공익침해행위의 제거(해결) 기여도

등급 (감액비율)	감 액 기 준
상(0%)	내부 공익신고자가 참고인 진술조서 작성 등에 적극적으로 참여하는 등 공익침해행위 사건 해결에 크게 기여한 경우
중(10%)	신고 이외 사건 조사에 소극적으로 참여하거나 필요한 진술을 기피하는 경우
하(30%)	신고 이외 연락 두절, 방임 등 사건 조사에 비협조하는 경우

2) 공익침해행위의 예방 기여도

등급 (감액비율)	감 액 기 준
상(0%)	신고 내용이 공익침해행위와 관련성이 많고 직접적이며 중대한 경우
중(10%)	신고 내용이 공익침해행위와 관련성이 "상"에는 미치지 못하나 직간접적인 경우
하(30%)	신고 내용이 공익침해행위와 관련성이 적고 간접적이며 경미한 경우

* 공익침해행위란 '국민의 건강과 안전, 환경, 소비자의 이익 및 공정한 경쟁을 침해하는 행위로서 공익침해행위 대상 법률의 벌칙 또는 행정처분의 대상이 되는 행위(법 제2조)

3. 기타 영 제22조의 사유를 고려하여 보상금을 감액하거나 지급하지 아니 하는 경우 공익신고서, 신고심사의견서 등 자료 검토, 신고사건 담당 조사관과의 면담 등을 통하여 영 제22조의 사유가 확인될 경우 증빙자료 등을 확보하여 보상심의위원회의 심의·의결을 거쳐 보상금을 감액하거나 지급하지 아니할 수 있다.

제4조(보상금 지급 제한) 위원회는 제3조제1항 각 호에 따라 보상금을 산정함에 있어 다음 각 호의 어느 하나에 해당하는 경우에는 보상심의위원회의 심의·의결을 거쳐 보상금을 지급하지 아니할 수 있다.
1. 피신고자를 구체적으로 특정하지 않고 불특정 다수인을 대상으로 무작위로 신고하여 법 제8조의 공익신고의 방법을 따르지 아니한 경우
2. 공익침해행위에 대한 개별적이고 구체적인 증거 없이 누구든지 인터넷 검색, 정보공개청구 등을 통해 수집할 수 있는 자료만으로 신고하여 신고 내용의 정확성이나 증거자료의 신빙성이 크게 떨어지는 경우
3. 보상금을 받을 목적으로 내부 공익신고자끼리 미리 공모하거나 피신고자가 공익침해행위를 저지르도록 의도적으로 유인 또는 조장하는 등 부정한 방법으로 피신고자의 위반사실을 신고하는 경우
4. 공익신고로 인한 시정명령, 원상회복명령 등의 처분이 종료되고, 해당 처분의 불이행 등을 원인으로 한 과징금, 과태료, 이행강제금 등의 부과에 대해 보상금의 지급을 신청하는 경우
5. 공익신고로 인한 행정지도, 시정명령, 원상회복명령 등 비금전적 처분이 있었음에도 불구하고 과징금, 과태료, 이행강제금, 벌금 등의 부과를 통해 보상금을 받을 목적으로 다시 고발하거나 신고하는 경우
6. 피신고자 또는 법 제6조의 공익신고 기관 등이 신고 내용 등을 이미 인지하여 개선 조치 중인 사항을 신고하는 경우
7. 내부 공익신고자와 피신고자가 공익신고와 관련하여 피해보상 등에 합의한 경우

제5조(공직자의 보상금 지급 제한) 영 제22조제1항 단서에 따라 다음 각 호의 어느 하나에 종사 중이거나 종사하였던 공직자가 공익침해행위의 조사·수사 직무수행과 관련하여 인지한 내용을 신고한 경우에는 보상금을 지급하지 아니 한다.
1. 공익침해행위에 대한 조사업무
2. 검찰·경찰 등 수사업무

제6조(보상금의 지급건수) ① 보상금 지급은 내부 공익신고자의 보상금 신청에 대하여 제2조제1항에 따른 보상금 신청 요건이 확정된 순서대로 연간 1인당 10건을 초과할 수 없다. 다만, 위원회가 공익에 기여한 정도 및 사회적 파급 효과가 크다고 예외적으로 인정하는 경우에는 보상금 지급건수 산정에서 제외할 수 있다.
② 연간 보상금 지급건수는 보상금 신청일을 기준으로 산정한다. 다만, 제2조에 따른 보상금 신청 요건이 확정되기 전에 위원회에 보상금 지급신청을 한 경우, 보상금 신청 요건이 확정된 때를 신청일로 본다.
③ 제1항에 따른 보상금 지급건수는 내부 공익신고자가 1회에 다수의 공익침해행위를 신고하고 그에 따른 보상금 지급신청을 하더라도 각 개별 공익침해행위를 1건의 보상금 지급 신청으로 본다.

제7조(신청인의 동일인 간주) ① 제6조의 보상금 지급건수는 신청인이 건수 산정 배제를 목적으로 신청인의 배우자, 직계존비속, 형제자매 등 타인의 명의를 사용하여 보상금을 지급받은 경우를 포함하여 실질적으로 신청인에게 지급된 건수를 합하여 산정한다.
② 위원회는 제1항의 사실을 확인·심사할 필요가 있는 경우 신청인에게 신분증 사본, 예금통장 사본 등 통상적인 보상금 신청 서류 외에 법 제26조제5항에 따라 보상금 신청일로부터 3개월 이내에 발급받은 신청인의 가족관계증명서 등본 등을 추가로 제출하도록 요구할 수 있다.

③ 위원회는 신청인이 연간 보상금 지급건수를 초과하여 보상금의 지급을 신청하는 경우에는 접수하지 아니할 수 있다.

제8조(다수 신고자의 보상금 지급) ① 법 제8조제1항에 따른 신고를 관계 행정기관에서 이미 조사 또는 수사 중인 때에 다른 내부 공익신고자가 동일한 내용의 신고를 하여 병합 처리한 경우 최초 내부 공익신고자에게 보상금을 전액 지급할 수 있다.
② 제1항에 따른 보상금 지급의 경우 다른 내부 공익신고자가 새로운 사실 등을 추가하여 신고하였으나 관계 행정기관에서 병합 처리한 경우 공익침해행위의 제거 및 예방에 이바지한 정도 등을 종합적으로 고려하여 각각의 내부 공익신고자에게 배분한다.
③ 2명 이상이 공동명의로 동일한 내용의 신고를 하고 보상금을 신청한 때에는 보상금을 균분하여 지급하는 것을 원칙으로 한다. 다만, 신청자들이 대표자를 지정하고 그 대표자를 통하여 보상금을 신청하면서 배분 방법에 관하여 미리 합의하여 보상금 지급을 신청한 때에는 그 합의된 방법에 따라 지급할 수 있다.

제9조(대리인의 선임) ① 공익보호지원과장은 신청인이 「행정절차법」 제12조제1항에 따라 다음 각 호의 어느 하나에 해당하는 사람을 대리인으로 선임하여 보상금 지급을 신청하게 할 수 있다.
1. 신청인의 배우자, 직계존비속 또는 형제자매
2. 신청인이 법인등인 경우 그 임원 또는 직원
3. 변호사
4. 다른 법령등에 따라 당해 신청인의 대리인이 될 수 있는 자
② 공익보호지원과장은 제1항에 따른 보상금 지급 신청을 받은 경우 위임 사실과 위임의 범위 등을 신청인 또는 대리인을 통하여 서면(전자문서를 포함한다. 이하 같다)으로 증명하도록 하여야 한다.

③ 공익보호지원과장은 대리인의 대리권 수여를 인정할 경우 대리인으로 하여금 지체 없이 별지 서식의 대리인 선임 신고서, 신청인 및 대리인의 신분증 사본 등을 제출하도록 하여야 한다.

④ 공익보호지원과장은 제3항에 따라 보상금 지급 신청을 받은 경우 신청인과 대리인을 상대로 신청서와 대리인 선임 신고서 등의 기재내용에 대한 사실 여부를 확인하여야 하며, 위임관계 등이 허위인 경우에는 신고심사심의관의 결재를 받아 이를 처리하지 아니할 수 있다.

⑤ 공익보호지원과장은 대리인이 신청인을 위하여 보상금 지급 신청사건에 대한 사실 관계 진술 및 주장, 위원회에서 송달한 문서의 수령 등 일체의 행위를 하도록 할 수 있다. 다만, 대리권의 범위를 명시한 경우에는 그 범위 안에서 대리행위를 하도록 할 수 있다.

⑥ 공익보호지원과장은 신청인이 대리인 선임을 철회하거나 다른 대리인으로 변경한 경우에는 그 사실을 위원회에 서면으로 통보하도록 하여야 한다.

⑦ 공익보호지원과장은 대리권에 흠이 있는 대리인의 행위에 대하여 대리권을 수여한 신청인이 추인한 경우에는 대리권의 흠이 없어진 것으로 할 수 있다.

제10조(보상금 부정 신청의 처리) 신청인이 제7조제3항 또는 제9조를 위반하여 보상금 지급을 부정 신청하는 경우에는 연도 이월하여 누적 관리하고, 3회 이상 적발된 신청인에 대하여는 차후 보상금 지급 신청을 접수하지 아니할 수 있다.

제11조(보상금 지급 신청의 종결) 공익보호지원과장은 신청인의 보상금 지급 신청이 다음 각 호의 어느 하나에 해당하는 경우에는 신고심사심의관의 결재를 받아 보상심의위원회의 심의·의결을 거치지 않고 보상금 지급 절차를 종결할 수 있다.
1. 법 제2조에 따른 공익침해행위 대상법률에 포함되지 아니하는 경우
2. 법 제26조제1항에 따른 법률관계의 확정 등 보상금 신청 요건이 완성되지 아니한 경우

↳법 제26조(보상금) ① 내부 공익신고자는 공익신고로 인하여 다음 각 호의 어느 하나에 해당하는 부과 등을 통하여 국가 또는 지방자치단체에 직접적인 수입의 회복 또는 증대를 가져오거나 그에 관한 법률관계가 확정된 때에는 위원회에 보상금의 지급을 신청할 수 있다.
  1. 벌칙 또는 통고처분
  2. 몰수 또는 추징금의 부과
  3. 과태료 또는 이행강제금의 부과
  4. 과징금(인허가 등의 취소·정지 처분 등을 갈음하는 과징금 제도가 있는 경우에 인허가 등의 취소·정지 처분 등을 포함한다)의 부과
  5. 그 밖에 대통령령으로 정하는 처분이나 판결
    ↳대통령령 제21조(보상금 지급 사유) 법 제26조제1항제5호에서 "대통령령으로 정하는 처분이나 판결"이란 다음 각 호의 어느 하나에 해당하는 처분·판결을 말한다.
      1. 국세 또는 지방세의 부과
      2. 부담금 또는 가산금 부과 등의 처분
      3. 손해배상 또는 부당이득 반환 등의 판결
  ③ 제1항에 따른 보상금의 지급신청은 국가 또는 지방자치단체에 수입의 회복이나 증대에 관한 법률관계가 확정되었음을 안 날부터 2년 이내, 그 법률관계가 확정된 날부터 5년 이내에 하여야 한다. 다만, 정당한 사유가 있는 경우에는 그러하지 아니하다.
3. 법 제26조제3항에 따른 보상금 지급 신청기간이 경과한 경우
4. 보상금 지급 신청인의 인적사항 등을 확인할 수 없는 경우
5. 제6조에 따른 연간 1인당 보상금의 지급건수를 초과하여 보상금의 지급을 신청하는 경우
6. 그 밖에 보상금 지급 신청에 명백히 타당성이 없다고 인정되는 경우

제12조(보상금의 지급 예산) 보상금은 당해년도 예산의 범위 안에서 지급한다. 다

만, 해당년도 예산이 부족한 경우 다음년도 예산에서 지급할 수 있다.

제13조(재검토기한) 「훈령·예규 등의 발령 및 관리에 관한 규정」에 따라 이 훈령에 대하여 2016년 7월 1일을 기준으로 매 3년이 되는 시점(매 3년째의 6월 30일까지를 말한다)마다 그 타당성을 검토하여 개선 등의 조치를 하여야 한다.

부칙 〈국민권익위원회 고시 제2014-1호, 2014.10.31.〉
제1조(시행일) 이 규정은 고시한 날부터 시행한다.
제2조(적용례) 이 규정은 이 규정 시행 후 최초로 한 공익신고부터 적용한다.
제3조(재검토 기한) 이 규정은 2017년 10월 31일까지 「훈령·예규 등의 발령 및 관리에 관한 규정」(대통령훈령 제248호) 제7조제3항제2호에 따라 재검토하여야 한다.

부칙 〈국민권익위원회 고시 제2016-1호, 2016.1.25.〉
이 고시는 2016년 1월 25일부터 시행한다.

나. 국민권익위원회의 포상금

국민권익위원회가 「공익신고자 보호법」의 관련 규정에 따라 지급하는 '보상금'은 법령이 규정하는 지급 요건을 충족하기만 하면 국민권익위원회는 반드시 해당 보상금을 '내부신고자'에게 지급하여야 한다. 다만, 예산이 없는 경우에는 예외이다.
그러나 위 법률의 규정에 따라 '외부신고자'에게 지급하는 '포상금'은 국민권익위원회가 직권에 의하여 선정하거나 조사·수사기관에서 추천을 하고, 국민권익위원회가 심의한 결과에 따라 포상금을 지급하거나 지급하지 아니할 수도 있다.
'추천'과 관련하여 법령의 시행 초기에는 다소 혼선을 빚을 가능성이 예상된다. 관련 법령을 제대로 숙지하지 못한 조사관 또는 수사관이 추천을 누락하거나 추천 기준을 잘못 해석하는 경우 등을 말한다. 그러나 이 포상금은 신고자가 권리로써 청구할 수 있는 것이 아니기 때문에 조사나 수사를 담당하는 기관 또는 공무원에 대하여 '청탁' 또는 청탁 유사한 요구를 해야 할 경우도 있을 것이다.

이와 관련하여 위의 '요구행위'가 이른바 '김영란법'이라고 불리는 「부정청탁 및 금품등 수수의 금지에 관한 법률」의 규정에 위반하는 것은 아닌지 의문을 가질 수 있다. 결론부터 말하자면 포상의 추천을 해달라는 요구를 하는 행위는 위 법에 저촉되지 않는다. 위 법 제5조제2항의 규정에 의한 정당한 행위이기 때문이다.

본인의 신고사건에 관하여 조사 또는 수사를 담당한 공무원에 대하여 국민권익위원회에 포상을 추천해달라는 '요구', '질문' 또는 '상담'을 하는 행위는 위 법 제5조제1항이 규정하는 '청탁'에 해당하지 않는다. 이는 위 법의 같은조제2항에서 규정한 "질의 또는 상담형식을 통하여 직무에 관한 법령·제도·절차 등에 대하여 설명이나 해석을 요구하는 행위 및 그 밖에 사회상규(社會常規)에 위배되지 아니하는 것으로 인정되는 행위"에 해당한다.

아래에서 소개하는 국민권익위원회의 「공익신고 보상금 및 포상금 사무 운영지침」은 위원회 내부에서만 적용하는 예규이므로, 공익신고자에게는 직접 법령의 효력을 갖지는 못한다. 그러나 '포상금'과 관련한 중요한 의미를 갖고 있으므로, 여기의 지면을 할애하여 인용한다.

공익신고 보상금 및 포상금 사무 운영지침

제정 2011. 9.30. 국민권익위원회 예규 제43호
개정 2014. 9.29. 국민권익위원회 예규 제70호
전부개정 2016. 1.25. 국민권익위원회 예규 제95호

제1장 총 칙

제1조(목적) 이 예규는 「공익신고자 보호법」(이하 "법"이라 한다) 및 같은 법 시행령(이하 "영"이라고 한다)이 규정하고 있는 공익신고 보상금(이하 "보상금"이라 한다) 및 공익신고 포상금(이하 "포상금"이라 한다) 지급 업무 처리 절차를 정

함으로써 보상금 및 포상금 제도의 적정한 운영을 기함을 목적으로 한다.

제2장 보상금 지급 신청 및 조사

제2조(내부 공익신고자) ① 법 제2조제7호 및 영 제3조의2에 따라 내부 공익신고자는 다음 각 호의 어느 하나에 해당하는 자를 말한다.

1. 피신고자인 공공기관, 기업, 법인, 단체 등에 소속되어 근무하거나, 근무하였던 자
2. 피신고자인 공공기관, 기업, 법인, 단체 등과 공사·용역계약 또는 기타 계약에 따라 업무를 수행하거나, 수행하였던 자
3. 피신고자인 공공기관, 기업, 법인, 단체 등에 소속되어 근무하기 전에 피신고자인 공공기관, 기업, 법인, 단체 등에서 직무교육 또는 현장실습 등 교육 또는 훈련을 받고 있거나 받았던 자
4. 피신고자인 공공기관의 감독을 받는「공직자윤리법」제3조의2에 따라 지정된 공직유관단체에 소속되어 근무하거나 근무하였던 자
5. 피신고자인 기업, 법인 등과 다음 각 목의 어느 하나에 해당하는 관계에 있는 기업, 법인 등에 소속되어 근무하거나 근무하였던 자

    가.「독점규제 및 공정거래에 관한 법률」제2조제3호에 따른 계열회사의 관계

    ↳「독점규제 및 공정거래에 관한 법률」제2조(정의) 이 법에서 사용하는 용어의 정의는 다음과 같다.

    3. "계열회사"라 함은 2 이상의 회사가 동일한 기업집단에 속하는 경우에 이들 회사는 서로 상대방의 계열회사[3]라 한다.

---

[3] 2016년 현재 공정거래위원회가 지정·고시한 기업집단 중 사기업집단은 삼성, 현대자동차, 에스케이, 엘지, 롯데, 지에스, 한화, 현대중공업, 한진, 두산, 신세계, 씨제이, 부영, 엘에스, 대림, 금호, 아시아나, 현대백화점, 현대, 오씨아이, 효성, 미래에셋, 영풍, 하림, 케이씨씨, 한국타이어, 코오롱, 교보생명보험, 한국투자금융, 동부, 한라, 동국제강, 한진중공업, 세아, 중흥건설, 이랜드, 태광, 태영, 아모레퍼시픽, 현대산업개발, 셀트리온, 하이트진로, 삼천리, 한솔, 금오석유화학, 카카오, 포스코, 케이티, 대우조선해양, 에쓰-오일, 대우건설, 케이티엔지, 한국지엠 등 52개 그룹이다.

나. 「주식회사의 외부감사에 관한 법률」 제1조의2제2호 및 같은 법 시행령 제1조의3에 따른 지배·종속의 관계

> 「주식회사의 외부감사에 관한 법률」 제1조의2(정의) 이 법에서 사용하는 용어의 뜻은 다음과 같다.
> 2. "연결재무제표"란 주식회사와 다른 회사(조합 등 법인격이 없는 기업을 포함한다)가 대통령령으로 정하는 지배·종속의 관계에 있는 경우 지배하는 회사(주식회사만을 말한다. 이하 "지배회사"라 한다)가 작성하는 다음 각 목의 서류를 말한다.
> 가. 연결재무상태표
> 나. 연결손익계산서 또는 연결포괄손익계산서
> 다. 그 밖에 대통령령으로 정하는 서류

> 「주식회사의 외부감사에 관한 법률 시행령」 제1조의3(지배·종속의 관계)
> ① 법 제1조의2제2호에서 "대통령령으로 정하는 지배·종속의 관계"란 주식회사가 경제활동에서 효용과 이익을 얻기 위하여 다른 회사(조합 등 법인격이 없는 기업을 포함한다)의 재무정책과 영업정책을 결정할 수 있는 능력을 가지는 경우로서 그 주식회사(이하 "지배회사"라 한다)와 그 다른 회사(이하 "종속회사"라 한다)의 관계를 말한다. 이 경우 지배·종속의 관계는 법 제13조제1항제1호에 따른 회계처리기준(이하 "한국채택국제회계기준"이라 한다) 또는 법 제13조제1항제2호에 따른 회계처리기준에 따라 판단하여야 한다.

6. 그 밖에 피신고자인 공공기관, 기업, 법인, 단체 등의 지도 또는 관리·감독을 받는 자로서 공익신고로 인하여 피신고자인 공공기관, 기업, 법인, 단체 등으로부터 불이익조치를 받을 수 있는 자

제3조(보상금의 지급사유 등) ① 국민권익위원회(이하 "위원회"라 한다)는 법 제26조제1항에 따라 내부 공익신고자의 공익신고로 인하여 다음 각 호의 어느 하나에 해당하는 부과 등을 통하여 국가 또는 지방자치단체에 직접적인 수입의 회

복 또는 증대를 가져오거나 그에 관한 법률관계가 확정된 때 보상금을 지급할 수 있다.
1. 벌칙 또는 통고처분
2. 몰수 또는 추징금의 부과
3. 과태료 또는 이행강제금의 부과
4. 과징금(인·허가 등의 취소·정지처분 등에 갈음하는 과징금 제도가 있는 경우에 인·허가 등의 취소·정지처분 등을 포함한다)의 부과
5. 국세 또는 지방세의 부과
6. 부담금 또는 가산금 부과 등의 처분
7. 손해배상 또는 부당이득 반환 등의 판결

② 제1항 각 호의 어느 하나에 해당하는 부과 등은 공익신고 내용 및 증거 등과 직접적으로 관련된 것에 한한다.

③ 내부 공익신고자는 제1항 각 호에 따른 지급사유가 있는 때에는 위원회에 보상금의 지급을 신청할 수 있다.

④ 제3항에 따른 보상금 지급신청은 국가 또는 지방자치단체에 수입의 회복이나 증대에 관한 법률관계가 확정되었음을 안 날부터 2년 이내, 그 법률관계가 확정된 날부터 5년 이내에 하여야 한다. 다만, 내부 공익신고자가 제1항 각 호의 피고인, 상대방 또는 당사자가 아니어서 보상금 지급사유를 알 수 없는 상태로 신청기간이 경과되는 등 정당한 사유가 있는 경우에는 그러하지 아니하다.

제4조(보상금 지급 신청) ① 공익보호지원과장은 내부 공익신고자가 제3조에 따라 보상금 지급을 신청하는 경우 별지 제1호서식의 보상금 지급 신청서(이하 "신청서"라 한다)에 보상금 지급을 신청한 사람(이하 "신청인"이라 한다)의 인적사항, 내부 공익신고자 범위, 공익신고 내용, 공익신고 기관 및 조사·수사결과, 다른 법령 등에 따른 보상금 등의 수령 여부, 보상금 지급 신청 금액 및 신청인이 보상금을 수령할 수 있는 금융기관의 예금계좌 등에 관한 사항을 기재하도록 한 후 다음 각 호의 서류를 첨부하여 제출하도록 하여야 한다.

1. 신청인의 신분을 증명할 수 있는 신분증 사본
2. 신청인이 내부 공익신고자임을 입증할 수 있는 자료[4]
3. 신청인이 보상금을 수령할 수 있는 금융기관의 예금통장 사본
4. 그 밖에 보상금 지급 결정 등에 참고가 될 수 있는 서류 등

② 제1항에 따른 신청서는 방문·우편·모사전송·전자문서 등의 방법으로 접수할 수 있다. 다만, 우편·모사전송·전자문서 등으로 신청서를 제출받은 경우 공익보호지원과장은 전화 등의 방법으로 신청인의 인적사항 및 신청서의 제출 여부 등을 확인하고, 인적사항 등을 확인할 수 없는 경우에는 이를 처리하지 아니할 수 있다.

③ 공익보호지원과장은 신청서를 접수한 날짜순으로 위원회 내에 구축되어 있는 부패·공익 업무처리 시스템(이하 "시스템"이라 한다)의 보상금 지급 신청 접수처리부에 입력하여 관리하여야 한다.

④ 공익보호지원과장은 신청서를 접수한 후 지체 없이 조사관을 지정하고 신청인에게 법 제28조에 따른 다른 법령 등에 따른 보상금 및 포상금의 청구 및 공제 등 유의사항과 보상금 지급 신청의 진행에 관한 사항을 안내하여야 한다.

제5조(대표자의 선정 등) ① 공익보호지원과장은 2명 이상이 연명으로 공익신고를 하고 보상금 지급을 신청하는 경우 그 중 1명을 대표자로 선정하게 할 수 있다.

② 제1항에 따라 대표자로 선정된 자가 보상금 지급을 신청하려는 경우에는

---

[4] "내부 공익신고자임을 입증할 수 있는 자료"라 함은 재직증명서, 경력증명서, 신분증사본, 계약서 등이 될 것이다. 그런데 위 규정은 국민권익위원회가 이러한 자료의 제출을 요구할 수 있다고 규정하였다. 그렇지만 공익신고자로서는 이러한 서류를 제출하는 데에 두려움을 갖는 경우가 많을 것이다. 이러한 서류를 준비하는 과정에서 자칫 신고사실이 노출될 수도 있다. 따라서 「공익신고자 보호법」은 신고자의 신상에 대한 정보는 철저히 비밀을 보장하도록 제도적 장치를 마련하고 있다. 위 규정은 모순이 아닐 수 없다. 공익신고자가 국민권익위원회로부터 위와 같은 서류의 제출을 요구받을 때에는 그러한 서류를 제출할 수 없는 사유를 구체적으로 적은 '소명서'를 제출함으로써 해결을 모색할 수 있을 것이다. 이러한 소명서를 제출하면 국민권익위원회는 더 이상 그러한 서류의 제출을 요구할 수 없을 것이다. 제출하는 문서의 제목은 '진술서', '자술서', '의견서' 등 어느 것이나 무방하며, 그 내용은 내부공익신고자임을 증명할만한 자료를 제출할 수 없는 사유가 구체적으로 설명되어야 할 것이다.

별지 제3호서식의 대표자 선정서와 보상금 배분에 관한 합의서(접수 후에 제출 가능), 대표자 및 선정자의 신분증 사본 및 보상금을 수령할 사람의 예금통장 사본을 신청서와 함께 제출하도록 하여야 한다.

③ 공익보호지원과장은 대표자가 선정된 경우 선정자들은 제1항에 따른 대표자를 통해서 당해 보상금 지급 신청 사건에 관한 행위를 하도록 하여야 한다. 다만, 제8조제1항에 따라 신청을 취소하는 경우에는 취소하는 서면에 선정자들의 동의서를 붙여 제출하도록 하여야 한다.

④ 공익보호지원과장은 제2항에 따른 신청서를 제출받은 경우 선정자들과 대표자를 상대로 신청서 및 대표자 선정서 등의 기재내용에 대한 사실 여부를 확인하여야 하며, 대표자 선정 등이 허위인 경우에는 신고심사심의관의 결재를 받아 이를 처리하지 아니할 수 있다.

⑤ 제1항에도 불구하고 연명으로 공익신고를 한 자가 대표자를 선정하지 않고 보상금 지급을 신청하는 경우 공익보호지원과장은 보상금 배분에 관한 합의서(접수 후에 제출 가능)와 각자의 신분증 사본 및 보상금을 수령할 사람 명의의 예금통장 사본을 신청서와 함께 제출하도록 하여야 한다.

제6조(대리인의 선임 등) ① 공익보호지원과장은 신청인이 「행정절차법」 제12조제1항에 따라 다음 각 호의 어느 하나에 해당하는 사람을 대리인으로 선임하여 보상금 지급을 신청하게 할 수 있다.

1. 신청인의 배우자, 직계존속·비속 또는 형제자매
2. 신청인이 법인등인 경우 그 임원 또는 직원
3. 변호사
4. 다른 법령 등에 따라 당해 신청인의 대리인이 될 수 있는 자

② 공익보호지원과장은 제1항에 따른 보상금 지급 신청을 받은 경우 위임 사실과 위임의 범위 등을 신청인 또는 대리인을 통하여 서면(전자문서를 포함한다. 이하 같다)으로 증명하도록 하여야 한다.

③ 공익보호지원과장은 대리인의 대리권 수여를 인정할 경우 대리인으로 하여

금 지체 없이 별지 제4호서식의 대리인 선임 신고서, 신청인 및 대리인의 신분증 사본 등을 제출하도록 하여야 한다.

④ 공익보호지원과장은 제3항에 따라 보상금 지급 신청을 받은 경우 신청인과 대리인을 상대로 신청서와 대리인 선임 신고서 등의 기재내용에 대한 사실 여부를 확인하여야 하며, 위임관계 등이 허위인 경우에는 신고심사심의관의 결재를 받아 이를 처리하지 아니할 수 있다.

⑤ 공익보호지원과장은 대리인이 신청인을 위하여 보상금 지급 신청사건에 대한 사실관계 진술과 주장, 위원회에서 송달한 문서의 수령 등 일체의 행위를 하도록 할 수 있다. 다만, 대리권의 범위를 명시한 경우에는 그 범위 안에서 대리행위를 하도록 할 수 있다.

⑥ 공익보호지원과장은 신청인이 대리인 선임을 철회하거나 다른 대리인으로 변경한 경우에는 그 사실을 위원회에 서면으로 통보하도록 하여야 한다.

⑦ 공익보호지원과장은 대리권에 흠이 있는 대리인의 행위에 대하여 대리권을 수여한 신청인이 추인한 경우에는 대리권의 흠이 없어진 것으로 할 수 있다.

제7조(보완의 요구) ① 공익보호지원과장은 신청서에 제4조제1항의 기재 사항이 일부 누락되거나 기재 내용이 명확하지 아니한 경우 상당한 기간을 정하여 보완을 요구할 수 있다. 다만, 사안이 경미하거나 신고서 등에 의하여 확인할 수 있는 경우에는 그러하지 아니하다.

② 공익보호지원과장은 제1항에 따른 보완 요구에도 불구하고 신청인이 그 기간 내에 보완을 하지 아니하는 경우에는 7일 이내의 기간을 정하여 1차에 한해 다시 보완을 요구할 수 있다.

제8조(신청의 취소) ① 공익보호지원과장은 신청인이 보상금 지급 신청을 취소하려는 경우 보상금 지급 신청을 취소하는 서면을 제출하도록 하여야 한다.

② 공익보호지원과장은 신청인이 신청서의 반환을 원하는 경우 그 사본을 보관하고 원본은 반환한다.

제9조(종결) 공익보호지원과장은 보상금 지급 신청이 다음 각 호의 어느 하나에 해당하는 경우에는 신고심사심의관의 결재를 받아 보상금 지급 신청 사건을 종결할 수 있다.
1. 법 제2조제1호에 따른 공익침해행위 대상법률에 포함되지 아니하는 경우
2. 법 제26조제1항에 따른 법률관계의 확정 등 보상금 신청요건이 완성되지 아니한 경우
3. 제3조제4항에 따른 보상금 지급 신청기간이 경과된 경우
4. 제4조제1항에 따른 인적사항 등을 확인할 수 없는 경우
5. 제7조제2항에 따른 재보완 요구에도 불구하고 기간 내에 보완하지 아니한 경우
6. 제8조제1항에 따라 보상금 지급 신청을 취소한 경우

제10조(조사) ① 공익보호지원과장은 제4조제1항의 신청서를 검토한 후 다음 각 호에 해당하는 사항을 조사하여야 한다.
1. 신청인이 제2조에 따른 내부 공익신고자인지 여부
2. 공익신고로 인한 국가 또는 지방자치단체에 직접적인 수입의 회복이나 증대 여부 및 그에 관한 법률관계의 확정 여부와 그 규모
3. 국가 또는 지방자치단체에 직접적인 수입의 회복이나 증대를 가져온 처분에 대한 쟁송절차의 진행 여부
4. 신고자의 공익침해행위 가담 여부 및 정도
5. 다른 법령 등에 따라 보상금이나 포상금을 지급받았는지의 여부
6. 그 밖에 보상금 지급의 결정과 관련하여 필요한 사항

② 제1항에 따른 조사는 다음 각 호의 방법으로 수행한다.
1. 신청인, 참고인 또는 관계 기관 등(이하 "신청인등"이라 한다)에 대한 출석 요구, 진술청취 및 진술서의 제출 요구
2. 신청인등에 대한 관련 자료의 제출 요구

3. 신청인등에 대한 관련 사실 및 정보에 대한 조회

제11조(신청인등의 출석) ① 공익보호지원과장은 신청인등에게 제10조제2항제1호의 출석요구를 하는 경우에는 출석 일시 및 장소 등을 출석일 7일전까지 문서로 통보하여야 한다. 다만, 긴급한 사유가 있거나 조사목적을 해할 우려가 있는 경우에는 그러하지 아니하다.
② 위원회는 참고인 또는 관계기관 등이 제1항에 따라 위원회에 출석한 경우에는 예산이 허용하는 범위 내에서 여비 등을 지급할 수 있다.

제12조(출장조사) ① 공익보호지원과장은 신청인등에 대하여 출장조사가 필요하다고 판단되는 경우에는 2명 이상의 조사관으로 하여금 출장 조사하게 할 수 있다.
② 조사관은 위원회 외의 장소에서 진술을 청취하는 경우에는 그 권한을 표시하는 증표를 제시하여야 한다.
③ 조사관은 위원회 외의 장소에서 진술서 또는 진술조서 등을 작성하는 경우 내부 공익신고자등의 비밀보장을 위하여 정보보안에 필요한 조치를 한 위원회의 컴퓨터 등 관련 장비를 활용하도록 한다.
④ 조사관은 출장업무의 범위 안에서 직무를 수행하여야 하며, 지정된 출장업무의 범위 안에서 그 업무를 수행하지 못할 사유가 발생한 때에는 전화 등의 방법으로 공익보호지원과장에게 보고하고 그 지시를 받아야 한다.

제13조(진술서 등의 작성) ① 조사관은 신청인등으로부터 진술을 청취한 때에는 신청인등으로 하여금 별지 제5호서식의 진술서를 작성하게 하고, 증거서류나 참고자료를 제출받은 경우에는 이를 진술서에 기재하여 신청서에 첨부하여야 한다.
② 조사관은 제1항에 따른 진술서를 제출받는 때에는 신청인등의 인적사항과 취지, 이유 및 구체적인 내용 등을 기재하도록 하여야 한다.
③ 조사관은 필요한 경우에는 별지 제6호서식의 진술조서를 작성할 수 있으며, 전화 등의 방법으로 진술을 청취하는 등 진술서 제출요구나 진술조서 작성 등

이 곤란한 경우에는 별지 제7호서식의 진술청취보고서를 작성할 수 있다.

④ 조사관은 제1항부터 제3항까지에 따른 진술서나 진술조서, 진술청취보고서를 제출받았거나 작성한 경우 공익보호지원과장의 확인을 거쳐야 한다.

제14조(보상대상가액의 산정) ① 제3조의 보상금 지급사유에 따른 보상대상가액은 다음 각 호와 같다.

1. 벌칙 또는 통고처분에 의하여 국가 또는 지방자치단체에 수입의 회복 또는 증대가 발생한 금액이나 그 물품
2. 법원의 판결에 따라 몰수 또는 추징된 금액이나 그 물품
3. 과태료 또는 이행강제금의 부과에 의하여 납입된 금액
4. 과징금의 부과에 의하여 납입된 금액
5. 국세 또는 지방세의 부과에 의하여 납입된 금액
6. 부담금 또는 가산금의 부과에 의하여 납입된 금액
7. 손해배상 또는 부당이득 반환 등에 의하여 국가 또는 지방자치단체에 환수되는 금액이나 그 물품

② 제1항에 따른 보상대상가액 산정은 공익신고 내용 및 증거 등과 직접적으로 관련된 것에 한정한다. 다만, 신고서에 적시되어 있지 않더라도 조사·수사 과정에서 발견된 수입의 회복 또는 증대분이 공익신고 내용과 직접 관련되었다고 인정하는 경우에는 이를 포함한다.

③ 제1항에 따른 물품에 따른 수입의 회복 또는 증대분의 평가는 국가 또는 지방자치단체에 수입의 회복이나 증대를 가져오거나 그에 관한 법률관계가 확정된 시점을 기준으로 다음 각 호의 순서에 따른다.

1. 불특정 다수인 간의 매매에서 자유롭게 형성되는 시장거래 실례가격이 있는 경우에는 그 시장거래 실례가격
2. 시장거래 실례가격이 없는 경우에는 「부동산가격공시 및 감정평가에 관한 법률」에 의한 전문감정평가법인의 복수감정가격의 평균가격

④ 제1항에 따른 보상대상가액 산정 시 선순위 채권 등이 존재하는 부동산 등

을 공매하는 경우에는 공매낙찰가 중 배당가액을 그 가액으로 한다.

제15조(보상금의 산정기준) ① 영 제22조제1항 및 별표 2에 따른 보상금의 산정기준은 다음 각 호와 같다.
  1. 보상대상가액 1억원 이하 : 20%
  2. 보상대상가액 1억원 초과 5억원 이하 : 2천만원 + 1억원 초과금액의 14%
  3. 보상대상가액 5억원 초과 20억원 이하 : 7천6백만원 + 5억원 초과금액의 10%
  4. 보상대상가액 20억원 초과 40억원 이하 : 2억2천6백만원 + 20억원 초과금액의 6%
  5. 보상대상가액 40억원 초과 : 3억4천6백만원 + 40억원 초과금액의 4%
  ② 보상금의 지급한도액은 20억원으로 하고, 산정된 보상금의 천원 단위 미만은 지급하지 아니 한다.
  ③ 개별 공익침해행위로 인하여 산정된 보상금이 20만원 이하인 경우에는 이를 지급하지 아니 한다.

제16조(보상금의 감액기준 등) ① 영 제22조제1항에 따라 보상금을 산정함에 있어 다음 각 호의 사유를 고려하여 보상심의위원회(이하 "보상위원회"라 한다)의 심의·의결을 거쳐 보상금을 감액하거나 지급하지 아니할 수 있다.
  1. 신고 내용의 정확성이나 증거자료의 신빙성
  2. 신고한 공익침해행위가 신문·방송 등 언론에 의하여 이미 공개된 것인지의 여부
  3. 내부 공익신고자가 공익신고와 관련한 불법행위를 행하였는지의 여부
  4. 내부 공익신고자가 법 제26조제2항 단서에 따라 관계행정기관 등에 신고할 의무를 가졌는지 또는 직무와 관련하여 공익신고를 하였는지 여부
  5. 내부 공익신고자가 공익침해행위의 제거 및 예방 등에 기여한 정도
  ② 제1항에 따른 감액사유별 감액은 30% 범위 안에서 할 수 있으며, 감액사유

를 중복 적용하는 경우에는 총 감액비율이 보상금의 50%를 초과하여서는 아니
된다. 다만, 내부 공익신고자가 공익침해행위를 계획하거나 주도적 역할을 한
경우 등 특별한 사유가 있는 경우에는 감액비율을 달리하거나 지급하지 아니
할 수 있다.

제17조(공직자의 보상금 지급 제한) 영 제22조제1항 단서에 따라 다음 각 호의 어
느 하나에 종사 중이거나 종사하였던 공직자가 공익침해행위의 조사·수사 직
무수행과 관련하여 신고한 경우에는 보상금을 지급하지 아니 한다.
1. 공익침해행위에 대한 조사업무
2. 검찰·경찰 등 수사업무

제18조(보상금의 산정순서) 공익보호지원과장은 다음 각 호의 순서에 따라 보상금
을 산정한다.
1. 제14조에 따른 보상대상가액 산정
2. 제15조에 따른 보상금 산정기준 적용
3. 제16조에 따른 보상금 감액기준 및 지급제한 적용
4. 제17조에 따른 공직자의 보상금 지급제한 적용
5. 다른 법령 등에 따른 보상금이나 포상금의 지급 및 신청 여부

제19조(보상신청의 경합시 보상금) ① 동일한 공익침해행위에 대하여 2명 이상이
각각 신고한 경우에는 보상대상가액의 산정에 있어 이를 하나의 신고로 본다.
② 제1항에 따라 각각의 신고자에 대한 보상금의 지급 금액을 결정함에 있어
공익침해행위의 제거 및 예방에 기여한 정도 등을 종합적으로 고려하여 각각
의 신고자에게 배분한다.
③ 제2항의 경우 감액을 하는 경우에는 각각의 신고자별로 감액사유를 고려하
여 제18조제3호부터 제5호까지를 각각 적용한다.

제20조(보상금의 중복 지급 금지) ① 공익보호지원과장은 보상금을 지급받을 자가 동일한 원인에 기하여 이 법령에 따른 포상금을 받았거나 다른 법령에 따른 보상금 또는 포상금을 받은 경우 그 보상금이나 포상금의 액수가 이 법령에 따라 받을 보상금의 액수와 같거나 이를 초과한 때에는 보상금을 지급하지 아니하며, 그 보상금 또는 포상금의 액수가 이 법령에 의하여 지급받을 보상금의 액수보다 적은 때에는 그 금액을 공제하고 보상금의 액수를 정하여야 한다.
② 공익보호지원과장은 보상금을 지급받을 자가 이미 이 법령 또는 다른 법령에 따라 보상금 또는 포상금을 받았거나 이 법령 또는 다른 법령에 따른 보상금 또는 포상금을 신청하였는지 등에 관한 사항을 신청인 및 행정기관등에 확인하여야 한다.
③ 공익보호지원과장은 보상금의 중복 지급 방지 등을 위해 영 제28조에 따른 정보시스템을 구축·운영할 수 있으며, 행정기관등에 대하여 보상금 및 포상금 지급 등에 관한 정보의 제공을 요청할 수 있다.

제3장 포상금 지급대상자 추천 및 조사

제21조(포상금의 지급사유) 위원회는 법 제26조의2제1항 및 영 제25조의2에 따라 공익신고등으로 인하여 다음 각 호의 어느 하나에 해당되는 사유로 현저히 국가 및 지방자치단체에 재산상 이익을 가져오거나 손실을 방지한 경우 또는 공익의 증진을 가져온 경우에는 포상금을 지급할 수 있다.
1. 공익침해행위를 한 자에 대하여 기소유예, 형의 선고유예·집행유예 또는 형의 선고 등이 있는 경우
2. 시정명령 등 특정한 행위나 금지를 명하는 행정처분이 있는 경우
3. 공익침해행위 예방을 위한 관계 법령의 제정 또는 개정 등 제도개선에 기여한 경우
4. 과태료 또는 과징금의 부과처분이 있는 경우
5. 사회재난의 예방 및 확산방지 등에 기여한 경우

제22조(포상금 지급대상자 추천 등) ① 위원회는 영 제23조의3제3항에 따라 제21조 제1호부터 제5호까지의 사유로 현저히 국가 및 지방자치단체에 재산상 이익을 가져오거나 손실을 방지한 자 또는 공익의 증진을 가져온 자 중에서 다음 각 호에 해당하는 자 또는 기관(이하 "추천기관등"이라 한다)으로부터 추천을 받거나 위원회의 직권으로 포상금 지급대상자를 선정한다.

1. 공익침해행위를 하는 사람이나 기관·단체·기업 등의 대표자 또는 사용자
2. 공익침해행위에 대한 지도·감독·규제 또는 조사 등의 권한을 가진 행정기관이나 감독기관
3. 수사기관
4. 국회의원
5. 공익침해행위와 관련된 법률에 따라 설치된 공사·공단 등의 공공단체

② 공익보호지원과장은 제1항의 추천기관등으로부터 포상금 지급대상자를 추천받는 경우에는 별지 제2호서식의 포상금 지급대상자 추천서(이하 "추천서"라 한다)에 포상금 지급대상자의 인적사항, 추천사유, 신고내용 등 공익신고 조사결과, 다른 법령 등에 따른 보상금 및 포상금의 수령 여부 등에 관한 사항을 기재하도록 한 후 다음 각 호의 서류를 첨부하여 제출하도록 하여야 한다.

1. 포상금 지급대상자의 신분을 증명할 수 있는 신분증 사본
2. 신고 및 조사 등에 관한 자료 사본
3. 그 밖에 포상금 지급 결정 등에 참고가 될 수 있는 서류

③ 공익보호지원과장은 추천기관등이 제1항 및 제2항에 따라 추천을 할 경우 포상금 지급대상자에게 추천 사실을 미리 알리고 동의를 얻은 후 추천을 할 수 있도록 안내하여야 한다.

④ 공익보호지원과장은 추천서를 제출받은 날짜순으로 시스템의 포상금 추천 접수처리부에 입력하여 관리하여야 한다.

⑤ 공익보호지원과장은 추천서를 제출받은 후 지체 없이 조사관을 지정하여야 한다.

⑥ 위원회의 직원은 제1항에 따라 포상금 지급대상자를 추천받거나 선정하는 경우 포상금 지급대상자의 신분이 노출되지 아니하도록 유의하여야 한다.

제23조(포상금 지급대상자의 조사 및 확인) ① 공익보호지원과장은 제22조제2항의 추천서를 검토하고, 필요한 경우 추천기관등에 대하여 포상금 지급사유 등을 조사할 수 있다.

② 제1항에 따른 조사에 관하여는 제10조제2항을, 출장조사 및 진술서 등의 작성에 관하여는 제12조 및 제13조를 각각 준용하고, 다음 각 호에 해당하는 사항을 확인한다.

1. 공익신고로 인하여 국가 및 지방자치단체에 재산상 이익을 가져오거나 손실을 방지한 경우 또는 공익의 증진을 가져온 경우로서 제21조에 따른 포상금 지급사유에 해당하는지의 여부 및 그 규모와 정도
2. 신고사건에 대한 처리과정 및 불복구제절차의 진행 여부
3. 신고자의 공익침해행위 가담 여부 및 정도
4. 다른 법령 등에 따라 보상금이나 포상금을 지급받았는지의 여부
5. 그 밖에 포상금 지급의 결정과 관련하여 필요한 사항

제24조(포상금의 지급기준) ① 포상금은 영 제25조의3제1항에 따라 다음 각 호의 구분에 따른 사항을 고려하여 지급한도액 2억원의 범위 내에서 차등 지급한다. 그 밖에 포상금 지급에 관한 세부적인 기준은 별표와 같다.

1. 법 제26조의2제1항제1호 : 기소유예, 형의 선고유예 또는 집행유예의 여부, 형의 종류와 경중 또는 기간·금액
2. 법 제26조의2제1항제2호 : 행정처분의 내용, 행정처분을 받은 자의 수 또는 행정처분의 기간
3. 법 제26조의2제1항제3호 : 법령의 제정 또는 개정 등 제도개선의 내용·기여 정도 또는 공익 증진 정도
4. 영 제25조의2제1호 : 과태료 또는 과징금의 부과금액

5. 영 제25조의2제2호 : 사회재난의 예방 및 확산방지 등의 내용 또는 공익 증진 정도

② 보상위원회는 별표의 포상금 지급기준에 따라 포상금을 산정함에 있어서 제16조부터 제18조까지를 준용한다.

③ 제21조에 따른 포상금 지급사유가 2 이상에 해당하는 경우에는 그 중 액수가 많은 것을 기준으로 한다.

[별표]

포상금 지급기준(제24조 관련)

1. 일반기준

가. 법 제26조의2 및 영 제25조의2에 따른 포상금은 예산의 범위 안에서 지급한다. 다만, 당해연도 예산에 비하여 포상금의 지급대상자가 많을 경우에는 공익증진 기여도, 포상금 산정 액수, 내부 공익신고자 여부 등을 고려한 우선 순위에 따라 위원회가 지급할 수 있다.

나. 보상금액이 공익증진 등에 기여한 정도에 비하여 현저히 적다고 판단되는 경우 포상금으로 지급할 수 있다.

다. 포상금의 이중지급 방지를 위하여 포상금을 지급받을 자가 동일한 원인에 기하여 다른 법령의 규정에 따라서 포상금을 받았거나 받을 예정인 경우, 그 액수가 이 법령에 따라서 받을 포상금의 액수와 같거나 이를 초과할 때는 포상금을 지급하지 아니하며, 적은 때에는 그 금액을 공제하고 지급한다.

라. 포상금의 감액 등은 보상금의 지급규정을 준용한다.

마. 포상금 지급사유가 2 이상에 해당하는 경우에는 그 중 포상금 산정 액수가 많은 것을 기준으로 한다.

바. 보상심의위원회는 공익의 증진을 가져온 정도나 그 공적이 경미하다고 판단하는 경우에는 포상금을 지급하지 아니하거나 유형별로 정하여진 포상금액을 차하급 기준으로 조정하여 지급할 수 있다.

사. 보상심의위원회는 처분의 경중·기간·금액·인원 수·내부 공익신고자 여부·공익증진 기여도 등에 따라 금액기준 범위 내에서 포상금 지급금액을 조정하여 지급할 수 있다.

2. 개별기준

가. 신분상 사법처분

금액기준	유형
1) 2억원 이하	신고로 인하여 형의 선고를 받은 기간이 10년 이상인 자가 있는 경우
2) 1억원 이하	신고로 인하여 형의 선고를 받은 기간이 7년 이상 10년 미만인 자가 있는 경우
3) 5,000만원 이하	신고로 인하여 형의 선고를 받은 기간이 5년 이상 7년 미만인 자가 있는 경우
4) 3,000만원 이하	신고로 인하여 형의 선고를 받은 기간이 3년 이상 5년 미만인 자가 있는 경우
5) 1,000만원 이하	신고로 인하여 형의 선고를 받은 기간이 1년 이상 3년 미만인 자가 있는 경우 또는 선고유예를 받은 자가 있는 경우
6) 100만원 이하	신고로 인하여 형의 선고를 받은 기간이 1년 미만인 자가 있는 경우 또는 선고유예나 기소유예를 받은 자가 있는 경우

※ 비고 : 1. 집행유예, 선고유예의 경우에는 선고받은 형(징역, 금고, 벌금 등)을 기준으로 포상금의 지급금액을 산정한다.
2. 벌금(노역장유치 포함), 몰수 등 재산형의 경우에는 "라. 금전적 처분"의 산정기준을 준용하여 포상금의 지급금액을 산정한다.

나. 특정한 행위나 금지를 명하는 행정처분

금액기준	유형
1) 2억원 이하	신고와 관련하여 허가·인가·특허·면허·자격·승인·지정·검정·인증·확인·증명·등록·영업 등의 취소·철회·말소 처분을 받은 자가 10명 이상인 경우
2) 1억원 이하	신고와 관련하여 허가·인가·특허·면허·자격·승인·지정·검정·인증·확인·증명·등록·영업 등의 취소·철회·말소 처분을 받은 자가 7명 이상 10명 미만인 경우
3) 5,000만원 이하	신고와 관련하여 허가·인가·특허·면허·자격·승인·지정·검정·인증·확인·증명·등록·영업 등의 취소·철회·말소 처분을 받은 자가 5명 이상 7명 미만인 경우
4) 3,000만원 이하	다음의 어느 하나에 해당하는 경우 가) 신고와 관련하여 허가·인가·특허·면허·자격·승인·지정·검정·인증·확인·증명·등록·영업 등의 취소·철회·말소 처분을 받은 자가 3명 이상 5명 미만인 경우 나) 신고와 관련하여 영업·업무·제조·효력·면허·자격 등을 정지하는 처분을 받은 기간이 6개월 이상인 자가 있는 경우
5) 1,000만원 이하	다음의 어느 하나에 해당하는 경우 가) 신고와 관련하여 허가·인가·특허·면허·자격·승인·지정·검정·인증·확인·증명·등록·영업 등의 취소·철회·말소 처분을 받은 자가 1명 이상 3명 미만인 경우 나) 신고와 관련하여 영업·업무·제조·효력·면허·자격 등을 정지하는 처분을 받은 기간이 1개월 이상 6개월 미만인 자가 있는 경우
6) 100만원 이하	다음의 어느 하나에 해당하는 경우 가) 신고와 관련하여 영업·업무·제조·효력·면허·자격 등을 정지하는 처분을 받은 기간이 1개월 미만인 자가 있는 경우 나) 시정명령, 시설개수명령, 이전명령, 폐쇄명령, 철거명령, 위반사실 공표명령 등의 처분을 받은 자가 있는 경우

※ 주의, 경고 등 경미한 시정명령 및 이에 준하는 행정처분의 경우에는 포상금을 지급하지 아니한다.

다. 법령의 제·개정 등 제도개선 기여

금액기준	유형
1) 2억원 이하	신고로 인하여 법률의 제정에 현저히 기여한 경우
2) 1억원 이하	신고로 인하여 2개 이상의 법률의 개정에 현저히 기여한 경우
3) 5,000만원 이하	신고로 인하여 법률 또는 2개 이상의 법령의 개정에 현저히 기여한 경우
4) 3,000만원 이하	신고로 인하여 대통령령의 제·개정에 현저히 기여한 경우
5) 1,000만원 이하	신고로 인하여 총리령·부령·조례의 제·개정에 현저히 기여
6) 100만원 이하	신고로 인하여 지침 등 행정규칙의 제·개정에 현저히 기여한 경우

※ 비고 : 1. 상위 법령의 제·개정에 따라 하위 법령이 함께 제·개정되는 경우에는 1개의 법령이 제·개정된 것으로 본다.
2. 법령 등의 개정의 경우에는 전부개정, 일부개정 등 개정의 정도에 따라 지급금액을 조정할 수 있다.
3. 법률, 대통령령, 총리령, 부령, 조례나 지침 등의 형식에 관계없이 제도개선 사항의 중요성, 사회적 파급효과 등을 고려하여 포상금의 지급금액을 조정할 수 있다.

라. 금전적 처분

금액기준	유형
1) 2억원 이하	20억원을 초과하는 과태료, 과징금의 부과가 있는 경우
2) 1억원 이하	10억원 초과 20억원 이하의 과태료, 과징금의 부과가 있는 경우
3) 5,000만원 이하	6억원 초과 10억원 이하의 과태료, 과징금의 부과가 있는 경우
4) 3,000만원 이하	2억원 초과 6억원 이하의 과태료, 과징금의 부과가 있는 경우
5) 1,000만원 이하	1억원 초과 2억원 이하의 과태료, 과징금의 부과가 있는 경우
6) 500만원 이하	2천만원 초과 1억원 이하의 과태료, 과징금의 부과가 있는 경우
7) 100만원 이하	1백만원 초과 2천만원 이하의 과태료, 과징금의 부과가 있는 경우

마. 사회재난의 예방 및 확산방지 등에 기여

금액기준	유형
1) 2억원 이하	신고로 인하여 공익을 침해하는 대규모 사회재난을 예방하거나 확산을 방지하여 사회적 반향을 크게 불러일으키고 정책적인 개선이 이루어지는 등 공익증진에 지대한 공로가 있다고 인정되는 경우
2) 1억원 이하	신고로 인하여 사회적으로 관심도가 높고 고질적·구조적·반복적으로 발생되었던 공익침해행위 등이 밝혀져 사회적 반향을 크게 불러일으키고 정책적인 개선이 이루어지는 등 공익증진에 지대한 공로가 있다고 인정되는 경우
3) 1,000만원 이하	신고로 인하여 공익을 침해하는 사회재난의 발생에 따른 피해 정도를 대폭 축소하거나 최소화하는 데 기여한 공로가 있다고 인정되는 경우 또는 공익증진 시책의 도입이나 제도·관행의 개선 등이 이루어진 경우

제25조(포상금 지급 제한) 위원회는 제24조에 따라 포상금을 산정함에 있어 다음 각 호의 어느 하나에 해당하는 경우에는 포상금을 지급하지 아니할 수 있다.
1. 동일인에게 포상금을 연간 1인당 10건을 초과하여 지급하거나 부과된 과태료, 과징금이 1백만원 이하인 경우. 다만, 위원회가 공익에 기여한 정도 및 사회적 파급 효과가 크다고 예외적으로 인정하는 경우에는 제외
2. 피신고자를 구체적으로 확정하지 않고 불특정 다수인을 대상으로 무작위로 신고하여 법 제8조의 공익신고의 방법을 따르지 아니하거나 신고내용이 불충분하여 공익침해행위의 확인이 곤란한 경우
3. 공익침해행위에 대한 개별적이고 구체적인 증거 없이 누구든지 인터넷 검색, 정보공개청구 등을 통해 수집할 수 있는 자료만으로 신고하여 신고 내용의 정확성이나 증거자료의 신빙성이 크게 떨어지는 경우
4. 포상금을 받을 목적으로 신고자끼리 미리 공모하거나 피신고자가 공익침해행위를 저지르도록 의도적으로 유인 또는 조장하는 등 부정한 방법으로 피신고자의 위반사실을 신고하는 경우
5. 공익신고로 인한 시정명령, 원상회복명령 등의 처분이 종료되고, 해당 처분의 불이행 등을 원인으로 한 과징금, 과태료, 이행강제금 등의 부과에 대해 포상금의 지급을 신청하는 경우
6. 공익신고로 인한 행정지도, 시정명령, 원상회복명령 등 비금전적 처분이 있었음에도 불구하고 과징금, 과태료, 이행강제금, 벌금 등의 부과를 통해 포상금을 받을 목적으로 다시 고발하거나 신고하는 경우
7. 피신고자 또는 법 제6조의 공익신고 기관 등이 신고 내용 등을 이미 인지하여 개선 조치 중인 사항을 신고하는 경우
8. 신고자와 피신고자가 공익신고와 관련하여 피해보상 등에 합의한 경우

제4장 보상심의위원회

제26조(보상심의위원회) 보상위원회는 법 제26조제2항 및 영 제25조의3제4항에 따라 보상금 및 포상금 지급에 관한 다음 각 호의 사항을 심의·의결한다.
  1. 보상금 및 포상금 지급 요건에 관한 사항
  2. 보상금 및 포상금 지급액에 관한 사항
  3. 보상금 및 포상금 지급시기에 관한 사항
  4. 보상금 및 포상금 환수에 관한 사항
  5. 그 밖에 보상금 및 포상금 제도 운영에 관한 사항

제27조(의안 상정) ① 공익보호지원과장은 공익신고로 인한 보상금이나 포상금 지급 등에 관하여 조사한 경우에는 조사 내용 및 조사관의 의견 등을 종합한 의안을 작성하여 보상위원회에 상정한다.
  ② 제1항에 따라 의안을 작성하는 경우에는 다음 각 호의 조사내용을 포함한다.
  1. 제2조에 따른 내부 공익신고자 해당 여부
  2. 제5조에 따른 대표자 선정 여부
  3. 제10조 또는 제23조에 따른 조사내용
  4. 제14조에 따른 보상대상가액 또는 제24조에 따른 포상대상 유형
  5. 제16조에 따른 보상금 감액기준 등 해당 여부
  6. 제17조에 따른 공직자의 보상금 또는 포상금 지급제한 해당 여부
  7. 제19조에 따른 동일 신고에 대한 경합 여부
  8. 다른 법령 등에 따른 보상금이나 포상금의 지급 및 신청 여부
  9. 그 밖에 보상금이나 포상금 산정에 필요한 사항

제28조(보상위원회의 구성 등) ① 보상위원회는 보상위원회 위원장(이하 "보상위원장"이라 한다) 1명, 당연직 위원 1명 및 위촉직 위원 5명으로 구성한다.
  ② 보상위원장은 위원회 위원 중에서 위원회의 의결을 거쳐 위원장이 임명한다.

③ 당연직 위원은 위원회 소속 국장급 직위에 있는 공무원 중에서 위원장이 지정한다.

④ 위촉직 위원은 공익침해행위 보상·포상·구조에 관한 학식이나 경험이 있는 법률전문가, 회계전문가, 감정평가전문가, 「비영리민간단체 지원법」 제2조에 따른 비영리민간단체로부터 추천을 받은 자, 그 밖에 해당분야 전문가 중에서 위원회의 의결을 거쳐 위원장이 위촉한다.

⑤ 위촉직 위원의 임기는 2년으로 하되, 1차에 한하여 연임할 수 있다.

제29조(보상위원장) ① 보상위원장은 보상위원회의 업무를 통할하고, 보상위원회를 대표한다.

② 보상위원장이 부득이한 사유로 직무를 수행할 수 없을 때에는 보상위원장이 지명한 보상위원회 위원(이하 "보상위원"이라 한다)이 그 직무를 대행한다.

제30조(간사) ① 보상위원회의 회의운영에 관한 사무를 처리하기 위하여 간사를 두며, 위원회의 공익보호지원과장이 간사가 된다.

② 간사는 보상위원회에 상정되는 의안을 작성하고, 의결서 원본을 보관하며, 보상위원회의 회의에 관하여 다음 각 호의 사항을 회의록으로 작성·비치하여야 한다.

1. 회의의 일시·장소 및 공개여부
2. 참석위원 및 배석자 명단
3. 상정된 의안 및 심의결과
4. 그 밖의 주요 논의사항

제31조(보상위원회의 회의 및 운영) ① 보상위원회의 회의는 매 분기마다 1회 개최하되, 필요하다고 인정되는 경우에는 보상위원장이 수시로 소집할 수 있다.

② 보상위원회는 보상위원장을 포함한 재적위원 과반수의 출석으로 개의하고, 출석위원 과반수의 찬성으로 의결한다.

③ 보상위원장이 회의를 소집하려는 때에는 회의의 일시·장소 및 부의사항을 정하여 회의개최일 7일전까지 각 위원에게 통지하여야 한다. 다만, 긴급한 경우에는 그러하지 아니하다.

④ 보상위원회의 회의는 공개한다. 다만, 신고자의 보호 등을 위하여 필요하다고 인정되는 경우에는 보상위원회의 의결로 공개하지 아니할 수 있다.

제32조(서면의결) 보상위원장은 다음 각 호의 어느 하나에 해당하는 사유가 있는 경우에는 서면으로 의결하게 할 수 있다.
1. 신속한 보상금 또는 포상금 지급결정이 요구되는 등 긴급한 사유로 위원이 출석하는 회의를 개최할 시간적 여유가 없는 경우
2. 천재지변이나 그 밖의 부득이한 사유로 위원의 출석에 의한 의사정족수를 채우기 어려운 경우
3. 안건이 경미한 경우

제33조(보상위원의 제척·기피·회피) ① 「부패방지 및 국민권익위원회의 설치와 운영에 관한 법률 시행령」 제76조제4항에 따라 보상위원은 다음 각 호의 어느 하나에 해당하는 경우에는 보상위원회의 심의·의결에서 제척된다.
1. 보상위원 또는 그 배우자나 배우자였던 자가 당해 사안에 관하여 당사자이거나 공동권리자 또는 공동의무자인 경우
2. 보상위원이 당해 사안의 신청인과 친족 관계에 있거나 있었던 경우
3. 보상위원이 당해 사안에 관하여 증언, 감정, 법률자문 또는 손해사정을 한 경우
4. 보상위원이 되기 전에 당해 사안에 대하여 감사, 수사 또는 조사에 관여한 사항
5. 보상위원이 당해 사안에 관하여 신청인의 대리인으로 관여하거나 관여하였던 경우

② 보상위원회에서 심의·의결의 이해당사자는 보상위원에게 심의·의결의 공

정을 기대하기 어려운 특별한 사정이 있는 경우 보상위원장에게 기피신청을 할 수 있다. 이 경우 보상위원장은 그 기피 여부를 결정한다.

③ 제2항에 따라 기피신청을 하는 자가 있는 경우 간사는 기피신청을 한 날부터 3일 이내에 기피사유를 서면으로 제출하게 하여야 하며, 기피신청의 대상이 된 보상위원에게 기피신청의 대상이 된 사실과 기피사유를 통보하여야 한다.

④ 기피신청의 대상이 된 보상위원은 지체 없이 기피신청에 대한 의견서를 보상위원장에게 제출하여야 한다.

⑤ 보상위원은 제1항 각 호의 어느 하나에 해당하는 사유나 제2항의 사유에 해당하는 경우에는 보상위원장의 승인을 얻어 스스로 그 사항의 심의·의결을 회피할 수 있다.

⑥ 제1항부터 제5항까지에 따라 심의·의결에 관여하지 못한 보상위원은 제31조제1항에 따른 재적위원수의 계산에 있어서 이를 제외한다.

제34조(이해관계인 등의 출석요구 등) ① 보상위원회는 보상금이나 포상금의 지급에 관한 심의를 하기 위하여 필요한 경우에는 보상금 지급신청인이나 포상금 지급대상자, 이해관계인, 그 보상이나 포상과 관련된 기관의 공직자, 조사기관의 담당자를 보상위원회에 출석하게 하거나 필요한 자료의 제출을 요청할 수 있다. 이 경우 출석대상자의 선정은 보상위원장이 정한다.

② 제1항에 따라 보상위원회에서 신청인 등에게 출석요구를 하는 경우에는 회의 개최일로부터 7일전까지 하되, 부득이한 사유가 있는 경우에는 그러하지 아니하다.

제35조(위원 등의 수당) ① 「부패방지 및 국민권익위원회의 설치와 운영에 관한 법률 시행령」 제25조에 따라 보상위원회에 출석한 위촉직 위원·이해관계인 및 관계공직자에 대하여는 예산의 범위 안에서 수당·여비 그 밖에 필요한 경비 또는 직무수행에 필요한 경비를 지급할 수 있다. 다만, 공무원이 그 소관업무와 직접 관련되어 위원회에 출석한 경우에는 그러하지 아니하다.

② 보상위원에게 그 업무에 관한 사항을 검토하기 위하여 조사나 연구를 의뢰한 때에는 예산의 범위 안에서 그 비용을 지급할 수 있다.
③ 그 밖에 보상위원의 실비 등은 「공무원여비규정」에 따른다.

제5장 보상금 및 포상금의 지급 및 환수

제36조(보상금 및 포상금의 지급 결정 기간) ① 위원회는 특별한 사유가 없는 한 보상금 신청일부터 또는 포상금 추천 마감일부터 90일 이내에 보상위원회가 심의·의결한 사항을 기초로 하여 보상금이나 포상금의 지급 여부 및 지급 금액을 결정하여야 한다.
② 위원회는 제1항에 따른 기간 내에 결정할 수 없는 특별한 사유가 있는 경우 기간을 연장할 수 있으며, 그 사유를 신청인이나 제22조제1항의 추천기관등에 통지하여야 한다.

제37조(위원회 상정 및 의결) ① 보상위원장은 보상위원회에서 심의·의결된 사항을 기초로 하여 의안을 작성하고 위원회에 상정한다.
② 위원회는 보상위원회에서 심의·의결된 사항을 기초로 관련 법령 적용의 타당성과 기준의 적정성 여부 등을 검토하여 보상금이나 포상금 지급 금액을 결정한다.
③ 제2항에 따라 지급금액을 결정할 당시 확정된 법률관계에 따른 국가 또는 지방자치단체의 수입회복 등이 시작되지 아니하거나 수입회복 등의 금액이 보상금의 100분의 50 미만인 경우 우선적으로 100분의 50의 범위에서 지급하고, 나머지 금액은 국가 또는 지방자치단체의 수입 회복 또는 증대 금액이 이미 지급된 보상금을 초과하는 경우에 지급하도록 결정할 수 있다.
④ 위원회의 결정이 보상위원회의 의결 내용과 다를 경우에는 위원장은 특별소위원회를 열어 이를 재심의 하도록 할 수 있다. 이 경우 특별소위원회의 구성 및 운영에 관한 사항은 「부패방지 및 국민권익위원회의 설치와 운영에 관한

법률 시행령」 제19조 및 제20조를 준용한다.

제38조(보상금 및 포상금의 지급절차) ① 위원회에서 보상금이나 포상금의 지급결정이 있은 때에는 공익보호지원과장은 영 제23조제1항 또는 제25조의3제4항에 따라 보상금이나 포상금 지급결정서 정본을 덧붙여 별지 제8호서식의 보상금 결정 통지서 또는 별지 제9호서식의 포상금 결정 통지서를 지급대상자에게 지제 없이 통지한다.

② 공익보호지원과장은 제39조에 따른 보상금이나 포상금 지급시기 등을 확인하여 위원회의 재무관에게 해당 보상금이나 포상금 지급을 의뢰한다.

③ 보상금이나 포상금은 일시불로 지급하며 신청서 등에 기재된 금융기관의 예금계좌에 입금한다.

④ 보상금 수령권자가 보상금을 지급하기 전에 사망한 경우 법정상속인에게 지급한다.

제39조(보상금 및 포상금의 지급시기 등) ① 보상금은 제3조제1항 각 호의 어느 하나에 해당하는 부과 등의 절차에 따라 국가 또는 지방자치단체에 직접적인 수입의 회복 또는 증대를 가져오거나 그에 관한 법률관계가 확정된 후에 지급한다.

② 제1항의 경우 수입의 회복 또는 증대를 가져오는 부과 등에 대한 이의 제기기간이 지나지 아니하거나 불복구제절차가 진행 중일 때에는 그 기간 및 절차가 끝난 후에 지급한다.

③ 포상금은 제21조 각 호의 어느 하나에 해당하는 처분이나 부과 등의 절차에 따라 국가 및 지방자치단체에 재산상 이익을 가져오거나 손실을 방지한 경우 또는 공익의 증진을 가져온 후에 지급한다.

④ 제3항의 경우 재산상 이익을 가져오거나 손실을 방지한 경우 또는 공익의 증진을 가져오는 처분이나 부과 등에 대한 이의 제기기간이 지나지 아니하거나 불복구제절차가 진행 중일 때에는 그 기간 및 절차가 끝난 후에 지급한다.

제40조(이의신청의 접수) ① 위원회의 보상결정통지서를 받은 신청인은 통지를 받은 날로부터 30일 이내에 위원회의 보상금 지급결정에 대하여 이의를 제기할 수 있다.
② 보상금 지급결정에 대하여 이의를 제기하는 경우 공익보호지원과장은 그 취지 및 이유 등을 기재한 별지 제10호서식의 보상금 결정 이의신청서에 의하여 접수하고, 접수 날짜순으로 시스템의 보상금 이의신청접수부에 기재하여 관리한다.
③ 공익보호지원과장은 이의신청서의 접수 등에 관하여 제4조제2항을 준용한다.

제41조(이의신청의 처리) ① 공익보호지원과장은 보상금 지급결정에 대한 이의신청 내용의 정당성 여부 등을 확인하여 이의신청에 대한 의안을 위원회에 상정한다.
② 위원회에서 보상금 지급의 이의신청에 대한 의결이 있은 때에는 공익보호지원과장은 제38조를 준용하여 신청인에게 지체 없이 통지한다.

제42조(보상금 및 포상금의 환수) ① 위원회는 지급된 보상금이 다음 각 호의 어느 하나에 해당하는 사실이 발견된 경우에는 법 제29조에 따라 신청인으로 하여금 보상금의 전부 또는 일부를 반환하도록 하여야 한다.
1. 신청인이 허위, 그 밖에 부정한 방법으로 보상금을 지급받은 경우
2. 법 제28조제2항 및 제3항을 위반하여 보상금이 지급된 경우
3. 그 밖에 착오 등의 사유로 보상금이 잘못 지급된 경우
② 공익보호지원과장은 제1항에 따른 환수사유가 발생한 경우에는 환수와 관계된 사실관계, 법률관계 및 신청인의 고의성, 책임성 등을 면밀히 검토하여 환수대상 여부 및 금액을 조사한다.
③ 공익보호지원과장은 제2항에 따라 조사된 사항을 종합한 의안을 작성하여 보상위원회에 상정한다.

④ 보상위원장은 보상금 환수에 관한 보상위원회의 심의·의결이 있는 경우 이를 기초로 하여 위원회에 의안을 상정한다.
⑤ 위원회는 보상위원회에서 심의·의결한 내용을 토대로 환수 여부 및 금액 등을 결정한다.
⑥ 위원회가 보상금의 환수를 결정한 때에는 공익보호지원과장은 제38조제1항을 준용하여 보상금 환수결정서 정본을 덧붙여 환수금 납부방법 등을 환수대상자에게 지체 없이 통지하여야 한다.
⑦ 포상금의 환수에 관하여는 제1항부터 제6항까지를 준용한다.

제43조(보상금의 상환) ① 공익보호지원과장은 지방자치단체의 직접적인 수입의 회복이나 증대 및 그에 관한 법률관계의 확정을 이유로 보상금을 지급한 경우 제38조제1항의 보상금 지급결정서 정본과 보상결정통지서 및 법 제29조제2항에 따른 보상금 상환방법 등을 관련 지방자치단체에 지체 없이 통지하여야 한다.
② 제1항에 따른 보상금 지급결정 등을 통지받은 지방자치단체는 그 통지를 받은 날부터 3개월 이내에 위원회가 보상금 지급 신청인에게 지급한 보상금에 상당하는 금액을 위원회에 상환하여야 한다.

제44조(보상금의 징수) 위원회는 제42조와 제43조에 따라 반환 또는 상환하여야 할 신청인과 지방자치단체가 납부기한까지 그 금액을 납부하지 아니한 때에는 국세체납처분 또는 지방세체납처분의 예에 따라 징수할 수 있다.

제6장 보칙

제45조(인적사항의 기재 생략 등) 공익신고 보상금 및 포상금 업무를 담당하는 위원회의 직원은 법 제2조제5호의 공익신고자등(이하 "공익신고자등"이라 한다)이 공익신고등을 이유로 피해를 입거나 입을 우려가 있다고 인정할 만한 상당한 이유가 있는 경우 조사등의 절차에서 「특정범죄신고자 등 보호법」 제7조, 제9조

부터 제12조까지를 준용한다.

제46조(공익신고자등의 비밀보장) ① 위원회의 직원은 공익신고자등의 동의 없이 다음 각 호에 해당하는 사항을 다른 사람에게 알려주거나 공개 또는 보도해서는 아니 된다.
1. 공익신고자등의 성명·사진·주민등록번호·전화번호·주소·근무처 등 인적사항
2. 공익신고자등임을 미루어 알 수 있는 진술내용 및 증빙자료 등
3. 보상금·포상금 지급 여부 및 지급 금액 등 보상금·포상금 지급과 관련된 사항
4. 그 밖에 공익신고자등임을 미루어 알 수 있는 사항

② 위원회의 직원은 공익신고에 대한 조사 결과 공익침해행위가 발견되기 전에는 피신고자의 인적사항 등을 포함한 신고내용을 공개하여서는 아니 된다.
③ 위원회의 직원은 공익신고자 보상금 및 포상금 조사 등의 업무에 필요하다고 하더라도 공익신고자등의 사전 동의 없이는 제1항 및 제2항의 사항을 다른 사람에게 알려주거나 공개 또는 보도하여서는 아니 된다.

제47조(이해관계 직무의 회피) ① 공익신고자 보상금 및 포상금 등의 업무와 관련된 위원회의 직원은 다음 각 호에 해당되어 공정한 업무처리가 어렵다고 판단되는 경우에는 이를 직근상급자에게 알리고 당해 업무를 회피하여야 한다.
1. 자기와 직접적인 이해관계가 있는 사항
2. 친족 또는 동거인이거나 친족 관계에 있었던 자와 직접적인 이해관계가 있는 사항

② 제1항의 위원회의 직원은 지연이나 학연 등으로 공정한 업무처리가 어렵다고 판단되는 경우에는 직근상급자의 허가를 얻어 당해 업무를 회피할 수 있다.

제48조(보상금 및 포상금 지급 예산) ① 보상금은 당해연도 예산의 범위 안에서 지

급한다. 다만, 해당연도 예산이 부족한 경우 다음연도 예산에서 지급할 수 있다.

② 포상금은 원칙적으로 당해연도 예산의 범위 안에서 지급한다. 다만, 해당연도 예산이 부족한 때에는 위원회가 필요하다고 인정하는 경우에 한하여 다음 연도 예산에서 지급할 수 있다.

제49조(재검토기한) 「훈령·예규 등의 발령 및 관리에 관한 규정」에 따라 이 훈령에 대하여 2016년 7월 1일을 기준으로 매 3년이 되는 시점(매 3년째의 6월 30일까지를 말한다)마다 그 타당성을 검토하여 개선 등의 조치를 하여야 한다.

부칙 〈국민권익위원회 예규 제43호, 2011.9.30.〉
제1조(시행일) 이 예규는 2011년 9월 30일부터 시행한다.
제2조(경과조치) 이 예규의 공익심사정책과(장)와 공익보호지원과(장)의 사무는 「국민권익위원회 직제」에 그 직위가 설치될 때까지 공익신고자 보호법 운영 T/F(장)가 담당한다.

부칙 〈국민권익위원회 예규 제95호, 2016.1.25.〉
제1조(시행일) 이 예규는 2016년 1월 25일부터 시행한다.
제2조(보상금의 지급한도액에 관한 경과조치) 이 예규 시행 전에 공익신고를 한 자에 대한 해당 공익신고와 관련한 보상금의 지급한도액에 관하여는 제15조제2항의 개정규정에도 불구하고 종전의 규정에 따른다.
제3조(포상금에 관한 적용례) 포상금에 관한 개정규정은 이 예규 시행 전의 공익신고에 대해서도 적용한다.

다. 개별 법률에 의한 포상금

개별 법률이 포상금에 관하여 규정하는 경우에는 그 법률에서 포상금의 지급 대상, 금액, 지급 절차 등을 직접 규정하거나 하위 법령이 이를 정하도록 위임한다. 지방자치단체의 조례에서 정하도록 규정한 법률도 있다.

이 포상금의 경우에는 내부신고자와 외부신고자를 구분하지 않는 것이 보통이다. 그러나 신고자의 기여도를 고려하여 포상금의 지급액을 결정하는 것이 일반적이다.

6. 상금 지급신청 요령

가. 국민권익위원회의 보상금 및 포상금

신고서를 국민권익위원회에 제출한 경우에는 국민권익위원회가 신고인에게 해당 사건의 처리결과를 문서로 통보한다. 신고서를 수사기관 또는 행정처분을 담당하는 기관(주로 기초지방자치단체이다)에 제출한 경우에는 신고사건을 처리한 수사기관이나 행정기관은 신고인에게 사건의 처리결과를 알려주어야 한다. 그러나 간혹 이러한 통지를 누락하는 사례도 있다.

국민권익위원회, 수사기관 및 행정기관의 위 통지는 최종적인 처리결과가 아닌 중간통지에 불과한 경우가 더 많다. 왜냐하면 수사사건이든 행정처분이든 최종적으로 확정되는 단계는 법원의 재판 절차가 종결된 이후이기 때문이다. 그러나 법원은 신고인이나 국민권익위원회에 대하여 그 사건의 재판이 확정된 사실을 통지할 의무가 없다.

따라서 최종 처리결과는 신고인이 직접 확인을 해야 하는 경우가 더 많다고 보아야 한다. 이를 확인하는 방법은 신고사건을 최초로 접수한 기관에 문의하는 방법이 될 것이다. 접수기관에서 수사사건을 검찰청에 송치하였다고 대답하는 경우에는 '송치일자' 및 '송치번호'를 알려달라고 요구한 뒤 이를 토대로 검찰청(사건과)에 문의하여야 한다. 전화상로도 가능하다. 행정처분의 종결에 관하여는 행정기관이 그 처분의 확정 여부를 잘 알고 있다. 그러나 포상금의 경우에는 국민권익위원회가 결정하여 신고인에게 통보를 하므로, 위와 같은 노력을 하지 않더라도 무방할 것이다.

국민위원회에 보상금의 지급신청을 할 때 사용하는 신청서는 위원회의 홈페이지에서 다운받을 수 있다. 여기에 소개한다.

■ 공익신고 보상금 및 포상금 사무 운영지침 [별지 제1호서식] <개정 2016.1.25.> (앞쪽)

보상금 지급 신청서

접수일자		접수번호		처리기간	90일

① 신청인	성 명		주민등록번호	
	주 소			
	연 락 처			
	소 속			
	직업(직위)			

② 내부 공익 신고자 범위	[ ] 가. 공공기관 등의 소속 근무자 또는 소속되어 근무하기 전의 교육·훈련자 ( )
	[ ] 나. 공사·용역 또는 기타 계약관계에 따른 업무수행자 ( )
	[ ] 다. 공직유관단체 근무자, 계열회사 및 종속회사 근무자 ( )
	[ ] 라. 공공기관 등의 지도 또는 관리·감독을 받는 자 ( )

③ 공익신고 조사결과	신고기관		신고일자	20 년 월 일
	신고내용			
	조사수사기관		결과통지일자	20 년 월 일
	통지내용			

④ 다른 법령 등에 의한 보상금 및 포상금 청구 또는 수령사항	청구여부	[ ] 있음 [ ] 없음	(기관명 :)
	수령여부	[ ] 있음 [ ] 없음	(금액 :)

⑤ 입금계좌		은행명		계좌번호	
⑥ 보상금 신청금액					

「공익신고자 보호법」 제26조제1항에 따라 보상금을 신청하오니 지급하여 주시기 바랍니다.

첨부서류 :

20   년   월   일

신청인   (서명 또는 인)

국민권익위원회위원장 귀하

※ 구비서류 및 작성요령 : 뒤쪽 참조

210mm×297mm[일반용지 60g/㎡(재활용품)]

I. 공익신고 이해하기 _ 95

※ 구비서류
1. 주민등록증 등 신청인이 본인임을 증명할 수 있는 신분증 사본
2. 재직증명서, 계약서 등 신청인이 내부 공익신고자임을 입증할 수 있는 각종 자료
3. 보상금을 수령할 사람 명의의 예금통장 사본
4. 그 밖에 보상금 지급 결정 등에 참고가 될 수 있는 서류

※ 작성요령
1. ① 란에는 신청인의 성명, 주민등록번호, 주소, 연락 가능한 전화번호, 우편물을 받으실 수 있는 주소 및 소속과 직업을 기재합니다.
2. ② 란에는 제2조에 따라 다음 어느 하나에 해당하는 사항을 [ ]에 ✔를 표시하고, ( )안에 그 구체적인 내용을 기재합니다.

> 가. 피신고자인 공공기관, 기업, 법인, 단체 등에 소속되어 근무하거나, 근무하였던 자 또는 피신고자인 공공기관, 기업, 법인, 단체 등과 공사·용역계약 또는 기타 계약에 따라 업무를 수행하거나, 수행하였던 자
> 나. 피신고자인 공공기관, 기업, 법인, 단체 등에 소속되어 근무하기 전에 피신고자인 공공기관, 기업, 법인, 단체 등에서 직무교육 또는 현장실습 등 교육 또는 훈련을 받고 있거나 받았던 자
> 다. 피신고자인 공공기관의 감독을 받는 「공직자윤리법」 제3조의2에 따라 지정된 공직유관단체에 소속되어 근무하거나 근무하였던 자 또는 피신고자인 기업, 법인 등과 다음의 어느 하나에 해당하는 관계에 있는 기업, 법인 등에 소속되어 근무하거나 근무하였던 자
>   1) 「독점규제 및 공정거래에 관한 법률」 제2조제3호에 따른 계열회사의 관계
>   2) 「주식회사의 외부감사에 관한 법률」 제1조의2제2호 및 같은 법 시행령 제1조의3에 따른 지배·종속의 관계
> 라. 그 밖에 피신고자인 공공기관, 기업, 법인, 단체 등의 지도 또는 관리·감독을 받는 자로서 공익신고로 인하여 피신고자인 공공기관, 기업, 법인, 단체 등으로부터 불이익조치를 받을 수 있는 자

3. ③ 란에는 신청인이 공익침해행위를 신고한 기관명, 공익신고일자와 신고내용의 요지, 공익신고를 처리한 조사기관 및 수사기관과 그 결과를 통지받은 날짜, 처리결과의 요지를 기재합니다.
4. ④ 란에는 신청인이 동일한 공익신고를 이유로 다른 법령상의 보상금 또는 포상금을 청구하거나 수령한 사실이 있는 경우 해당되는 항목의 [ ]에 ✔를 표시합니다.
5. ⑤ 란에는 신청인이 보상금을 수령할 수 있는 금융기관명과 예금계좌번호를 기재합니다.
6. ⑥ 란에는 보상금 지급 신청금액을 기재합니다.

※ 이 신청서는 아래와 같이 처리됩니다.

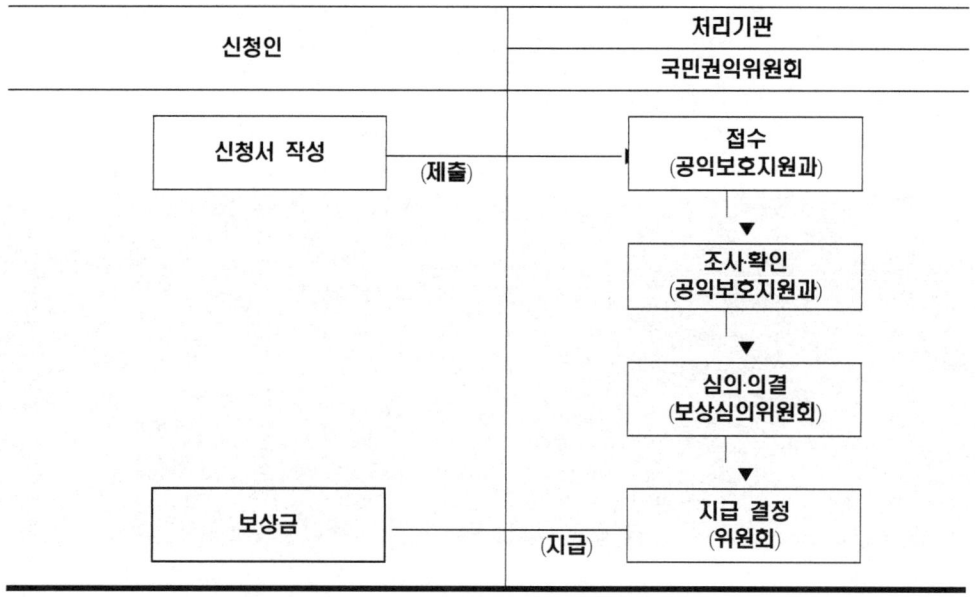

나. 개별 법률이 규정하는 포상금

개별 법률의 규정에 의하여 지급하는 포상금의 지급신청에 관하여는 해당 법률, 시행령, 시행규칙, 주무관서의 장이 하는 고시 등에서 상세히 규정한다. 참고로 주의할 점은, 법률에서 포상금에 관하여 규정할 때에는 중앙 행정기관의 장이 포상금을 직접 지급하는 것처럼 규정하는 경우가 대부분이다. 그러나 해당 법률의 위임에 관한 규정 및 시행령(대통령령)의 위임에 관한 규정을 꼼꼼히 살펴보면 포상금을 지급할 기관(주체)을 달리 정하고 있는 경우도 있다는 점이다.

II

범죄의 증거

1. 증거란 무엇인가?

우리가 다루는 '증거(證據)'는 피신고자(위반행위자)가 어느 법률의 규정을 위반하였다는 사실에 관하여 이를 뒷받침하는 자료를 말한다. 형사상 처벌(징역형 또는 벌금형)은 유력한 증거가 있어야 한다. 행정기관이 과태료를 부과하는 경우에도 위반행위를 소명(疏明)하는 자료가 있어야 한다. 행정상의 제재, 즉 행정처분(허가취소, 영업정지, 과징금·이행강제금의 부과 등)을 하기 위해서도 위반행위를 뒷받침할 자료가 있어야 한다. 공무원 등에 대한 징계처분도 마찬가지이다.

엄격히 구별하자면, 재판 절차에서 사용하는 자료는 '증거'이지만, 과태료처분이나 행정상 제재를 위하여 필요한 자료는 '소명자료'이다. 증명을 필요로 하는 때에는 증거가 필요하고, 증명에는 이르지 못하지만 위반행위를 뒷받침하는 - 증거보다는 약한 - 자료를 소명자료라고 한다. 그러나 여기에서는 편의상 이를 구별함이 없이 모두 '증거'라고 부르기로 한다.

피신고자가 수사기관 또는 행정기관에 출석하여 자신의 잘못을 인정(시인, 자백)하는 경우에는 증거를 필요로 하지 아니할 수도 있다. 그러나 피신고자가 자신의 잘못을 부인(否認)하는 경우에는 증거가 없으면 어떠한 제재도 가할 수 없다. 대부분의 피신고자는 자신의 잘못을 인정하려 하지 않는다. 따라서 공익신고자의 입장에서는 피신고자가 자신의 잘못을 인정하지 않을 것이라는 합리적 전제를 바탕에 깔고 신고서와 함께 입증자료를 제출함이 바람직하다. 「공익신고자 보호법」을 비롯하여 각종 포상금을 지급한다고 규정하는 법률들은 하나같이 공익신고자에게 증거의 제출을 요구하고 있다.

국가 또는 지방자치단체들이 공익신고자에게 보상금 또는 포상금을 지급하는 이유는 증거를 제출해준 데에 대한 '대가(對價)' 내지는 '보수(報酬)'라고 이해하여도 무방하다.

분명한 증거가 없거나 증거가 부족하면 수사사건은 '혐의없음(무혐의)'이라는 결론으로 끝나버리고 만다. 행정처분도 기대하기 어렵다. 그리고 명백한 증거를 제출해주면 사법경찰관이나 행정공무원이 수사 또는 조사를 신속하게 종결할 수 있는 장점도 있다. 또 하나의 장점으로는 공익신고자가 수사기관이나 행정기관에 출석하여 진술하는 번거로움을 피할 수 있다는 점이다.

행정기관의 경우에는 공익신고자에게 출석할 것을 요구하는 경우가 드물다. 그러나 일선 경찰에서는 대부분 출석하여 진술할 것을 요구한다. 반드시 출석진술이 필요한 것은 아니지만 관행적으로 출석을 요구한다. 공익신고자가 진술하는 방식으로는 ① 출석진술, ② 우편진술, ③ 전자우편진술 및 ④ 전화진술이 있다. 공익신고자의 입장에서 보면 ② 내지 ④의 방식을 선호하게 된다. 이처럼 간편한 방식의 진술을 하기 위해서도 충분한 증거를 제출할 필요가 있다. 사법경찰관은 공익신고자가 진술할 내용이 짧은 경우가 아니면 - 충분한 증거가 있는 경우가 아니면 - 간편한 방식으로 진술하게 하는 것을 꺼릴 것이기 때문이다.

참고로, 신고서를 국민권익위원회에 제출하는 경우에는 공익신고자에 관한 정보를 '비공개'로 처리해달라는 신청을 할 수 있다. 이 경우에는 국민권익위원회가 수사기관 또는 행정기관에 해당 신고서를 이첩함에 있어 공익신고자에 관한 정보를 통보하지 않는다. 따라서 수사기관과 행정기관에서는 공익신고자가 누구인지조차 알 수 없다. 이처럼 신분 비공개를 희망하는 경우에는 신고서를 상세한 내용으로 작성함으로써 사법경찰관이나 행정공무원이 수사 및 조사를 함에 있어 어려움을 겪지 않도록 배려할 필요도 있지만, 피신고자의 위반행위를 뒷받침할만한 명백한 증거를 제출하여야 할 것이다.

2. 증거의 종류 및 수집 요령

'증거'란 ① 범죄에 이용된 것, ② 범죄에 이용하려고 한 것 및 ③ 범죄행위의 결과 범인 또는 타인이 취득한 것 등을 말한다.

가. 사람 증거

'인증(人證)', 즉 사람 증거는 사람의 입을 통하여 얻어지는 의미 있는 진술을 말한다. 이는 사법경찰관과 검사가 참고인과의 문답을 통하여 만드는 '진술조서' 및 피의자를 신문(訊問)하여 만드는 '피의자신문조서'의 형태로 나타난다. 법원의 공판 절차에서는 '증인신문조서'의 형태가 된다. 공익신고자가 특히 신경을 써야 할 증거는 다음에 설명하는 '서증(문서 증거)'과 '물증(물건 증거)'이다.

다만, 녹음된 사람의 음성은 공익신고자가 이를 제출할 수도 있다. 이러한 경우에는 속기사에게 의뢰하여 '녹취록'을 만들어서 제출하고, 녹음된 장비는 공익신고자가 보관하고 있다는 취지를 신고서에 적어주면 무방할 것이다.

진술증거는 어떠한 내용(사건)을 직접 보고 듣고 느낀 사실을 진술하는 것이다. 그렇기 때문에 자신이 직접 체험하지 아니한 사실, 즉 누구로부터 들어서 안다는 취지의 진술은 증거로 쓰일 수 없다. 이를 '전문증거(轉聞證據)'라고 부르는데, 이러한 것을 증거로 채택되게 하려면 그 '누구'가 직접 작성한 진술서(또는 자술서 등 명칭에는 구애되지 않는다)를 제출하거나 그 사람이 직접 수사(조사) 기관에 출석하여 진술을 하여야 한다.

나. 문서 증거

문서 증거, 즉 '서증(書證)'은 문서로 된 증거를 말한다. 문서가 어떤 정보를 알려주는 것, 즉 문서의 내용이 증거로 되는 것을 말한다. 문서는 원본문서뿐만 아니라 등본, 정본, 사본(복사한 것)도 증거가 될 수 있다. 따라서 공익신고서에 문서를 첨부하여 제출할 경우에 있어서 원본문서를 제출하기 곤란한 경우에는 사본을 제출하여도 무방하다. 이러한 경우에는 신고서의 내용 중에 원본문서의 소재지를 밝혀주는 것이 좋을 것이다. 그리고 공익신고자가 해당 문서를 취득하게 된 경위를 밝혀준다면 사법경찰관과 검사의 노력을 덜어주는 결과가 될 것이다.

신고자가 신고서에 기재한 내용도 서증이다. 따라서 신고서에는 가능하면 조사·수사를 담당하는 공무원의 수고를 덜어줄 수 있는 내용을 많이 적어주는 것이 유익할 것이다. 그리고 이러한 노력을 기울인 신고서를 제출하면 이후에 수사기관에 출석하여 진술하는 번거로움을 피할 수도 있다는 점에 관하여는 앞에서 언급하였다.

신고자 아닌 사람(참고인)의 진술이 필요하고, 그가 신고자에게 협조적인 경우에는 그 참고인의 '진술'을 문서로 작성하여 신고서에 첨부하면 매우 유익한 방법이 될 것이다. 그 진술을 기재한 문서의 제목은 '진술서', '자술서', '사실확인서' 등 명칭은 어느 것이라도 무방하다. 그 참고인이 성명을 밝히는 것을 꺼리는 경우에는 해당 문서에 그 취지를 적어주고, 수사관 또는 조사관에게는 별도로 그 참고인과의 소통 방법을 통보해주면 될 것이다.

다. 물건 증거

문서에 적힌 내용이 증거로 쓰이는 경우를 제외한 모든 물건은 증거가 될 수 있다. 문서의 경우에도 문서에 적힌 내용이 아닌 필체(筆體)나 문서의 형식 따위가 증거로 사용될 때에는 서증이 아니라 물증(物證)이 된다.

공익신고서를 제출할 때에는 원칙적으로 증거도 함께 제출하여야 한다. 그러나 제출하여야 할 물증이 무거운 물건이거나 부피가 큰 물건인 경우에는 그 물건 자체를 제출하는 것이 곤란할 것이다. 이러한 경우에는 사진을 촬영하여 제출하면서 해당 사진에 관하여 설명을 덧붙이면 무난하다. 사진에 관한 설명이란 누가, 언제, 어디에서 무엇을 촬영하였다는 취지 및 사진에 있는 물건은 어떠한 이유로 증거에 해당한다는 취지 등을 말한다.

공익신고에 관하여 아직은 숙련되지 못한 초심자의 경우라면 이른바 '김영란법'처럼 증거를 포착하기 어려우면서도 상금의 액수도 소액에 불과할 것으로 예상되는 법률보다는 범죄를 저지른 자가 범죄의 증거를 감추기 어려운 법률 중에서도 상금의 액수가 고액일 가능성이 있는 법률에 접근하여야 할 것이다.

범인이 범죄의 증거를 감추기 어려운 법률이란 「건축법」, 「농지법」, 「산지관리법」, 「화재예방, 소방시설 설치·유지 및 관리에 관한 법률」, 「폐기물관리법」 등이 대표적인 것들이다.

III

신고서

1. 신고서 작성 요령

가. 공통적인 신고서

〈제1양식〉

신고 제목	제목은 50자 이내로 작성하여 주십시오.
신고 취지 및 이유	
신고 구분	"내부공익신고자"란 다음 각목의 어느 하나에 해당하는 공익신고자를 말한다. 가. 피신고자인 공공기관, 기업, 법인, 단체 등에 소속되어 근무하거나 근무하였던 자 나. 피신고자인 공공기관, 기업, 법인, 단체 등과 공사·용역계약 또는 그 밖의 계약에 따라 업무를 수행하거나 수행하였던 자 * 내/외부 신고여부를 선택하여 주시기 바랍니다. 　○ 내부 신고　　　　　　　● 외부 신고
신고 내용	신고내용은 2000자 이내로 작성하여 주시고, 내용이 많은 경우는 파일로 첨부하여 주시기 바랍니다. 아래 사항을 참조하여 구체적으로 기술하여 주십시오. - 누가 : 피신고자의 소속, 직위, 성명 등을 기재(단체인 경우 단체명 기재) - 언제 : 공익침해행위 발생 시점 기재 - 어디서 : 공익침해행위 발생 장소 기재 - 무엇을 : 공익침해행위 내용 및 관련법령 위반 내용 기재
첨부파일	

이 양식은 국민권익위원회 홈페이지에 있는 카테고리 "공익신고"의 양식이다. 이 양식이 나오기까지에는 신고자의 실명확인을 거쳐 피신고자에 관한 정보(최소한 성

명 또는 회사·단체명)를 입력하여야 한다.

여기에서는 공익신고자가 '내부신고자'인가 또는 '외부신고자'인가는 매우 중요한 의미를 갖는다. 내부신고자에게는 20억원의 범위에서 '보상금'을 당연히 - 신고사실에 의하여 피신고자가 제재를 받을 것을 전제로 - 지급한다. 그러나 외부신고자에게는 2억원의 범위에서 '포상금'을 지급할 수도 있다. 이는 매우 큰 차이점이기 때문이다.

〈제2양식〉

접수일자			접수번호		처리기간	60일
신고자	이름			주민등록번호		
	주소					
	연락처			직업		
피신고자	이름			주민등록번호		
	주소					
	연락처			직업		
공익신고 취지 및 이유						
공익신고 내용						
증거자료 등 첨부서류						
위와 같이 피신고자의 공익침해행위를 신고합니다. 20 년 월 일 신고자 (인 또는 서명) 국민권익위원회 위원장 귀하						

위 양식은 「공익신고 접수 및 사무 처리 운영지침」(2015. 5. 12. 시행, 국민권익위원회예규 제78호)이 제시하고 있는 공익신고서 양식이다.

이 양식은 우편에 의한 제출의 경우에 적합한 양식이지만, 국민권익위원회 홈페이지 또는 국민신문고 홈페이지를 이용하는 경우에도 첨부파일을 만들어서 활용할 수 있을 것이다. 그리고 국민권익위원회뿐만 아니라 다른 기관에 제출하는 경우에도 이를 응용하면 무방하다. 다만, 공정거래위원회는 특별한 양식을 요구한다. 이는 뒤에서 설명한다.

〈제3양식〉

제목	
내용	
첨부파일	

신분공개 동의 여부

앞으로 귀하의 공익신고사건에 대하여 소관기관에서 조사·확인하는 절차를 거치게 됩니다.
이 과정에서 귀하의 신분을 밝히거나 암시하는 것에 동의하시겠습니까?
○ 예   ○ 아니요

이 양식은 국민신문고 홈페이지에 있는 공익신고용 양식이다. 본인인증 절차를 거치면 이 양식이 나타난다. 공익신고자들이 가장 많이 이용하는 양식이다.

국민신문고 홈페이지에 있는 카테고리 '공익신고하기'를 이용할 경우에는 모든 국가기관 및 지방자치단체를 선택하여 신고서를 해당 기관에 직접 제출할 수 있다. 국민신문고를 이용하는 경우에도 신고서를 국민권익위원회에 제출할 수 있다.

나. 공정거래위원회만의 신고서

공정거래위원회는 수사기관도 재판기관도 아닌 '준사법기관'이다. 따라서 조사 과정은 수사에 준하는 절차를, 과징금 및 과태료의 부과 등 제재는 재판 절차에 준하는 절차를 거친다.

「공익신고자 보호법」이 규정하는 279개 법률 중 공정거래위원회가 전담하는 사건은 「가맹사업거래의 공정화에 관한 법률」, 「대규모유통업에서의 거래 공정화에 관한 법률」, 「방문판매 등에 관한 법률」, 「소비자기본법」, 「전자상거래 등에서의 소비자보호에 관한 법률」, 「표시·광고의 공정화에 관한 법률」, 「하도급거래 공정화에 관한 법률」 및 「할부거래에 관한 법률」을 위반한 사건이다.

위 법률들을 위반한 행위의 신고서는 공정거래위원회가 홈페이지에서 제공하는 신고서 양식을 다운받아 사용하면 된다. 위반행위별로 신고서 양식을 달리한다.

다. 신고서 작성에서의 유의사항

1) 신고자에 관한 정보

신고자에 관한 정보는 공익신고자의 성명, 주민등록번호, 주소, 전화번호 등을 말한다.

공익신고자로서는 이러한 정보가 피신고자 또는 제3자에게 공개된다면 매우 불안한 상태에 놓일 수 있다. 따라서 국민신문고와 국민권익위원회의 홈페이지를 이용하여 신고서를 제출할 때에는 신고자에 관한 정보를 공개할지 여부를 공익신고자가 선택하게 하고 있다. 신고서를 우편으로 제출하는 경우에도 이 정보를 공개할 것인지 여부를 공익신고자 스스로 신고서에 명시하면 된다.

여기에서는 주의해야 할 점 하나가 있다. 수사·조사를 담당하는 공무원으로서는 공익신고자의 진술을 듣거나 공익신고자에게 협조를 요청할 경우도 있다. 그런데 공익신고자에 관한 정보를 알 수 없다면 수사·조사에 어려움을 겪을 수밖에 없다. 이러한 경우를 대비하려면 신고자에 관한 정보를 '비공개'로 해달라면서 신고서를 제출하는 경우에도 신고자에 관한 정보가 수사·조사를 담당하는 공무원에게는 제공되어야 할 것이다. 그런데 신고서를 국민권익위원회에 제출하면서 '비공개'를 선택하면 국민권익위원회로부터 신고사건을 이첩 받는 기관에게조차 신고자에 관한 정보가 공개되지 않는다.

2) 피신고자에 관한 정보

피신고자에 관한 정보는 수사기관이나 행정기관에서 피신고자의 범죄혐의 등을 조사함에 어려움이 없도록 최소한의 정보는 적어주어야 한다. 그러나 공익신고자로서는 피신고자에 관한 정보(특히 주민등록번호)를 파악하기 어려운 경우가 있다. 이러한 정보에 관하여는 공익신고자가 굳이 밝히지 않더라도 무방하지만, 수사기관이나 조사기관에서 그 정보를 찾을 수 있는 근거는 제시해주는 것이 바람직하다.

피신고자가 여러 사람이거나 여러 개의 법인·단체 등인 경우에도 이들 여럿을 모두 피신고자로 특정하여야 한다. 그리고 대부분의 법률은 행위자를 벌하는 외에 법인 또는 고용주 등에게도 '양벌규정'을 적용하여 벌금형으로 다스리고 있다. 이러한 경우에는 양벌규정을 적용받게 될 자(위반행위자의 감독자)를 피신고자로 특정하지 않더라도 검사가 공소를 제기할 때에는 이 양벌규정을 적용한다. 그러므로 공익신고자로서는 이 부분과 관련해서는 위반행위자만을 피신고자로 특정하고, 신고의 내용 중에 위반행위자와 감독자(양벌규정을 적용받을 자)의 관계를 간략히 언급해주는 정도로 충분할 것이다.

3) 신고의 취지 및 이유

신고의 취지 및 이유는 단순히 '공익신고'라는 취지만을 밝혀주면 충분할 것이다. 왜냐하면 공익신고자가 신고서를 제출하는 이유는 범죄 등 부조리를 신고함으로써 공익목적의 달성에 이바지하고자 하는 - 청렴한 사회를 만들고자 하는 - 것이 주된 목적이라는 점은 삼척동자도 알고 있을 것이기 때문이다. 상금을 지급받는 것이 주된 목적이라고 할지라도 이는 당연히 공익을 위한 신고임을 부인할 수 없는 것이다.

4) 신고 내용

신고서에서 가장 중요한 의미를 갖는 부분이다. 공익신고자로서는 사법경찰관, 검사 및 법관이 작성하는 '범죄사실'처럼 정교한 내용으로 신고 내용을 작성하기란 쉽지 않다. 그러나 ①누가, ②언제, ③어디에서, ④어떤 짓을, ⑤어떻게 하였다는 취지는 설명이 되어야 한다.

내용의 길이에는 제한이 없다. 수사·조사에 어려움이 없을 정도의 내용을 적어주면 된다. 다만, 객관적 사실만을 적어야 하며, 신고자의 주관적인 생각이나 감정이 개입되어서는 안 될 것이다. 추측성의 내용이 되어서도 곤란하다.

해당 법률명과 법률의 규정을 적어주는 것은 필요하다. 사법경찰관도 셀 수 없을 정도로 많은 특별법의 규정들을 모두 숙지하고 있지는 못할 것이기 때문이다.

공익신고의 대상이 되는 위반행위들은 대부분 일반국민 또는 특정인에게 '의무(~해야 한다)' 또는 '금지(~하여서는 아니 된다)'를 규정하고 있다. 그리고 이러한 의무나 금지에 해당하는 구체적인 내용을 대통령령(시행령) 또는 부령(시행규칙)이 규정하도록 위임하는 경우도 있다. 이처럼 시행령이나 시행규칙이 법률의 위임을 받아 규정한 내용은 법률과 동일한 효력을 갖는다. 법령의 위임에 따른 '고시'도 마찬가지이다. 법률이 하위법령(시행령, 시행규칙 및 조례 등)에 위임한 사항은 의무나 금지에 관한 내용이 복잡하거나 매우 세부적인 경우가 대부분이다. 이처럼 해야 할 일을 하지 않았거나 하지 말아야 할 짓을 저지른 내용이 복잡한 내용에 해당할 때에는 관련 "법령의 규정이 어떠함에도 불구하고 피신고자는 이를 어떻게 위반하였다"고 설명하는 것이 바람직하다.

신고 내용의 끝부분에는 증거가 될 문서 및 사진 등을 첨부한다는 취지를 밝혀주고, 그 문서 또는 사진에 관하여 간단한 설명을 덧붙이면 훌륭한 신고서가 완성될 것이다.

2. 신고서 제출 방법

공익신고자들이 신고서를 제출할 때에는 인터넷 '국민신문고'를 가장 많이 이용하고 있다.

　우편을 이용하여 국민권익위원회(세종청사), 관할 경찰서, 공정거래위원회, 시·군·자치구, 관할 세무서, 관세청, 중앙선거관리위원회, 관할 검찰청 등에 제출할 수도 있다. 증거물과 함께 제출하는 경우에는 우편을 이용할 수밖에 없을 것이다.

　그 밖에도 팩시밀리나 휴대폰을 이용할 수도 있다. 급박한 경우의 신고는 전화를 이용할 수도 있다. 현행범인(現行犯人)을 체포하여 경찰관서에 신병(身柄)을 인계하는 것도 신고에 해당한다. 현행범인은 누구든지 영장 없이 체포할 수 있다. 다만, 체포한 즉시 경찰관서에 신병을 인계하여야 한다.

IV

중요한 법률의 해설 및 신고서 작성례

1. 「가맹사업거래의 공정화에 관한 법률」

가. 법률 이해하기

이 법을 위반한 행위를 신고한 사람에게는 「공익신고자 보호법」의 관련 규정에 의하여 국민권익위원회가 내부신고자에게는 20억원의 범위 안에서 '보상금'을 지급하고, 외부신고자에게는 2억원의 범위 안에서 재량에 의하여 '포상금'을 지급할 수 있다.

이 법을 위반한 행위의 조사는 공정거래위원회가 독점한다. 공정거래위원회는 준사법기관으로서 자체적으로 만든 신고서에 의한 신고를 요구하고 있다. 이 신고서 양식은 공정거래위원회 홈페이지에서 다운받을 수 있다.

이 법을 비롯하여 앞으로 소개하는 모든 법률을 제대로 이해하기 위해서는 법령의 계층구조 및 법령을 부르는 명칭 등을 먼저 이해할 필요가 있다. 이에 관하여 간단히 설명한다.

【법령의 계층구조 및 명칭 등】

법률을 공부하다보면 어느 사항은 대통령령(또는 부령)이나 특정한 법률이 규정하는 바에 따른다고 규정하는 내용이 매우 많다. 이러한 규정을 두고 행정입법사항의 '위임' 또는 법령의 '원용(援用)'이라고 말한다. 이는 우리가 공부하는 행정법령의 특징이기도 하다. 그러나 초심자의 입장에서는 이러한 규정들로 인하여 겪는 어려움이 이만저만이 아니다. 이 사이트에서는 이러한 초심자들의 고충을 말끔히 해소하는 방법으로 콘텐츠를 구성함으로써 법령을 빠른 시일 안에 익힐 수 있도록 배려하였다.

법령('법령'은 법률과 그 하위의 규칙들을 포괄하여 지칭하는 명칭임)의 최상위에는 「대한민국헌법」이 있다. '법령(法令)'의 순위를 나열하면 다음과 같은 계층구조를 이룬다.

① 법률 : 법률은 국회가 제정 및 개정한다. 법률이 헌법의 정신을 벗어나는 경우에는 헌법재판소가 그 헌법 위반 여부를 결정의 형식으로 선언한다. 위헌법률심판 절차이다.

② 시행령 : 대통령령이라고 한다. 시행령은 대통령이 국무회의의 심의를 거쳐 제정 및 개정한다. 법률이 위임한 사항과 법률의 시행에 필요한 사항을 규정하지만, 법률의 정신을 벗어나는 사항을 규정할 수는 없다. 시행령 이하의 법령이 상위 법령의 정신을 위반하는지 여부는 대법원이 최종적으로 판단한다.

③ 시행규칙 : 국무위원인 각 부의 장관이 제정 및 개정한다. 이는 '부령'이라고 한다. 국무위원이 아닌 중앙부처의 장은 이를 제정·개정할 권한이 없으므로, 총리령의 형식을 취한다. 시행규칙(총리령 및 부령)은 법률 또는 대통령령이 위임한 사항 및 법령이나 대통령령을 시행함에 필요한 사항의 범위 내에서만 규정할 수 있다.

드물지만, 어떤 법률에 관한 시행규칙은 하나의 법률과 관련하여 여러 개의 시행규칙이 존재하는 경우도 있고, 1개의 법률에 관하여 복수의 국무위원이 공동으로 또는 각각 시행규칙을 제·개정하기도 한다.

④ 고시 : 이는 법률, 시행령 또는 시행규칙이 각 행정기관의 장에게 정하여 고시할 수 있도록 위임한 사항만을 정하여 관보 및 홈페이지에 고시하는 것을 말한다. 위임받은 사항에 관하여 규정한 내용은 법률과 같은 효력을 갖는다. 상위의 법령으로부터 위임받지도 않았으면서 제정한 고시·훈령·예규 등은 일반 국민에게는 법령으로서의 효력을 갖지 못한다. 즉 이러한 경우의 것은 해당 기관 내부에서만 효력을 갖는다.

⑤ 조례 : 이는 법률이 위임한 사항에 관하여 지방자치단체의 의회에서 제정·개정하는 자치법령에 해당한다. 조례는 해당 지방자치단체 안에서만 효력을 갖는다.

【법령의 검색 요령】

공익신고자에게 가장 필요한 것은 법령에 관한 지식이다. 아무리 좋은 장비가 있더라도 법령에 관한 지식이 없다면 공익신고 대상 위반행위가 보이지 않는다. 범죄의 정보를 듣더라도 신고서를 작성할 수 없다.

공익신고자가 어느 법률을 위반한 행위의 신고서를 작성할 때에는 반드시 해당 법률의 제2조 또는 제3조에서 규정하는 '용어의 정의'만큼은 충분히 숙지하여야 한다. 따라서 언제든지 필요한 법령을 자유롭게 확인할 수 있어야 한다. 인터넷을 이용하여 법령을 검색하는 요령을 소개한다.

- 법제처 : 홈페이지 → '국가법령'을 클릭 → 검색어 2글자 이상 입력하고 검색을 클릭 → 법령명을 클릭
- 대법원 : 홈페이지 → '대국민서비스'를 클릭 → '종합법률정보'를 클릭 → '법령'을 클릭 → 법령의 명칭 중에 포함된 중요단어를 입력하여 검색

【프랜차이즈(franchise) 이해하기】

좀 과장하면 우리나라는 프랜차이즈의 왕국이라고 말할 수 있다. 가맹본부의 이른바 '갑질'도 유명하다. 가맹점사업자들은 문 열고 닫기를 반복하지만 가맹본부는 뚱뚱해진다. 우리는 가맹사업이라고 하면 의례히 음식점과 치킨사업을 떠올린다. 그 밖에도 커피전문점, 실내포장마차, 호프전문점 등등 매우 많은 종류가 있다.

우리 주변을 두루 살펴보면 우리의 형제자매, 친구, 선·후배 중에는 가맹점사업자가 한 두 사람은 있을 것이다. 이들에게 물어보자. 가맹본부가 어떠한 '갑질'을 하고 있는지를…. 광고비 전가, 재료비 폭리, 인테리어 강제, 밀어내기(상품의 강제할당) 등 횡포의 종류도 여러 가지이다. 모든 가맹본부가 그러한 것은 아니겠지만, 그 대답을 이 법이 규정하는 처벌법규에 대입하면 그 자체가 공익신고의 내용이 될 것이다.

나. 가맹본부의 허위·과장의 정보제공행위

제41조(벌칙) ① 제9조제1항의 규정에 위반하여 허위·과장의 정보제공행위나 기

만적인 정보제공행위를 한 자는 5년 이하의 징역 또는 3억원 이하의 벌금에 처한다.

↳ 제9조(허위·과장된 정보제공 등의 금지) ① 가맹본부는 가맹희망자나 가맹점사업자에게 정보를 제공함에 있어서 다음 각 호의 행위를 하여서는 아니 된다.
1. 사실과 다르게 정보를 제공하거나 사실을 부풀려 정보를 제공하는 행위(이하 "허위·과장의 정보제공행위"라 한다)
2. 계약의 체결·유지에 중대한 영향을 미치는 사실을 은폐하거나 축소하는 방법으로 정보를 제공하는 행위(이하 "기만적인 정보제공행위"라 한다)

② 제1항 각 호의 행위의 유형은 대통령령으로 정한다.

↳ 대통령령 제8조(허위·과장의 정보제공행위 등의 유형) ① 법 제9조제1항제1호에 따른 허위·과장의 정보제공행위의 유형은 다음 각 호와 같다.
1. 객관적인 근거 없이 가맹희망자의 예상수익상황을 과장하여 제공하거나 사실과 다르게 가맹본부가 최저수익 등을 보장하는 것처럼 정보를 제공하는 행위
2. 가맹희망자의 점포 예정지 상권의 분석 등과 관련하여 사실 여부가 확인되지 아니한 정보를 제공하는 행위
3. 가맹본부가 취득하지 아니한 지식재산권을 취득한 것처럼 정보를 제공하는 행위
4. 제1호부터 제3호까지의 규정에 따른 행위에 준하여 사실과 다르게 또는 사실을 부풀려 정보를 제공하는 행위로서 공정거래위원회가 정하여 고시하는 행위

② 법 제9조제1항제2호에 따른 기만적인 정보제공행위의 유형은 다음 각 호와 같다.
1. 중요사항을 적지 아니한 정보공개서를 가맹희망자에게 제공하는 행위

2. 가맹본부가 가맹점사업자에게 지원하는 금전, 상품 또는 용역 등이 일정 요건이 충족되는 경우에만 지원됨에도 불구하고 해당 요건을 제시하지 아니하면서 모든 경우에 지원되는 것처럼 정보를 제공하는 행위
3. 제1호 또는 제2호에 따른 행위에 준하여 계약의 체결·유지에 중대한 영향을 미치는 사실을 은폐하거나 축소하는 방법으로 정보를 제공하는 행위로서 공정거래위원회가 정하여 고시하는 행위

신고 내용

1. 「가맹사업거래의 공정화에 관한 법률」 제9조 및 같은 법 시행령 제8조제1항 제1호·제3호에 의하면 가맹본부가 취득하지 아니한 지식재산권을 취득한 것처럼 정보를 제공하는 행위를 해서는 안 된다고 규정하였습니다.
2. 피신고자는 ○○시 ○○동 ○○-○에 사무실 겸 본사 직영점을 두고 '○○○통닭'이라는 가맹본부를 운영하는 사람입니다.
3. 피신고자는 2016. ○.경 위 가맹본부 사무실에서 가맹희망자인 신고인에게 사실은 위 가맹본부는 통닭 숯불구이용 기계에 관하여 특허권을 취득한 사실이 없음에도 불구하고 "통닭 숯불구이기 특허권 보유"라고 기재된 '○○○통닭 가맹점 모집'이라는 팸플릿을 교부하는 한편 월소득 800만원을 보장한다는 취지의 설명을 한 사실이 있습니다.
4. 그러나 피신고자가 제공하는 위와 같은 정보를 믿고 그 무렵 가맹계약을 체결하고, ○○시 ○○길 ○○-○○에서 '○○○통닭 ○○○○○점'이라는 상호로 가맹점 사업을 운영한 신고인은 개점 이후 8개월 동안 월 평균 소득이 200만원에도 미치지 못하는 것을 확인하였습니다. 위 사실을 증명할 자료 등은 불러주시면 출석하여 진술하겠습니다.

첨부 : 팸플릿 사진 ○장.

(신고 내용 해설)
- 이 사안의 범죄구성요건 요소는 ①가맹본부가, ②가맹희망자 또는 가맹점사업자에게, ③허위 또는 과장된 정보를 제공하는 것이다.
- 위 요소 중 가장 중요한 부분은 ③과 관련한 내용이다. 가맹희망자가 가맹본부로부터 정보를 제공받을 당시에 속았기 때문에 가맹계약을 체결하였다는 점을 증명할 수 있어야 한다. 가맹본부의 누가 어떤 방법으로 속임수를 썼다는 점에 관하여는 자세한 설명을 하되, 건조체의 문투가 바람직하다. 미사여구를 사용하면 논점을 흐리게 할 수 있기 때문이다.
- '지식재산권'은 특허권, 실용신안권, 디자인권, 상표권 및 영업비밀을 말한다. 가맹본부가 가맹희망자들을 현혹하는 방법 중 하나는 위 지식재산권을 보유한 사실이 없으면서도 마치 이를 보유한 것처럼 표시하는 행위이다. 지식재산권 중 위 산업소유권들은 특허청에 '등록'을 한 때에 권리를 취득한다. 그런데, '출원'만 한 상태에서 마치 권리를 취득한 것처럼 과장하는 경우가 있다. 현혹하기 위해서 '출원번호'를 표시하는 것이 일반적이다. 출원은 심사하여 독점적 사용권을 달라는 취지로 특허청장에게 신청하는 행정절차의 하나에 불과한 것이다.
- 법 시행령 제8조제1항제4호 및 같은 조 제2항제3호에서 말하는 '고시'는 공정거래위원회 홈페이지에는 보이지 않는다.
- 이 법을 위반한 신고서는 공정거래위원회가 제공하는 양식에 따라 작성한 뒤 공정거래위원회 또는 국민권익위원회에 제출하면 된다.

다. 정보공개서 제공 전 가맹금 수령행위

제41조(벌칙) ③ 다음 각 호의 어느 하나에 해당하는 자는 2년 이하의 징역 또는 5천만원 이하의 벌금에 처한다.
  2. 제7조제3항을 위반하여 가맹금을 수령하거나 가맹계약을 체결한 자
    ↳ 제7조(정보공개서의 제공의무 등) ① 가맹본부(가맹지역본부 또는 가맹중

개인이 가맹점사업자를 모집하는 경우를 포함한다. 이하 같다)는 가맹희망자에게 제6조의2제1항 및 제2항에 따라 등록 또는 변경등록한 정보공개서를 내용증명우편 등 제공시점을 객관적으로 확인할 수 있는 대통령령으로 정하는 방법에 따라 제공하여야 한다.

↳ **대통령령 제6조(정보공개서의 제공 등)** ① 가맹본부(가맹지역본부 또는 가맹중개인이 가맹점사업자를 모집하는 경우를 포함한다. 이하 같다)는 법 제7조제1항에 따라 가맹희망자에게 정보공개서를 제공할 경우에는 다음 각 호의 어느 하나에 해당하는 방법에 따라야 한다. 다만, 제3호 및 제4호의 경우에는 문서의 형태로 인쇄 또는 출력이 가능하도록 하는 조치를 취하여야 한다.

1. 가맹희망자에게 정보공개서를 직접 전달하는 방법. 이 경우 다음 각 목의 모든 사항을 적은 서면을 작성(가목부터 다목까지의 사항은 가맹희망자가 자필로 작성하는 것을 말한다)하여 가맹희망자에게 주어야 한다.

    가. 정보공개서를 제공받았다는 사실, 제공받은 일시 및 장소
    나. 가맹희망자의 성명·주소 및 전화번호
    다. 가맹희망자의 서명 또는 기명날인
    라. 가맹본부의 서명 또는 기명날인

2. 가맹희망자에게 정보공개서의 제공시점을 확인할 수 있는 내용증명우편으로 제공하는 방법

3. 정보통신망을 이용하여 정보공개서의 내용을 게시한 후 게시사실을 가맹희망자에게 알리는 방법. 이 경우 가맹본부는 특정 가맹희망자가 정보공개서의 내용을 읽어 본 시간을 그 가맹희망자 및 가맹본부가 확인할 수 있는 시스템을 마련하여야 한다.

4. 가맹희망자의 전자우편 주소로 정보공개서의 내용이 포함된 전자적 파일을 보내는 방법. 이 경우 가맹본부는 전자우편의 발

송시간과 수신시간의 확인이 가능한 방법으로 하여야 한다.

② 가맹본부는 제1항의 규정에 불구하고 가맹희망자의 편의를 위하여 필요하다고 인정하는 때에는 정보공개사항의 일부에 관하여 별도의 문서(이하 "설명서"라 한다)를 작성하여 이를 제공할 수 있다. 이 경우 설명서에 수록되는 정보공개사항의 목차는 정보공개서에 수록하여야 한다.

③ 가맹본부는 정보공개서를 제공한 후 가맹계약 체결 전에 중요사항이 변경된 경우에는 변경된 내용을 제1항 각 호의 어느 하나에 해당하는 방법으로 가맹희망자에게 지체 없이 알려야 한다.

② 가맹본부는 제1항에 따라 정보공개서를 제공할 경우에는 가맹희망자의 장래 점포 예정지에서 가장 인접한 가맹점 10개(정보공개서 제공시점에 가맹희망자의 장래 점포 예정지가 속한 광역지방자치단체에서 영업 중인 가맹점의 수가 10개 미만인 경우에는 해당 광역지방자치단체 내의 가맹점 전체)의 상호, 소재지 및 전화번호가 적힌 문서(이하 "인근가맹점 현황문서"라 한다)를 함께 제공하여야 한다. 다만, 정보공개서를 제공할 때 장래 점포 예정지가 확정되지 아니한 경우에는 확정되는 즉시 제공하여야 한다.

③ 가맹본부는 등록된 정보공개서 및 인근가맹점 현황문서(이하 "정보공개서등"이라 한다)를 제1항의 방법에 따라 제공하지 아니하였거나 정보공개서등을 제공한 날부터 14일(가맹희망자가 정보공개서에 대하여 변호사 또는 제27조에 따른 가맹거래사의 자문을 받은 경우에는 7일로 한다)이 지나지 아니한 경우에는 다음 각 호의 어느 하나에 해당하는 행위를 하여서는 아니 된다.

1. 가맹희망자로부터 가맹금을 수령하는 행위. 이 경우 가맹희망자가 예치기관에 예치가맹금을 예치하는 때에는 최초로 예치한 날(가맹본부가 가맹희망자와 최초로 가맹금을 예치하기로 합의한

때에는 그 날)에 가맹금을 수령한 것으로 본다.
2. 가맹희망자와 가맹계약을 체결하는 행위

신고 내용

1. 「가맹사업거래의 공정화에 관한 법률」 제7조제3항에 의하면 가맹본부는 정보공개서 및 인근가맹점 현황문서를 제공하기 전에는 가맹희망자로부터 가맹금을 수령하거나 가맹계약을 체결할 수 없다고 규정하였습니다.
2. 피신고자는 서울 ○○구 ○○대로 ○○○-○○에 가맹본부를 두고 '○○○푸드'라는 상호로 가맹사업을 운영하는 사람입니다.
3. 피신고자는 2016. ○. ○. 위 가맹본부 사무실에서 가맹희망자인 신고외 ○○○에게 정보공개서 및 인근가맹점 현황문서를 제공하지도 않았으면서 가맹계약을 체결하고, 그 즉시 계약금으로 돈 5,000,000원을 받은 사실이 있습니다.

붙임 : 계약서 사본 1통.

(신고 내용 해설)
- 이 사안의 범죄구성요건이 성립하기 위해서는 ①가맹본부가, ②가맹희망자에게, ③정보공개서 및 인근가맹점 현황문서를 제공하기 전에, ④가맹금을 수령 또는 가맹계약을 체결한 사실이 증명되어야 한다.
- 여기에서 가맹금은 계약금, 착수금, 보관금 등 명칭이 무엇이든 가맹사업과 관련하여 지급된 것으로서 가맹본부에 귀속되는 것이기만 하면 가맹금에 해당한다.
- 신고서는 원칙적으로 6하원칙에 입각하여야 하므로, 어떠한 내용의 신고서에서

도 일시와 장소는 특정을 해주어야 한다. 만약 그 일시 및 장소를 정확히 알 수 없는 때에는 알고 있는 내용을 최대한 적어 주어야 한다. 일시는 '공소시효'와 관련이 있고, '장소'는 수사 및 재판의 관할과 관련이 있다.

- '공소시효'는 범죄행위가 저질러진 때(범죄 종료시)로부터 일정한 기간이 지나면 더 이상은 해당 범죄행위를 처벌할 수 없게 하는 기간을 말한다. 「형사소송법」 제249조제1항이 규정한 공소시요의 기간은 다음 표와 같다. 이는 모든 범죄행위에 관하여 적용된다.

---

1. 사형에 해당하는 범죄에는 25년
2. 무기징역 또는 무기금고에 해당하는 범죄에는 15년
3. 장기 10년 이상의 징역 또는 금고에 해당하는 범죄에는 10년
4. <u>장기 10년 미만의 징역</u> 또는 <u>금고에 해당하는 범죄에는 7년</u>
5. <u>장기 5년 미만의 징역 또는</u> 금고, 장기10년 이상의 자격정지 또는 <u>벌금에 해당하는 범죄에는 5년</u>
6. 장기 5년 이상의 자격정지에 해당하는 범죄에는 3년
7. 장기 5년 미만의 자격정지, 구류, 과료 또는 몰수에 해당하는 범죄에는 1년

☆ '장기(長期)'는 징역형을 규정한 형벌법규에서 정한 징역형의 최장기를 말한다. 위 사례의 경우는 장기 2년 이하의 징역에 해당하는 범죄이므로, 공소시효는 5년이다.

---

2. 「건강기능식품에 관한 법률」

가. 법률 이해하기

이 법은 「공익신고자 보호법」의 규정에 의하여 국민권익위원회가 내부신고자에게는 '보상금'을 지급하고, 외부신고자에게는 '포상금'을 지급할 수 있다. 한편 이 법률 자체의 규정에 의하여 일정한 위반행위를 신고한 사람에게는 관할 행정기관이 '포

상금'을 지급한다. 신고자는 국민권익위원회와 관할 행정기관 중 신고자에게 유리한 상금을 선택하여 지급받을 수 있다. 그러나 이 법 자체의 규정에 의한 포상금은 해당 상금의 상한액이 지나치게 소액이므로, 대부분의 경우에는 국민권익위원회가 지급하는 상금을 수령하게 될 것이다.

이 법을 위반한 행위는 형벌도 무겁지만, 행정기관이 위반행위자에게 부과하는 과징금도 가볍지 않다. 국민권익위원회가 지급하는 상금에서는 과징금도 상금액 결정의 자료가 된다. 과징금이 부과됨과 동시에 벌금형이 선고되면 벌금과 과징금을 합산한 금액을 기초로 보상금 또는 포상금의 지급액을 결정한다.

이 법에서 규율하는 건강기능식품은 식품의 한 종류이다. 식품을 규율하는 일반법은 「식품위생법」이다. 이와 같이 일반법으로도 규율이 가능하지만, 특히 달리 규정할 목적으로 제정한 법률은 일반법에 대한 특별법이라고 한다. 따라서 이 법은 「식품위생법」에 대한 특별법이다. '특별법 우선의 원칙'에 의하면 특별법에 규정된 사항에 관하여는 특별법을 우선적으로 적용하고, 특별법에서 규정하지 아니한 사항에 관하여는 일반법을 적용하게 된다.

나. 건강기능식품 허위 · 과대의 표시 · 광고행위

제43조(벌칙) ① 다음 각 호의 어느 하나에 해당하는 자는 10년 이하의 징역 또는 1억원 이하의 벌금에 처한다. 이 경우 징역과 벌금을 병과(倂科)할 수 있다.
  2. 제18조제1항제1호를 위반한 자
② 제1항의 죄로 금고 이상의 형을 선고받고 그 형이 확정된 후 5년 이내에 다시 제1항의 죄를 범한 자는 1년 이상 10년 이하의 징역에 처한다.
③ 제2항의 경우 그 해당 건강기능식품을 판매한 때에는 그 소매가격의 4배 이상 10배 이하에 해당하는 벌금을 병과한다.
  ↳ **제18조(허위 · 과대 · 비방의 표시 · 광고 금지)** ① 누구든지 건강기능식품의 명칭, 원재료, 제조방법, 영양소, 성분, 사용방법, 품질 및 건강기능식품이력추적관리 등에 관하여 다음 각 호에 해당하는 허위 · 과대 · 비방의 표

시 · 광고를 하여서는 아니 된다.
1. 질병의 예방 및 치료에 효능 · 효과가 있거나 의약품으로 오인(誤認) · 혼동할 우려가 있는 내용의 표시 · 광고

② 제1항에 따른 허위 · 과대 · 비방의 표시 · 광고의 범위 등에 관하여 필요한 사항은 총리령으로 정한다.

↳총리령 제21조(허위 · 과대 · 비방의 표시 · 광고의 범위) 법 제18조제2항에 따른 허위 · 과대 · 비방의 표시 · 광고의 범위는 별표 5와 같다.

[별표 5]
허위 · 과대 · 비방의 표시 · 광고의 범위(제21조관련)
1. 질병의 예방 및 치료에 효능 · 효과가 있거나 의약품으로 오인 · 혼동할 우려가 있는 내용의 표시 · 광고에 해당하는 경우
 가. 질병 또는 질병군의 발생을 사전에 방지한다는 내용의 표시 · 광고
 나. 질병 또는 질병군에 효과가 있다는 내용의 표시 · 광고. 다만, 질병이 아닌 인체의 구조 및 기능에 대한 보건용도의 유용한 효과는 해당되지 아니한다.
 다. 질병의 특징적인 징후 또는 증상에 대하여 효과가 있다는 내용의 표시 · 광고
 라. 제품명, 학술자료, 사진 등을 활용하여 질병과의 연관성을 암시하는 표시 · 광고. 다만, 질병의 발생 위험을 감소시키는데 도움이 된다는 표시 · 광고의 경우에는 해당되지 아니한다.
 마. 의약품에 포함된다는 내용의 표시 · 광고
 바. 의약품을 대체할 수 있다는 내용의 표시 · 광고
 사. 의약품의 효능 또는 질병 치료의 효과를 증가시킨다는 내용의 표시 · 광고
2. 사실과 다르거나 과장된 표시 · 광고에 해당하는 경우
 가. 법 제5조부터 법 제7조까지의 규정 또는 「수입식품안전관리 특별법」 제15조에 따라 허가받은 사항이나 등록 · 신고한 사항 또는 「수입식품안전관리

특별법」 제20조제1항에 따라 수입신고한 사항과 다른 내용의 표시·광고

↳ **법 제5조(영업의 허가 등)** ① 제4조제1항제1호에 따른 건강기능식품제조업을 하려는 자는 총리령으로 정하는 바에 따라 영업소별로 식품의약품안전처장의 허가를 받아야 한다. 대통령령으로 정하는 사항을 변경하려는 경우에도 또한 같다.

↳ **법 제6조(영업의 신고 등)** ① 삭제 〈2015.2.3.〉
② 제4조제1항제3호에 따른 건강기능식품판매업을 하려는 자는 총리령으로 정하는 바에 따라 영업소별로 제4조에 따른 시설을 갖추고 영업소의 소재지를 관할하는 특별자치시장·특별자치도지사·시장·군수·구청장에게 신고하여야 한다. 다만, 「약사법」 제20조에 따라 개설등록한 약국에서 건강기능식품을 판매하는 경우에는 그러하지 아니하다.

↳ **법 제7조(품목제조신고 등)** ① 제5조제1항에 따라 건강기능식품제조업의 허가를 받은 자가 건강기능식품을 제조하려는 경우에는 그 품목의 제조방법 설명서 등 총리령으로 정하는 사항을 식품의약품안전처장에게 신고하여야 한다. 신고한 사항 중 총리령으로 정하는 사항을 변경하려는 경우에도 또한 같다.

↳ **「수입식품안전관리 특별법」 제15조(영업의 등록 등)** ① 제14조제1항 각 호에 따른 영업을 하려는 자는 식품의약품안전처장에게 영업등록을 하여야 한다. 등록한 사항 중 대통령령으로 정하는 중요한 사항을 변경할 때에도 또한 같다.

↳ **「수입식품안전관리 특별법」 제20조(수입신고 등)** ① 영업자가 판매를 목적으로 하거나 영업상 사용할 목적으로 수입식품등을 수입(수입신고 대행을 포함한다)하려면 해당 수입식품등을 총리령으로 정하는 바에 따라 식품의약품안전처장에게 수입신고를 하여야 한다.

나. 식품의약품안전처장이 인정하지 아니한 기능성을 나타내는 내용의 표시·광고

다. 정부 또는 관련공인기관의 수상·인증·선정·특허와 관련하여 사실과 다른 내용의 표시·광고

3. 소비자를 기만하거나 오인·혼동시킬 우려가 있는 표시·광고에 해당하는 경우

　　가. 각종의 감사장 또는 체험기 등을 이용하거나 "주문쇄도", "단체추천" 또는 이와 유사한 내용을 표현하는 광고

　　나. 의사, 치과의사, 한의사, 수의사, 약사, 한약사, 대학교수 또는 그 밖의 자가 제품의 기능성을 보증하거나, 제품을 지정·공인·추천·지도 또는 사용하고 있다는 내용 등의 표시·광고. 다만, 해당제품의 연구·개발에 직접 참여한 사실을 표시·광고하는 경우를 제외한다.

　　다. 외국어의 사용 등으로 외국제품으로 혼동할 우려가 있는 표시·광고 또는 외국과 기술 제휴한 것으로 혼동할 우려가 있는 내용의 표시·광고

　　라. 해당 제품의 제조방법·품질·영양소·원재료·성분 또는 효과와 직접 관련이 적은 내용을 강조함으로써 다른 업소의 제품을 간접적으로 다르게 인식되게 하는 광고

　　마. 비교표시·광고의 경우 그 비교대상 및 비교기준이 명확하지 아니하거나 비교내용 및 비교방법이 적정하지 아니한 내용의 표시·광고

4. 의약품의 용도로만 사용되는 명칭(한약의 처방명을 포함한다)의 표시·광고의 경우 : 법 제24조제3항의 규정에 따라 식품의약품안전처장이 정한 의약품의 용도로만 사용되는 원료에 관한 내용의 표시·광고

5. 다른 업체 또는 그 제품을 비방하는 표시·광고에 해당하는 경우: 다른 업체 또는 그 제품에 관하여 객관적인 근거가 없는 내용을 나타내어 비방하는 표시·광고

신고 내용

1. 「건강기능식품에 관한 법률」 제18조 및 같은 법 시행규칙 제21조에 의하면 누구든지 건강기능식품의 명칭, 원재료, 제조방법, 영양소, 성분, 사용방법, 품질 및 건강기능식품이력추적관리 등에 관하여 질병의 예방 및 치료에 효능·효과가 있거나 의약품으로 오인(誤認)·혼동할 우려가 있는 내용인 허위·과대의 표시·광고를 하여서는 아니 된다고 규정하였습니다.
2. 피신고자는 건강기능식품판매를 업으로 하는 사람으로서 2016. ○. ○○. 현재 ○○시 ○○구 ○○○로 ○○○-○○에 있는 피신고자의 영업장에서 건강기능식품인 ○○○○○을 판매하면서 지역정보 신문인 ○○○에 "냉증, 골다공증에 특효"라고 기재된 광고를 게재함으로써 위 ○○○○○에 관하여 질병의 치료에 효능·효과가 있거나 의약품으로 오인·혼동할 우려가 있는 광고를 하였습니다.

첨부 자료

1. 지역정보신문 광고 사진 1장.
2. 건강기능식품 ○○○○○ 포장지 사진 ○장.

(신고 내용 해설)
- 신고 내용에는 판매 및 광고의 대상이 '건강기능식품'이라는 사실과 '광고의 내용'은 반드시 특정되어야 한다. 광고 내용은 광고에 사용된 문언(文言)을 그대로 표시한다.
- 그 밖에 (신고자가 알 수 있다면) 판매기간 및 판매금액을 적어주면 더욱 좋다. 양형(量刑)에 반영되어야 하는 내용이기 때문이다.
- 질병의 명칭은 '대한민국약전'에 수록된 명칭을 사용함이 원칙이다. 대한약전은 식품의약품안전처 홈페이지에서 공시하고 있다.

- 이 법은 국민권익위원회에서 지급하는 '보상금' 및 '포상금'과는 별도로 각 지방자치단체에서도 '포상금'을 지급한다. 다만, 후자의 포상금은 소액에 불과하므로, 대부분의 경우 공익신고자는 국민권익위원회가 지급하는 상금을 선택하여 지급받게 될 것이다.
- 신고서를 제출할 기관은 국민권익위원회, 수사기관(경찰서) 또는 지방자치단체(시·군·자치구)이다. 인터넷 국민신문고를 이용하여 경찰서에 제출할 때에는 경찰청을 선택하여 제출한다. 경찰청에서는 지방경찰청을 경유하여 관할 경찰서에 이첩하고 있다.
- 신고 내용이 과징금을 부과할 대상일지라도 이는 행정기관(시장, 군수, 구청장)이 직권으로 부과하는 것이므로, 이를 특별히 신고서에 표시할 필요는 없다. 관련규정을 이 콘텐츠에 소개한 이유는 회원들이 참고하게 할 목적이다.

다. 무허가자가 제조한 건강기능식품 진열행위

제43조(벌칙) ① 다음 각 호의 어느 하나에 해당하는 자는 10년 이하의 징역 또는 1억원 이하의 벌금에 처한다. 이 경우 징역과 벌금을 병과(倂科)할 수 있다.
  3. 제23조를 위반한 자
② 제1항의 죄로 금고 이상의 형을 선고받고 그 형이 확정된 후 5년 이내에 다시 제1항의 죄를 범한 자는 1년 이상 10년 이하의 징역에 처한다.
③ 제2항의 경우 그 해당 건강기능식품을 판매한 때에는 그 소매가격의 4배 이상 10배 이하에 해당하는 벌금을 병과한다.
  ↳**제23조(위해 건강기능식품 등의 판매 등의 금지)** 누구든지 다음 각 호의 어느 하나에 해당하는 건강기능식품을 판매하거나 판매할 목적으로 제조·수입·사용·저장 또는 운반하거나 진열하여서는 아니 된다.
    5. 제5조제1항에 따른 영업허가를 받지 아니한 자가 제조한 것
      ↳**제5조(영업의 허가 등)** ① 제4조제1항제1호에 따른 건강기능식품제조업을 하려는 자는 총리령으로 정하는 바에 따라 영업소별로 식품

의약품안전처장의 허가를 받아야 한다. 대통령령으로 정하는 사항을 변경하려는 경우에도 또한 같다.
↳**대통령령 제3조(허가사항의 변경허가)** 법 제5조제1항 후단의 규정에 따라 허가를 받아야 하는 변경사항은 영업소 소재지의 변경을 말한다.

신고 내용

「건강기능식품에 관한 법률」제23조제5호에 의하면 허가를 받지 아니한 자가 제조한 건강기능식품을 판매할 목적으로 진열하여서는 안 된다고 규정하였습니다.

피신고자는 건강기능식품의 판매를 영업으로 하는 사람으로서 2016. ○. ○. 피신고자가 운영하는 영업소인 ○○시 ○○길 ○○-○에 있는 ○○건강원에서 관할관청의 허가를 받지 아니한 자인 ○○○가 제조한 건강기능식품 ○○○○을 판매할 목적으로 진열한 사실이 있습니다.

첨부 : 진열 장소 및 진열한 건강기능식품 사진 ○장.

(신고 내용 해설)
- 무허가자가 제조한 건강기능식품이라는 사실 및 판매할 목적으로 진열한 사실은 범죄의 구성요건 요소이므로, 분명하게 특정해야 한다.
- 그 밖에 피신고자의 위와 같은 영업행위 기간 및 판매량 등도 (신고자가 알 수 있으면) 양형에 참작할 사유로 신고 내용에 특정해줄 필요가 있다.
- 위 사례에서는 허가를 받지 아니한 자로서 건강기능식품을 제조한 자에 대한 신고 내용을 생략하였다. 그러나 그 제조자를 특정할 수 있다면 그 제조자에 관하여는 법 제5조제1항을 위반한 행위로 특정하여 신고 내용에 포함시킴이 옳다. 그러나 그 제조자를 특정하는 것이 가능하지 않거나 매우 곤란할 때에

는 판매행위자만을 특정하더라도 수사관으로서는 그 제조자를 찾아서 관련사건으로 '인지수사(認知搜査 : 고소·고발이나 신고 등이 없더라도 수사기관이 스스로 범죄혐의를 찾아서 입건하는 수사)를 하게 될 것이다. 이러한 경우에 있어서 신고자는 인지수사 부분 형벌 및 행정처분에 관하여도 상금을 지급받는다.

라. 무신고 건강기능식품판매자

제44조(벌칙) 다음 각 호의 어느 하나에 해당하는 자는 5년 이하의 징역 또는 5천만원 이하의 벌금에 처한다. 이 경우 징역과 벌금을 병과할 수 있다.
 1. 제6조제2항에 따른 영업신고를 하지 아니하고 영업을 한 자
    ↳제6조(영업의 신고 등) ② 제4조제1항제3호에 따른 건강기능식품판매업을 하려는 자는 총리령으로 정하는 바에 따라 영업소별로 제4조에 따른 시설을 갖추고 영업소의 소재지를 관할하는 특별자치시장·특별자치도지사·시장·군수·구청장에게 신고하여야 한다. 다만, 「약사법」 제20조에 따라 개설등록한 약국에서 건강기능식품을 판매하는 경우에는 그러하지 아니하다.

신고 내용

 피신고자는 관할관청에 신고를 하지 아니하고 2015. 5.경부터 ○○시 ○○구 ○○○길 ○○○-○에 있는 약 30㎡의 점포에서 ○○○, ○○○○ 등 건강기능식품을 판매하는 영업을 하고 있습니다.

 첨부 : 현장 사진 ○장.

(신고 내용 해설)
- 피신고자는 건강기능식품을 판매하는 '영업자'라는 사실, 피신고자가 판매하는 상품이 '건강기능식품'이라는 사실 및 피신고자는 관할관청에 '신고'를 하지 않았다는 사실은 범죄의 구성요건 요소이므로, 구체적으로 밝혀주어야 한다.
- 피신고자가 판매하는 상품이 여러 종류이고, 건강기능식품이 아닌 상품을 포함하는 경우에도 그 중 일부가 건강기능식품인 경우에는 이 법을 위반하는 행위에 포함된다.
- 이 사안의 경우에는 증거로써 현장을 촬영한 사진 몇 장만으로도 충분하다. 판매한 사실과 판매량 등은 수사관이 밝힐 것이지만, 신고자가 이를 알고 있다면 신고 내용에 밝혀주면 수사에 많은 도움이 될 것이다. 그리고 양형(量刑)에 중요한 영향을 준다.
- 판매장소의 면적은 참고사항으로 적어준다.

마. 유통기한이 지난 건강기능식품을 판매한 영업자

제45조(벌칙) 다음 각 호의 어느 하나에 해당하는 자는 3년 이하의 징역 또는 3천만원 이하의 벌금에 처한다.
  2. 제10조제1항제2호 및 제3호에 따른 영업자가 지켜야 할 사항을 지키지 아니한 자
    ↳**제10조(영업자의 준수사항)** ① 영업자는 건강기능식품의 안전성 확보 및 품질관리와 유통질서 유지 및 국민 보건의 증진을 위하여 다음 각 호의 사항을 준수하여야 한다.
      2. 유통기한이 지난 제품을 판매하거나 판매할 목적으로 진열·보관하거나 건강기능식품 제조에 사용하지 말 것

신고 내용

  피신고자는 건강기능식품판매업자로서 2016. ○. ○. 피신고자가 운영하는 경기 ○○군 ○○길 ○○○에 있는 영업소에서 유통기한이 2015. ○. ○○.까지인 건강기능식품 ○○○○○을 손님인 박○○(연락처 :   )에게 돈 ○○○,○○○원을 받고 판매한 사실이 있습니다.

  첨부 : 1. 자술서(박○○) 1통.
        2. 건강기능식품 판매장소 및 건강기능식품 사진 ○장. 끝.

(신고 내용 해설)
- 이 사안은 피신고자가 '건강기능식품판매업자'라는 신분을 가진 '신분범(身分犯)'이므로, 그 신분은 범죄의 구성요건 요소이다. 따라서 건강기능식품판매업자가 아닌 자가 유통기한이 지난 건강기능식품을 판매한 경우에는 위 법조를 적용할 수 없다.
- 위 사례에서는 손님이 작성한 '자술서'를 첨부하는 경우를 상정하였는데, 신고자가 손님인 경우에는 신고자 자신이 자술서를 작성하더라도 무방하다.
- 이 법을 위반한 행위는 식품의약품안전처, 특별시·광역시·도 및 시·군·자치구에 근무하며 식품 단속 사무에 종사하는 공무원이 지방검찰청 검사장의 지명을 받아 사법경찰관리의 직무를 수행한다(「사법경찰관리의 직무를 수행할 자와 그 직무범위에 관한 법률」). 그리고 일선 경찰서에 소속된 경찰공무원에게도 수사권이 주어져 있다. 그러나 간혹 지방자치단체에 근무하는 공무원들의 경우에는 검사장의 지명을 받지 아니한 경우도 있다. 이러한 경우에서, 신고서를 지방자치단체에 제출할 경우에는 지방자치단체는 신고서를 관할 경찰서로 이송(이송함이 옳지만, 법규정을 숙지하지 못한 지방공무원은 '고발'을 하는 경우도 있다)하면서 수사결과를 통지해 줄 것을 요청하고, 그 결과통지에 따라 허가 등의 취소, 영업의 정지 등 행정처분을 하는 것이 실무 관행이다.

이와는 달리 신고서를 관할 경찰서에 제출(인터넷 국민신문고를 이용하여 경찰청에 제출하면 지방경찰청을 경유하여 관할 경찰서에 이첩이 됨)한 경우에는 관할 경찰서는 수사를 종료한 뒤 관할 검찰청으로 사건을 송치할 때에 관할 지방자치단체에는 행정처분의 자료를 통지하여야 한다. 그러나 경찰에서는 간혹 이 통지를 빠뜨리는 경우가 있다. 따라서 이 법과 같이 형사상의 처벌과는 별도로 행정처분이 병행되는 범죄(공익신고의 대상 위반행위는 대부분이 이에 해당한다)에 관한 신고서는 지방자치단체 또는 국민권익위원회에 제출하는 것이 바람직하다.

- 유통기한이 경과한 식품을 판매한 행위는 「식품위생법」을 적용한다. 신고 내용의 작성은 위 사례를 응용하면 될 것이다.

3. 「건설산업기본법」

가. 법률 이해하기

이 법은 「공익신고자 보호법」의 관련 규정에 의하여 국민권익위원회가 내부신고자에게는 '보상금'을 지급하고, 외부신고자에게는 '포상금'을 지급할 수 있다.

이 법은 대부분의 위반행위에 대하여 형벌과는 별도로 영업정지 또는 영업정지에 갈음하는 과징금이 부과된다. 그리고 과징금도 소액이 아닌 경우가 많다는 특징이 있다. '입찰담합행위', '면허 또는 등록증 대여행위'는 업계에서 비일비재한 현상임을 감안할 때 이 법은 공익신고자에게 유익한 법률이 될 수 있을 것이다.

나. 입찰담합행위

제95조(벌칙) 건설공사의 입찰에서 다음 각 호의 어느 하나에 해당하는 행위를 한 자는 5년 이하의 징역 또는 2억원 이하의 벌금에 처한다.

1. 부당한 이익을 취득하거나 공정한 가격 결정을 방해할 목적으로 입찰자가

서로 공모하여 미리 조작한 가격으로 입찰한 자

공 익 신 고 서

〔피신고자〕

1. ○○건설 주식회사(대표이사 ○○○)
    본점소재지 :
    전화번호 :
    위반행위자 : 상무이사 김○○

2. 주식회사 ○○(대표이사 ○○○)
    본점소재지 :
    전화번호 :
    위반행위자 : 전무이사 이○○

3. 주식회사 ○○○○(공동대표이사 ○○○, ○○○)
    본점소재지 :
    전화번호 :
    위반행위자 : 공동대표이사 박○○

〔신고 내용〕

1. 김○○는 ○○건설 주식회사의 상무이사이고, 이○○는 주식회사 ○○의 전무이사이며, 박○○는 주식회사 ○○○○의 공동대표이사입니다.
2. 피신고자들은 2016. 7. 7. ○○○도교육청이 발주자로서 입찰에 붙인 ○○

○도 ○○시 ○○동 ○○-○ 소재 ○○고등학교 신축공사에 응찰함에 있어 부당한 이익을 취득하거나 공정한 가격 결정을 방해할 목적으로 미리 조작한 가격으로 응찰하여 ○○건설 주식회사가 낙찰자로 결정되게 하기로 미리 공모하고, 피신고자 김○○는 응찰자 ○○건설 주식회사의 응찰가로 금 5,432,000,000원을, 이○○는 응찰자 주식회사 ○○의 응찰가로 금 5,100,000,000원을, 박○○는 주식회사 ○○○○의 응찰가로 금 4,900,000,000원을 각각 기재한 입찰참가서를 위 ○○○도교육청 교육감에게 각각 제출함으로써 위 ○○건설 주식회사가 낙찰자로 결정되게 하였습니다.

첨부 : 입찰공고문

(신고 내용 해설)
- 법 제95조제1호는 「형법」 제315조에서 규정하는 '입찰방해죄'의 특별법 규정이다.
- 입찰에 참가하는 행위를 '응찰(應札)'이라 하고, 입찰에서 최종적으로 수급인으로 결정되는 것을 '낙찰(落札)'이라고 한다.
- 응찰자들이 미리 공모(共謀)하여 응찰가를 협의하는 행위를 가리켜 '입찰담합(入札談合)'이라고 한다.
- 이 사안의 경우에는 응찰자들이 응찰가에 관하여 미리 모의(謀議), 즉 입찰담합을 한 행위가 핵심이다. 따라서 모의에 가담한 행위자들이 누구이고, 언제 어디에서 어떤 방법과 조건으로 공모를 하였다는 사실을 가능한 한 상세히 적어주어야 한다. 여기의 '조건'이라 함은 낙찰자가 탈락자들(양보한 자들)에게 주는 이른바 '떡값' 등을 말한다.
- 이 법을 위반한 행위의 신고서는 국민권익위원회 또는 관할 경찰서(인터넷 국민신문고를 이용하는 때에는 경찰청)에 제출한다. 이 법을 위반하는 행위 중

무등록 건설업자를 제외한 영업자에게는 모두 영업정지 또는 영업정지에 갈음하는 과징금이 부과된다. 그런데 일선 경찰에서 수사를 담당하는 수사관 중에는 간혹 행정처분의 대상인 범죄행위를 수사한 후 관할 행정기관에 대한 통지를 누락하는 경우도 있다. 이러한 경우를 예방하려면 신고서를 국민권익위원회에 제출하는 편이 좋을 것이다. 국민권익위원회가 신고서를 접수하면 이를 해당 수사기관 등에 이첩을 하는데, 이첩할 때에는 그 신고서를 이첩 받는 기관에서 해야 할 일을 구체적으로 명시하기 때문이다. 또는 신고서를 관할 지방자치단체(기초지방자치단체를 말한다)에 제출하는 것도 요령이 될 것이다.

다. 부정청탁 및 배임수재

제95조의2(벌칙) 제38조의2를 위반하여 부정한 청탁을 받고 재물 또는 재산상의 이익을 취득하거나 부정한 청탁을 하면서 재물 또는 재산상의 이익을 제공한 자는 5년 이하의 징역 또는 5천만원 이하의 벌금에 처한다.

↳**제38조의2(부정한 청탁에 의한 재물 등의 취득 및 제공 금지)** ① 발주자·수급인·하수급인(발주자, 수급인 또는 하수급인이 법인인 경우 해당 법인의 임원 또는 직원을 포함한다) 또는 이해관계인은 도급계약의 체결 또는 건설공사의 시공에 관하여 부정한 청탁을 받고 재물 또는 재산상의 이익을 취득하거나 부정한 청탁을 하면서 재물 또는 재산상의 이익을 제공하여서는 아니 된다.

② 국가, 지방자치단체 또는 대통령령으로 정하는 공공기관이 발주한 건설공사의 업체선정에 심사위원으로 참여한 자는 그 직무에 관하여 부정한 청탁을 받고 재물 또는 재산상의 이익을 취득하여서는 아니 된다.

↳**대통령령 제34조의5(공공기관의 범위)** 법 제35조제1항제1호 각 목 외의 부분, 제35조제2항제6호, 제38조제3항, 제38조의2제2항·제3항 및 제46조제2항에서 "대통령령으로 정하는 공공기관"이란 다음 각 호의 어느 하나에 해당하는 공공기관을 말한다.

1. 「공공기관의 운영에 관한 법률」 제5조에 따른 공기업 및 준정부기관
   ↳ **「공공기관의 운영에 관한 법률」** 제5조(공공기관의 구분) ① 기획재정부장관은 공공기관을 공기업·준정부기관과 기타공공기관으로 구분하여 지정하되, 공기업과 준정부기관은 직원 정원이 50인 이상인 공공기관 중에서 지정한다.
   ② 기획재정부장관은 제1항의 규정에 따라 공기업과 준정부기관을 지정하는 경우 공기업은 자체수입액이 총수입액의 2분의 1 이상인 기관 중에서 지정하고, 준정부기관은 공기업이 아닌 공공기관 중에서 지정한다.
   ③ 기획재정부장관은 제1항 및 제2항의 규정에 따른 공기업과 준정부기관을 다음 각 호의 구분에 따라 세분하여 지정한다.
   1. 공기업
      가. 시장형 공기업 : 자산규모가 2조원 이상이고, 총수입액 중 자체수입액이 대통령령이 정하는 기준 이상인 공기업
         ↳ **대통령령 제7조(시장형 공기업의 지정기준)** 법 제5조제3항제1호가목에서 "대통령령이 정하는 기준"이란 100분의 85를 말한다.
      나. 준시장형 공기업 : 시장형 공기업이 아닌 공기업
   2. 준정부기관
      가. 기금관리형 준정부기관 : 「국가재정법」에 따라 기금을 관리하거나 기금의 관리를 위탁받은 준정부기관
      나. 위탁집행형 준정부기관 : 기금관리형 준정부기관이 아닌 준정부기관
   ④ 기획재정부장관은 공공기관 중 제2항의 규정에 따른 공기업과 준정부기관을 제외한 기관을 기타공공기관으로 지정한다.
   ⑤ 제2항 및 제3항의 규정에 따른 자체수입액 및 총수입액의 구체적인 산정 기준과 방법은 대통령령으로 정한다.

↳대통령령 제6조(총수입액 등의 산정방법 등) ① 법 제4조제1항제2호, 법 제5조제2항 및 같은 조 제3항제1호가목에 따른 총수입액, 법 제4조제1항제2호의 정부지원액, 법 제5조제2항 및 같은 조 제3항제1호가목의 자체수입액(이하 "총수입액 등"이라 한다)은 최근 3개년간의 결산기준 재무제표를 기초로 산정하며, 3개년 평균으로 한다.

② 제1항에 따라 총수입액 등을 산정함에 있어 재무제표가 3년 미만의 기간 동안 작성된 기관의 경우에는 해당 기간의 재무제표를 활용하여 총수입액 등을 산정하며, 재무제표가 작성되지 않은 기관의 경우에는 당해 기관의 예산을 기초로 하여 이에 준하는 자료를 작성하여 산정한다.

③ 제1항에 따른 재무제표는 원칙적으로 발생의 사실에 따라 작성된 재무제표를 활용한다. 다만, 발생의 사실에 따라 작성하지 않는 기관의 경우에는 이에 준하는 자료를 작성하여 총수입액 등을 산정한다.

⑤ 법 제5조제3항제1호가목, 제18조제2항 본문 및 제4항 본문, 제20조제2항 본문 및 제3항, 제21조제2항 단서와 이 영 제22조제1항제2호의 자산규모는 최근연도 결산기준 재무제표를 기초로 산정한다. 다만, 법 제6조제1항 각 호 외의 부분 단서에 따라 공공기관으로 새로 지정되는 등의 사유로 재무제표가 작성되지 아니한 공공기관의 경우에는 그 사유가 발생한 연도의 예산을 기초로 산정한다.

2. 삭제 〈2014.11.14.〉
3. 삭제 〈2014.11.14.〉
4. 「지방공기업법」에 따른 지방공사 및 지방공단

③ 국가, 지방자치단체 또는 대통령령으로 정하는 공공기관이 발주한 건설

공사의 업체 선정에 참여한 법인, 해당 법인의 대표자, 상업 사용인, 그 밖의 임원 또는 직원은 그 직무에 관하여 부정한 청탁을 받고 재물 또는 재산상의 이득을 취득하거나 부정한 청탁을 하면서 재물 또는 재산상의 이익을 제공하여서는 아니 된다.[5]

〔피신고자〕

1. 최○○

 주소 :

 전화번호 :

2. 강○○

 주소 :

 전화번호 :

〔신고 내용〕

1. 피신고자 최○○는 주식회사 ○○건설의 전무이사이고, 피신고자 강○○는 ○○조경 주식회사의 대표이사입니다.
2. 피신고자 최○○는 2016. ○.경 주식회사 ○○건설이 발주하는 ○○시 ○○동 소재 ○○○○공사와 관련하여 사실은 도급예정금액을 돈 3,500,000,000원으로 정하여 입찰에 붙일 예정이었음에도 불구하고, ○○조경 주식회사에 수의계약으로 도급을 주면 위 도급금액 외에 별도로 사례비 200,000,000원

---

[5] 제3항이 말하는 대통령령은 위 제2항과 같다. 대통령령 제34조의5에 의하여 기획재정부장관이 지정한 공공기관의 임·직원은 모두 「부정청탁 및 금품등 수수의 금지에 관한 법률」(일명 '김영란법') 제2조제1호다목의 규정 속에 포함된다. 따라서 이 법 제38조의2제2항을 위반한 행위는 동시에 「부정청탁 및 금품등 수수의 금지에 관한 법률」의 관련 규정을 위반하는 경우가 있을 것이다. 이러한 경우에는 '특별법 우선의 원칙'에 의하여 이 법의 처벌법규를 우선 적용하게 된다.

> 을 주겠다는 피신고자 강○○의 제안을 받고, 그 무렵 위 공사를 수의계약에 의하여 위 ○○조경 주식회사에 도급하는 계약을 체결한 직후 위 강○○로부터 돈 200,000,000원을 받았습니다.
>
> 첨부 : 녹취록 1통.

(신고 내용 해설)

- 법 제38조의2는 「형법」 제357조에서 규정하는 '배임수증재죄'에 대한 특별법 규정이다.
- 이 사안의 경우에는 '배임행위'가 핵심이다. 즉 부정한 청탁을 받고, 회사에 손해를 입힐 가능성이 있는 행위를 했다는 점을 상세히 적어주어야 하고, 이를 뒷받침할 수 있는 진술서 또는 녹취록 등 증거를 제출해 주어야 한다. 녹취록은 신고자와 상대방(뇌물 수수자 또는 공여자) 사이의 대화 내용을 속기사가 문서화한 것을 말한다.
- 녹음이 증거로 채택되기 위해서는 녹음을 하는 사람과 상대방 사이의 대화내용이어야 한다. 그러나 녹음을 하는 사람은 대화에 개입하지 아니한 녹음, 즉 제3자들 사이의 대화를 녹음하는 행위는 범죄를 구성할 수 있어 주의를 해야 한다.

라. 건설업등록증 대여행위

제96조(벌칙) 다음 각 호의 어느 하나에 해당하는 자는 3년 이하의 징역 또는 3천만원 이하의 벌금에 처한다.

3. 제21조를 위반하여 다른 사람에게 자기의 성명이나 상호를 사용하여 건설공사를 수급 또는 시공하게 한 건설업자와 그 상대방 또는 이를 알선한 자, 건설업 등록증이나 건설업 등록수첩을 빌려준 건설업자와 그 상대방 또는

이를 알선한 자

↳ **제21조(건설업 등록증 등의 대여 및 알선 금지)** ① 건설업자는 다른 사람에게 자기의 성명이나 상호를 사용하여 건설공사를 수급 또는 시공하게 하거나 건설업 등록증 또는 건설업 등록수첩을 빌려주어서는 아니 된다.
② 누구든지 제1항에서 금지된 행위를 알선하여서는 아니 된다.

〔피신고자〕

1. 윤○○
   주소 :
   전화번호 :
2. 양○○
   주소 :
   전화번호 :

〔신고 내용〕

1. 피신고자 윤○○는 주식회사 ○○건설의 대표이사이고, 피신고자 양○○는 토목공사업자입니다.
2. 위 윤○○는 신고 외 ○○건설 주식회사가 ○○시 ○○동에 있는 ○○빌딩 신축공사와 관련하여 발주하는 토목공사에 관하여 위 양○○이 수급인이 되게 할 목적으로 주식회사 ○○건설의 건설업등록증을 빌려주고, 위 양○○으로부터 돈 30,000,000원을 받은 사실이 있습니다.

(신고 내용 해설)
- 이 사안은 건설업등록증이 없는 사람이 건설공사에 응찰을 하거나 수의계약에 사용하게 할 목적으로 건설업등록증을 대여한 행위가 핵심이다. 따라서 등록증을 대여한 대가로 받은 돈의 액수를 알 수 없는 경우에는 이를 밝히지 않더라도 무방하다.
- 등록증을 차용한 자가 그 등록증을 사용하여 시공한 공사의 내용을 적어주어야 한다.
- 주식회사 ○○건설에 관하여는 피신고자로 표시하지 않더라도 검사는 양벌규정을 적용하여 벌금형이 선고되도록 기소를 할 것이다.

마. 무등록 건설업자에게 하도급한 수급인 및 무등록 건설업자

제96조(벌칙) 다음 각 호의 어느 하나에 해당하는 자는 3년 이하의 징역 또는 3천만원 이하의 벌금에 처한다.
  1. 제9조제1항에 따른 등록을 하지 아니하거나 부정한 방법으로 등록을 하고 건설업을 한 자
    ↳**제9조(건설업 등록 등)** ① 건설업을 하려는 자는 대통령령으로 정하는 업종별로 국토교통부장관에게 등록을 하여야 한다. 다만, 대통령령으로 정하는 경미한 건설공사를 업으로 하려는 경우에는 등록을 하지 아니하고 건설업을 할 수 있다.
      ↳**대통령령 제7조(건설업의 업종 및 업무내용 등)** 법 제8조에 따른 건설업의 업종과 업종별 업무내용은 별표 1[6)과 같다.
  4. 제25조제2항 및 제29조제1항부터 제3항까지의 규정을 위반하여 하도급한 자
    ↳**제25조(수급인 등의 자격 제한)** ② 수급인은 공사내용에 상응하는 업종을 등록한 건설업자에게 하도급하여야 한다.

---

6) 별표 1은 '신고 내용 해설'의 뒷부분 참조.

〔피신고자〕

1. ○○종합건설 주식회사
   대표이사 ○○○
   위반행위자 전무이사 김○○
   주사무소소재지 :
   전화번호 :

2. 주식회사 ○○건설
   대표이사 겸 위반행위자 이○○
   주사무소소재지 :
   전화번호 :

〔신고 내용〕

1. 「건설산업기본법」 제96조제1호, 제9조제1항 및 제25조제2항에 의하면 수급인이 하도급을 할 때에는 공사내용에 상응하는 업종을 등록한 건설업자에게 하도급을 하여야 하고, 건설업을 하려는 자는 업종별로 국토교통부장관에게 등록을 하여야 한다고 규정하였습니다.
2. 피신고자 ○○종합건설 주식회사는 등록한 건설업자로서 발주자인 ○○공사로부터 수급한 ○○빌딩(지하5층, 지상 14층)의 신축공사와 관련하여 2016. ○.경 ○○시 ○○동 ○○-○에서 시공 중인 위 공사 중 토공사업 부분을 건설업등록을 하지 아니한 피신고자 주식회사○○건설에게 재하도급금액 120,000,000원에 하도급을 하였고, 위 주식회사 ○○건설은 건설업의 등록을 한 사실이 없음에도 불구하고 위 토공사업의 공사를 시공하고 있습니다.

〔신고의 취지 및 이유〕

신고자는 위 발주자, 수급인 또는 하수급인 중 어느 하나에 소속된 사람입니다. 이 신고는 「공익신고자 보호법」의 관련 규정에 따른 내부자의 신고입니다. 따라서 신고자의 신원을 비공개로 하여 주시기 바랍니다. 신고자는 수사기관에 출석하여 진술하는 것을 꺼리므로, 신고인이 익명으로 작성한 진술서를 덧붙입니다. 그러나 우편에 의한 진술이나 전자우편을 이용한 진술에는 적극적으로 협조하겠습니다.

〔첨부하는 자료〕

1. 현장 사진 ○장.
2. 하도급계약서 사본 1통.
3. 진술서 1통. 끝.

(신고 내용 해설)
- 이 사안에서는 ①수급인(재하도급인), ②무등록 건설업자, ③건설공사 중 무등록 건설업자가 시공한 내용 및 규모(재하도급금액), ④재하도급인이 무등록 사실을 알고 있다는 사실(고의범)이 특정되어야 한다.
- 위 범죄구성요건 사실 중 ① 내지 ③에 관하여는 신고인이 증거를 제출하지 않더라도 수사관이 쉽게 밝힐 수 있는 객관적 사실에 해당한다. 그러나 ④의 경우는 무등록자가 건설업면허 등을 타인으로부터 빌려서(차용) 사용한 경우라면 재하도급인으로서는 범죄의 고의(故意)가 없는 것(無知)으로 처리될 수도 있다. 따라서 신고인이 작성하는 진술서에는 이 부분을 상세히 설명하여야 할 것이다. 이 사안의 경우에는 '과실범(過失犯)'은 벌할 수 없기 때문이다.

- 위 사안에서 만약 피신고자 2번이 건설업면허를 차용한 경우에는 그 면허를 대여한 자와 함께 이 법의 별도 규정(제96조제3호)에 따라 처벌된다.

[별표 1]
건설업의 업종과 업종별 업무내용(제7조 관련)

구분	건설업종	업무내용	건설공사의 예시
종합공사를 시공하는 업종	1. 토목공사업	종합적인 계획·관리 및 조정에 따라 토목공작물을 설치하거나 토지를 조성·개량하는 공사	도로·항만·교량·철도·지하철·공항·관개수로·발전(전기 제외)·댐·하천 등의 건설, 택지조성 등 부지조성공사, 간척·매립공사 등
	2. 건축공사업	종합적인 계획·관리 및 조정에 따라 토지에 정착하는 공작물 중 지붕과 기둥(또는 벽)이 있는 것과 이에 부수되는 시설물을 건설하는 공사	
	3. 토목건축공사업	토목공사업과 건축공사업의 업무내용에 속한 공사	
	4. 산업·환경설비 공사업	종합적인 계획·관리 및 조정에 따라 산업의 생산시설, 환경오염을 예방·제거·감축하거나 환경오염물질을 처리·재활용하기 위한 시설, 에너지 등의 생산·저장·공급시설 등을 건설하는 공사	제철·석유화학공장 등 산업생산시설, 소각장·수처리설비·환경오염방지시설·하수처리시설·폐수종말처리시설·중수도 및 하·폐수처리수 재이용시설 등 환경시설공사, 발전소설비공사 등
	5. 조경공사업	종합적인 계획·관리·조정에 따라 수목원·공원·녹지·숲의 조성 등 경관 및 환경을 조성·개량하는 공사	수목원·공원·숲·생태공원·정원 등의 조성공사
전문공사를 시공하는 업종	1. 실내건축공사업	·실내건축공사: 건축물의 내부를 용도와 기능에 맞게 건설하는 실내건축공사 및 실내공간의 마감을 위하여 구조체·집기 등을 제작 또는 설치하는 공사	실내건축공사(제4호 및 제5호의 공사만으로 행하여지는 공사를 제외한다), 실내공간의 구조체 제작 및 마감공사, 그 밖에 집기 등을 제작 또는 설치하는 공사 등

		· 목재창호 · 목재구조물공사: 목재로 된 창을 건축물 등에 설치하는 공사 및 목재구조물 · 공작물 등을 축조 또는 장치하는 공사	목재창호공사, 목재 등을 사용한 칸막이공사, 목재구조물 · 공작물 등을 축조 또는 장치하는 공사 등
	2. 토공사업	땅을 굴착하거나 토사 등으로 지반을 조성하는 공사	굴착 · 성토 · 절토 · 흙막이공사 · 철도도상자갈공사, 폐기물매립지에서의 굴착 · 선별 · 성토공사 등
	3. 미장 · 방수 · 조적공사업	· 미장공사: 구조물 등에 모르타르 · 플러스터 · 회반죽 · 흙 등을 바르거나 내 · 외벽 및 바닥 등에 성형단열재 · 경량단열재 등을 접착하거나 뿜칠하여 마감하는 공사	일반미장공사, 미장모르타르공사, 합성수지모르타르공사, 미장뿜칠공사, 다듬기공사, 줄눈공사, 단열재 접착 및 뿜칠공사, 견출 및 코킹공사, 내화충전공사 등
		· 타일공사: 구조물 등에 점토 · 고령토를 주된 원료로 제조된 타일을 붙이는 공사	내 · 외장 타일 붙임공사, 모자이크, 테라코타타일공사 및 합성수지계타일공사 등
		· 방수공사: 아스팔트 · 실링재 · 에폭시 · 시멘트모르타르 · 합성수지 등을 사용하여 토목 · 건축구조물, 산업설비 및 폐기물매립시설 등에 방수 · 방습 · 누수방지 등을 하는 공사	방수공사, 에폭시공사, 방습공사, 도막공사, 누수방지공사 등
		· 조적공사: 구조물의 벽체나 기초 등을 시멘트블록 · 벽돌 등의 재료를 각각 모르타르 등의 교착제로 부착시키거나 장치하여 쌓거나 축조하는 공사	블록쌓기공사, 벽돌쌓기공사, 벽돌붙임공사 등
	4. 석공사업	석재를 사용하여 시설물 등을 시공하는 공사	건물외벽 등 석재공사, 바다 · 벽체 등의 돌붙임공사, 인도 · 광장 등 돌포장공사, 석축 등 돌쌓기공사 등

	5. 도장공사업	시설물에 칠바탕을 다듬고 도료 등을 솔·로울러·기계 등을 사용하여 칠하는 공사	일반도장공사, 도장뿜칠공사, 차선도색공사, 분사표면처리공사, 전천후경기장바탕도장공사, 부식방지공사 등
	6. 비계·구조물 해체공사업	·비계공사: 건축물 등을 건축하기 위하여 비계를 설치하거나 높은 장소에서 중량물을 거치하는 공사	일반비계공사, 발판가설공사, 빔운반거상공사, 특수중량물설치공사, 높은 장소에서 행하여지는 공사 등
		·파일공사 : 항타에 의하여 파일을 박거나 샌드파일 등을 설치하는 공사	샌드파일공사, 말뚝공사 등
		·구조물해체공사: 구조물 등을 해체하는 공사	건축물 및 구조물 등의 해체공사 등
	7. 금속구조물· 창호공사업	·창호공사 : 각종 금속재·합성수지·유리 등으로 된 창 또는 문을 건축물 등에 설치하는 공사	창호공사, 발코니창호공사, 외벽유리공사, 커튼월창호공사, 배연창·방화문설치공사, 자동문·회전문설치공사, 승강장스크린도어설치공사, 유리공사 등
		·금속구조물공사 - 금속류 구조체를 사용하여 건축물의 천장·벽체·칸막이 등을 설치하는 공사	천정·건식벽체·강재벽체·경량칸막이 등의 공사
		- 금속류 구조체를 사용하여 도로, 교량, 터널 및 기타의 장소에 안전·경계·방호·방음시설물 등을 설치하는 공사	가드레일·가드케이블·표지판·방호울타리·휀스·낙석방지망·낙석방지책·방음벽·방음터널·교량안전점검시설·버스승강대·도로교통안전시설물 등의 공사
		- 각종 금속류로 구조물 및 공작물을 축조하거나 설치하는 공사	굴뚝·탱크·수문설치·셔터설치·옥외광고탑·격납고도어·사다리·철재프레임·난간·계단 등의 공사
		·온실설치공사: 농업·임업·원예용 등 온실의 설치공사	농업·임업·원예용 등 온실설치공사와 부대설비공사
	8. 지붕판금·	·지붕·판금공사: 기와·슬레	지붕공사, 지붕단열공사, 지붕

	건축물조립 공사업	이트·금속판·아스팔트싱글 등으로 지붕을 설치하는 공사, 건축물 등에 판금을 설치하는 공사	장식공사, 판금공사, PVC가공부착공사, 빗물받이 및 홈통공사 등
		·건축물조립공사: 공장에서 제조된 판넬과 부품 등으로 건축물의 내벽·외벽·바닥 등을 조립하는 공사	샌드위치판넬·ALC판넬·PC판넬·세라믹판넬·알루미늄 복합판넬·사이딩판넬·클린복합판넬·시멘트보드판넬·악세스바닥판넬 등의 공사
9.	철근·콘크리트공사업	철근·콘크리트로 토목·건축구조물 및 공작물 등을 축조하는 공사	철근가공 및 조립공사, 콘크리트공사, 거푸집 및 동바리공사, 각종 특수콘크리트공사, 프리스트레스트콘크리트(PSC)구조물공사, 포장장비로 시공하지 아니하는 2차로 미만의 농로·기계화 경작로·마을안길 등을 시멘트콘크리트로 포장하는 공사 등
10.	기계설비 공사업	건축물·플랜트 그 밖의 공작물에 급배수·위생·냉난방·공기조화·기계기구·배관설비 등을 조립·설치하는 공사	건축물 등 시설물에 설치하는 급배수·환기·공기조화·냉난방·급탕·주방·위생·방음·방진·전자파차단설비공사, 플랜트안의 배관·기계기구설치공사, 기계설비를 자동제어하기 위한 제어기기·지능형제어시스템·자동원격검침설비 등의 자동제어공사, 시스템에어컨(GHP·EHP)공사, 지열냉·난방 기기설치 및 배관공사, 보온·보냉 등 열절연공사, 옥내급배수관개량·세척공사, 무대기계장치공사, 자동창고설비공사, 냉동냉장설비공사, 집진기공사, 철도기계신호공사, 건널목차단기공사 등
11.	상·하수도 설비공사업	·상수도설비공사: 상수도, 농·공업용수도 등을 위한 기기를 설치하거나 상수도관, 농·공업용수도관 등을 부설하	취수·정수·송배수를 위한 기기설치공사, 상수도, 농·공업용수도 등의 용수관 설치공사(옥내급배수설비공사를 제외한

		는 공사	다), 관세척 및 갱생공사, 각종 변류이형관설치공사, 옥외스프링클러설치공사 등
		· 하수도설비공사: 하수 등을 처리하기 위한 기기를 설치하거나 하수관을 부설하는 공사	하수 등의 처리를 위한 기기설치공사, 하수·우수관 부설(옥내급배수설비공사를 제외한다) 및 세척·갱생공사 등
	12. 보링·그라우팅공사업	지반 또는 구조물 등에 천공을 하거나 압력을 가하여 보강재를 설치하거나 회반죽 등을 주입 또는 혼합처리하는 공사	보링공사, 그라우팅공사, 착정공사, 지열공착정공사 등
	13. 철도·궤도공사업	철도·궤도를 설치하는 공사	궤광공사, 레일공사, 레일용접공사, 분기부공사, 받침목공사, 도상공사, 궤도임시받침공사, 선로차단공사, 아이빔 및 거더설치공사, 건널목보관공사 등
	14. 포장공사업	역청재 또는 시멘트콘크리트·투수콘크리트 등으로 도로·활주로·광장·단지·화물야적장 등을 포장하는 공사(포장공사에 수반되는 보조기층 및 선택층 공사를 포함한다)와 이의 유지·수선공사	아스팔트콘크리트포장공사, 시멘트콘크리트포장공사, 유색·투수콘크리트포장공사, 소파보수 및 덧씌우기 포장공사, 과속방지턱설치공사 등
	15. 수중공사업	수중에서 인원·장비 등으로 수중·해저의 시설물을 설치하거나 지장물을 해체하는 공사	수중암석파쇄공사·수중구조물의 설치 및 해체공사·계선부표 및 수중작업이 요구되는 항로표지설치공사, 수중구조물방식공사, 해저케이블공사, 투석공사 등
	16. 조경식재공사업	조경수목·잔디 및 초화류 등을 식재하거나 유지·관리하는 공사	조경수목·잔디·지피식물·초화류 등의 식재공사 및 이를 위한 토양개량공사, 종자뿜어붙이기공사 등 특수식재공사 및 유지·관리공사, 조경식물의 수세회복공사 및 유지·관리공사 등

17. 조경시설물 설치공사업		조경을 위하여 조경석·인조목·인조암 등을 설치하거나 야외의자·파고라 등의 조경시설물을 설치하는 공사	조경석·인조목·인조암 등의 설치공사, 야외의자·파고라·놀이기구·운동기구·분수대·벽천 등의 설치공사, 인조잔디 공사 등
18. 강구조물공사업		·교량 및 이와 유사한 시설물을 건설하기 위한 철구조물의 조립·설치에 관한 공사를 하도급받아 시공하는 공사	교량 등의 철구조물을 하도급 받아 조립·설치하는 공사
		·건축물을 건축하기 위하여 철구조물을 조립·설치하는 공사	건축물의 철구조물조립·설치공사
		·그 밖의 각종 철구조물공사	인도전용강재육교설치공사, 철탑공사, 갑문 및 댐의 수문설치공사 등
19. 철강재설치 공사업		·교량 및 이와 유사한 시설물을 건설하기 위하여 철구조물을 제작하여 조립·설치하는 공사	교량 등의 철구조물의 제작·조립·설치공사
		·건축물을 건축하기 위하여 철구조물을 조립·설치하는 공사	건축물의 철구조물 조립·설치공사
		·대형 댐의 수문 및 이와 유사한 시설을 건설하기 위하여 철구조물을 조립·설치하는 공사	대형 댐 수문설치공사 등
20. 삭도설치 공사업		삭도를 신설·개설·유지보수 또는 제거하는 공사	케이블카·리프트의 설치공사 등
21. 준설공사업		하천·항만 등의 물밑을 준설선 등의 장비를 활용하여 준설하는 공사	항만·항로·운하 및 하천의 준설공사 등
22. 승강기설치 공사업		건축물 및 공작물에 부착되어 사람이나 화물을 운반하는데 사용되는 승강설비를 설치·해체·교체 및 성능개선공사	승객·화물·건설공사용 엘리베이터 및 에스컬레이터설치공사, 무빙워크설치공사, 기계식주차설비공사 등

23. 가스시설시공업(제1종)	· 가스시설시공업 제2종 및 제3종의 업무내용 · 도시가스공급시설의 설치·변경공사 · 액화석유가스의 충전시설·집단공급시설·저장소시설의 설치·변경공사 · 도시가스시설 중 특정가스사용시설의 설치·변경공사 · 저장능력 500kg 이상의 액화석유가스사용시설의 설치·변경공사 · 고압가스배관의 설치·변경공사
24. 가스시설시공업(제2종)	· 가스시설시공업 제3종의 업무내용 · 도시가스시설 중 특정가스사용시설 외의 가스사용시설의 설치·변경공사 · 도시가스의 공급관과 내관이 분리되는 부분 이후의 보수공사 · 배관에 고정설치되는 가스용품의 설치공사 및 그 부대공사 · 저장능력 500kg 미만의 액화석유가스사용시설의 설치·변경공사 · 액화석유가스판매시설의 설치·변경공사
25. 가스시설시공업(제3종)	· 공사예정금액이 1천만원 미만인 아래의 공사 - 도시가스사용시설 중 온수보일러·온수기 및 그 부대시설의 설치·변경공사 - 액화석유가스사용시설 중 온수보일러·온수기 및 그 부

		대시설의 설치·변경공사
26. 난방시공업 (제1종)		·「에너지이용 합리화법」제37조에 따른 특정열사용기자재 중 강철재보일러·주철재보일러·온수보일러·구멍탄용 온수보일러·축열식 전기보일러·태양열집열기·1종압력용기·2종압력용기의 설치와 이에 부대되는 배관·세관공사 ·공사예정금액 2천만원 이하의 온돌설치공사
27. 난방시공업 (제2종)		·특정열사용기자재 중 태양열집열기·용량 5만kcal/h 이하의 온수보일러·구멍탄용 온수보일러의 설치 및 이에 부대되는 배관·세관공사 ·공사예정금액 2천만원 이하의 온돌설치공사
28. 난방시공업 (제3종)		특정열사용기자재 중 요업요로·금속요로의 설치공사
29. 시설물유지관리업		·시설물의 완공 이후 그 기능을 보전하고 이용자의 편의와 안전을 높이기 위하여 시설물에 대하여 일상적으로 점검·정비하고 개량·보수·보강하는 공사로서 아래의 공사를 제외한 공사 - 건축물의 경우 증축·개축·재축 및 대수선 공사 - 건축물을 제외한 그 밖의 시설물의 경우 증설·확장공사 및 주요구조부를 해체한 후 보수·보강 및 변경하는 공사 - 전문건설업종 중 1개 업종의 업무내용만으로 행하여지는 건축물의 개량·보수·보강 공사

비고
1. 위 표의 업무내용에는 건설공사용 재료의 채취 또는 그 공급업무, 기계 또는 기구의 공급업무와 단순한 노무공급업무 등은 포함되지 아니한다. 다만, 건설공사의 시공계약과 건설공사용 재료의 납품 계약을 같은 건설업자가 체결하는 경우 해당 건설공사용 재료의 납품 업무는 해당 업종의 업무내용에 포함되는 것으로 본다.
1의2. 토목건축공사업의 경우에는 법 제29조제2항을 적용함에 있어서 토목공사업 또는 건축공사업과 동일한 업종으로 본다.
2. 위 표에 명시되지 아니한 건설공사에 관한 건설업종의 구분은 해당 공사의 시공에 필요한 기술·재료·시설·장비 등의 유사성에 따라 구분한다.
3. 건설업자는 해당 업종에 속하는 건설공사에 부대되는 공사로서 제21조에 해당하는 공사는 함께 수행할 수 있다.
4. 가스사용시설 중 호스의 설치 또는 교체는 가스사용자가 할 수 있다.
5. 기계설비공사업을 등록한 자는 해당 업종에 해당하는 공사와 함께 난방시공업 제1종 및 제2종의 업무내용에 해당하는 공사 및 플랜트 또는 냉동냉장설비 안에서의 고압가스배관의 설치·변경공사를 할 수 있다.
6. 난방시공업 제1종을 등록한 자는 그 업종에 해당하는 공사가 포함된 경우 연면적 350제곱미터 미만인 단독주택의 기계설비공사를 함께 할 수 있다.
7. 난방시공업 제2종을 등록한 자는 그 업종에 해당하는 공사가 포함된 경우 연면적 250제곱미터 미만인 단독주택의 기계설비공사를 함께 할 수 있다.
8. 전문공사를 시공하는 업종의 등록을 한 자는 완성된 시설물 중 해당 업종의 업무내용에 해당하는 건설공사에 대하여 복구·개량·보수·보강하는 공사를 수행할 수 있다.

바. 건설기술자 현장배치의무 위반

제97조(벌칙) 다음 각 호의 어느 하나에 해당하는 자는 1년 이하의 징역 또는 1천만원 이하의 벌금에 처한다.

    4. 제40조제1항에 따른 건설기술자의 현장 배치를 하지 아니한 자

        ↳**제40조(건설기술자의 배치)** ① 건설업자는 건설공사의 시공관리, 그 밖에 기술상의 관리를 위하여 대통령령으로 정하는 바에 따라 건설공사 현장에 건설기술자를 1명 이상 배치하여야 한다. 다만, 시공관리, 품질 및 안전에 지장이 없는 경우로서 일정 기간 해당 공종의 공사가 중단되는 등 국토교통부령으로 정하는 요건에 해당하여 발주자가 서면으로

승낙하는 경우에는 배치하지 아니할 수 있다.

↳**대통령령 제35조(건설기술자의 현장배치기준등)** ① 법 제40조제1항의 규정에 의하여 건설공사의 현장에 배치하여야 하는 건설기술자는 당해 공사의 공종에 상응하는 건설기술자이어야 하며, 당해 건설공사의 착수와 동시에 배치하여야 한다.

② 법 제40조제1항의 규정에 의한 건설기술자의 배치는 별표 5의 공사예정금액의 규모별 건설기술자 배치기준에 의하여야 한다. 다만, 건설공사의 시공기술상 특성을 감안하여 도급계약당사자간의 합의에 의하여 공사현장에 배치하여야 할 건설기술자의 자격종목·등급 또는 인원수를 따로 정한 때에는 그에 의한다.

③ 건설업자는 다음 각 호의 어느 하나에 해당하는 공사에 대하여는 공사품질 및 안전에 지장이 없는 범위에서 발주자의 승낙을 받아 1인의 건설기술자를 3개의 건설공사현장에 배치할 수 있다.

1. 공사예정금액 5억원미만의 동일한 종류의 공사로서 다음 각목의 1에 해당하는 공사
   가. 동일한 시(특별시, 광역시 및 특별자치시를 포함한다)·군과 제주도의 지역에서 행하여지는 공사
   나. 시(특별시, 광역시 및 특별자치시를 포함한다)·군을 달리하는 인접한 지역에서 행하여지는 공사로서 발주자가 시공관리 기타 기술상 관리에 지장이 없다고 인정하는 공사
2. 이미 시공중에 있는 공사의 현장에서 새로이 행하여지는 동일한 종류의 공사

④ 삭제 〈1998.12.31.〉

⑤ 건설업자는 법 제40조제1항의 규정에 의하여 건설기술자를 건설공사의 현장에 배치한 때에는 당해 건설기술자로 하여금 국토교통부령으로 정하는 바에 따라 그 사실에 대하여 발주자의 확인을 받도록 하여야 한다.

[별표 5]

공사예정금액의 규모별 건설기술자 배치기준(제35조제2항 관련)

공사예정금액의 규모	건설기술자의 배치기준
700억원 이상(법 제93조제1항이 적용되는 시설물이 포함된 공사인 경우에 한정한다)	1. 기술사
500억원 이상	1. 기술사 또는 기능장 2. 「건설기술 진흥법」에 따른 건설기술자 중 해당 직무분야의 특급기술자로서 해당 공사와 같은 종류의 공사현장에 배치되어 시공관리업무에 5년 이상 종사한 자
300억원 이상	1. 기술사 또는 기능장 2. 기사 자격취득 후 해당 직무분야에 10년 이상 종사한 자 3. 「건설기술 진흥법」에 따른 건설기술자 중 해당 직무분야의 특급기술자로서 해당 공사와 같은 종류의 공사현장에 배치되어 시공관리업무에 3년 이상 종사한 자

100억원 이상	1. 기술사 또는 기능장
	2. 기사 자격취득 후 해당 직무분야에 5년 이상 종사한 자
	3. 「건설기술 진흥법」에 따른 건설기술자 중 다음 각 목의 어느 하나에 해당하는 자
	  가. 해당 직무분야의 특급기술자
	  나. 해당 직무분야의 고급기술자로서 해당 공사와 같은 종류의 공사현장에 배치되어 시공관리업무에 3년 이상 종사한 자
	4. 산업기사 자격취득 후 해당 직무분야에서 7년 이상 종사한 자

30억원 이상	1. 기사 이상 자격취득자로서 해당 직무분야에 3년 이상 실무에 종사한 자 2. 산업기사 자격취득 후 해당 직무분야에 5년 이상 종사한 자

	3. 「건설기술 진흥법」에 따른 건설기술자 중 다음 각 목의 1에 해당하는 자 가. 해당 직무분야의 고급기술자 이상인 자 나. 해당 직무분야의 중급기술자로서 해당 공사와 같은 종류의 공사현장에 배치되어 시공관리업무에 3년 이상 종사한 자
30억원 미만	1. 산업기사 이상 자격취득자로서 해당 직무분야에 3년 이상 실무에 종사한 자 2. 「건설기술 진흥법」에 따른 건설기술자 중 다음 각 목의 어느 하나에 해당하는 자 가. 해당 직무분야의 중급기술자 이상인 자 나. 해당 직무분야의 초급기술자로서 해당 공사와 같은 종류의 공사현장에 배치되어 시공관리업무에 3년 이상 종사한 자

비고

1. 위 표에서 "해당 직무분야"란 「국가기술자격법」 제2조제3호 또는 「건설기술 진흥법 시행령」 별표 1에 따른 직무분야를 말한다.
2. 위 표에서 "해당 공사와 같은 종류의 공사현장"이란 건설기술자를 배치하려는 해당 건설공사의 목적물과 종류가 같거나 비슷하고 시공기술상의 특성이 비슷한 공사를 말한다.
3. 위 표에서 "시공관리업무"란 건설공사의 현장에서 공사의 설계서 검토·조정, 시공, 공정 또는 품질의 관리, 검사·검측·감리, 기술지도 등 건설공사의 시공과 직접 관련되어 행하여지는 업무를 말한다.
4. 위 표에서 "시공관리업무" 및 "실무"에 종사한 기간에는 기술자격취득 이전의 경력이 포함된다.
5. 전문공사를 시공하는 업종을 등록한 건설업자가 시공하는 1건 공사의 공사예정금액이 5억원 미만의 공사인 경우에는 해당 업종에 관한 별표 2에 따른 등록기준 중 기술능력에 해당하는 자로서 해당 직무분야에서 3년 이상 종사한 자를 배치할 수 있다.
6. 전문공사를 시공하는 업종을 등록한 건설업자가 시공하는 1건 공사의 공사예정금액이 1억원 미만의 공사인 경우에는 해당 업종에 관한 별표 2에 따른 등록기준 중 기술능력 에 해당하는 자를 배치할 수 있다.

↳국토교통부령 제30조의2(건설기술자 배치의 예외) 법 제40조제1항 단서

에서 "국토교통부령으로 정하는 요건"이란 다음 각 호의 어느 하나에 해당하는 경우를 말한다.

1. 민원 또는 계절적 요인 등으로 해당 공정의 공사가 일정 기간 중단된 경우
2. 예산의 부족, 용지의 미보상 등 발주자(하도급의 경우에는 수급인을 포함한다. 이하 이 조에서 같다)의 책임 있는 사유 또는 천재지변 등 불가항력으로 공사가 일정기간 중단된 경우
3. 발주자가 공사의 중단을 요청하는 경우

신고 내용

「건설산업기본법」 제40조제1항 및 같은 법 시행령 제35조제1항에 의하면 공사예정금액이 30억원 이상인 건설공사 시공자는 건설공사의 시공관리, 그 밖에 기술상의 관리를 위하여 대통령령으로 정하는 바에 따라 건설공사 현장에 건설기술자 1명 이상을 배치하여야 한다고 규정하였습니다.

그러나 피신고자는 2016. ○.경부터 ○○시 ○○동 ○○-○에서 ○○○○○공사를 시공함에 있어 위 공사의 예정금액이 45억원임에도 불구하고, 위 공사 현장에 건설기술자를 배치하지 않았습니다.

(신고 내용 해설)

- 위 사안의 경우에는 시행령 별표 5에서 규정하는 공사예정금액에 해당하는 공사라는 점과 건설기술자를 배치하지 않았다는 점이 범죄의 구성요건 요소이다. 따라서 공사예정금액을 분명히 특정하여야 한다. 그러나 건설기술자를 배치하지 아니한 점은 신고자가 입증할 수는 없으므로, 배치하지 않았다는 주장을 하면 그만이다. 만약 피신고자가 건설기술자를 배치하였다고 주장하려면 그 사실

은 피신고자가 증명하여야 한다.
- 배치하지 아니한 행위는 '현장이탈'과는 구별하여야 한다. 배치는 하였지만, 현장에 상주하지 아니한 경우는 현장을 이탈한 것이므로, 위 법조를 적용할 수는 없다.

4. 「건축법」

가. 법률 이해하기

이 법을 위반한 행위자를 신고한 사람에게는 국민권익위원회가 「공익신고자 보호법」의 관련 규정에 의하여 내부신고자에게는 '보상금'을 지급하고, 외부신고자에게는 '포상금'을 지급할 수 있다. 즉 포상금은 국민권익위원회의 재량에 의하여 지급할 수도 있고, 지급하지 아니할 수도 있다. 따라서 신고서에는 신고의 취지 및 이유를 설명함에 있어 내부신고자인지 외부신고자인지를 밝혀줄 필요가 있다. 다른 모든 공익신고에서도 마찬가지이다.

이 법의 규정에 의한 공익신고의 대상 위반행위는 건축물, 가설건축물 또는 공작물이라는 덩치가 큰 증거물을 남긴다. 따라서 내부신고자가 아니더라도 범죄의 증거를 수집하는 일이 매우 용이하다.

증거라 함은 위반행위의 결과 남아 있는 건축물이나 공작물 그 자체이기 때문이다. 즉 피사체인 건축물이나 공작물 등을 촬영한 사진만으로도 훌륭한 증거가 될 수 있다.

이처럼 위반행위의 결과 감출 수 없는 증거를 남기는 범죄행위는 해당 법령의 규정만 잘 익혀둔다면 공익신고자로서는 더 없이 크나큰 즐거움을 맛보게 될 것이다.

그러나 이 법은 법령의 규정이 방대하고, 기술적인 요소가 많아 난해하다는 단점도 있다. 따라서 법령의 모든 규정을 섭렵하기보다는 증거가 밖으로 드러나는 범죄에 관하여 집중할 필요가 있을 것이다.

나. 무허가 건축행위

제108조(벌칙) ① 도시지역에서 제11조제1항, 제19조제1항 및 제2항, 제47조, 제55조, 제56조, 제58조, 제60조, 제61조 또는 제77조의10을 위반하여 건축물을 건축하거나 대수선 또는 용도변경을 한 건축주 및 공사시공자는 3년 이하의 징역이나 5천만원 이하의 벌금에 처한다.
② 제1항의 경우 징역과 벌금은 병과(倂科)할 수 있다.
↳**제11조(건축허가)** ① 건축물을 건축하거나 대수선하려는 자는 특별자치시장·특별자치도지사 또는 시장·군수·구청장의 허가를 받아야 한다. 다만, 21층 이상의 건축물 등 대통령령으로 정하는 용도 및 규모의 건축물을 특별시나 광역시에 건축하려면 특별시장이나 광역시장의 허가를 받아야 한다.

신고 내용

 피신고자는 관할관청의 허가를 받지 않고 2016. 1.경 도시지역인 ○○시 ○○구 ○○길 ○○-○ 지상에 철근콘크리트조 슬래브지붕 약 120㎡ 규모의 건축물을 신축하였습니다.

첨부 자료

1. 도시계획확인원 1통.
2. 건축물 사진 ○장.

(신고 내용 해설)
- 도시지역 밖에서 위 사례와 동일한 행위를 저지른 경우에는 법 제110조제1호에 의하여 2년 이하의 징역 또는 1천만원 이하의 벌금에 처한다. 이 경우에는

징역형과 벌금형을 병과할 수 있는 규정이 없다.
- 이 사안에서 범죄의 구성요건 요소에 해당하는 내용은, ①행위의 장소가 도시지역이라는 사실, ②허가를 받지 아니한 사실, ③신축한 건축물의 구조 및 규모이다.
- 위 사례와 같이 허가를 받지 않거나 신고를 하지 아니하고 건축물, 가설건축물, 공작물을 건축 또는 설치한 경우에는 시정명령 및 이행강제금의 부과 등 행정처분을 해야 한다.
행정처분은 지방자치단체의 장이 부과한다. 그러나 지방자치단체에는 사법경찰관리가 없기 때문에 수사의 관할권은 검찰 및 경찰에 있다.
- 이 사안과 같이 형벌의 대상이면서 동시에 행정처분의 대상인 위반행위에 관하여 지방자치단체에 근무하는 공무원이 사법경찰관리의 직무를 수행할 수 없는 경우에 있어서는 신고서를 어디에 제출하여야 할지를 놓고 고민을 하게 된다.
- 경찰에서 신고서를 접수한 경우에는, 경찰은 수사를 종결하여 사건을 검찰에 송치하면서 지방자치단체의 장에게 - 행정처분을 할 수 있도록 - 수사결과를 통지하는 것이 올바른 처리이다. 그런데 경찰 실무자들 중에는 이러한 통지를 누락하는 사례가 많다는 문제점이 있다. 이렇게 되면 지방자치단체에서는 위반행위자에게 행정처분을 할 수 없게 된다. 신고서를 검찰청에 제출하더라도 마찬가지이다. 일반적으로 검사는 사건을 경찰에 대하여 수사지휘를 하기 때문이다. 따라서 이러한 사건의 신고서는 - 행정처분의 대상임과 동시에 형벌의 대상인 위반행위로서 행정처분 기관에 사법경찰관권이 없는 내용의 신고서는 - 일단 행정처분을 담당하는 기관인 지방자치단체에 제출할 필요가 있다. 그렇게 되면 지방자치단체에서는 경찰에 이송을 하면서 수사결과를 지방자치단체에 통지해달라고 요청을 하게 될 것이다. 그리고 그 수사결과통지에 따라 행정처분을 하게 된다.

다. 무허가 용도변경

제108조(벌칙) ① 도시지역에서 제11조제1항, 제19조제1항 및 제2항, 제47조, 제55조, 제56조, 제58조, 제60조, 제61조 또는 제77조의10을 위반하여 건축물을 건축하거나 대수선 또는 용도변경을 한 건축주 및 공사시공자는 3년 이하의 징역이나 5천만원 이하의 벌금에 처한다.

② 제1항의 경우 징역과 벌금은 병과(倂科)할 수 있다.

↳**제19조(용도변경)** ② 제22조에 따라 사용승인을 받은 건축물의 용도를 변경하려는 자는 다음 각 호의 구분에 따라 국토교통부령으로 정하는 바에 따라 특별자치시장·특별자치도지사 또는 시장·군수·구청장의 허가를 받거나 신고를 하여야 한다.

1. 허가 대상 : 제4항 각 호의 어느 하나에 해당하는 시설군(施設群)에 속하는 건축물의 용도를 상위군(제4항 각 호의 번호가 용도변경하려는 건축물이 속하는 시설군보다 작은 시설군을 말한다)에 해당하는 용도로 변경하는 경우

2. 신고 대상 : 제4항 각 호의 어느 하나에 해당하는 시설군에 속하는 건축물의 용도를 하위군(제4항 각 호의 번호가 용도변경하려는 건축물이 속하는 시설군보다 큰 시설군을 말한다)에 해당하는 용도로 변경하는 경우

③ 제4항에 따른 시설군 중 같은 시설군 안에서 용도를 변경하려는 자는 국토교통부령으로 정하는 바에 따라 특별자치시장·특별자치도지사 또는 시장·군수·구청장에게 건축물대장 기재내용의 변경을 신청하여야 한다. 다만, 대통령령으로 정하는 변경의 경우에는 그러하지 아니하다.

↳**대통령령 제14조(용도변경)** ④ 법 제19조제3항 단서에서 "대통령령으로 정하는 변경"이란 다음 각 호의 어느 하나에 해당하는 건축물 상호 간의 용도변경을 말한다.

1. 별표 1의 같은 호에 속하는 건축물 상호 간의 용도변경

2. 「국토의 계획 및 이용에 관한 법률」이나 그 밖의 관계 법령에서 정하는 용도제한에 적합한 범위에서 제1종 근린생활시설과 제2종 근린생활시설 상호 간의 용도변경

④ 시설군은 다음 각 호와 같고 각 시설군에 속하는 건축물의 세부 용도는 대통령령으로 정한다.
 1. 자동차 관련 시설군
 2. 산업 등의 시설군
 3. 전기통신시설군
 4. 문화 및 집회시설군
 5. 영업시설군
 6. 교육 및 복지시설군
 7. 근린생활시설군
 8. 주거업무시설군
 9. 그 밖의 시설군

↳**대통령령 제14조(용도변경)** ⑤ 법 제19조제4항 각 호의 시설군에 속하는 건축물의 용도는 다음 각 호와 같다.
  1. 자동차 관련 시설군
     자동차 관련 시설
  2. 산업 등 시설군
     가. 운수시설
     나. 창고시설
     다. 공장
     라. 위험물저장 및 처리시설
     마. 자원순환 관련 시설
     바. 묘지 관련 시설
     사. 장례식장

---
7) 별표 1은 '신고 내용 해설'의 뒤를 참조.

3. 전기통신시설군

   가. 방송통신시설

   나. 발전시설

4. 문화집회시설군

   가. 문화 및 집회시설

   나. 종교시설

   다. 위락시설

   라. 관광휴게시설

5. 영업시설군

   가. 판매시설

   나. 운동시설

   다. 숙박시설

   라. 제2종 근린생활시설 중 다중생활시설

6. 교육 및 복지시설군

   가. 의료시설

   나. 교육연구시설

   다. 노유자시설(老幼者施設)

   라. 수련시설

   마. 야영장 시설

7. 근린생활시설군

   가. 제1종 근린생활시설

   나. 제2종 근린생활시설(다중생활시설은 제외한다)

8. 주거업무시설군

   가. 단독주택

   나. 공동주택

   다. 업무시설

   라. 교정 및 군사시설

9. 그 밖의 시설군
   가. 동물 및 식물 관련 시설
   나. 삭제 〈2010.12.13.〉

신고 내용

「건축법」 제19조제2항제1호에 의하면 도시지역에서 건축물의 용도를 상위의 시설군에 속하는 용도로 변경하려면 관할관청의 허가를 받아야 함에도 불구하고, 피신고자는 그러한 허가를 받지 않고 2016. ○.경 도시지역인 경기 ○○시 ○○동 ○○-○에 있는 동물 및 식물 관련 시설(9. 그 밖의 시설군)인 '축사' 321㎡를 상위의 시설군에 해당하는 '공장'(2. 산업 등 시설군)으로 용도를 변경하였습니다.

첨부 자료

1. 건축물대장등본 1통.
2. 도시계획확인원 1통.
3. 현장사진 ○장. 끝.

(신고 내용 해설)

- 도시지역 밖에서 위 사례와 동일한 행위를 저지른 경우에는 법 제110조제1호에 의하여 2년 이하의 징역 또는 1천만원 이하의 벌금에 처한다.
- 이 사안에서 반드시 설명해주어야 할 사항, 즉 범죄의 구성요건에 해당하는 요소로는, ①용도변경행위의 대상 건물이 도시지역 안에 존재하는 사실, ②기존의 용도(하위 시설군) 및 변경 후의 용도(상위의 시설군), ③용도변경 전후의 면적, ④용도를 변경한 시기, ⑤허가를 받지 아니한 사실이다.
- 「건축법」과 그 시행령이 건축물의 '용도'를 세분한 이유를 추정해보면, 생활환

경, 주차환경, 화재 등 재난에 대비할 필요성 등 여러 가지 사정을 종합적으로 고려한 것이다. 이러한 이유로 법률은 하위(下位) 시설군(施設群)의 용도를 상위 시설군에 있는 용도로 변경하려고 하는 경우에는 '허가'를 받게 하면서 그 반대의 경우에는 '신고'를 하도록 규정하고 있다.
- 이 사례의 경우에는 형사상의 처벌과는 별도로 행정기관에서 위반행위자에게 '원상회복명령'을 하고, 이 명령에 불응하는 경우에는 '이행강제금'을 부과한다.
- 건축물의 용도를 변경한 행위는 변경 후에도 계속하여 변경된 용도로 사용하기 때문에 - 위법상태가 계속되는 '계속범(繼續犯)'이므로 - 공소시효는 진행할 여지가 없다.

[별표 1]

용도별 건축물의 종류(제3조의5 관련)

1. 단독주택[단독주택의 형태를 갖춘 가정어린이집·공동생활가정·지역아동센터 및 노인복지시설(노인복지주택은 제외한다)을 포함한다]

   가. 단독주택

   나. 다중주택: 다음의 요건을 모두 갖춘 주택을 말한다.

   1) 학생 또는 직장인 등 여러 사람이 장기간 거주할 수 있는 구조로 되어 있는 것

   2) 독립된 주거의 형태를 갖추지 아니한 것(각 실별로 욕실은 설치할 수 있으나, 취사 시설은 설치하지 아니한 것을 말한다. 이하 같다)

   3) 1개 동의 주택으로 쓰이는 바닥면적의 합계가 330제곱미터 이하이고 주택으로 쓰는 층수(지하층은 제외한다)가 3개 층 이하일 것

   다. 다가구주택: 다음의 요건을 모두 갖춘 주택으로서 공동주택에 해당하지 아니하는 것을 말한다.

   1) 주택으로 쓰는 층수(지하층은 제외한다)가 3개 층 이하일 것. 다만, 1층의 전부 또는 일부를 필로티 구조로 하여 주차장으로 사용하고 나

머지 부분을 주택 외의 용도로 쓰는 경우에는 해당 층을 주택의 층수에서 제외한다.

2) 1개 동의 주택으로 쓰이는 바닥면적(부설 주차장 면적은 제외한다. 이하 같다)의 합계가 660제곱미터 이하일 것

3) 19세대(대지 내 동별 세대수를 합한 세대를 말한다) 이하가 거주할 수 있을 것

라. 공관(公館)

2. 공동주택[공동주택의 형태를 갖춘 가정어린이집·공동생활가정·지역아동센터·노인복지시설(노인복지주택은 제외한다) 및 「주택법 시행령」 제3조제1항에 따른 원룸형 주택을 포함한다]. 다만, 가목이나 나목에서 층수를 산정할 때 1층 전부를 필로티 구조로 하여 주차장으로 사용하는 경우에는 필로티 부분을 층수에서 제외하고, 다목에서 층수를 산정할 때 1층의 전부 또는 일부를 필로티 구조로 하여 주차장으로 사용하고 나머지 부분을 주택 외의 용도로 쓰는 경우에는 해당 층을 주택의 층수에서 제외하며, 가목부터 라목까지의 규정에서 층수를 산정할 때 지하층을 주택의 층수에서 제외한다.

가. 아파트: 주택으로 쓰는 층수가 5개 층 이상인 주택

나. 연립주택: 주택으로 쓰는 1개 동의 바닥면적(2개 이상의 동을 지하주차장으로 연결하는 경우에는 각각의 동으로 본다) 합계가 660제곱미터를 초과하고, 층수가 4개 층 이하인 주택

다. 다세대주택: 주택으로 쓰는 1개 동의 바닥면적 합계가 660제곱미터 이하이고, 층수가 4개 층 이하인 주택(2개 이상의 동을 지하주차장으로 연결하는 경우에는 각각의 동으로 본다)

라. 기숙사: 학교 또는 공장 등의 학생 또는 종업원 등을 위하여 쓰는 것으로서 1개 동의 공동취사시설 이용 세대 수가 전체의 50퍼센트 이상인 것(「교육기본법」 제27조 제2항에 따른 학생복지주택을 포함한다)

3. 제1종 근린생활시설

　가. 식품·잡화·의류·완구·서적·건축자재·의약품·의료기기 등 일용품을 판매하는 소매점으로서 같은 건축물(하나의 대지에 두 동 이상의 건축물이 있는 경우에는 이를 같은 건축물로 본다. 이하 같다)에 해당 용도로 쓰는 바닥면적의 합계가 1천 제곱미터 미만인 것

　나. 휴게음식점, 제과점 등 음료·차(茶)·음식·빵·떡·과자 등을 조리하거나 제조하여 판매하는 시설(제4호너목 또는 제17호에 해당하는 것은 제외한다)로서 같은 건축물에 해당용도로 쓰는 바닥면적의 합계가 300제곱미터 미만인 것

　다. 이용원, 미용원, 목욕장, 세탁소 등 사람의 위생관리나 의류 등을 세탁·수선하는 시설(세탁소의 경우 공장에 부설되는 것과 「대기환경보전법」, 「수질 및 수생태계 보전에 관한 법률」 또는 「소음·진동관리법」에 따른 배출시설의 설치 허가 또는 신고의 대상인 것은 제외한다)

　라. 의원, 치과의원, 한의원, 침술원, 접골원(接骨院), 조산원, 안마원, 산후조리원 등 주민의 진료·치료 등을 위한 시설

　마. 탁구장, 체육도장으로서 같은 건축물에 해당 용도로 쓰는 바닥면적의 합계가 500제곱미터 미만인 것

　바. 지역자치센터, 파출소, 지구대, 소방서, 우체국, 방송국, 보건소, 공공도서관, 건강보험공단 사무소 등 공공업무시설로서 같은 건축물에 해당 용도로 쓰는 바닥면적의 합계가 1천 제곱미터 미만인 것

　사. 마을회관, 마을공동작업소, 마을공동구판장, 공중화장실, 대피소, 지역아동센터(단독주택과 공동주택에 해당하는 것은 제외한다) 등 주민이 공동으로 이용하는 시설

　아. 변전소, 도시가스배관시설, 통신용 시설(해당 용도로 쓰는 바닥면적의 합계가 1천제곱미터 미만인 것에 한정한다), 정수장, 양수장 등 주민의 생활에 필요한 에너지공급·통신서비스제공이나 급수·배수와 관련된 시설

자. 금융업소, 사무소, 부동산중개사무소, 결혼상담소 등 소개업소, 출판사 등 일반업무시설로서 같은 건축물에 해당 용도로 쓰는 바닥면적의 합계가 30제곱미터 미만인 것

4. 제2종 근린생활시설

가. 공연장(극장, 영화관, 연예장, 음악당, 서커스장, 비디오물감상실, 비디오물소극장, 그 밖에 이와 비슷한 것을 말한다. 이하 같다)으로서 같은 건축물에 해당 용도로 쓰는 바닥면적의 합계가 500제곱미터 미만인 것

나. 종교집회장[교회, 성당, 사찰, 기도원, 수도원, 수녀원, 제실(祭室), 사당, 그 밖에 이와 비슷한 것을 말한다. 이하 같다]으로서 같은 건축물에 해당 용도로 쓰는 바닥면적의 합계가 500제곱미터 미만인 것

다. 자동차영업소로서 같은 건축물에 해당 용도로 쓰는 바닥면적의 합계가 1천제곱미터 미만인 것

라. 서점(제1종 근린생활시설에 해당하지 않는 것)

마. 총포판매소

바. 사진관, 표구점

사. 청소년게임제공업소, 복합유통게임제공업소, 인터넷컴퓨터게임시설제공업소, 그 밖에 이와 비슷한 게임 관련 시설로서 같은 건축물에 해당 용도로 쓰는 바닥면적의 합계가 500제곱미터 미만인 것

아. 휴게음식점, 제과점 등 음료·차(茶)·음식·빵·떡·과자 등을 조리하거나 제조하여 판매하는 시설(너목 또는 제17호에 해당하는 것은 제외한다)로서 같은 건축물에 해당 용도로 쓰는 바닥면적의 합계가 300제곱미터 이상인 것

자. 일반음식점

차. 장의사, 동물병원, 동물미용실, 그 밖에 이와 유사한 것

카. 학원(자동차학원·무도학원 및 정보통신기술을 활용하여 원격으로 교습하는 것은 제외한다), 교습소(자동차교습·무도교습 및 정보통신기술을 활용하여 원격으로 교습하는 것은 제외한다), 직업훈련소(운전·정비 관

련 직업훈련소는 제외한다)로서 같은 건축물에 해당 용도로 쓰는 바닥면적의 합계가 500제곱미터 미만인 것

타. 독서실, 기원

파. 테니스장, 체력단련장, 에어로빅장, 볼링장, 당구장, 실내낚시터, 골프연습장, 놀이형시설(「관광진흥법」에 따른 기타유원시설업의 시설을 말한다. 이하 같다) 등 주민의 체육 활동을 위한 시설(제3호마목의 시설은 제외한다)로서 같은 건축물에 해당 용도로 쓰는 바닥면적의 합계가 500제곱미터 미만인 것

하. 금융업소, 사무소, 부동산중개사무소, 결혼상담소 등 소개업소, 출판사 등 일반업무시설로서 같은 건축물에 해당 용도로 쓰는 바닥면적의 합계가 500제곱미터 미만인 것(제1종 근린생활시설에 해당하는 것은 제외한다)

거. 다중생활시설(「다중이용업소의 안전관리에 관한 특별법」에 따른 다중이용업 중 고시원업의 시설로서 국토교통부장관이 고시하는 기준에 적합한 것을 말한다. 이하 같다)로서 같은 건축물에 해당 용도로 쓰는 바닥면적의 합계가 500제곱미터 미만인 것

너. 제조업소, 수리점 등 물품의 제조·가공·수리 등을 위한 시설로서 같은 건축물에 해당 용도로 쓰는 바닥면적의 합계가 500제곱미터 미만이고, 다음 요건 중 어느 하나에 해당하는 것

   1) 「대기환경보전법」, 「수질 및 수생태계 보전에 관한 법률」 또는 「소음·진동관리법」에 따른 배출시설의 설치 허가 또는 신고의 대상이 아닌 것

   2) 「대기환경보전법」, 「수질 및 수생태계 보전에 관한 법률」 또는 「소음·진동관리법」에 따른 배출시설의 설치 허가 또는 신고의 대상 시설이나 귀금속·장신구 및 관련 제품 제조시설로서 발생되는 폐수를 전량 위탁처리하는 것

더. 단란주점으로서 같은 건축물에 해당 용도로 쓰는 바닥면적의 합계가

150제곱미터 미만인 것

러. 안마시술소, 노래연습장

5. 문화 및 집회시설
    가. 공연장으로서 제2종 근린생활시설에 해당하지 아니하는 것
    나. 집회장[예식장, 공회당, 회의장, 마권(馬券) 장외 발매소, 마권 전화투표소, 그 밖에 이와 비슷한 것을 말한다]으로서 제2종 근린생활시설에 해당하지 아니하는 것
    다. 관람장(경마장, 경륜장, 경정장, 자동차 경기장, 그 밖에 이와 비슷한 것과 체육관 및 운동장으로서 관람석의 바닥면적의 합계가 1천 제곱미터 이상인 것을 말한다)
    라. 전시장(박물관, 미술관, 과학관, 문화관, 체험관, 기념관, 산업전시장, 박람회장, 그 밖에 이와 비슷한 것을 말한다)
    마. 동·식물원(동물원, 식물원, 수족관, 그 밖에 이와 비슷한 것을 말한다)

6. 종교시설
    가. 종교집회장으로서 제2종 근린생활시설에 해당하지 아니하는 것
    나. 종교집회장(제2종 근린생활시설에 해당하지 아니하는 것을 말한다)에 설치하는 봉안당(奉安堂)

7. 판매시설
    가. 도매시장(「농수산물유통 및 가격안정에 관한 법률」에 따른 농수산물도매시장, 농수산물공판장, 그 밖에 이와 비슷한 것을 말하며, 그 안에 있는 근린생활시설을 포함한다)
    나. 소매시장(「유통산업발전법」 제2조제3호에 따른 대규모 점포, 그 밖에 이와 비슷한 것을 말하며, 그 안에 있는 근린생활시설을 포함한다)
    다. 상점(그 안에 있는 근린생활시설을 포함한다)으로서 다음의 요건 중 어

느 하나에 해당하는 것
1) 제3호가목에 해당하는 용도(서점은 제외한다)로서 제1종 근린생활시설에 해당하지 아니하는 것
2) 「게임산업진흥에 관한 법률」 제2조제6호의2가목에 따른 청소년게임제공업의 시설, 같은 호 나목에 따른 일반게임제공업의 시설, 같은 조 제7호에 따른 인터넷컴퓨터게임시설제공업의 시설 및 같은 조 제8호에 따른 복합유통게임제공업의 시설로서 제2종 근린생활시설에 해당하지 아니하는 것

8. 운수시설
  가. 여객자동차터미널
  나. 철도시설
  다. 공항시설
  라. 항만시설
  마. 삭제 〈2009.7.16〉

9. 의료시설
  가. 병원(종합병원, 병원, 치과병원, 한방병원, 정신병원 및 요양병원을 말한다)
  나. 격리병원(전염병원, 마약진료소, 그 밖에 이와 비슷한 것을 말한다)

10. 교육연구시설(제2종 근린생활시설에 해당하는 것은 제외한다)
  가. 학교(유치원, 초등학교, 중학교, 고등학교, 전문대학, 대학, 대학교, 그 밖에 이에 준하는 각종 학교를 말한다)
  나. 교육원(연수원, 그 밖에 이와 비슷한 것을 포함한다)
  다. 직업훈련소(운전 및 정비 관련 직업훈련소는 제외한다)
  라. 학원(자동차학원·무도학원 및 정보통신기술을 활용하여 원격으로 교습하는 것은 제외한다)

마. 연구소(연구소에 준하는 시험소와 계측계량소를 포함한다)
　　바. 도서관

11. 노유자시설
　　가. 아동 관련 시설(어린이집, 아동복지시설, 그 밖에 이와 비슷한 것으로서 단독주택, 공동주택 및 제1종 근린생활시설에 해당하지 아니하는 것을 말한다)
　　나. 노인복지시설(단독주택과 공동주택에 해당하지 아니하는 것을 말한다)
　　다. 그 밖에 다른 용도로 분류되지 아니한 사회복지시설 및 근로복지시설

12. 수련시설
　　가. 생활권 수련시설(「청소년활동진흥법」에 따른 청소년수련관, 청소년문화의집, 청소년 특화시설, 그 밖에 이와 비슷한 것을 말한다)
　　나. 자연권 수련시설(「청소년활동진흥법」에 따른 청소년수련원, 청소년야영장, 그 밖에 이와 비슷한 것을 말한다)
　　다. 「청소년활동진흥법」에 따른 유스호스텔
　　라. 「관광진흥법」에 따른 야영장 시설로서 제29호에 해당하지 아니하는 시설

13. 운동시설
　　가. 탁구장, 체육도장, 테니스장, 체력단련장, 에어로빅장, 볼링장, 당구장, 실내낚시터, 골프연습장, 놀이형시설, 그 밖에 이와 비슷한 것으로서 제1종 근린생활시설 및 제2종 근린생활시설에 해당하지 아니하는 것
　　나. 체육관으로서 관람석이 없거나 관람석의 바닥면적이 1천제곱미터 미만인 것
　　다. 운동장(육상장, 구기장, 볼링장, 수영장, 스케이트장, 롤러스케이트장, 승마장, 사격장, 궁도장, 골프장 등과 이에 딸린 건축물을 말한다)으로

서 관람석이 없거나 관람석의 바닥면적이 1천 제곱미터 미만인 것

14. 업무시설
    가. 공공업무시설: 국가 또는 지방자치단체의 청사와 외국공관의 건축물로서 제1종 근린생활시설에 해당하지 아니하는 것
    나. 일반업무시설: 다음 요건을 갖춘 업무시설을 말한다.
        1) 금융업소, 사무소, 결혼상담소 등 소개업소, 출판사, 신문사, 그 밖에 이와 비슷한 것으로서 제1종 근린생활시설 및 제2종 근린생활시설에 해당하지 않는 것
        2) 오피스텔(업무를 주로 하며, 분양하거나 임대하는 구획 중 일부 구획에서 숙식을 할 수 있도록 한 건축물로서 국토교통부장관이 고시하는 기준에 적합한 것을 말한다)

15. 숙박시설
    가. 일반숙박시설 및 생활숙박시설
    나. 관광숙박시설(관광호텔, 수상관광호텔, 한국전통호텔, 가족호텔, 호스텔, 소형호텔, 의료관광호텔 및 휴양 콘도미니엄)
    다. 다중생활시설(제2종 근린생활시설에 해당하지 아니하는 것을 말한다)
    라. 그 밖에 가목부터 다목까지의 시설과 비슷한 것

16. 위락시설
    가. 단란주점으로서 제2종 근린생활시설에 해당하지 아니하는 것
    나. 유흥주점이나 그 밖에 이와 비슷한 것
    다. 「관광진흥법」에 따른 유원시설업의 시설, 그 밖에 이와 비슷한 시설(제2종 근린생활시설과 운동시설에 해당하는 것은 제외한다)
    라. 삭제 〈2010.2.18〉
    마. 무도장, 무도학원

바. 카지노영업소

17. 공장

물품의 제조·가공[염색·도장(塗裝)·표백·재봉·건조·인쇄 등을 포함한다] 또는 수리에 계속적으로 이용되는 건축물로서 제1종 근린생활시설, 제2종 근린생활시설, 위험물저장 및 처리시설, 자동차 관련 시설, 자원순환 관련 시설 등으로 따로 분류되지 아니한 것

18. 창고시설(위험물 저장 및 처리 시설 또는 그 부속용도에 해당하는 것은 제외한다)

　가. 창고(물품저장시설로서「물류정책기본법」에 따른 일반창고와 냉장 및 냉동 창고를 포함한다)
　나. 하역장
　다.「물류시설의 개발 및 운영에 관한 법률」에 따른 물류터미널
　라. 집배송 시설

19. 위험물 저장 및 처리 시설

「위험물안전관리법」,「석유 및 석유대체연료 사업법」,「도시가스사업법」,「고압가스안전관리법」,「액화석유가스의 안전관리 및 사업법」,「총포·도검·화약류 등 단속법」,「유해화학물질 관리법」 등에 따라 설치 또는 영업의 허가를 받아야 하는 건축물로서 다음 각 목의 어느 하나에 해당하는 것. 다만, 자가난방, 자가발전, 그 밖에 이와 비슷한 목적으로 쓰는 저장시설은 제외한다.

　가. 주유소(기계식 세차설비를 포함한다) 및 석유 판매소
　나. 액화석유가스 충전소·판매소·저장소(기계식 세차설비를 포함한다)
　다. 위험물 제조소·저장소·취급소
　라. 액화가스 취급소·판매소

마. 유독물 보관 · 저장 · 판매시설
바. 고압가스 충전소 · 판매소 · 저장소
사. 도료류 판매소
아. 도시가스 제조시설
자. 화약류 저장소
차. 그 밖에 가목부터 자목까지의 시설과 비슷한 것

20. 자동차 관련 시설(건설기계 관련 시설을 포함한다)
    가. 주차장
    나. 세차장
    다. 폐차장
    라. 검사장
    마. 매매장
    바. 정비공장
    사. 운전학원 및 정비학원(운전 및 정비 관련 직업훈련시설을 포함한다)
    아. 「여객자동차 운수사업법」, 「화물자동차 운수사업법」 및 「건설기계관리법」에 따른 차고 및 주기장(駐機場)

21. 동물 및 식물 관련 시설
    가. 축사(양잠 · 양봉 · 양어시설 및 부화장 등을 포함한다)
    나. 가축시설[가축용 운동시설, 인공수정센터, 관리사(管理舍), 가축용 창고, 가축시장, 동물검역소, 실험동물 사육시설, 그 밖에 이와 비슷한 것을 말한다]
    다. 도축장
    라. 도계장
    마. 작물 재배사
    바. 종묘배양시설

사. 화초 및 분재 등의 온실

아. 식물과 관련된 마목부터 사목까지의 시설과 비슷한 것(동·식물원은 제외한다)

22. 자원순환 관련 시설

　가. 하수 등 처리시설

　나. 고물상

　다. 폐기물재활용시설

　라. 폐기물 처분시설

　마. 폐기물감량화시설

23. 교정 및 군사 시설(제1종 근린생활시설에 해당하는 것은 제외한다)

　가. 교정시설(보호감호소, 구치소 및 교도소를 말한다)

　나. 갱생보호시설, 그 밖에 범죄자의 갱생·보육·교육·보건 등의 용도로 쓰는 시설

　다. 소년원 및 소년분류심사원

　라. 국방·군사시설

24. 방송통신시설(제1종 근린생활시설에 해당하는 것은 제외한다)

　가. 방송국(방송프로그램 제작시설 및 송신·수신·중계시설을 포함한다)

　나. 전신전화국

　다. 촬영소

　라. 통신용 시설

　마. 그 밖에 가목부터 라목까지의 시설과 비슷한 것

25. 발전시설

　발전소(집단에너지 공급시설을 포함한다)로 사용되는 건축물로서 제1종 근

린생활시설에 해당하지 아니하는 것

26. 묘지 관련 시설

    가. 화장시설

    나. 봉안당(종교시설에 해당하는 것은 제외한다)

    다. 묘지와 자연장지에 부수되는 건축물

27. 관광 휴게시설

    가. 야외음악당

    나. 야외극장

    다. 어린이회관

    라. 관망탑

    마. 휴게소

    바. 공원·유원지 또는 관광지에 부수되는 시설

28. 장례식장[의료시설의 부수시설(「의료법」 제36조제1호에 따른 의료기관의 종류에 따른 시설을 말한다)에 해당하는 것은 제외한다]

29. 야영장 시설

    「관광진흥법」에 따른 야영장 시설로서 관리동, 화장실, 샤워실, 대피소, 취사시설 등의 용도로 쓰는 바닥면적의 합계가 300제곱미터 미만인 것

비고

1. 제3호 및 제4호에서 "해당 용도로 쓰는 바닥면적"이란 부설 주차장 면적을 제외한 실(實) 사용면적에 공용부분 면적(복도, 계단, 화장실 등의 면적을 말한다)을 비례 배분한 면적을 합한 면적을 말한다.

2. 비고 제1호에 따라 "해당 용도로 쓰는 바닥면적"을 산정할 때 건축물의

내부를 여러 개의 부분으로 구분하여 독립한 건축물로 사용하는 경우에는 그 구분된 면적 단위로 바닥면적을 산정한다. 다만, 다음 각 목에 해당하는 경우에는 각 목에서 정한 기준에 따른다.

 가. 제4호더목에 해당하는 건축물의 경우에는 내부가 여러 개의 부분으로 구분되어 있더라도 해당 용도로 쓰는 바닥면적을 모두 합산하여 산정한다.

 나. 동일인이 둘 이상의 구분된 건축물을 같은 세부 용도로 사용하는 경우에는 연접되어 있지 않더라도 이를 모두 합산하여 산정한다.

 다. 구분 소유자(임차인을 포함한다)가 다른 경우에도 구분된 건축물을 같은 세부 용도로 연계하여 함께 사용하는 경우(통로, 창고 등을 공동으로 활용하는 경우 또는 명칭의 일부를 동일하게 사용하여 홍보하거나 관리하는 경우 등을 말한다)에는 연접되어 있지 않더라도 연계하여 함께 사용하는 바닥면적을 모두 합산하여 산정한다.

3. 「청소년 보호법」 제2조제5호가목8) 및 9)에 따라 여성가족부장관이 고시하는 청소년 출입·고용금지업의 영업을 위한 시설은 제1종 근린생활시설 및 제2종 근린생활시설에서 제외한다.
4. 국토교통부장관은 별표 1 각 호의 용도별 건축물의 종류에 관한 구체적인 범위를 정하여 고시할 수 있다.

라. 미신고 건축행위

제111조(벌칙) 다음 각 호의 어느 하나에 해당하는 자는 5천만원 이하의 벌금에 처한다.

1. 제14조, 제16조(변경신고 사항만 해당한다), 제20조제3항, 제21조제1항, 제22조제1항 또는 제83조제1항에 따른 신고 또는 신청을 하지 아니하거나 거짓으로 신고하거나 신청한 자

↳**제14조(건축신고)** ① 제11조에 해당하는 허가 대상 건축물이라 하더라도 다음 각 호의 어느 하나에 해당하는 경우에는 미리 특별자치시장·특별자치도지사 또는 시장·군수·구청장에게 국토교통부령으로 정하는 바에 따라 신고를 하면 건축허가를 받은 것으로 본다.

1. 바닥면적의 합계가 85제곱미터 이내의 증축·개축 또는 재축. 다만, 3층 이상 건축물인 경우에는 증축·개축 또는 재축하려는 부분의 바닥면적의 합계가 건축물 연면적의 10분의 1 이내인 경우로 한정한다.
2. 「국토의 계획 및 이용에 관한 법률」에 따른 관리지역, 농림지역 또는 자연환경보전지역에서 연면적이 200제곱미터 미만이고 3층 미만인 건축물의 건축. 다만, 다음 각 목의 어느 하나에 해당하는 구역에서의 건축은 제외한다.
   가. 지구단위계획구역
   나. 방재지구 등 재해취약지역으로서 대통령령으로 정하는 구역

   ↳**대통령령 제11조(건축신고)** ① 법 제14조제1항제2호나목에서 "방재지구 등 재해취약지역으로서 대통령령으로 정하는 구역"이란 다음 각 호의 어느 하나에 해당하는 지구 또는 지역을 말한다.
   1. 「국토의 계획 및 이용에 관한 법률」 제37조에 따라 지정된 방재지구(防災地區)
   2. 「급경사지 재해예방에 관한 법률」 제6조에 따라 지정된 붕괴위험지역

3. 연면적이 200제곱미터 미만이고 3층 미만인 건축물의 대수선
4. 주요구조부의 해체가 없는 등 대통령령으로 정하는 대수선

   ↳**대통령령 제11조(건축신고)** ② 법 제14조제1항제4호에서 "주요구조부의 해체가 없는 등 대통령령으로 정하는 대수선"이란 다음 각 호의 어느 하나에 해당하는 대수선을 말한다.

1. 내력벽의 면적을 30제곱미터 이상 수선하는 것
2. 기둥을 세 개 이상 수선하는 것
3. 보를 세 개 이상 수선하는 것
4. 지붕틀을 세 개 이상 수선하는 것
5. 방화벽 또는 방화구획을 위한 바닥 또는 벽을 수선하는 것
6. 주계단·피난계단 또는 특별피난계단을 수선하는 것

5. 그 밖에 소규모 건축물로서 대통령령으로 정하는 건축물의 건축

↳ **대통령령 제11조(건축신고)** ③ 법 제14조제1항제5호에서 "대통령령으로 정하는 건축물"이란 다음 각 호의 어느 하나에 해당하는 건축물을 말한다.

1. 연면적의 합계가 100제곱미터 이하인 건축물
2. 건축물의 높이를 3미터 이하의 범위에서 증축하는 건축물
3. 법 제23조제4항에 따른 표준설계도서(이하 "표준설계도서"라 한다)에 따라 건축하는 건축물로서 그 용도 및 규모가 주위 환경이나 미관에 지장이 없다고 인정하여 건축조례로 정하는 건축물
4. 「국토의 계획 및 이용에 관한 법률」 제36조제1항제1호다목에 따른 공업지역, 같은 법 제51조제3항에 따른 지구단위계획구역(같은 법 시행령 제48조제10호에 따른 산업·유통형만 해당한다) 및 「산업입지 및 개발에 관한 법률」에 따른 산업단지에서 건축하는 2층 이하인 건축물로서 연면적 합계 500제곱미터 이하인 공장(별표 1 제4호너목에 따른 제조업소 등 물품의 제조·가공을 위한 시설을 포함한다)
5. 농업이나 수산업을 경영하기 위하여 읍·면지역(특별자치시장·특별자치도지사·시장·군수가 지역계획 또는 도시·군계획에 지장이 있다고 지정·공고한 구역은 제외한다)에서 건축하는 연면적 200제곱미터 이하의 창고 및 연면적 400

제곱미터 이하의 축사, 작물재배사(作物栽培舍), 종묘배양시설, 화초 및 분재 등의 온실

↳「**건축법 시행규칙**」제12조(건축신고) ① 법 제14조제1항 및 제16조제1항에 따라 건축물의 건축·대수선 또는 설계변경의 신고를 하려는 자는 별지 제6호서식의 건축·대수선·용도변경신고서에 다음 각 호의 서류를 첨부하여 특별자치시장·특별자치도지사 또는 시장·군수·구청장에게 제출(전자문서로 제출하는 것을 포함한다)하여야 한다. 다만, 제4호의 서류 중 토지 등기사항증명서는 제출하지 아니할 수 있으며, 이 경우 특별자치시장·특별자치도지사 또는 시장·군수·구청장은 「전자정부법」 제36조제1항에 따른 행정정보의 공동이용을 통하여 해당 토지 등기사항증명서를 확인하여야 한다.

1. 별표 2 중 배치도·평면도(층별로 작성된 것만 해당한다)·입면도 및 단면도. 다만, 다음 각 목의 경우에는 각 목의 구분에 따른 도서를 말한다. ☆ 별표 2는 생략함.

    가. 연면적의 합계가 100제곱미터를 초과하는 영 별표 1 제1호의 단독주택을 건축하는 경우 : 별표 2의 설계도서 중 건축계획서·배치도·평면도·입면도·단면도 및 구조도(구조내력상 주요한 부분의 평면 및 단면을 표시한 것만 해당한다)

    나. 법 제23조제4항에 따른 표준설계도서에 따라 건축하는 경우 : 건축계획서 및 배치도

    다. 법 제10조에 따른 사전결정을 받은 경우 : 평면도

2. 법 제11조제5항 각 호에 따른 허가 등을 받거나 신고를 하기 위하여 해당법령에서 제출하도록 의무화하고 있는 신청서 및 구비서류 (해당사항이 있는 경우로 한정한다)

3. 건축할 대지의 범위에 관한 서류

4. 건축할 대지의 소유 또는 사용에 관한 권리를 증명하는 서류. 다만, 건축할 대지에 포함된 국유지·공유지에 대해서는 특별자치시장·

특별자치도지사 또는 시장·군수·구청장이 해당 토지의 관리청과 협의하여 그 관리청이 해당 토지를 건축주에게 매각하거나 양여할 것을 확인한 서류로 그 토지의 소유에 관한 권리를 증명하는 서류를 갈음할 수 있으며, 집합건물의 공용부분을 변경하는 경우에는 「집합건물의 소유 및 관리에 관한 법률」제15조제1항에 따른 결의가 있었음을 증명하는 서류로 한다.

〔신고 내용〕

1. 「건축법」 제14조제1항제2호에 의하면 농림지역에서 연면적이 200제곱미터 미만이고 3층 미만인 건축물을 건축하려면 관할관청에 신고를 하여야 한다고 규정하였습니다.
2. 피신고자는 ○○시장에게 신고하지 아니하고 2016. ○.경 농림지역인 ○○시 ○○면 ○○리 ○○-○ 소재 전 500㎡ 지상에 1층 약 180㎡ 규모인 경량철골조 슬래브지붕 건축물(주거용) 1동을 신축한 사실이 있습니다.

〔첨부하는 자료〕

1. 국토이용계획확인원 1통.
2. 토지대장 1통.
3. 사진 ○장.

(신고 내용 해설)
- 이 사안의 범죄가 성립하기 위해서는 ①농림지역, ②신고 대상(200㎡ 미만), ③ 건축행위 및 건축물의 구조, ④신고하지 아니한 사실이 특정되고, 증명되어야 한다.

- 건축물의 면적은 개략적인 면적을 적어주면 되고, 해당 건축물을 건축한 장소를 특정하는 자료로써 토지대장 및 용도지역을 특정하는 자료로써 국토이용계획확인원을 덧붙이면 된다.
- 건축물의 구조는 가설건축물 또는 공작물과 구별할 수 있는 특징을 설명하기 위함이므로, 재료 및 외형을 설명하고 사진을 첨부한다. 가능하면 사진을 여러 방면에서 촬영하고 덧붙이는 사진마다 간단한 설명을 적어준다.

마. 건축물의 사용승인 전 사용행위(속칭 '사전입주')

제111조(벌칙) 다음 각 호의 어느 하나에 해당하는 자는 5천만원 이하의 벌금에 처한다.

1. 제14조, 제16조(변경신고 사항만 해당한다), 제20조제3항, 제21조제1항, 제22조제1항 또는 제83조제1항에 따른 신고 또는 신청을 하지 아니하거나 거짓으로 신고하거나 신청한 자

   ↳**제22조(건축물의 사용승인)** ① 건축주가 제11조·제14조 또는 제20조제1항에 따라 허가를 받았거나 신고를 한 건축물의 건축공사를 완료[하나의 대지에 둘 이상의 건축물을 건축하는 경우 동(棟)별 공사를 완료한 경우를 포함한다]한 후 그 건축물을 사용하려면 제25조제6항에 따라 공사감리자가 작성한 감리완료보고서(같은 조 제1항에 따른 공사감리자를 지정한 경우만 해당된다)와 국토교통부령으로 정하는 공사완료도서를 첨부하여 허가권자에게 사용승인을 신청하여야 한다.

제110조(벌칙) 다음 각 호의 어느 하나에 해당하는 자는 2년 이하의 징역 또는 1천만원 이하의 벌금에 처한다.

2. 제16조(변경허가 사항만 해당한다), 제21조제3항, 제22조제3항 또는 제25조제7항을 위반한 건축주 및 공사시공자

   ↳**제22조(건축물의 사용승인)** ② 허가권자는 제1항에 따른 사용승인신청을

받은 경우 국토교통부령으로 정하는 기간에 다음 각 호의 사항에 대한 검사를 실시하고, 검사에 합격된 건축물에 대하여는 사용승인서를 내주어야 한다. 다만, 해당 지방자치단체의 조례로 정하는 건축물은 사용승인을 위한 검사를 실시하지 아니하고 사용승인서를 내줄 수 있다.
1. 사용승인을 신청한 건축물이 이 법에 따라 허가 또는 신고한 설계도서대로 시공되었는지의 여부
2. 감리완료보고서, 공사완료도서 등의 서류 및 도서가 적합하게 작성되었는지의 여부
③ 건축주는 제2항에 따라 사용승인을 받은 후가 아니면 건축물을 사용하거나 사용하게 할 수 없다. 다만, 다음 각 호의 어느 하나에 해당하는 경우에는 그러하지 아니하다.
1. 허가권자가 제2항에 따른 기간 내에 사용승인서를 교부하지 아니한 경우
2. 사용승인서를 교부받기 전에 공사가 완료된 부분이 건폐율, 용적률, 설비, 피난·방화 등 국토교통부령으로 정하는 기준에 적합한 경우로서 기간을 정하여 대통령령으로 정하는 바에 따라 임시로 사용의 승인을 한 경우

> **신고 내용**
>
> 「건축법」 제22조의 규정에 의하면 건축주는 관할관청으로부터 사용승인을 받은 후가 아니면 건축물을 사용하거나 사용하게 할 수 없다고 하였습니다.
>   피신고자는 피신고자가 건축주로서 ○○시장으로부터 건축허가를 받아 신축한 ○○시 ○○동 ○○-○ 소재 지하 1층 지상 4층 건물에 관하여 사용승인을 받지 아니하였으면서도 2016. ○. 무렵 위 건물 중 지상 1층 약 250㎡는 신고 외 ○○○에게 점포로 임대하여 사용하게 하고, 2층 약 120㎡는 피신고자가 주거용으로 사용하고 있습니다.
>
> 첨부 : 사진 ○장.

(신고 내용 해설)

- 이 사안의 신고서에서는 ①허가를 받거나 신고하고 건축한 사실, ②건물의 소재지 및 구조·면적, ③사용을 시작한 시기, ④사용승인을 받지 아니한 사실을 특정하여야 한다.
- 위 ①, ② 및 ④는 수사관이 조사 과정에서 증명할 사항이므로, 신고자로서는 사용하고 있는 용도 등을 특정할 수 있는 사진을 증거자료로 제출하면 충분할 것이다. 이 건축물은 아직은 건축물대장이 만들어지지 않았기 때문이다.
- 법 제22조제1항에 의하면 사용승인신청을 하지 아니한 건축주를 법 제111조제1호의 규정에 의하여 5천만원 이하의 벌금의 형으로 벌하고, 같은 조제3항에 의하면 사용승인서를 교부받기 전에 사용하거나 제3자에게 사용하게 한 건축주는 법 제110조제2호의 규정에 의하여 2년 이하의 징역이나 1천만원 이하의 벌금의 형으로 벌하고 있다.
- 실무에서는 위 제22조의 규정 중 제1항과 제3항은 모두 같은 위반행위를 벌하는 규정이다. 즉 제1항 및 제3항은 모두 사용승인서를 교부받지 아니하고 사

용한 행위를 벌하는 규정이라는 공통점이 있다. 따라서 신고자로서는 어느 하나의 규정을 적어주어도 무방하고, 제1항 또는 제3항을 특정하지 아니한 채 제22조만을 적시하여도 무방할 것이다.

바. 미신고 공작물 축조행위

제110조(벌칙) 다음 각 호의 어느 하나에 해당하는 자는 2년 이하의 징역 또는 1천만원 이하의 벌금에 처한다.
3. 제20조제1항에 따른 허가를 받지 아니하거나 제83조에 따른 신고를 하지 아니하고 가설건축물을 건축하거나 공작물을 축조한 건축주 및 공사시공자
　↳제83조(옹벽 등의 공작물에의 준용) ① 대지를 조성하기 위한 옹벽, 굴뚝, 광고탑, 고가수조(高架水槽), 지하 대피호, 그 밖에 이와 유사한 것으로서 대통령령으로 정하는 공작물을 축조하려는 자는 대통령령으로 정하는 바에 따라 특별자치시장·특별자치도지사 또는 시장·군수·구청장에게 신고하여야 한다.
　　↳대통령령 제118조(옹벽 등의 공작물에의 준용) ① 법 제83조제1항에 따라 공작물을 축조(건축물과 분리하여 축조하는 것을 말한다. 이하 이 조에서 같다)할 때 특별자치시장·특별자치도지사 또는 시장·군수·구청장에게 신고를 하여야 하는 공작물은 다음 각 호와 같다.
　　　1. 높이 6미터를 넘는 굴뚝
　　　2. 높이 6미터를 넘는 장식탑, 기념탑, 그 밖에 이와 비슷한 것
　　　3. 높이 4미터를 넘는 광고탑, 광고판, 그 밖에 이와 비슷한 것
　　　4. 높이 8미터를 넘는 고가수조나 그 밖에 이와 비슷한 것
　　　5. 높이 2미터를 넘는 옹벽 또는 담장
　　　6. 바닥면적 30제곱미터를 넘는 지하대피호
　　　7. 높이 6미터를 넘는 골프연습장 등의 운동시설을 위한 철탑, 주거지역·상업지역에 설치하는 통신용 철탑, 그 밖에 이와 비슷

한 것
8. 높이 8미터(위험을 방지하기 위한 난간의 높이는 제외한다) 이하의 기계식 주차장 및 철골 조립식 주차장(바닥면이 조립식이 아닌 것을 포함한다)으로서 외벽이 없는 것
9. 건축조례로 정하는 제조시설, 저장시설(시멘트사일로를 포함한다), 유희시설, 그 밖에 이와 비슷한 것
10. 건축물의 구조에 심대한 영향을 줄 수 있는 중량물로서 건축조례로 정하는 것
11. 높이 5미터를 넘는 「신에너지 및 재생에너지 개발·이용·보급 촉진법」 제2조제2호가목에 따른 태양에너지를 이용하는 발전설비와 그 밖에 이와 비슷한 것

〔피신고자〕

1. 김○○(건축주)
   주소 :
   전화번호 :

2. 이○○(시공자)
   주소 :
   전화번호 :

〔신고 내용〕

「건축법」 제83조제1항, 제110조제3호 및 같은 법 시행령 제118조제1항제3호에 의하면 높이 4미터를 넘는 광고탑을 축조하려는 건축주와 공사시공자는 관할관청

에 신고를 하여야 함에도 불구하고, 피신고자 김○○는 건축주로서, 같은 이○○은 공사시공자로서 관할관청에 신고를 하지 아니하고 2016. 1.경 ○○시 ○○읍 ○○리 산○○-○ 임야에 철재 빔 등을 사용하여 면적 12㎡, 높이 7m 규모인 광고탑을 설치하였습니다.

〔첨부 자료〕

광고탑 사진 ○장. 끝.

(신고 내용 해설)
- 이 사안은 법 시행령 제118조제1항 각 호 중 어느 하나의 요건에 해당하는 공작물을 특정하는 것이 가장 중요한 요소이다.
- 법 제110조제3호는 건축주와 공사시공자를 공범(共犯)으로 처벌한다고 규정하였다. 따라서 피신고자를 표시함에 있어서는 건축주와 공사시공자를 모두 표시함이 옳다. 그러나 이 둘 중 어느 한 사람에 대하여는 알지 못할 경우에는 신고서의 적당한 곳에 그러한 취지를 적어주면 그 나머지 사람에 관하여는 수사관이 인적사항 등을 특정하게 될 것이다.
- 이 법은 건축물, 가설건축물, 공작물을 모두 규율하고 있다. '건축물'에 관하여는 제2조에서 정의를 하고 있다. 그러나 '가설건축물'과 '공작물'에 관하여는 그것들이 무엇인지에 관하여 정의를 규정하지 않았다.
- '건축물'은 토지에 정착(定着)한 공작물로서 '지붕 및 기둥' 또는 '지붕 및 벽'이 있는 것을 말한다. 여기의 '벽'은 '내력벽(耐力壁)'을 말한다.
- '공작물'에 관하여는 법이 정의를 두지 않았지만 법 제83조제1항 및 법 시행령 제118조제1항의 규정을 종합하면 굴뚝, 장식탑, 기념탑, 광고탑, 고가수조, 옹벽, 담장, 철탑, 조립식 주차장, 사일로, 태양열발전설비, 유희시설 등이 여기에 해당한다. '사일로'는 시멘트나 사료 등을 저장하는 탱크를 의미하고, '유희시설'은 관광지나 유원지 등에 설치된 놀이기구 등을 말한다.

- '가설건축물'은 건축물과 유사한 것이면서도 건축물의 요건을 갖추지 못한 것으로서 공작물에 해당하지 않는 것이라고 이해하면 무방하다.

5. 「공직선거법」

가. 법률 이해하기

「공직선거법」을 위반한 행위자를 신고하여 피신고자가 형사상의 처벌을 받거나 과태료의 처분을 받는 경우에는 중앙선거관리위원회는 외부신고자, 내부신고자의 구별 없이 신고자에게 5억원의 범위에서 '포상금'을 지급한다. 그러나 이 법은 「공익신고자 보호법」에서 규정하는 279개 법률에는 포함되지 않는다.

이 법과 중앙선거관리위원회규칙인 「공직선거관리규칙」은 매우 많은 형벌법규와 과태료의 제재를 할 수 있도록 규정하였다. 그리고 관련 규정들은 세밀하고도 복잡한 구조를 띄고 있다. 따라서 숙지하여야 할 내용이 매우 많기 때문에 공직선거 후보자 및 선거관련자들조차도 이 법령의 규정들을 제대로 숙지하지 못하여 자신도 모르는 사이에 법령을 위반하는 사례도 종종 발견된다. 제20대 국회의원선거 당시 새누리당 소속 국회의원후보자 여러 명은 빨강색에 후보의 기호를 새긴 점퍼를 입고 투표소에 출입한 적이 있다. 이는 이 법을 위반한 행위이지만, 국회의원후보들조차도 위법한 행위임을 몰랐다고 한다. 참고로, 중앙선거관리위원회는 이를 문제 삼지 않기로 하였다. 제20대 국회의원 당선자만 하더라도 11%가 재판에 회부되었다.

따라서 이 법령의 규정들을 계속 반복하여 학습을 해두고, 공직선거의 시즌이 되었을 때 눈과 귀를 열기만하면 많은 범법행위가 어렵지 않게 포착될 것이다. 그리고 이 법령의 규정들을 익혀두면 역시 중앙선거관리위원회에서 '포상금'을 지급하는 「공직단체등 위탁선거에 관한 법률」의 관련 규정들은 아무런 어려움 없이 이해 및 숙지가 될 것이다.

신고서 및 신고 내용의 작성 요령은 끝부분에서 소개하는 몇 개의 사례를 응용하면 모두 해결될 수 있을 것이다.

나. 선거운동 이용 목적 재산상 이익 제공행위

제230조(매수 및 이해유도죄) ① 다음 각 호의 어느 하나에 해당하는 자는 5년 이하의 징역 또는 3천만원 이하의 벌금에 처한다.
3. 선거운동에 이용할 목적으로 야유회·동창회·친목회·향우회·계모임 기타의 선거구민의 모임이나 행사에 금전·물품·음식물 기타 재산상의 이익을 제공하거나 그 제공의 의사를 표시하거나 그 제공을 약속한 자
7. 제1호부터 제6호까지에 규정된 이익이나 직의 제공을 받거나 그 제공의 의사표시를 승낙한 자(제261조제9항제2호에 해당하는 자는 제외한다)
   ↳ **제261조(과태료의 부과·징수 등)** ⑨ 다음 각 호의 어느 하나에 해당하는 자(그 제공받은 금액 또는 음식물·물품 등의 가액이 100만원을 초과하는 자는 제외한다)는 그 제공받은 금액 또는 음식물·물품 등의 가액의 10배 이상 50배 이하에 상당하는 금액(주례의 경우에는 200만원)의 과태료를 부과하되, 그 상한은 3천만원으로 한다. 다만, 제1호 또는 제2호에 해당하는 자가 그 제공받은 금액 또는 음식물·물품(제공받은 것을 반환할 수 없는 경우에는 그 가액에 상당하는 금액을 말한다) 등을 선거관리위원회에 반환하고 자수한 경우에는 중앙선거관리위원회규칙으로 정하는 바에 따라 그 과태료를 감경 또는 면제할 수 있다.
   2. 제230조제1항제7호에 규정된 자로서 같은 항 제5호의 자로부터 금품, 그 밖의 이익을 제공받은 자

〔신고 제목〕

선거운동 이용 목적 재산상 이익 제공행위

〔피신고자〕

1. 김○○

    주소 :

    전화번호 :

2. 이○○

    주소 :

    전화번호 :

〔신고 내용〕

1. 피신고자 김○○는 제○대 지방의회의원선거 ○○을구 무소속 입후보자인 ○○○의 선거사무장이고, 같은 이○○는 ○○지역 ○○향우회의 회장입니다.
2. 「공직선거법」 제230조제1항제3호에 의하면 선거운동에 이용할 목적으로 야유회·동창회·친목회·향우회·계모임 기타의 선거구민의 모임이나 행사에 금전·물품·음식물 기타 재산상의 이익을 제공하거나 그 제공의 의사를 표시하거나 그 제공을 약속한 자는 처벌한다고 규정하였습니다.
3. 피신고자 김○○은 2014. ○. ○. ○○시 ○○동 소재 ○○호텔 커피숍에서 제○대 지방의회의원선거에 ○○을구 무소속으로 출마한 후보자 ○○○의 선거에 이용할 목적으로 위 이○○에게 접근하여 ○○향우회 회원들이 동향인인 위 후보자 ○○○에게 지지를 보내도록 도와달라는 부탁을 한 뒤 같은 달 ○○일 같은 동 소재 ○○에서 위 향우회 회원 약 50명이 산행을 할 때 1개당 8,000원 상당인 도시락 50개를 제공한 사실이 있고, 위 이○○은 위 도시락 50개를 받아 400,000원 상당의 재산상 이익을 취득하였습니다.

〔첨부〕

사진 ○장. 끝.

(신고 내용 해설)
- 이 사안은 「형법」이 규정하는 뇌물죄에 유사한 특별법규정에 해당한다. 이 죄가 성립하기 위해서는 제공한 재산상 이익과 선거에 이용할 목적 사이에 '인과관계(因果關係)'가 있어야 한다. 이른바 '대가성'을 말한다.
- 인과관계 외에도 특정하여야 할 내용으로는 재산상 이익을 제공하였거나 제공하기로 약속한 일시와 장소이다.

다. 선거사무관계자에 대한 수당·실비 초과지급행위

제230조(매수 및 이해유도죄) ① 다음 각 호의 어느 하나에 해당하는 자는 5년 이하의 징역 또는 3천만원 이하의 벌금에 처한다.
  4. 제135조(選擧事務關係者에 대한 手當과 實費補償)제3항의 규정에 위반하여 수당·실비 기타 자원봉사에 대한 보상 등 명목여하를 불문하고 선거운동과 관련하여 금품 기타 이익의 제공 또는 그 제공의 의사를 표시하거나 그 제공을 약속한 자

    ↳**제135조(선거사무관계자에 대한 수당과 실비보상)** ① 선거사무장·선거연락소장·선거사무원·활동보조인 및 회계책임자(이하 이 조에서 "선거사무장등"이라 한다)에 대하여는 수당과 실비를 지급할 수 있다. 다만, 정당의 유급사무직원, 국회의원과 그 보좌관·비서관·비서 또는 지방의회의원이 선거사무장등을 겸한 때에는 실비만을 보상할 수 있으며, 후보자등록신청개시일부터 선거기간개시일 전일까지는 후보자로서 신고한 선거사무장등에게 수당과 실비를 지급할 수 없다.
    ② 제1항의 수당과 실비의 종류와 금액은 중앙선거관리위원회가 정한다.

↳「공직선거관리규칙」 제59조(선거사무관계자에 대한 수당과 실비보상) ①
법 제135조제2항에 따른 선거사무장·선거연락소장 및 선거사무원·활동보조인(이하 이 조에서 "선거사무장등"이라 한다)의 수당과 실비의 종류와 금액은 다음 각 호와 같이 하되, 회계책임자의 수당과 실비는 해당 회계책임자가 소속된 선거사무소 또는 선거연락소의 선거사무장 또는 선거연락소장의 수당·실비와 같은 금액으로 하고, 같은 사람이 회계책임자·선거사무장·선거연락소장 또는 선거사무원·활동보조인을 함께 맡은 때에는 다음 각 호의 금액 중 많은 금액으로 한다.

1. 대통령선거 및 비례대표국회의원선거의 선거사무장은 7만원이내의 수당과 「공무원여비규정」 별표 2의 제1호에 해당하는 실비(숙박료를 제외한다. 이하 이 조에서 같다)

    ↳「공무원여비규정」 별표 2의 제1호에 의하면 철도운임은 특실 실비를, 선박운임은 1등급 실비를, 항공운임 및 자동차운임은 실비를, 일비는 1일 20,000원을, 숙박비는 실비를, 식비는 1일 25,000원을 각각 지급할 수 있다.

2. 비례대표시·도의원선거와 시·도지사선거의 선거사무장, 대통령선거의 시·도선거연락소장은 7만원이내의 수당과 「공무원여비규정」 별표 2의 제1호에 해당하는 실비

3. 지역구국회의원선거 및 자치구·시·군의 장선거의 선거사무장, 대통령선거 및 시·도지사선거의 구·시·군선거연락소장은 5만원 이내의 수당과 「공무원여비규정」 별표 2의 제2호에 해당하는 실비

    ↳「공무원여비규정」 별표 2의 제2호에 의하면 철도운임은 일반실 실비를, 선박운임은 2등급 실비를, 항공운임 및 자동차운임은 실비를, 일비는 1일 20,000원을, 숙박비는 실비를 지급하되 서울특별시는 70,000원을, 광역시는 60,000원

을, 그 밖의 지역은 50,000원을 각 상한으로, 식비는 1일 20,000원을 각각 지급할 수 있다.
  4. 지역구시·도의원선거 및 자치구·시·군의원선거의 선거사무장, 지역구국회의원선거 및 자치구·시·군의 장선거의 선거연락소장은 5만원 이내의 수당과 「공무원여비규정」별표 2의 제2호에 해당하는 실비
  5. 선거사무원·활동보조인은 3만원 이내의 수당과 「공무원여비규정」별표 2의 제2호에 해당하는 실비
  ② 회계책임자는 선거사무장등에게 식사 또는 교통편의를 제공한 때에는 지급될 실비의 금액에서 그 금액을 공제하고 지급하여야 한다.
  ③ 법 제135조제1항의 규정에 따른 수당과 실비의 지급에 있어서 같은 정당의 추천을 받은 2인 이상의 후보자가 선거사무장등을 공동으로 선임한 경우에는 해당 후보자간의 약정에 따라 1후보자의 선거사무장등에 대한 수당과 실비금액만을 지급하여야 한다.
③ 이 법의 규정에 의하여 수당·실비 기타 이익을 제공하는 경우를 제외하고는 수당·실비 기타 자원봉사에 대한 보상 등 명목여하를 불문하고 누구든지 선거운동과 관련하여 금품 기타 이익의 제공 또는 그 제공의 의사를 표시하거나 그 제공의 약속·지시·권유·알선·요구 또는 수령할 수 없다.
7. 제1호부터 제6호까지에 규정된 이익이나 직의 제공을 받거나 그 제공의 의사표시를 승낙한 자(제261조제9항제2호에 해당하는 자는 제외한다)

> ### 신고 내용
>
> 「공직선거법」 제230조제1항제4호 및 「공직선거관리규칙」 제135조의 규정에 의하면 수당·실비 기타 이익을 제공하는 경우를 제외하고는 수당·실비 기타 자원봉사에 대한 보상 등 명목여하를 불문하고 누구든지 선거운동과 관련하여 금품 기타 이익을 제공 및 수령할 수 없다고 규정하였습니다.
>
> 그러함에도 불구하고, 피신고자 김○○는 제○대 ○○시 갑구 국회원선거에 출마한 후보자로서 자원봉사자인 박○○ 외 5명에게 실비 및 수당 명목으로 1일 1인에게 60,000원씩 지급하는 방법으로 2016. ○. ○.부터 같은 달 ○○일까지 14일 동안 합계 4,200,000원을 지급하였습니다.

(신고 내용 해설)
- 이 사안은 후보자가 자원봉사자들에게 「공무원여비규정」이 정한 실비 및 수당을 초과하여 지급한 사례이다.
- 신고 내용에 분명히 밝혀주어야 할 사항은 '지급했거나 지급하기로 약속한 내용', '제공(또는 약속)의 주체 및 객체', '제공(또는 약속)의 일시 및 장소'이다.

라. 현수막 철거행위

제240조(벽보, 그 밖의 선전시설 등에 대한 방해죄) ① 정당한 사유없이 이 법에 의한 벽보·현수막 기타 선전시설의 작성·게시·첩부 또는 설치를 방해하거나 이를 훼손·철거한 자는 2년 이하의 징역 또는 400만원 이하의 벌금에 처한다.

> **신고 내용**
>
> 피신고자는 2014. ○. ○. ○○시 ○○구 ○○○길 ○○-○에서 제○대 ○○지역 지방의회의원선거에 출마한 후보자 ○○○가 위 장소에 개시한 선거용 현수막(가로 240㎝, 세로 70㎝) 1개를 고정된 나일론 끈을 가위로 자르는 방법으로 철거한 사실이 있습니다.

(신고 내용 해설)
- 이 사안의 범죄구성요건을 살펴보면 철거나 훼손행위를 한 사람의 신분은 중요한 요소가 아니다. 그리고 그러한 행위를 하게 된 동기 따위도 문제 삼지 않는다.
- 따라서 행위의 일시, 장소, 행위의 내용만 특정하면 된다. 그리고 현수막의 크기도 특정하여야 할 것이다.

마. 후보자의 배우자에 관한 허위사실공표행위

제250조(허위사실공표죄) ② 당선되지 못하게 할 목적으로 연설·방송·신문·통신·잡지·벽보·선전문서 기타의 방법으로 후보자에게 불리하도록 후보자, 그의 배우자 또는 직계존비속이나 형제자매에 관하여 허위의 사실을 공표하거나 공표하게 한 자와 허위의 사실을 게재한 선전문서를 배포할 목적으로 소지한 자는 7년 이하의 징역 또는 500만원 이상 3천만원 이하의 벌금에 처한다.

신고 내용

「공직선거법」 제250조제2항에 의하면 당선되지 못하게 할 목적으로 연설·방송·신문·통신·잡지·벽보·선전문서 기타의 방법으로 후보자에게 불리하도록 후보자, 그의 배우자 또는 직계존비속이나 형제자매에 관하여 허위의 사실을 공표하거나 공표하게 한 자와 허위의 사실을 게재한 선전문서를 배포할 목적으로 소지한 자는 처벌한다고 규정하였습니다.

2. 피신고자는 제20대 국회의원선거 ○○갑구에 출마한 김○○가 당선되지 못하게 할 목적으로, 사실은 위 김○○의 배우자 박○○는 타인의 곗돈을 지급하지 아니한 사실이 없음에도 불구하고, 2016. ○. ○. 인터넷 포털에 피신고자가 개설한 블로그를 이용하여 "김○○의 마누라 박○○는 과거에 곗돈 52,000,000원을 떼어 먹은 일이 있습니다."라고 기재함으로써 허위의 사실을 공표하였습니다.

첨부 : 인터넷 블로그 캡쳐 사진 ○장.

(신고 내용 해설)

- 이 사안은 '목적범(目的犯)'이다. 즉 후보자가 당선되지 못하게 할 목적이 있어야 성립하는 범죄이다.
- 허위사실 공표의 대상은 후보자, 후보자의 배우자·직계존속·직계비속 및 형제자매이다.
- 허위사실을 공표한 수단·방법과 허위의 내용을 특정해주어야 한다. 그리고 공표한 내용은 그것이 표현하기 거북한 욕설 등일지라도 피신고자가 표현한 그대로를 적어주어야 한다.
- 이 법을 위반한 행위에 관한 신고서는 중앙선거관리위원회, 경찰서, 검찰청에 제출하면 된다. 인터넷 국민신문고를 이용하여 경찰서에 제출하고자 할 때에는

경찰청에 제출하면 경찰청에서는 지방경찰청을 경유하여 관할 경찰서에 이첩한다. 그리고 검찰청에 제출하고자 하는 때에는 대검찰청에 제출하면 된다.

바. 사전선거운동행위

제254조(선거운동기간위반죄) ② 선거운동기간 전에 이 법에 규정된 방법을 제외하고 선전시설물·용구 또는 각종 인쇄물, 방송·신문·뉴스통신·잡지, 그 밖의 간행물, 정견발표회·좌담회·토론회·향우회·동창회·반상회, 그 밖의 집회, 정보통신, 선거운동기구나 사조직의 설치, 호별방문, 그 밖의 방법으로 선거운동을 한 자는 2년 이하의 징역 또는 400만원 이하의 벌금에 처한다.

신고 내용

피신고자는 제○대 지방자치단체의 장 선거에서 ○○시장에 출마한 후보자로서 선거운동기간 전인 2014. ○. ○○. ○○시 ○○길 ○○-○에 있는 지하1층 지상4층 건물의 3층 약 90㎡를 임차하여 컴퓨터 15대를 설치하고, 선거운동원 15명이 위 사무실에서 여론을 선동하는 등 컴퓨터를 이용한 사전선거운동을 하게 함으로써 선거운동기구를 설치하였습니다.

(신고 내용 해설)
- 위반행위자의 신분, 위반행위의 일시, 장소 및 방법을 특정하여야 한다.
- 이에 더하여 입후보를 한 사실과 위반행위자와 후보자 사이의 관계를 적어주면 훌륭한 신고 내용이 될 것이다.
- 이 사안의 경우에는 특별한 증거를 제출하지 않더라도 중앙선거관리위원회 소속 직원이나 경찰공무원이 불법선거운동을 하고 있는 사무실에 들어가서 증거

를 확보할 것이다. 따라서 신고자로서는 해당 사무실의 위치와 그 용도만 정확히 밝혀주면 될 것이다.

사. 5명을 초과한 무리가 다수의 선거구민에게 인사하는 행위

제255조(부정선거운동죄) ① 다음 각 호의 어느 하나에 해당하는 자는 3년 이하의 징역 또는 600만원 이하의 벌금에 처한다.

16. 제105조(行列등의 금지)제1항의 규정에 위반하여 무리를 지어 거리행진·인사 또는 연달아 소리 지르는 행위를 한 사람

   ↳ **제105조(행렬 등의 금지)** ① 누구든지 선거운동을 위하여 5명(후보자와 함께 있는 경우에는 후보자를 포함하여 10명)을 초과하여 무리를 지어 다음 각 호의 어느 하나에 해당하는 행위를 할 수 없다. 다만, 제2호의 행위를 하는 경우에는 후보자와 그 배우자(배우자 대신 후보자가 그의 직계존비속 중에서 신고한 1인을 포함한다), 선거사무장, 선거연락소장, 선거사무원, 후보자와 함께 있는 활동보조인 및 회계책임자는 그 수에 산입하지 아니한다.
   1. 거리를 행진하는 행위
   2. 다수의 선거구민에게 인사하는 행위

신고 내용

「공직선거법」 제105조제1항 및 제255조제1항제16호의 규정에 의하면 누구든지 후보자와 함께하지 아니할 경우에는 5명을 초과한 사람들이 무리를 지어 다수의 선거구민에게 인사하는 행위를 금지하고 있습니다.

　피신고자들은 2016. 4. 20. 07:00경부터 09:00경까지 ○○시 ○○동 ○○-○ 부근 편도 2차선 도로변에서 12명이 한 줄로 늘어서서 그 곳을 지나가는 불특정

> 다수의 선거구민들에게 인사하는 행위를 하였습니다.
>
> 첨부 : 현장 사진 ○장.

(신고 내용 해설)
- 이 사안은 후보자와 함께 하는 경우와 그렇지 아니한 경우는 인사행위에 참가하는 인원수를 달리 규정하였다. 따라서 후보자의 참가 여부를 밝혀주어야 한다.
- 인사행위에 참가한 사람의 수, 그 일시 및 장소, 집단적으로 행동한 사실은 중요한 범죄구성요건 요소이다.
- 증거자료는 무리를 지어 인사행위를 하는 현장을 촬영한 사진으로 충분할 것이다. 참고로, 이 사진은 주변의 건물 등이 특정될 정도로 촬영하는 것이 요령이다.
- 피신고자들의 인적사항을 알지 못할 경우에는 막연히 "후보자 ○○○의 선거운동원들 ○명"이라고만 특정하더라도 무방할 것이다. 사진이 있기 때문이다.

아. 선거일 후 답례행위

제256조(각종제한규정위반죄) ⑤ 다음 각 호의 어느 하나에 해당하는 자는 1년 이하의 징역 또는 200만원 이하의 벌금에 처한다.
  11. 제118조(選擧日후 答禮禁止)의 규정에 위반한 자
    ↳**제118조(선거일후 답례금지)** 후보자와 후보자의 가족 또는 정당의 당직자는 선거일후에 당선되거나 되지 아니한데 대하여 선거구민에게 축하 또는 위로 그 밖의 답례를 하기 위하여 다음 각 호의 어느 하나에 해당하는 행위를 할 수 없다.
      1. 금품 또는 향응을 제공하는 행위
      2. 방송·신문 또는 잡지 기타 간행물에 광고하는 행위

3. 자동차에 의한 행렬을 하거나 다수인이 무리를 지어 거리를 행진하거나 거리에서 연달아 소리지르는 행위. 다만, 제79조(公開場所에서의 演說·對談)제3항의 규정에 의한 자동차를 이용하여 당선 또는 낙선에 대한 거리인사를 하는 경우에는 그러하지 아니하다.
4. 일반선거구민을 모이게 하여 당선축하회 또는 낙선에 대한 위로회를 개최하는 행위
5. 현수막을 게시하는 행위. 다만, 선거일의 다음 날부터 13일 동안 해당 선거구 안의 읍·면·동마다 1매의 현수막을 게시하는 행위는 그러하지 아니하다.

신고 내용

피신고자는 제○대 국회의원선거 ○○갑 지역구에서 국회의원으로 당선된 사람으로서 당선된 데 대하여 선거구민들에게 답례를 하기 위하여 2016. ○. ○. ○○시 ○○구 ○○-○에 있는 ○○한정식에 ○○고등학교 동문들 약 20명이 모인 자리에서 선거 때 지지를 해주어 감사하다는 말과 함께 식비 명목으로 돈 50만원이 든 봉투 한 개를 위 ○○고등학교 동창회장인 ○○○에게 제공하였습니다.

(신고 내용 해설)

- 이 사안의 경우에는 금품이나 향응(饗應 : 접대하는 음식물)을 제공한 사람과 이를 받은 사람을 피신고자로 특정하여야 한다.
- 제공한 금품 또는 향응은 '금액' 및 '제공한 이유'가 중요한 요소이다.
- 증거자료는 금품이나 향응을 주고받은 현장에서 그 행위를 직접 목격한 사람의 진술이 필요하다. 익명(匿名)으로 작성한 진술서(또는 자술서)를 첨부하면

무방할 것이다. 그러나 익명의 진술일지라도 조사나 수사를 담당하는 공무원과는 소통이 될 수 있어야 한다.

6. 「관세법」

가. 법률 이해하기

이 법을 위반하여 관세를 포탈한 자 등을 신고한 사람에게는 관세청장이 10억원의 범위 내에서 '포상금'을 지급한다. 그러나 이 법은 「공익신고자 보호법」이 규정하는 279개 법률에는 포함되지 않았다.

위 포상금은 이 법을 위반한 모든 범죄를 대상으로 하는 것은 아니고, 일정한 범죄행위만을 그 대상으로 한다. 이 콘텐츠에서는 포상금이 지급되는 범죄행위만을 소개한다.

나. 수입신고 누락에 의한 밀수입죄

제269조(밀수출입죄) ② 다음 각 호의 어느 하나에 해당하는 자는 5년 이하의 징역 또는 관세액의 10배와 물품원가 중 높은 금액 이하에 상당하는 벌금에 처한다.
1. 제241조제1항·제2항 또는 제244조제1항에 따른 신고를 하지 아니하고 물품을 수입한 자. 다만, 제253조제1항에 따른 반출신고를 한 자는 제외한다.
    ↳**제241조(수출·수입 또는 반송의 신고)** ① 물품을 수출·수입 또는 반송하려면 해당 물품의 품명·규격·수량 및 가격과 그 밖에 대통령령으로 정하는 사항을 세관장에게 신고하여야 한다.
        ↳**대통령령 제246조(수출·수입 또는 반송의 신고)** ① 법 제241조제1항에서 "대통령령으로 정하는 사항"이란 다음 각 호의 사항을 말한다.
        1. 포장의 종류·번호 및 개수
        2. 목적지·원산지 및 선적지

3. 원산지표시 대상물품인 경우에는 표시유무·방법 및 형태
4. 상표
5. 납세의무자 또는 화주의 상호(개인의 경우 성명을 말한다)·사업자등록번호·통관고유부호와 해외공급자부호 또는 해외구매자부호
6. 물품의 장치장소
7. 그 밖에 기획재정부령으로 정하는 참고사항

↳기획재정부령 제77조의6(수출·수입 또는 반송의 신고) ① 영 제246조제1항제7호에서 "기획재정부령으로 정하는 참고사항"이란 다음 각 호를 말한다.
1. 물품의 모델 및 중량
2. 품목분류표의 품목 번호
3. 법 제226조에 따른 허가·승인·표시 또는 그 밖의 조건을 갖춘 것임을 증명하기 위하여 발급된 서류의 명칭

② 다음 각 호의 어느 하나에 해당하는 물품은 대통령령으로 정하는 바에 따라 제1항에 따른 신고를 생략하게 하거나 관세청장이 정하는 간소한 방법으로 신고하게 할 수 있다.
1. 휴대품·탁송품 또는 별송품
2. 우편물
3. 제91조부터 제94조까지, 제96조제1항 및 제97조제1항에 따라 관세가 면제되는 물품

↳제91조(종교용품, 자선용품, 장애인용품 등의 면세) 다음 각 호의 어느 하나에 해당하는 물품이 수입될 때에는 그 관세를 면제한다.
1. 교회, 사원 등 종교단체의 예배용품과 식전용품(式典用品)으로서 외국으로부터 기증되는 물품. 다만, 기획재정부령

으로 정하는 물품은 제외한다.

↳ **기획재정부령 제39조(종교·자선·장애인용품에 대한 관세의 부과)** ① 법 제91조제1호 단서에 따라 관세가 부과되는 물품은 다음 각 호와 같다.

1. 관세율표 번호 제8518호에 해당하는 물품
2. 관세율표 번호 제8531호에 해당하는 물품
3. 관세율표 번호 제8519호·제8521호·제8522호·제8523호 및 제92류에 해당하는 물품(파이프오르간은 제외한다)

2. 자선 또는 구호의 목적으로 기증되는 물품 및 기획재정부령으로 정하는 자선시설·구호시설 또는 사회복지시설에 기증되는 물품으로서 해당 용도로 직접 사용하는 물품. 다만, 기획재정부령으로 정하는 물품은 제외한다.

↳ **기획재정부령 제39조(종교·자선·장애인용품에 대한 관세의 부과)** ② 법 제91조제2호에 따라 관세를 면제받을 수 있는 자선·구호시설 또는 사회복지시설은 다음 각 호와 같다.

1. 「외국 민간원조단체에 관한 법률」 제4조에 따라 보건복지가족부장관에게 등록된 단체. 다만, 생활보호·재해구호 및 아동복리사업을 행하는 단체에 한정한다.
2. 「국민기초생활 보장법」 제32조의 규정에 의한 시설
3. 「아동복지법」 제2조제5호의 규정에 의한 아동복지시설

③ 법 제91조제2호 단서에 따라 관세가 부과되는 물품은 관세율표 번호 제8702호 및 제8703호에 해당하

는 자동차와 번호 제8711호에 해당하는 이륜자동차로 한다.

3. 국제적십자사·외국적십자사 및 기획재정부령으로 정하는 국제기구가 국제평화봉사활동 또는 국제친선활동을 위하여 기증하는 물품

    ↳기획재정부령은 "기획재정부령으로 정하는 국제기구"를 정하지 않았다.

4. 시각장애인, 청각장애인, 언어장애인, 지체장애인, 만성신부전증환자, 희귀난치성질환자 등을 위한 용도로 특수하게 제작되거나 제조된 물품 중 기획재정부령으로 정하는 물품

    ↳기획재정부령 제39조(종교·자선·장애인용품에 대한 관세의 부과) ④ 법 제91조제4호의 규정에 의하여 관세가 면제되는 물품은 별표 2[8])와 같다.

5. 「장애인복지법」 제58조에 따른 장애인복지시설 및 장애인의 재활의료를 목적으로 국가·지방자치단체 또는 사회복지법인이 운영하는 재활 병원·의원에서 장애인을 진단하고 치료하기 위하여 사용하는 의료용구

↳**제92조(정부용품 등의 면세)** 다음 각 호의 어느 하나에 해당하는 물품이 수입될 때에는 그 관세를 면제할 수 있다.

1. 국가기관이나 지방자치단체에 기증된 물품으로서 공용으로 사용하는 물품. 다만, 기획재정부령으로 정하는 물품은 제외한다.

    ↳**기획재정부령 제41조(관세가 면제되는 정부용품 등)** ① 법 제92조제1호 단서에 따라 관세가 부과되는 물품은 관세율표 번호 제8703호에 해당하는 승용자동차로 한다.

---

8) 별표 2는 생략함.

2. 정부가 외국으로부터 수입하는 군수품(정부의 위탁을 받아 정부 외의 자가 수입하는 경우를 포함한다) 및 국가원수의 경호용으로 사용하는 물품. 다만, 기획재정부령으로 정하는 물품은 제외한다.

> **기획재정부령 제41조(관세가 면제되는 정부용품 등)** ② 법 제92조제2호 단서의 규정에 의하여 관세가 부과되는 물품은 「군수품관리법」 제3조의 규정에 의한 통상품으로 한다.

> **「군수품관리법」 제3조(군수품의 구분)** 군수품은 대통령령으로 정하는 바에 따라 전비품(戰備品)과 통상품(通常品)으로 구분한다.

> **대통령령 제1조의2(군수품의 구분)** ① 「군수품관리법」(이하 "법"이라 한다) 제3조에서 "전비품"(戰備品)이란 법 제2조에 따른 군수품으로서 다음 각 호의 어느 하나에 해당하는 것을 말한다.
>
> 1. 「군사기밀보호법」에 따른 군사기밀에 속하는 군수품(비밀도서, 비밀지도 및 비밀연구기재를 포함한다)
> 2. 「군사기지 및 군사시설 보호법」에 따른 군사기지 및 군사시설 보호구역에 보관되거나 배치된 군수품
> 3. 별표에 따른 전투장비 및 전투지원장비와 이들을 운용하는 데에 필요한 보조장비(탑재 또는 장착되는 장비를 포함한다), 수리부속품 및 탄약류
>
> ② 법 제3조에서 "통상품"(通常品)이란 군수

품으로서 제1항에 따른 전비품(이하 "전비품"이라 한다) 외의 것을 말한다.

3. 외국에 주둔하는 국군이나 재외공관으로부터 반환된 공용품
4. 미래창조과학부장관이 국가의 안전보장을 위하여 긴요하다고 인정하여 수입하는 비상통신용 물품 및 전파관리용 물품
5. 정부가 직접 수입하는 간행물, 음반, 녹음된 테이프, 녹화된 슬라이드, 촬영된 필름, 그 밖에 이와 유사한 물품 및 자료
6. 국가나 지방자치단체(이들이 설립하였거나 출연 또는 출자한 법인을 포함한다)가 환경오염(소음 및 진동을 포함한다)을 측정하거나 분석하기 위하여 수입하는 기계·기구 중 기획재정부령으로 정하는 물품

   ↳**기획재정부령 제41조(관세가 면제되는 정부용품 등)** ③ 법 제92조제6호 또는 제7호의 규정에 의하여 관세가 면제되는 물품은 다음 각호의 물품중 개당 또는 셋트당 과세가격이 100만원 이상인 기기와 그 기기의 부분품 및 부속품(사후에 보수용으로 따로 수입하는 물품을 포함한다)중 국내에서 제작하기 곤란한 것으로서 당해 물품의 생산에 관한 사무를 관장하는 주무부처의 장 또는 그가 지정하는 자가 추천하는 물품으로 한다.
   1. 대기질의 채취 및 측정용 기계·기구
   2. 소음·진동의 측정 및 분석용 기계·기구
   3. 환경오염의 측정 및 분석용 기계·기구
   4. 수질의 채취 및 측정용 기계·기구

7. 상수도 수질을 측정하거나 이를 보전·향상하기 위하여 국가나 지방자치단체(이들이 설립하였거나 출연 또는 출자한 법인을 포함한다)가 수입하는 물품으로서 기획재정부령

으로 정하는 물품

8. 국가정보원장 또는 그 위임을 받은 자가 국가의 안전보장 목적의 수행상 긴요하다고 인정하여 수입하는 물품

↳**제93조(특정물품의 면세 등)** 다음 각 호의 어느 하나에 해당하는 물품이 수입될 때에는 그 관세를 면제할 수 있다.

1. 동식물의 번식·양식 및 종자개량을 위한 물품 중 기획재정부령으로 정하는 물품

    ↳**기획재정부령 제43조(관세가 면제되는 특정물품)** ① 법 제93조제1호에 따라 관세를 면제하는 물품은 사료작물 재배용 종자(호밀·귀리 및 수수에 한한다)로 한다.

2. 박람회, 국제경기대회, 그 밖에 이에 준하는 행사 중 기획재정부령으로 정하는 행사에 사용하기 위하여 그 행사에 참가하는 자가 수입하는 물품 중 기획재정부령으로 정하는 물품

    ↳**기획재정부령 제43조(관세가 면제되는 특정물품)** ② 법 제93조제2호에 따라 관세를 면제하는 물품은 다음 각 호의 어느 하나에 해당하는 물품으로 한다.

    1. 「포뮬러원 국제자동차경주대회 지원법」에 따른 포뮬러원 국제자동차경주대회에 참가하는 자가 해당 대회와 관련하여 사용할 목적으로 수입하는 물품으로서 같은 법 제4조에 따른 포뮬러원국제자동차경주대회조직위원회가 확인하는 물품

    2. 「2018 평창 동계올림픽대회 및 장애인동계올림픽대회 지원 등에 관한 특별법」에 따른 2018 평창 동계올림픽대회 및 장애인동계올림픽대회 또는 이와 관련한 올림픽 사전 경기대회에 참가하는 국제올림픽위원회·국제장애인올림픽위원회·국제경기연맹·국

제장애인경기연맹·각국 올림픽위원회·각국 장애인올림픽위원회가 그 소속 직원·선수 등 구성원, 다른 참가단체 소속 직원·선수 등 구성원 또는 같은 법 제5조에 따른 2018 평창 동계올림픽대회 및 장애인동계올림픽대회 조직위원회에 제공하는 등 해당 대회와 관련하여 사용할 목적으로 수입하는 물품으로서 2018 평창 동계올림픽대회 및 장애인동계올림픽대회 조직위원회가 확인하는 물품

3. 국제올림픽위원회에서 지정한 주관방송사가 「2018 평창 동계올림픽대회 및 장애인동계올림픽대회 지원 등에 관한 특별법」에 따른 2018 평창 동계올림픽대회 및 장애인동계올림픽대회에서 사용할 방송용 기자재로서 같은 법 제5조에 따른 2018 평창 동계올림픽대회 및 장애인동계올림픽대회 조직위원회가 확인하는 물품

4. 국제올림픽위원회에서 지정한 후원업체가 「2018 평창 동계올림픽대회 및 장애인동계올림픽대회 지원 등에 관한 특별법」에 따른 2018 평창 동계올림픽대회 및 장애인동계올림픽대회를 위하여 같은 법 제5조에 따른 2018 평창 동계올림픽대회 및 장애인동계올림픽대회 조직위원회에 제공할 목적으로 수입하는 물품

3. 핵사고 또는 방사능 긴급사태 시 그 복구지원과 구호를 목적으로 외국으로부터 기증되는 물품으로서 기획재정부령으로 정하는 물품

↳기획재정부령 제43조(관세가 면제되는 특정물품) ④ 법 제93조제3호에 따라 관세가 면제되는 물품은 다음 각 호

와 같다.
　1. 방사선측정기
　2. 시료채취 및 처리기
　3. 시료분석장비
　4. 방사능 방호장비
　5. 제염용장비

4. 우리나라 선박이 외국 정부의 허가를 받아 외국의 영해에서 채집하거나 포획한 수산물(이를 원료로 하여 우리나라 선박에서 제조하거나 가공한 것을 포함한다. 이하 이 조에서 같다)

5. 우리나라 선박이 외국의 선박과 협력하여 기획재정부령으로 정하는 방법으로 채집하거나 포획한 수산물로서 해양수산부장관이 추천하는 것

　↳**기획재정부령 제43조(관세가 면제되는 특정물품)** ⑤ 법 제93조제5호에서 "기획재정부령으로 정하는 방법"이란 「원양산업발전법」 제6조에 따라 해양수산부장관으로부터 원양모선식 어업허가를 받고 외국과의 협상 등에 의하여 해외수역에서 해당 외국의 국적을 가진 자선과 공동으로 수산물을 채집 또는 포획하는 원양어업방법을 말한다.

6. 해양수산부장관의 허가를 받은 자가 기획재정부령으로 정하는 요건에 적합하게 외국인과 합작하여 채집하거나 포획한 수산물 중 해양수산부장관이 기획재정부장관과 협의하여 추천하는 것

　↳**기획재정부령 제43조(관세가 면제되는 특정물품)** ⑥ 법 제93조제6호에서 "기획재정부령으로 정하는 요건"이란 「원양산업발전법」 제6조에 따라 해양수산부장관에게 외국

인과 합작(총지분의 49퍼센트 이상을 확보한 경우를 말한다)하여 설립한 해외현지법인으로 원양어업을 하기 위하여 신고를 한 자가 「원양산업발전법」 제2조제5호에 따른 해외수역에서 해양수산부장관이 기획재정부장관과 협의하여 고시한 선박·어구 등의 생산수단을 투입하여 수산동식물을 채집 또는 포획(어획할당량 제한으로 불가피하게 해외현지법인이 직접 수산동식물을 채집 또는 포획하지 못하게 되었을 때에는 생산수단을 실질적으로 운영하고 소요경비를 전액 부담하는 등 해외현지법인의 계산과 책임으로 합작상대국 어업자를 통하여 수산동식물을 채집 또는 포획하는 경우를 포함한다)하고 직접 수출하는 경우를 말한다.

7. 우리나라 선박 등이 채집하거나 포획한 수산물과 제5호 및 제6호에 따른 수산물의 포장에 사용된 물품으로서 재사용이 불가능한 것 중 기획재정부령으로 정하는 물품

↳**기획재정부령 제43조(관세가 면제되는 특정물품)** ⑦ 법 제93조제7호에서 "기획재정부령으로 정하는 물품"이란 우리나라 선박 등에 의하여 채집 또는 포획된 수산물과 제5항 및 제6항에 따른 방법 또는 요건에 따라 채집 또는 포획된 수산물을 포장한 관세율표 번호 제4819호의 골판지 어상자를 말한다.

8. 「중소기업기본법」 제2조에 따른 중소기업이 해외구매자의 주문에 따라 제작한 기계·기구가 해당 구매자가 요구한 규격 및 성능에 일치하는지를 확인하기 위하여 하는 시험생산에 필요한 원재료로서 기획재정부령으로 정하는 요건에 적합한 물품

↳**제43조(관세가 면제되는 특정물품)** ⑧ 법 제93조제8호에

서 "기획재정부령으로 정하는 요건에 적합한 물품"이란 법 제93조제8호에 따른 해당 중소기업에 외국인이 무상으로 공급하는 물품을 말한다.

9. 우리나라를 방문하는 외국의 원수와 그 가족 및 수행원의 물품
10. 우리나라의 선박이나 그 밖의 운송수단이 조난으로 인하여 해체된 경우 그 해체재(解體材) 및 장비
11. 우리나라와 외국 간에 건설될 교량, 통신시설, 해저통로, 그 밖에 이에 준하는 시설의 건설 또는 수리에 필요한 물품
12. 우리나라 수출물품의 품질, 규격, 안전도 등이 수입국의 권한 있는 기관이 정하는 조건에 적합한 것임을 표시하는 수출물품에 부착하는 증표로서 기획재정부령으로 정하는 물품

↳ **기획재정부령 제43조(관세가 면제되는 특정물품)** ⑨ 법 제93조제12호에 따라 관세가 면제되는 증표는 다음 각 호와 같다.

1. 카나다 공인검사기관에서 발행하는 시·에스·에이(C.S.A)증표
2. 호주 공인검사기관에서 발행하는 에스·에이·에이(S.A.A)증표
3. 독일 공인검사기관에서 발행하는 브이·디·이(V.D.E)증표
4. 영국 공인검사기관에서 발행하는 비·에스·아이(B.S.I)증표
5. 불란서 공인검사기관에서 발행하는 엘·시·아이·이(L.C.I.E)증표

6. 미국 공인검사기관에서 발행하는 유·엘(U.L)증표
7. 유럽경제위원회 공인검사기관에서 발행하는 이·시·이(E.C.E)증표
8. 유럽공동시장 공인검사기관에서 발행하는 이·이·시(E.E.C)증표
9. 유럽공동체 공인검사기관에서 발행하는 이·시(E.C)증표

13. 우리나라의 선박이나 항공기가 해외에서 사고로 발생한 피해를 복구하기 위하여 외국의 보험회사 또는 외국의 가해자의 부담으로 하는 수리 부분에 해당하는 물품
14. 우리나라의 선박이나 항공기가 매매계약상의 하자보수 보증기간 중에 외국에서 발생한 고장에 대하여 외국의 매도인의 부담으로 하는 수리 부분에 해당하는 물품
15. 국제올림픽·장애인올림픽·농아인올림픽 및 아시아운동경기·장애인아시아운동경기 종목에 해당하는 운동용구(부분품을 포함한다)로서 기획재정부령으로 정하는 물품

↳**기획재정부령 제43조(관세가 면제되는 특정물품)** ⑩ 법 제93조제15호에 따라 관세가 면제되는 물품은 「국민체육진흥법」에 따라 설립된 대한체육회 또는 대한장애인체육회가 수입하는 물품으로 한다.

16. 국립묘지의 건설·유지 또는 장식을 위한 자재와 국립묘지에 안장되는 자의 관·유골함 및 장례용 물품
17. 피상속인이 사망하여 국내에 주소를 둔 자에게 상속되는 피상속인의 신변용품

↳**제94조(소액물품 등의 면세)** 다음 각 호의 어느 하나에 해당하는 물품이 수입될 때에는 그 관세를 면제할 수 있다.
1. 우리나라의 거주자에게 수여된 훈장·기장(紀章) 또는 이

에 준하는 표창장 및 상패
2. 기록문서 또는 그 밖의 서류
3. 상용견품(商用見品) 또는 광고용품으로서 기획재정부령으로 정하는 물품

> **기획재정부령 제45조(관세가 면제되는 소액물품)** ① 법 제94조제3호의 규정에 의하여 관세가 면제되는 물품은 다음 각호와 같다.
> 1. 물품이 천공 또는 절단되었거나 통상적인 조건으로 판매할 수 없는 상태로 처리되어 견품으로 사용될 것으로 인정되는 물품
> 2. 판매 또는 임대를 위한 물품의 상품목록·가격표 및 교역안내서등
> 3. 과세가격이 미화 250달러 이하인 물품으로서 견품으로 사용될 것으로 인정되는 물품
> 4. 물품의 형상·성질 및 성능으로 보아 견품으로 사용될 것으로 인정되는 물품

4. 우리나라 거주자가 받는 소액물품으로서 기획재정부령으로 정하는 물품

> **기획재정부령 제45조(관세가 면제되는 소액물품)** ② 법 제94조제4호의 규정에 의하여 관세가 면제되는 물품은 다음 각호와 같다.
> 1. 물품가격이 미화 150달러 이하의 물품으로서 자가사용 물품으로 인정되는 것. 다만, 반복 또는 분할하여 수입되는 물품으로서 관세청장이 정하는 기준에 해당하는 것을 제외한다.
> 2. 박람회 기타 이에 준하는 행사에 참가하는 자가 행사장 안에서 관람자에게 무상으로 제공하기 위하여

수입하는 물품(전시할 기계의 성능을 보여주기 위한 원료를 포함한다). 다만, 관람자 1인당 제공량의 정상도착가격이 미화 5달러 상당액 이하의 것으로서 세관장이 타당하다고 인정하는 것에 한한다.

↳제96조(여행자 휴대품 및 이사물품 등의 감면세) ① 다음 각 호의 어느 하나에 해당하는 물품이 수입될 때에는 그 관세를 면제할 수 있다.

1. 여행자의 휴대품 또는 별송품으로서 여행자의 입국 사유, 체재기간, 직업, 그 밖의 사정을 고려하여 기획재정부령으로 정하는 기준에 따라 세관장이 타당하다고 인정하는 물품

↳제48조(관세가 면제되는 휴대품 등) ① 법 제96조제1항제1호에 따라 관세가 면제되는 물품은 다음 각 호의 어느 하나에 해당하는 것으로 한다.

1. 여행자가 휴대하는 것이 통상적으로 필요하다고 인정하는 신변용품 및 신변장식품일 것
2. 비거주자인 여행자가 반입하는 물품으로서 본인의 직업상 필요하다고 인정되는 직업용구일 것
3. 세관장이 반출 확인한 물품으로서 재반입되는 물품일 것
4. 물품의 성질·수량·가격·용도 등으로 보아 통상적으로 여행자의 휴대품 또는 별송품인 것으로 인정되는 물품일 것

② 제1항에 따른 관세의 면제 한도는 여행자 1명의 휴대품 또는 별송품으로서 각 물품의 과세가격 합계 기준으로 미화 600달러 이하(이하 이 항 및 제3항에서 "기본면세 범위"라 한다)로 한다. 다만, 농림축산물 등 관세청장이 정하는 물품이 휴대품 또는 별송품에 포함되

어 있는 경우에는 기본면세 범위에서 해당 농림축산물 등에 대하여 관세청장이 따로 정한 면세한도를 적용할 수 있다.

③ 제2항에도 불구하고 술·담배·향수에 대해서는 기본면세 범위와 관계없이 다음 표에 따라 관세를 면제하되, 19세 미만인 사람이 반입하는 술·담배는 관세를 면제하지 아니한다. 이 경우 해당 물품이 다음 표의 면세한도를 초과하여 관세를 부과하는 경우에는 해당 물품의 가격을 과세가격으로 한다.

구분	면세한도	비고
술	1병	1리터(ℓ) 이하이고, 미화 400달러 이하인 것으로 한정한다.
담배	궐련 200개비, 엽궐련 50개비, 전자담배 니코틴용액 20밀리리터($m\ell$), 그 밖의 담배는 250그램	2 이상의 담배 종류를 반입하는 경우에는 한 종류로 한정한다.
향수	60밀리리터($m\ell$)	

2. 우리나라로 거주를 이전하기 위하여 입국하는 자가 입국할 때 수입하는 이사물품으로서 거주 이전의 사유, 거주 기간, 직업, 가족 수, 그 밖의 사정을 고려하여 기획재정부령으로 정하는 기준에 따라 세관장이 타당하다고 인정하는 물품

↳**기획재정부령제48조(관세가 면제되는 휴대품 등)** ④ 법 제96조제1항제2호에 따라 관세가 면제되는 물품은 우리나라 국민(재외영주권자를 제외한다. 이하 이 항에서 같다)으로서 외국에 주거를 설정하여 1년(가족을 동반한 경우에는 6개월) 이상 거주하였거나 외국인 또는 재외영주권자로서 우리나라에 주거를 설정하여 1년(가족을

동반한 경우에는 6개월) 이상 거주하려는 사람이 반입하는 다음 각 호의 어느 하나에 해당하는 것으로 한다. 다만, 자동차(제3호에 해당하는 것은 제외한다), 선박, 항공기와 개당 과세가격이 500만원 이상인 보석·진주·별갑·산호·호박·상아 및 이를 사용한 제품은 제외한다.

1. 해당 물품의 성질·수량·용도 등으로 보아 통상적으로 가정용으로 인정되는 것으로서 우리나라에 입국하기 전에 3개월 이상 사용하였고 입국한 후에도 계속하여 사용할 것으로 인정되는 것
2. 우리나라에 상주하여 취재하기 위하여 입국하는 외국국적의 기자가 최초로 입국할 때에 반입하는 취재용품으로서 문화체육관광부장관이 취재용임을 확인하는 물품일 것
3. 우리나라에서 수출된 물품(조립되지 아니한 물품으로서 법 별표 관세율표상의 완성품에 해당하는 번호로 분류되어 수출된 것을 포함한다)이 반입된 경우로서 관세청장이 정하는 사용기준에 적합한 물품일 것
4. 외국에 거주하던 우리나라 국민이 다른 외국으로 주거를 이전하면서 우리나라로 반입(송부를 포함한다)하는 것으로서 통상 가정용으로 3개월 이상 사용하던 것으로 인정되는 물품일 것

⑤ 제4항 각 호 외의 부분 본문에도 불구하고 사망이나 질병 등 관세청장이 정하는 사유가 발생하여 반입하는 이사물품에 대해서는 거주기간과 관계없이 관세를 면제할 수 있다.

3. 외국무역선 또는 외국무역기의 승무원이 휴대하여 수입하는 물품으로서 항행일수, 체재기간, 그 밖의 사정을 고려하여 세관장이 타당하다고 인정하는 물품. 다만, 기획재정부령으로 정하는 물품은 제외한다.

> ↳ **기획재정부령 제48조(관세가 면제되는 휴대품 등)** ⑦ 법 제96조제1항제3호 단서에 따라 관세를 부과하는 물품은 자동차(이륜자동차와 삼륜자동차를 포함한다) · 선박 · 항공기 및 개당 과세가격 50만원 이상의 보석 · 진주 · 별갑 · 산호 · 호박 및 상아와 이를 사용한 제품으로 한다.

↳ **제97조(재수출면세)** ① 수입신고 수리일부터 다음 각 호의 어느 하나의 기간에 다시 수출하는 물품에 대하여는 그 관세를 면제할 수 있다.

1. 기획재정부령으로 정하는 물품 : 1년의 범위에서 대통령령으로 정하는 기준에 따라 세관장이 정하는 기간. 다만, 세관장은 부득이한 사유가 있다고 인정될 때에는 1년의 범위에서 그 기간을 연장할 수 있다.
2. 1년을 초과하여 수출하여야 할 부득이한 사유가 있는 물품으로서 기획재정부령으로 정하는 물품 : 세관장이 정하는 기간

4. 국제운송을 위한 컨테이너(별표[9] 관세율표 중 기본세율이 무세인 것으로 한정한다)

---

[9] 별표 관세율표는 생략함.

> ## 신고 내용
>
> 1. 「관세법」 제241조제1항에 의하면 물품을 수입하려면 해당 물품의 품명·규격·수량 및 가격 등 대통령령으로 정하는 사항을 세관장에게 신고하여야 한다고 규정하였습니다.
> 2. 피신고자는 의류도매업에 종사하는 사람으로서 2016. ○. 초순경 인천세관장에게는 중국으로부터 남성용 정장의류 3,000벌을 수입한다고 신고한 다음 실제로는 4,000벌을 수입하는 방법으로 1,000벌(미화 50,000달러 상당)에 관하여는 신고하지 아니함으로써 밀수입을 하였습니다.

(신고 내용 해설)
- 이 사안의 범죄가 성립하기 위해서는 ①신고 대상 물품, ②신고하지 아니한 점, ③수입한 물품의 수량 및 가격이 특정되어야 한다. 가격은 미화를 표시해 준다.
- 이 법을 위반한 행위는 세관공무원이 사법경찰관리의 직무를 수행한다. 따라서 인터넷 국민신문고를 이용하여 신고서를 제출할 때에는 관세청 또는 국민권익위원회에 제출하면 된다.

다. 수입물품과 다른 물품으로 신고한 밀수입죄

제269조(밀수출입죄) ② 다음 각 호의 어느 하나에 해당하는 자는 5년 이하의 징역 또는 관세액의 10배와 물품원가 중 높은 금액 이하에 상당하는 벌금에 처한다.

2. 제241조제1항·제2항 또는 제244조제1항에 따른 신고를 하였으나 해당 수입물품과 다른 물품으로 신고하여 수입한 자

↳제241조(수출·수입 또는 반송의 신고) ① 물품을 수출·수입 또는 반송하려면 해당 물품의 품명·규격·수량 및 가격과 그 밖에 대통령령으로 정하는 사항을 세관장에게 신고하여야 한다.

↳대통령령 제246조(수출·수입 또는 반송의 신고) ① 법 제241조제1항에서 "대통령령으로 정하는 사항"이란 다음 각 호의 사항을 말한다.
1. 포장의 종류·번호 및 개수
2. 목적지·원산지 및 선적지
3. 원산지표시 대상물품인 경우에는 표시유무·방법 및 형태
4. 상표
5. 납세의무자 또는 화주의 상호(개인의 경우 성명을 말한다)·사업자등록번호·통관고유부호와 해외공급자부호 또는 해외구매자부호
6. 물품의 장치장소
7. 그 밖에 기획재정부령으로 정하는 참고사항

신고 내용

피신고자는 식료품을 수입하는 사업자인바, 2016. ○. 무렵 평택세관장에게는 수입물품 관세율이 8%인 '감자전분 조제품' 10톤을 수입한다고 신고하고, 실제로는 관세율이 455%인 '감자전분' 10톤을 중국으로부터 수입하여 평택세관을 통관케 함으로써 위 감자전분을 밀수입하였습니다.

(신고 내용 해설)

- 이 사안의 범죄가 성립하기 위해서는 ①신고한 내용, ②수입한 물품과 신고한 물품이 다른 것이라는 사실, ③수입한 물품의 수량 및 가격, ④신고 및 통관

시기가 특정되고, 증명되어야 한다.
- 관세를 포탈하는 밀수입의 방법은 ①신고 자체를 하지 않는 수법, ②신고한 내용보다 많은 수량을 수입하는 수법, ③신고한 물품과 다른 물품을 수입하는 수법이 대표적인 사례이다. 위 사안은 ③에 해당한다.
- 관세의 납부를 회피할 목적으로 재산을 은닉하는 행위와 관련한 신고 내용 및 해설은 '국세기본법'을 참고하기 바란다.

7. 「국세기본법」

가. 법률 이해하기

이 법은 이 법 자체의 규정에 따라 국세청장이 30억원의 범위 안에서 '포상금'을 지급할 뿐 국민권익위원회에서 '보상금' 또는 '포상금'을 지급하는 「공익신고자 보호법」 별표의 279개 법률에는 포함되지 않는다.

주된 신고대상 행위는 고액 체납자가 재산을 은닉(隱匿)한 행위 및 부정한 방법으로 세금을 환급받은 행위라고 할 수 있다. 고액체납자명단은 국세청 홈페이지에서 공개하고 있다.

재산은닉행위자는 국세청 홈페이지에서 직접 신고할 수도 있다. 은닉재산을 말하므로, 체납자 본인 명의로 등기가 되어 있는 부동산은 신고대상에 포함되지 않는다. 이러한 재산은 국세청에서도 어렵지 않게 파악할 수 있기 때문이다.

나. 체납자가 재산을 은닉한 행위

제84조의2(포상금의 지급) ① 국세청장은 다음 각 호의 어느 하나에 해당하는 자에게는 20억원(제1호에 해당하는 자에게는 30억원으로 한다)의 범위에서 포상금을 지급할 수 있다. 다만, 탈루세액, 부당하게 환급·공제받은 세액, 은닉재산의 신고를 통하여 징수된 금액 또는 해외금융계좌 신고의무 불이행에 따른 과태료

가 대통령령으로 정하는 금액 미만인 경우 또는 공무원이 그 직무와 관련하여 자료를 제공하거나 은닉재산을 신고한 경우에는 포상금을 지급하지 아니한다.
 2. 체납자의 은닉재산을 신고한 자

신고 내용

1. 피신고자는 양도소득세 등 약 20억원을 체납한 납세의무자입니다.
2. 피신고자는 위 세금을 납부하지 않기 위하여 재산을 은닉하기로 마음먹고, 2015. ○. ○. 피신고자의 소유인 서울특별시 ○○구 ○○동 ○○-○○에 있는 토지 330㎡ 및 위 지상 건물에 관하여 피신고자의 4촌 동생인 ○○○에게 양도한 것처럼 명의를 신탁하여 소유권이전등기를 마쳤습니다.

첨부 : 부동산등기사항전부증명서(토지 및 건물) 각 1통.

(신고 내용 해설)

- 구체적인 세목 및 체납액을 알지 못하더라도 피신고자가 체납자라는 사실을 알고 있다면 알고 있는 내용을 적고, 재산을 은닉한 수법을 비교적 자세히 적어준다.
- 이 사례는 재산을 은닉하는 방법으로 '명의신탁(名義信託)'에 의한 등기를 마친 사안이다. 명의신탁행위는 「부동산 실권리자명의 등기에 관한 법률」의 규정에 의하여 형사상의 처벌과 과징금의 제재를 받는다. 그러나 여기에서는 위 처벌과는 별도로 세금의 징수를 위한 강제집행(공매)의 대상이 되는 은닉재산을 신고하는 내용이다. 따라서 명의수탁자(名義受託者 : 이름을 빌려준 사람)를 굳이 피신고자로 특정할 필요가 없을 것이다. 그러나 필요하면 세무서장이 명의수탁자를 포함하여 검찰에 고발을 할 것이다. 「부동산 실권리자명의 등기에 관

한 법률」은 「공익신고자 보호법」이 규정하는 279개 법률에는 포함되지 않는다.
- 만약 타인의 명의를 차용하여 감춘 재산이 금전이라면, 이는 「금융실명거래 및 비밀보장에 관한 법률」이 규제하는 이른바 '차명거래'가 된다. 이 금융실명법도 「공익신고자 보호법」에 의하여 상금이 주어지는 279개 법률에는 포함되어 있지 않다.
- 이 신고는 그 방식에 제한이 없다. 전화, 팩시밀리, 우편, 인터넷 등 자유로운 방식으로 신고할 수 있다. 위 신고서는 인터넷 또는 우편에 의한 신고를 상정한 것이다.
- 신고서를 접수하는 기관은 국세청, 지방국세청 및 세무서이다.

다. 타인 명의를 차용한 사업자

제84조의2(포상금의 지급) ① 국세청장은 다음 각 호의 어느 하나에 해당하는 자에게 20억원(제1호에 해당하는 자에게는 30억원으로 한다)의 범위에서 포상금을 지급할 수 있다. 다만, 탈루세액, 부당하게 환급·공제받은 세액, 은닉재산의 신고를 통하여 징수된 금액 또는 해외금융계좌 신고의무 불이행에 따른 과태료가 대통령령으로 정하는 금액 미만인 경우 또는 공무원이 그 직무와 관련하여 자료를 제공하거나 은닉재산을 신고한 경우에는 포상금을 지급하지 아니한다.
5. 타인의 명의를 사용하여 사업을 경영하는 자를 신고한 자

신고 내용

피신고자는 대부업을 영위하는 사업자인바, 2013. ○. ○. 사무소를 서울 ○○구 ○○동 ○○-○에 두고 ○○세무서장에게 사업자등록을 함에 있어 피신고자의 동생인 ○○○ 명의로 등록을 하고 현재까지 위 사업을 영위하고 있습니다.

(신고 내용 해설)
- "타인의 명의를 사용하여 사업을 하는 자"란 자신 외의 모든 사람의 성명을 차용하여(빌려서) 사업자등록을 하고 사업을 하는 경우를 말한다. 따라서 배우자의 명의로 사업을 하는 경우도 여기에 포함된다.
- '사업'은 상행위(商行爲)에 해당하는 모든 영업을 말한다. 즉 영리를 목적으로 하는 사업이기만 하면 모두 여기에 해당한다.
- 이 사안의 경우에는 신고인으로서는 실제의 사업자와 사업자등록 명의인이 다른 사람이라는 사실에 관한 입증자료만 제출하면 나머지 사항에 관하여는 모두 관할 세무서에서 확인과 증명을 할 수 있을 것이다.
- 위 사례는 대부업자가 차명을 사용하여 사업을 한 행위이다. 이는 「대부업 등의 등록 및 금융이용자보호에 관한 법률」의 규정을 위반한 행위이기도 하다. 따라서 대부업법의 관련 규정을 위반한 행위의 신고서를 별도로 작성하여 국민권익위원회 또는 지방자치단체에 제출하면 된다.

8. 「농수산물의 원산지표시에 관한 법률」

가. 법률 이해하기

이 법은 이 법 자체의 규정에 의하여 지방자치단체가 '포상금'을 지급한다. 그러나 이 포상금은 소액에 해당한다. 한편 「공익신고자 보호법」의 관련 규정에 의하여 국민권익위원회가 내부신고자에게는 '보상금'을 의무적으로 지급하고, 외부신고자에게는 재량에 의하여 '포상금'을 지급할 수 있다.

이와 같이 국민권익위원회의 보상금(포상금 포함)과 다른 행정기관의 포상금이 경합하는 경우에는 신고자가 선택하여 신고자에게 유리한 상금을 수령할 수 있다.

이 법은 농수산물의 '원산지'에 관한 표시만을 규율하고 있다. 농수산물의 이력추적관리, 우수표시 및 지리적 표시 등은 「농수산물 품질관리법」에서 규율한다. 양곡은 「양곡관리법」에서, 축산물은 「축산물 위생관리법」에서, 수출·입 농수산물과 그

가공품의 원산지표시에 관하여는 「대외무역법」에서 각각 규율한다.

나. 원산지 표시 대상 농수산물에 다른 농수산물을 혼합한 행위

제14조(벌칙) 제6조제1항을 위반한 자는 7년 이하의 징역이나 1억원 이하의 벌금에 처하거나 이를 병과(병과)할 수 있다.
  ↳제6조(거짓 표시 등의 금지) ① 누구든지 다음 각 호의 행위를 하여서는 아니 된다.
   3. 원산지를 위장하여 판매하거나, 원산지 표시를 한 농수산물이나 그 가공품에 다른 농수산물이나 가공품을 혼합하여 판매하거나 판매할 목적으로 보관이나 진열하는 행위

신고 내용

「농수산물의 원산지표시에 관한 법률」의 관련 규정에 의하면 누구든지 원산지 표시를 한 농수산물이나 그 가공품에 다른 농수산물이나 가공품을 혼합하여 판매하거나 판매할 목적으로 보관할 수 없음에도 불구하고, 피신고자는 2016. ○. 경 자신이 운영하는 미곡처리장인 ○○ ○○군 ○○면 ○○리 ○○-○ 소재 ○○정미소에서 원산지 표시 대상인 국내산 쌀 2,000kg에 중국산 쌀 2,000kg을 섞은 다음 원산지를 "대한민국(○○)"이라고 인쇄한 포장지에 20kg씩 나누어 담고, 이 중 3,000kg은 불특정다수인에게 판매하였으며, 1,000kg을 판매할 목적으로 보관하고 있습니다.

(신고 내용 해설)
- 이 범죄는 원산지를 표시해야 할 대상인 농수산물을 특정하고, 원산지에서 생

산된 농수산물에 원산지 외에서 생산된 농수산물을 혼합한 사실을 잘 설명해 주어야 한다. 범죄행위자가 판매, 보관 또는 진열한 농수산물의 양(量)도 특정하여야 한다.
- 범죄행위의 일시 및 장소를 특정하여야 한다.
- 국내산과 중국산의 가격차에 따른 부당이득이 어느 정도인지를 밝히는 일은 수사관의 몫이다.
- 증거자료로는 포장지를 촬영한 사진만으로도 충분할 것이다. 사진촬영이 어렵다면 범죄행위로 만들어진 농수산물을 보관하는 장소에서 가장 가까운 경찰관서에 직접 신고를 함으로써 긴급체포하게 할 수도 있을 것이다. 그리고 현행범인(現行犯人)[10]과 준현행범인[11]은 누구라도 영장 없이 체포하여 수사관서에 인계할 수 있다(「형사소송법」 제212조).
- 이 법을 위반한 행위는 농림축산식품부와 그 소속 기관, 해양수산부와 그 소속 기관, 식품의약품안전처, 특별시·광역시·도 및 시·군·자치구에 근무하며 원산지 표시 단속 사무에 종사하는 공무원이 사법경찰관리의 직무를 수행한다. 따라서 이 신고서를 인터넷 국민신문고를 이용하여 제출할 때에는 국민권익위원회 또는 지방자치단체(시·군·자치구)에 제출하면 된다.

9. 「농지법」

가. 법률 이해하기

이 법은 「공익신고자 보호법」의 관련 규정에 의하여 국민권익위원회가 내부신고자에게는 '보상금'을 지급하고, 외부신고자에게는 재량에 의하여 '포상금'을 지급할

---

[10] 현행범인 : 범죄를 실행 중이거나 실행 즉후(卽後)인 자
[11] 준현행범인 : ①범인으로 호창(呼唱)되어 추적되고 있는 자, ②장물(贓物)이나 범죄에 사용되었다고 인정함에 충분한 흉기 기타의 물건을 소지하고 있는 자, ③신체 또는 의복류에 현저한 증적(證跡)이 있는 자, ④누구임을 물음에 대하여 도망하려 하는 자 중 어느 하나에 해당하는 자

수 있다. 한편 이 법 자체의 규정에 의해서도 농림축산식품부(위임에 의하여 지방자치단체)의 '포상금'이 지급된다. 이 포상금은 내부신고자 및 외부신고자를 가리지 않는다.

지방자치단체가 지급하는 포상금은 이 법을 위반한 행위 중 일부 규정에 관한 신고만을 그 대상으로 하고, 국민권익위원회가 지급하는 포상금 또는 보상금은 이 법을 위반한 모든 행위를 그 대상으로 한다.

신고자는 위 두 개의 기관이 지급하는 상금 중에서 신고자에게 유리한 것 하나를 선택하여 지급을 신청할 수 있다.

농지의 형질을 변경하는 등 행위는 그 행위의 결과 감출 수 없는 증거를 남긴다. 형질이 변경된 농지 그 자체가 증거물이기 때문이다. 따라서 누구라도 어렵지 않게 증거를 포착할 수 있을 것이다.

이 법을 위반하는 행위의 대부분은 농지의 불법 전용행위일 것이다. 허가를 받지 않거나 신고를 하지 아니한 채 농지를 전용하는 경우의 대부분은 동시에 「건축법」을 위반하는 행위일 것이다. 그리고 이들 행위는 모두 이행강제금이 부과될 수 있는 행위들이다. 따라서 이 법은 「건축법」과 연계하여 익혀두면 유익할 것이다. 「농지법」과 「건축법」은 범죄자가 범죄의 증거를 숨길 수 없는 대표적인 법률에 해당한다.

나. 무허가 농지전용행위

제57조(벌칙) ① 농업진흥지역의 농지를 제34조제1항에 따른 농지전용허가를 받지 아니하고 전용하거나 거짓이나 그 밖의 부정한 방법으로 농지전용허가를 받은 자는 5년 이하의 징역 또는 해당 토지의 개별공시지가에 따른 토지가액(土地價額)[이하 "토지가액"이라 한다]에 해당하는 금액 이하의 벌금에 처한다.
② 농업진흥지역 밖의 농지를 제34조제1항에 따른 농지전용허가를 받지 아니하고 전용하거나 거짓이나 그 밖의 부정한 방법으로 농지전용허가를 받은 자는 3년 이하의 징역 또는 해당 토지가액의 100분의 50에 해당하는 금액 이하의 벌금에 처한다.

③ 제1항 및 제2항의 징역형과 벌금형은 병과(倂科)할 수 있다.

↳**제34조(농지의 전용허가·협의)** ① 농지를 전용하려는 자는 다음 각 호의 어느 하나에 해당하는 경우 외에는 대통령령으로 정하는 바에 따라 농림축산식품부장관의 허가를 받아야 한다. 허가받은 농지의 면적 또는 경계 등 대통령령으로 정하는 중요 사항을 변경하려는 경우에도 또한 같다.

1. 다른 법률에 따라 농지전용허가가 의제되는 협의를 거쳐 농지를 전용하는 경우
2. 「국토의 계획 및 이용에 관한 법률」에 따른 도시지역 또는 계획관리지역에 있는 농지로서 제2항에 따른 협의를 거친 농지나 제2항제1호 단서에 따라 협의 대상에서 제외되는 농지를 전용하는 경우
3. 제35조에 따라 농지전용신고를 하고 농지를 전용하는 경우
4. 「산지관리법」 제14조에 따른 산지전용허가를 받지 아니하거나 같은 법 제15조에 따른 산지전용신고를 하지 아니하고 불법으로 개간한 농지를 산림으로 복구하는 경우
5. 「하천법」에 따라 하천관리청의 허가를 받고 농지의 형질을 변경하거나 공작물을 설치하기 위하여 농지를 전용하는 경우

↳**대통령령 제32조(농지전용허가의 신청)** ⑤ 법 제34조제1항 후단에서 "대통령령으로 정하는 중요사항"이란 다음 각 호와 같다.

1. 전용허가를 받은 농지의 면적 또는 경계
2. 전용허가를 받은 농지의 위치(동일 필지 안에서 위치를 변경하는 경우에 한한다)
3. 전용허가를 받은 자의 명의
4. 삭제 〈2008.6.5.〉
5. 설치하려는 시설의 용도 또는 전용목적사업(제59조제3항제1호부터 제3호까지의 규정에 해당하는 경우에 한한다)

   ↳**제59조(용도변경의 승인)** ③ 법 제40조제1항에서 "다른 목적으로 사용하려는 경우"란 해당 시설의 용도를 변경하거나 농지전용목적사업의

업종을 변경하는 경우로서 다음 각 호의 어느 하나에 해당하는 경우를 말한다. 다만, 「국토의 계획 및 이용에 관한 법률」에 따른 도시지역·계획관리지역 및 개발진흥지구에 있는 토지는 제3호의 경우에 한정한다.

1. 「대기환경보전법 시행령」 별표 1의3 또는 「수질 및 수생태계 보전에 관한 법률 시행령」 별표 13에 따른 사업장의 규모별 구분을 달리하는 정도로 시설을 변경하려는 경우
2. 제44조제3항 각 호의 구분을 달리하는 종류의 시설로 변경하려는 경우
3. 농지보전부담금 또는 전용부담금이 감면되는 시설에서 농지보전부담금 또는 전용부담금이 감면되지 아니하거나 감면비율이 낮은 시설로 변경하려는 경우

신고 내용

 피신고자는 관할관청의 허가를 받지 아니하고 2016. ○.경 농업진흥구역 안의 농지인 ○○시 ○○읍 ○○리 ○○-○ 전 1,500㎡에 대하여 정지작업을 한 뒤 일부는 자갈을 깔고, 나머지는 콘크리트로 덮는 방법으로 야적창고용으로 농지의 형질을 변경하였습니다.

 첨부 자료

1. 토지이용계획확인원 1통.
2. 현장 사진 ○장.

(신고 내용 해설)
- 행위의 장소가 '농업진흥구역' 내의 '농지'라는 사실, '허가를 받지 아니한 사실', '형질변경의 내용', 형질을 변경한 '면적' 및 형질변경 후의 '용도'를 특정하여야 한다.
- 이 법은 형질변경의 장소가 농업진흥구역 내인지 그 밖의 지역인지에 따라 처벌법규를 달리한다. 따라서 농업진흥구역 내의 농지라는 사실을 입증할 자료로 토지이용계획확인원을 첨부하고, 형질을 변경한 사실이 확인되는 현장 사진을 증거로 첨부하면 될 것이다.
- 법 제35조제1항 및 제43조의 규정에 해당하는 경우에는 '농지전용신고'의 대상이며, 이를 위반한 행위는 법 제59조제2호에 의하여 처벌된다.
- 이 법을 위반한 행위는 기초지방자치단체에서 원상회복명령과 이행강제금의 부과 등 행정처분을 해야 하는 내용들이다. 그러나 지방자치단체에는 사법경찰관이 없기 때문에 지방자치단체에서 수사를 할 수 없다. 이러한 사건의 신고서는 지방자치단체에 제출하여 관할 지방자치단체가 관할 경찰서에 이송하도록 하는 편이 신고자에게 유리할 것이다. 왜냐하면 신고서를 경찰에 제출할 경우에는 지방자치단체에서는 이 법을 위반한 사실을 알아차리지 못하여 행정처분을 할 수 없는 경우도 있기 때문이다.

다. 전용된 토지를 승인을 받지 않고 다른 목적으로 사용한 행위

제58조(벌칙) 다음 각 호의 어느 하나에 해당하는 자는 5년 이하의 징역 또는 5천만원 이하의 벌금에 처한다.
  3. 제40조제1항을 위반하여 전용된 토지를 승인 없이 다른 목적으로 사용한 자
   ↳**제40조(용도변경의 승인)** ① 다음 각 호의 어느 하나에 해당하는 절차를 거쳐 농지전용 목적사업에 사용되고 있거나 사용된 토지를 대통령령으로 정하는 기간 이내에 다른 목적으로 사용하려는 경우에는 시장·군수 또는 자치구구청장의 승인을 받아야 한다.

1. 제34조제1항에 따른 농지전용허가
2. 제34조제2항제2호에 따른 농지전용협의
3. 제35조 또는 제43조에 따른 농지전용신고

↳**대통령령 제59조(용도변경의 승인)** ① 법 제40조제1항에서 "대통령령으로 정하는 기간"이란 5년을 말한다.

신고 내용

1. 「농지법」 제58조제3호, 제40조제1항제1호 및 같은 법 시행령 제59조제1항의 규정에 의하면 농지전용허가를 받아 농지를 전용한 사람은 5년 이내에는 시장·군수·자치구구청장의 승인을 받지 아니하고는 전용된 토지를 다른 목적으로 사용할 수 없다고 하였습니다.

2. 피신고자는 2012. ○.경 ○○군수로부터 농지전용허가를 받아 농가주택의 대지로 전용한 토지인 강원도 ○○군 ○○면 ○○리 ○○-○ 900㎡를 ○○군수의 승인을 받지 아니하고 2016. ○.경부터 영리를 목적으로 하는 낚시터로 사용하고 있습니다.

첨부 : 현장 사진 ○장.

(신고 내용에 특정할 사항)
- 농지전용허가를 받았거나 농지전용신고를 하고 전용한 토지라는 사실
- 전용일로부터 5년을 경과하지 아니한 사실
- 전용의 목적과 다른 용도로 사용하는 사실
- 일시, 장소, 면적, 농지전용승인을 받지 아니한 사실

10. 「대규모유통업에서의 거래공정화에 관한 법률」

가. 법률 이해하기

이 법은 「공익신고자 보호법」의 관련 규정에 의하여 국민권익위원회가 내부신고자에게는 20억원의 범위에서 '보상금'을 지급하고, 외부신고자에게는 2억원의 범위에서 '포상금'을 지급할 수 있다.

이 법을 위반한 행위는 공정거래위원회가 제1차적으로 조사하여 제재를 부과하므로, 신고서는 공정거래위원회 홈페이지에서 제공하는 서식을 다운받아 공정거래위원회 또는 국민권익위원회에 제출하여야 한다. 이 법은 백화점 등 대규모 소매점의 이른바 '갑질'을 규제할 목적으로 제정된 법률이다.

이 법의 제재규정 중에서는 형벌에 해당하는 규정보다도 '과징금'이 부과되는 위반행위에 초점을 맞추어야 할 것으로 보인다. 왜냐하면 형벌에 해당하는 위반행위는 공정거래위원회 위원장이 검찰총장에게 '고발'을 하지 아니하면 위반행위자를 벌할 수 없는 '반의사불벌죄(反意思不罰罪)'인데, 공정거래위원회가 위반행위자를 고발하는 사례는 흔치 않기 때문이다. 이 법 외에도 공정거래위원회가 조사 및 제재를 전담하는 다른 법률들도 같이 해석하여야 한다.

그리고 이론상으로라도 내부신고자의 보상금 상한액(20억원)에 접근할만한 위반행위는 공정거래위원회가 주관기관인 법률에서만 가능하다는 점도 참고로 언급해둔다. 「독점규제 및 공정거래에 관한 법률」 및 이 법이 여기에 해당하는 대표적인 법률이다.

나. 대규모유통업자의 납품업자에 대한 경영정보 제공 요구행위

제39조(벌칙) ① 다음 각 호의 어느 하나에 해당하는 자는 2년 이하의 징역 또는 1억 5천만원 이하의 벌금에 처한다.
  2. 제14조제1항을 위반하여 납품업자등에게 정보 제공을 요구한 자

↳**제14조(경영정보 제공 요구 금지)** ① 대규모유통업자는 부당하게 납품업자 등에게 다음 각 호의 어느 하나에 해당하는 정보를 제공하도록 요구하여서는 아니 된다.

1. 납품업자가 다른 사업자에게 공급하는 상품의 공급조건(공급가격을 포함한다)에 관한 정보
2. 매장임차인이 다른 사업자의 매장에 들어가기 위한 입점조건(임차료를 포함한다)에 관한 정보
3. 그 밖에 납품업자등이나 납품업자등의 거래상대방에 관한 제1호 및 제2호에 준하는 정보로서 대통령령으로 정하는 경영정보

↳**대통령령 제11조(경영정보 제공 요구 금지)** ① 법 제14조제1항제3호에서 "대통령령으로 정하는 경영정보"란 다음 각 호의 어느 하나에 해당하는 정보를 말한다.

1. 납품업자등이 납품하거나 판매하는 상품의 원가에 관한 정보
2. 납품업자등이 다른 사업자에게 납품하거나 다른 사업자의 점포에서 판매하는 상품의 매출액, 기간별 판매량 등 매출 관련 정보
3. 납품업자등이 다른 사업자의 점포에서 하는 판매촉진행사의 시기·횟수 및 거래조건 등 판매촉진행사에 관한 정보
4. 납품업자등이 다른 사업자와의 거래에서 사용하는 전자적 정보교환 전산망의 고유식별명칭, 비밀번호 등 해당 전산망에 접속하기 위한 정보

신고 내용

「대규모유통업에서의 거래공정화에 관한 법률」제14조제1항제3호 및 같은 법 시행령 제11조제1항에 의하면 납품업자가 다른 사업자에게 납품하거나 다른 사업자의 점포에서 판매하는 상품의 매출액, 기간별 판매량 등 매출 관련 정보제공을 요구해서는 안 된다고 규정하였습니다.

피신고자는 부산 ○○구 ○○동 ○○-○에 있는 '○○○백화점'을 운영하는 대규모유통업자로서 2016. ○. ○.경 피신고자에게 의류를 납품하는 신고 외 납품업자 ○○주식회사로 하여금 위 ○○주식회사가 거래하고 있는 모든 거래처에 대한 연간 매출액과 납품단가에 관한 목록을 제출하라고 요구함으로써 거래상대방에 관한 경영정보를 요구한 사실이 있습니다.

신고자는 피신고자 및 위 ○○주식회사와 사업상 직·간접으로 관련이 있습니다. 따라서 신고자에 관한 정보는 비밀이 보장되어야 합니다. 그러나 출석진술을 요구하시면 적극적으로 협조하겠습니다.

(신고 내용 해설)
- 이 사안의 범죄가 성립하기 위해서는 ①대규모유통업자에 해당하는 신분(身分) 있는 자, ②납품업자, ③납품업자 또는 납품업자의 거래상대방에 관한 경영정보를 요구한 사실이 증명되어야 한다. ① 및 ②는 공정거래위원회의 조사 과정에서 어렵지 않게 증명이 될 수 있는 내용이다. 그러나 ③에 관하여는 신고자가 입증(立證) 자료를 제출하거나 참고인이 될 납품업자(또는 그의 종사자)가 공정거래위원회의 조사에 협조하는 경우에만 증명이 될 수 있는 내용에 해당한다.
- 위 사례는 위반행위자에 대한 형사처벌과는 별도로 과징금이 부과되는 행위이다.
- 신고서는 공정거래위원회 홈페이지에서 제공하는 서식을 사용하고, 공정거래위

원회 또는 국민권익위원회에 제출하여야 한다.

다. 부당하게 납품업자로부터 종업원을 파견받은 대규모유통업자

제35조(과징금) ① 공정거래위원회는 제6조제1항부터 제3항까지, 제7조부터 제10조까지, 제11조제1항부터 제4항까지, 제12조부터 제18조까지의 규정을 위반한 대규모유통업자에게 대통령령으로 정하는 산출방식에 따른 납품대금이나 연간 임대료를 초과하지 아니하는 범위에서 과징금을 부과할 수 있다. 다만, 매출액을 산정하기 곤란한 경우 등에는 5억원을 초과하지 아니하는 범위에서 과징금을 부과할 수 있다.

↳**제12조(납품업자등의 종업원 사용 금지 등)** ① 대규모유통업자는 납품업자등으로부터 종업원이나 그 밖에 납품업자등에 고용된 인력(이하 이 조에서 "종업원등"이라 한다)을 파견받아 자기의 사업장에서 근무하게 하여서는 아니 된다. 다만, 다음 각 호의 어느 하나에 해당하는 경우로서 납품업자등과 사전에 대통령령으로 정하는 바에 따라 파견조건을 서면으로 약정하고 파견된 종업원등을 해당 종업원등을 고용한 납품업자등이 납품하는 상품의 판매 및 관리 업무에 종사하게 하는 경우에는 그러하지 아니하다.

1. 대규모유통업자가 대통령령으로 정하는 바에 따라 파견된 종업원등의 인건비를 비롯한 제반 비용을 부담하는 경우

   ↳**대통령령제10조(파견 종업원등에 관한 약정사항)** ② 법 제12조제1항제1호에 따라 대규모유통업자가 종업원등을 파견받을 경우 부담하여야 할 비용은 다음 각 호와 같다.

   1. 파견된 종업원등의 인건비
   2. 파견된 종업원등의 식비, 교통비 등 각종 실비
   3. 그 밖에 대규모유통업자의 점포에서 파견 종업원등이 상품 판매 및 관련 업무에 종사하는 데에 드는 비용

2. 납품업자등이 종업원등의 파견에 따른 예상이익과 비용의 내역 및 산

출근거를 객관적·구체적으로 작성하여 명시한 서면에 따라 대규모유통업자에게 자발적으로 자신이 고용한 종업원등의 파견을 요청하는 경우

3. 특수한 판매기법 또는 능력을 지닌 숙련된 종업원등을 파견받는 경우
4. 특약매입거래를 하는 납품업자등이 상시적으로 운영하는 매장에서 상품의 특성상 전문지식이 중요하다고 공정거래위원회가 정하여 고시하는 상품류[12]를 판매·관리하기 위하여 종업원등을 파견받는 경우

② 제1항 단서의 서면에는 대규모유통업자와 납품업자등이, 제1항제2호의 서면에는 납품업자등이 각각 서명 또는 기명날인하여야 한다.

③ 대규모유통업자는 자기가 고용한 자의 인건비를 납품업자등에게 부담시키는 행위를 하여서는 아니 된다.

↳**대통령령 제10조(파견 종업원등에 관한 약정사항)** ① 법 제12조제1항 각 호 외의 부분 단서에 따라 대규모유통업자가 종업원등을 파견받을 경우 약정하여야 하는 사항은 다음 각 호와 같다.

1. 종업원등의 수
2. 종업원등의 근무기간 및 근무시간
3. 종업원등이 종사할 업무내용
4. 종업원등의 인건비 분담 여부 및 조건

〔피신고자〕

1. 대규모유통업자

   상호 : ○○○○주식회사(대표이사 ○○○)

   본점소재지 :

---

[12] 공정거래위원회는 "공정거래위원회가 정하여 고시하는 상품류"에 관하여는 정하여 고시하지 않았다.

전화번호 :

2. 위반행위자
   성명 : 한○○
   주소 : 위 회사 상무이사
   전화번호 :

〔신고 내용〕

1. 「대규모유통업에서의 거래공정화에 관한 법률」 제12조제1항제1호 및 같은 법 시행령 제12조제1항 본문에 의하면 대규모유통업자는 납품업자로부터 종업원이나 그 밖에 납품업자에 고용된 인력을 파견받아 자기의 사업장에서 근무하게 하여서는 아니 된다고 규정하였습니다.

2. 피신고자 ○○○○주식회사는 서울 ○○구 ○○동 ○○-○ 소재 '○○마트'를 운영하는 대규모유통업자이고, 피신고자 한○○은 위 회사의 상무이사입니다.

3. 피신고자 ○○○○주식회사(이하 "갑"이라고 함)와 신고 외 주식회사○○(이하 "을"이라고 함)는 2013년 가을경 계약을 체결하고, 지금까지 계속적 거래관계를 유지하고 있습니다. 그 계약의 요지는 다음과 같습니다.

다   음

가. 을은 갑의 매장인 위 '○○마트'에 대하여 을이 생산하는 상품인 '○○○○○'을 계속적으로 공급한다.

나. 위 상품의 납품단가는 1개당 50,000원으로 한다. 다만, 부가가치세는 별도

로 한다.
다. 위 납품단가는 갑과 을 사이에 합의가 성립하는 경우에만 인상하거나 인하할 수 있다.
라. 갑은 갑의 위 매장에서 1년에 2회 각 1개월 동안 판매촉진행사를 할 때에 한하여 을의 종업원 중 2명을 갑의 매장에 파견할 것을 요구할 수 있고, 을은 이에 협력하여야 한다.

4. 피신고자 한○○는 2016. ○. ○. 을에 대하여 판매촉진행사 기간이 아님에도 불구하고 을의 종업원 2명을 상시 파견할 것을 요구하는 문서를 보내면서 만약 파견할 수 없다면 위 상품의 납품단가를 5% 인하하여야 한다고 주장하였고, 을은 거래관계를 계속 유지하기 위하여 그 무렵 을의 종업원인 김○○ 및 이○○을 위 갑의 매장에 파견하여 현재까지 근무하게 하고 있습니다.

5. 첨부하는 진술서는 익명으로 작성하였으나, 갑에게 파견되어 근무하고 있는 을 소속 종업원의 진술이므로, 익명을 보장하여 주시기 바랍니다. 진술인에 대한 연락처는 공정거래위원회의 담당자가 정해지면 별도로 제출하겠습니다.

6. 신고인은 을에 소속된 직원이므로, 익명으로 처리하여 주시길 바랍니다. 이 신고는 「공익신고자 보호법」의 관련 규정에 따른 신고입니다.

〔첨부 자료〕

1. 계약서 사본 1통.
2. 종업원 파견 요청서 사본 1통.
3. 매장 사진 ○장. 끝.

(신고 내용 해설)

- 이 사안에서는 ①피신고자가 대규모유통업자에 해당하는 사실, ②갑과 을의 거래 내용, ③갑이 을에게 종업원 파견을 요청한 행위가 부당하다는 점, ④을이 종업원을 갑에게 파견한 사실이 증명되어야 한다.
- 신고 내용에서는 계약서 사본과 종업원 파견 요청서 등 문서를 제출하는 경우를 상정하였다. 그러나 실제로 신고서를 제출하는 사람의 입장에서는 이러한 문서를 입수하기란 쉽지 아니할 것이다. 이러한 경우에는 해당 문서의 소지인 또는 보관자가 누구인지를 신고서에 밝혀주는 정도만으로도 충분하다.
- 이 사례는 형사처벌의 대상은 아니지만, 과징금이 부과되는 위반행위이다. 따라서 공정거래위원회는 이 신고서를 접수하면 '조사'를 시작한 뒤 절차에 따라 피신고자인 법인에게 과징금을 부과하게 된다.
- 아래의 예규는 법률이나 시행령의 위임에 의하여 제정한 것은 아니고, 공정거래위원회가 내부의 실무자용으로 만든 예규이므로 법령과 같은 효력은 없는 것이지만, 공익신고자에게도 참고가 될 수 있을 것이라고 판단하여 덧붙인다.

**대규모유통업 분야에서 납품업자 등의
종업원 파견 및 사용에 관한 가이드라인**

제 정 2013. 6. 28. 공정거래위원회 예규 제176호
일부개정 2015. 10. 23. 공정거래위원회 예규 제235호
일부개정 2016. 6. 30. 공정거래위원회 예규 제250호

I. 서론

1. 목적

이 가이드라인은 대규모유통업자가 납품업자 또는 매장임차인(이하 "납품업자등"이라 한다)으로부터 종업원이나 그 밖에 납품업자등에 고용된 인력(이하 "종업원 등"이라 한다)을 파견받아 자기의 사업장에 근무하게 하는 과정에서 발생할 수

있는「대규모유통업에서의 거래 공정화에 관한 법률(이하 "법"이라 한다)」 위반행위를 예방하기 위한 사항들을 구체적으로 제시함으로써, 향후 대규모유통업자가 스스로 법 위반행위를 방지할 수 있게 함을 목적으로 한다.

2. 적용 범위

이 가이드라인은 거래형태(직매입거래, 특약매입거래, 위·수탁거래, 임대차거래) 및 소매업태(백화점, 대형마트, 슈퍼마켓 등)를 불문하고 대규모유통업자가 납품업자등으로부터 종업원등을 파견받는 단계와 그 이후 자기의 사업장에서 근무하게 하는 단계에서 발생하는 행위를 대상으로 한다. 이 가이드라인에 규정된 〈법 위반에 해당될 수 있는 행위〉는 대규모유통업법의 규정과 관련하여 발생할 수 있는 대표적인 유형의 행위를 예시한 것이므로, 가이드라인에 열거되지 아니한 행위라고 하여도 법 적용이 배제되는 것은 아니다.

Ⅱ. 관련 법 규정 (법 제12조)

법 제12조제1항 본문에서는 대규모유통업자가 납품업자등으로부터 종업원등을 파견받아 자기의 사업장에 근무하게 하는 행위를 원칙적으로 금지하고 있다. 다만, 법 제12조제1항 단서에서는 아래의 세가지 요건을 모두 충족한 경우에 한하여 제한적으로 종업원등을 파견받을 수 있도록 규정하고 있다.

1. 파견을 받음에 있어 아래의 예외적 허용사유 중 하나에 해당

- 대규모유통업자가 납품업자등으로부터 파견된 종업원등의 인건비 등 제반 비용을 부담하는 경우(법 제12조제1항제1호)
- 납품업자등이 종업원등 파견에 따른 예상이익과 비용의 내역 및 산출근거를 객관적·구체적으로 작성하여 명시한 서면에 의거하여 대규모유통업자에게 자발적으로 파견을 요청하는 경우(법 제12조제1항제2호)
- 상기 두가지 사유에 해당되지 않더라도, 대규모유통업자가 납품업자등으로부

터 특수한 판매기법 또는 능력을 지닌 숙련된 종업원등을 파견받는 경우(법 제12조제1항제3호)

2. 납품업자등과 사전에 파견조건에 관해 서면으로 약정

대규모유통업자는 상기 세가지 예외적 허용사유의 어느 하나에 해당되어 납품업자등으로부터 종업원등을 파견받더라도 사전에 아래에 제시된 사항에 관해 서면으로 약정하고, 납품업자등과 각각 서명 또는 기명날인하여야 한다.(법 제12조제1항 단서 및 제12조제2항) 이 때, 약정서에 포함되어야 할 사항은 다음과 같다.(시행령 제10조제1항)

- 종업원등의 수
- 종업원등의 근무기간 및 근무시간
- 종업원등이 종사할 업무내용
- 종업원등의 인건비 분담 여부 및 조건

3. 해당 납품업자등이 납품하는 상품의 판매 및 관리 업무에 종사

대규모유통업자는 파견된 종업원등을 해당 납품업자등이 납품하는 상품의 판매 및 관리 업무에 종사하도록 해야 한다.(법 제12조제1항 단서) 따라서 대규모유통업자는 특정 납품업자등으로부터 파견된 종업원등을 자신의 일반적인 관리 업무나 여타 업무 또는 다른 납품업자등이 납품하는 상품의 판매 및 관리 업무에 종사하게 하여서는 아니된다.

Ⅲ. 대규모유통업자가 종업원등을 파견받는 사유와 관련하여 준수해야 할 사항

대규모유통업자는 법(제12조제1항 각호)에서 규정하고 있는 예외적 허용사유의 어느 하나에 해당될 경우에 납품업자등으로부터 종업원등을 파견받을 수 있다. 따라서, 종업원등 파견사유가 상기에서 제시된 예외적 허용사유 중 어느 하나에 해당되지 않거나, 그 범위를 넘어서지 않도록 유의하여야 한다.

1. 대규모유통업자가 파견된 종업원등의 인건비를 비롯한 제반 비용을 부담하는 조건으로 파견을 받았으나, 그 비용의 일부 또는 전부를 부담하지 않거나 납품업자등에게 전가하여서는 아니됨

대규모유통업자가 법 제12조제1항제1호에 따라 종업원등 파견에 소요되는 제반비용을 부담하는 조건으로 납품업자등으로부터 파견받을 경우, 대규모유통업자는 인건비(보수)와 식비·교통비 등 각종 실비, 기타 파견된 종업원등이 상품 판매 및 관련 업무에 종사하는 데에 드는 비용(이하 "파견비용"이라 한다)을 부담하여야 한다.(시행령 제10조제2항) 따라서, 이 경우 대규모유통업자가 파견비용의 일부 또는 전부를 부담하지 않거나, 납품업자등에게 파견비용을 전가시키는 행위를 한다면 법 위반에 해당될 수 있다.

〈 법 위반에 해당될 수 있는 행위 (예시) 〉
- 파견비용을 부담하는 조건으로 파견을 받았으나, 파견 인력에 지급하는 비용 부담을 이유로 납품업자에게 상품 매입원가의 인하를 요구하거나, 판매장려금 또는 광고비를 추가로 수취하는 행위
- 파견 비용을 부담하는 조건으로 파견을 받았으나, 약정서 상에 기재된 판매활동을 수행함에 있어 소요되는 진열대·시식대 등 설치비용, 샘플·시식용 상품 비용 등 대규모유통업자가 부담해야 할 비용 중 일부를 납품업자에게 부담시키는 행위

2. 대규모유통업자가 먼저 납품업자등에게 종업원등을 파견할 것을 요구하였음에도 불구하고, 납품업자등으로부터 자발적 요청이 있었음을 이유로 종업원등을 파견받아서는 아니 됨

납품업자등은 지속적 거래관계 유지를 위해 대규모유통업자가 종업원등을 파견하

여줄 것을 요구하더라도 이를 거부하기 어려운 경우가 많다. 대규모유통업자가 납품업자등에게 구두나 유선 또는 이메일 등으로 비공식적으로 종업원등을 파견하여 줄 것을 먼저 요구하고, 납품업자등이 이에 응하는 경우라면 납품업자로부터 자발적인 요청이 있는 경우로 보기 어렵다.

따라서 대규모유통업자가 납품업자로부터 자발적인 요청이 있었다는 사유로 종업원등을 파견받으려면 대규모유통업자의 비공식적인 요구 이전에 납품업자등이 자신의 필요에 의해 스스로 자사 인력을 파견받아 줄 것을 먼저 요청하여야 한다. 이 경우 납품업자등의 요청은 종업원등의 파견에 따르는 예상 이익과 비용의 내역 및 산출근거를 객관적·구체적으로 작성하여 명시한 서면에 의하여야 한다. (법 제12조제1항제2호) 대규모유통업자가 납품업자등으로부터 사전에 자발적 파견 요청서를 받았더라도, 파견에 따른 예상 이익 및 비용에 대한 구체적 산출근거가 없는 경우에는 자발성에 대한 다툼이 있을 수 있으므로 유의하여야 한다.

〈 법 위반에 해당될 수 있는 행위 (예시) 〉

- 납품업자등의 자발적 요청 이전에 대규모유통업자가 납품업자등에게 협조요청 등의 명목으로 종업원등을 파견하여 줄 것을 구두나 유선 또는 이메일 등으로 비공식적으로 요구하고, 사후에 납품업자등으로부터 파견요청서를 제출하게 하는 행위
- 대규모유통업자가 파견사원 운영에 관한 계획을 수립하여 각 납품업자 별로 파견해야 할 판촉사원의 수를 할당한 다음, 개별 납품업자등으로부터 자발적 파견 요청서를 제출하게 하는 행위
- 대규모유통업자가 납품업자등에 종업원 파견을 요구하면서 이를 거절할 경우 거래개시 거절, 거래지속 중단 등 불이익을 부여하거나, 이를 암시함으로써 납품업자등이 그 요구에 응할 수 밖에 없는 경우

3. 대규모유통업자가 파견에 따른 제반비용을 부담(법 제12조제1항제1호)하거나 납품업자등이 자발적으로 파견을 요청(동조제2호)하는 경우에 해당되지 않을

경우에는 특수한 판매기법 또는 능력을 지닌 숙련된 종업원만을 파견받을 수 있음(동조제3호)

'특수한 판매기법 또는 능력'이라 함은 개별적·구체적인 상황에 따라 달라질 수 있으나, 일반 종업원이 지닌 능력에 비해 상당한 정도로 차별화된 판매기법이나 능력을 말한다. 이를 판단함에 있어 해당 기법 또는 능력이 소정의 교육과정 이수만으로는 갖추기 어려울 정도의 상품에 관한 전문지식(예: 특정 전자제품의 기능, 와인 감별 및 보관기법 등)과 이를 토대로 한 판매 및 상품관리 능력을 필요로 하는지가 기준이 될 것이다. 따라서, 소정의 교육과정 이수만으로 습득이 가능하거나, 상품 및 브랜드의 특성과 무관하게 공통적으로 적용되는 지식의 경우에는 이에 해당된다고 보기 힘들 것이다.

특수한 판매기법 또는 능력이 요구되는 분야에서 1년 이상 종사한 경험이 있는 인력은 '숙련된 종업원'으로 추정한다. 한편, 1년 이상 종사한 경험이 없더라도 특수한 판매기법 또는 능력을 충분히 발휘하여 일반 종업원과 차별화된 판매, 상품관리 등을 할 수 있으면 '숙련된 종업원'으로 보아 파견받을 수 있다.

대규모유통업자는 '특수한 판매기법 또는 능력을 지닌 숙련된 종업원' 사유로 파견받은 종업원을 당초 파견받은 목적에 부합하는 직무에 종사하게 하여야 한다. 예를 들어, '특수한 판매기법 또는 능력을 지닌 숙련된 종업원'을 단순 판매보조 또는 판촉을 위한 시식·시연 업무에만 종사하게 할 경우에는 법 위반 소지가 있을 수 있다.

〈 법 위반에 해당될 수 있는 행위 (예시) 〉

- 대규모유통업자가 파견에 따른 제반비용을 부담하거나 납품업자등이 자발적으로 파견을 요청하는 경우에 해당되지 않음에도 불구하고, 상품의 특성이나 판매업무와 관련된 소정의 교육만으로도 가능한 단순 상품판매 업무의 수행을 위해 종업원등을 파견받는 행위
- 특별한 기술이 필요하지 않은 시식 및 시연, 고객에 대한 관심제고 수준의 단

순 판촉업무에 숙련된 종업원등을 요구하여 판촉사원을 파견받는 행위
- 특수한 판매기법이나 능력과 무관한 판매대금 수령 등 단순 판매보조업무의 수행을 위해 숙련된 종업원등을 요구하여 파견받는 행위
- 대규모유통업자 차원의 바겐세일 등 판촉행사 기간에 행사보조업무의 수행을 위한 임시 행사요원을 추가로 요구하여 파견받는 경우

Ⅳ. 대규모유통업자가 종업원등을 파견받을 경우 따라야 할 절차

대규모유통업자는 사전에 납품업자등과 파견조건을 서면으로 약정하여야 한다.(법 제12조제1항 단서) 동 서면에는 대규모유통업자와 납품업자등이 각각 서명 또는 기명날인하여야 한다.(법 제12조제2항) 이 때, 약정하여야 할 사항은 다음과 같다(시행령 제10조제1항).

- 종업원등의 수
- 종업원등의 근무기간 및 근무시간
- 종업원등이 종사할 업무내용
- 종업원등의 인건비 분담 여부 및 조건

대규모유통업자는 파견조건을 약정한 서면을 즉시 납품업자등에게 교부하여야 하며(법 제6조제1항), 동 서면을 약정이 끝난 날부터 5년간 보존하여야 한다(법 제6조제8항).
따라서, 대규모유통업자가 ① 종업원등을 파견받은 이후에 서면약정하는 행위, ②상기 사항의 일부 또는 전부에 대해 약정을 체결하지 않거나 ③불명확하게 약정하는 행위, ④약정 서면이 불완전하거나 이를 납품업자등에게 교부하지 않는 행위 등은 법 위반에 해당될 수 있으므로 유의하여야 한다.

1. 파견조건에 대한 서면약정을 종업원등의 파견 이후에 실시하여서는 아니 됨

파견조건에 대한 서면약정은 실제 납품업자등의 종업원등을 파견받아 자기의 사업장에 근무시키기 이전에 체결되어야 한다. 즉, 종업원등을 파견받기 이전에 구체적인 파견조건을 명시한 서면의 마련과 더불어, 이에 대한 양 당사자의 서명 또는 기명날인까지 이루어져야 한다.

〈 법 위반에 해당될 수 있는 행위 (예시) 〉

- 단기(예 : 1주일 이내) 판촉행사라는 이유로 서면약정없이 납품업자등에게 판촉사원 파견을 추가로 요구하고, 사후에 납품업자로부터 파견요청서와 서면약정서(기명날인 포함)를 징구하는 행위
- 1월부터 종업원등을 파견받았음에도 불구하고 4월에 파견조건에 대해 약정하고, 이를 1월부터 소급하여 적용하거나 약정일자를 1월 이전으로 수정하여 기재하는 행위
- "파견 종업원등의 인원수는 차후 협의에 의해 결정한다" 또는 "해당 월의 파견 인원수는 전월말까지의 협의에 의해 결정한다" 등 파견조건을 사후로 유보하는 행위
- 파견조건을 명시한 서면의 마련은 종업원등 파견 이전에 이루어졌으나, 한 당사자 또는 양 당사자의 서명 또는 기명 날인은 파견 이후에 이루어진 경우

2. 파견조건의 전부 또는 일부에 대해 서면약정을 체결하지 않는 행위를 하여서는 아니됨

대규모유통업자는 거래형태 및 파견조건, 파견의 자발성 여부 등과 무관하게 상기 4가지 파견조건(종업원등의 수, 근무기간 및 근무시간, 종사 업무내용, 인건비 분담 여부 및 조건)에 대해서는 반드시 약정을 체결하여야 한다. 따라서 상기 사항을 전부 약정하지 않거나, 일부만 약정하는 것은 법 위반에 해당될 수 있다.
복수의 납품업자가 공동으로 종업원을 고용하여 파견하는 경우, 대규모유통업자

는 관련 납품업자 전체와 서면약정을 체결하여야 한다. 또한, 단기 판촉행사 진행 등을 이유로 부정기적·일시적으로 파견되는 판촉사원에 대해서도 사전 서면약정이 필요하다.

〈 법 위반에 해당될 수 있는 행위 (예시) 〉
- 단기 판촉행사 또는 복수의 납품업자가 공동으로 파견하는 경우 등과 같이 서류 작업에 많은 시간이 소요된다는 이유로 파견조건을 사전에 서면으로 약정하지 않고, 구두·이메일·파견요청 문서 등으로 종업원등 파견을 요청하여 파견받는 행위
- 납품업자등이 자발적으로 종업원등의 파견을 요청했다는 이유로 사전에 서면약정을 체결하지 않는 행위
- 종업원등의 근무시간 및 근무기간, 업무내용에 대해서는 명확히 약정하였으나, 종업원등의 수는 예측이 어렵다는 이유로 약정서에 명시하지 않는 행위
- 상시로 판매사원을 파견받아 사용함에도 불구하고, 약정기간 만료 이전에 해당 약정을 갱신하지 않은 상태에서 계속해서 파견받는 행위

3. 파견조건을 약정하였으나, 약정된 파견조건이 불명확하여서는 아니됨

종업원등 파견에 관한 약정을 체결할 경우, 종업원등의 수·근무기간·근무내용 등은 구체적이어서 납품업자가 자신의 종업원 파견에 소요되는 비용을 사전에 예측할 수 있어야 한다.

상품의 매출액 변동이나 산발적인 판촉행사의 실시에 따라 파견 종업원의 숫자 및 근무기간을 특정하기 어려운 경우 등 불가피한 경우에는 범위를 지정하여 파견조건을 약정할 수 있을 것이다. 다만, 이 경우 지정된 범위가 너무 넓어 납품업자등이 파견비용을 예측하기 어려울 정도라면 법 위반에 해당될 소지가 있게 되므로 유의하여야 한다.

〈 법 위반에 해당될 수 있는 행위 (예시) 〉
- 파견조건에 관한 예측이 가능한 상시근무 판매사원을 파견받으면서 파견 인원 및 근무시간 등을 명확히 약정하지 않는 행위
- 상품매출 변동, 단기 판촉행사 등의 추가인원수요를 감안하더라도 최대 10명이면 가능한 경우임에도 불구하고 종업원등의 수를 "5명~30명" 또는 "30명 이하" 등 포괄적으로 약정하는 행위
- 종업원등의 근무기간을 "상반기 중" 또는 "3분기 중" 등으로 모호하게 규정하여 납품업자등이 파견기간을 예측하기 어려운 경우
- 납품업자는 구체적 파견조건이 명시되지 않은 서면에 서명/기명날인만 하고, 구체적인 파견조건은 유통업자가 사후에 일방적으로 기재하는 행위

4. 약정서면이 불완전하거나, 약정서면을 미교부하는 행위 등을 하여서는 아니됨

파견조건은 서면(전자문서 포함)으로 약정하여야 하며, 해당 서면에는 대규모유통업자와 납품업자등이 서명(전자서명 포함) 또는 기명날인하여야 한다.
또한, 대규모유통업자는 약정을 체결한 즉시 약정서면을 납품업자등에게 교부하여야 하며, 파견조건에 대한 약정서면과 종업원등의 근무내역에 관한 서류를 5년간 보존하여야 한다.

〈 법 위반에 해당될 수 있는 행위 (예시) 〉
- 파견조건을 명시한 서면은 마련되었으나, 한 당사자 또는 양 당사자 모두의 서명 또는 기명날인이 누락된 경우
- 약정서면을 납품업자등에게 교부하지 않거나, 파견 이후에 교부하는 행위
- 파견조건 약정서면 또는 종업원등의 근무내역에 관한 서류를 1년 동안만 보존하고 폐기하는 행위
- 전자서면을 통해 약정을 체결하는 경우, 납품업자등의 서명을 대규모유통업자가 보관하고 있다가 이를 약정서에 기재하는 행위

V. 대규모유통업자가 파견받은 종업원등에 대해 유의해야 할 남용행위

대규모유통업자는 파견 종업원을 해당 인원을 고용한 납품업자등이 납품하는 상품의 판매 및 관리 업무에만 종사하게 할 수 있다.(법 제12조제1항 단서) 따라서 자사 상품 판매·관리 업무에 해당되지 않는 대규모유통업자의 고유업무나 타 납품업자등 상품에 대한 판매·관리 업무에 종사시키는 행위는 법 위반에 해당될 소지가 있게 되므로 유의해야 한다.

또한, 법 제17조제10호에서는 대규모유통업자가 납품업자등에게 불이익을 주거나 이익을 제공하게 하는 행위를 금지하고 있다. 따라서 대규모유통업자가 파견 종업원에 대해 설정된 판매목표액을 달성하도록 강제하는 등 납품업자의 이익보다 자신의 이익을 일방적으로 추구하는 행위를 할 경우 법 위반 소지가 있을 수 있다.

〈 법 위반에 해당될 수 있는 행위 (예시) 〉

- 파견된 종업원등을 계산대에서 현금출납 보조업무, 포장업무 등에 종사시키는 행위(단, 백화점 내 점포와 같이 해당 납품업자등별로 별도의 계산대 나 결제 시스템이 있는 경우는 제외한다)
- 파견된 종업원등에 통로·화장실 등 매장 공용공간 청소, 매장 공용공간에서 매장 전체차원의 고객 응대 및 안내업무 등을 하도록 지시하는 행위
- 파견된 종업원등을 배송 차량으로부터의 상품 하역, 창고반입 업무, 쇼핑 카트 회수·정리, 주차장 관리 및 주차지원 업무에 종사시키는 행위
- 파견된 종업원등에게 자사 상품 뿐만 아니라 다른 납품업자등이 납품하는 상품의 판매 및 재고파악 및 관리, 진열업무 등을 맡기는 행위
- 납품업자의 직매입상품에 대한 판촉행사를 진행하기 위해 판촉사원을 파견받아, 해당 납품업자가 납품한 대규모유통업자의 PB상품에 대한 판매업무에도 종사하도록 한 행위

- 대규모유통업자가 자기의 이익을 위한 고유 업무의 일환으로 수행하는 정기재고조사업무 등의 원활한 수행을 위해 파견 종업원등으로 하여금 자사상품의 재고를 파악토록 하는 행위
- 대규모유통업자 또는 소속 직원이 입점업체에 대해 월별 매출목표를 설정하고, 실제 달성여부와는 관계없이 제시된 목표 금액을 기준으로 판매수수료(판매장려금 포함)를 징수하는 행위 (법 제17조제10호 불이익 금지 규정)
- 대규모유통업자가 입점업체에 대해 판매목표를 설정하고, 파견 종업원에 대해 이를 달성하도록 강요하는 행위 (법 제17조제10호 불이익 금지 규정)

Ⅵ. 재검토 기한

공정거래위원회는 「훈령·예규 등의 발령 및 관리에 관한 규정」에 따라 이 지침에 대하여 2017년 1월 1일을 기준으로 매3년이 되는 시점(매 3년째의 12월 31일까지를 말한다)마다 그 타당성을 검토하여 개선 등의 조치를 하기로 한다.

부칙 〈제176호, 2013. 6. 28.〉
이 가이드라인은 2013년 7월 5일부터 시행한다.

부칙 〈제250호, 2016. 6. 30.〉
이 가이드라인은 2016년 7월 1일부터 시행한다.

11. 「대부업 등의 등록 및 금융이용자 보호에 관한 법률」

가. 법률 이해하기

이 법은 「공익신고자 보호법」의 관련 규정에 의하여 국민권익위원회가 내부신고

자에게는 '보상금'을 지급하여야 하고, 외부신고자에게는 '포상금'을 지급할 수 있다.

이 법의 주관기관은 금융위원회이다. 그러나 금융위원회는 조사권한은 있지만 수사권을 갖지 못한다. 따라서 형사처벌의 대상을 내용으로 하는 신고서는 관할 경찰서 또는 국민권익위원회에 제출하여야 한다. 신고서를 접수한 국민권익위원회는 과징금을 부과할 대상이라고 판단하면 지방자치단체에 이송할 것이고, 형사처벌의 대상인 위반행위라고 판단하면 경찰청에 이송하는 조치를 취할 것이다.

이 법의 특징이라면 매우 엄격한 규정들을 만들어 두고 불법 사금융을 규제하는 한편 등록한 대부업자에게도 까다로운 의무들을 부과함으로써 고금리의 대부를 이용하는 서민들을 두텁게 보호하려고 노력한 흔적이 엿보인다. 따라서 대부업자들로서는 이 법이 요구하는 많은 의무들을 모두 준수하기란 쉽지 않을 것으로 추정된다. 다만, 공익신고를 염두에 두고 법령을 연구하는 사람의 입장에서 보면 공부하여야 할 내용이 많고, 다소 어렵다는 단점도 있다.

나. 미등록 대부업자

제19조(벌칙) ① 다음 각 호의 어느 하나에 해당하는 자는 5년 이하의 징역 또는 5천만원 이하의 벌금에 처한다.

1. 제3조 또는 제3조의2를 위반하여 등록 또는 등록갱신을 하지 아니하고 대부업등을 한 자

    ↳**제3조(등록 등)** ① 대부업 또는 대부중개업(이하 "대부업등" 이라 한다)을 하려는 자(여신금융기관은 제외한다)는 영업소별로 해당 영업소를 관할하는 특별시장·광역시장·특별자치시장·도지사 또는 특별자치도지사(이하 "시·도지사"라 한다)에게 등록하여야 한다. 다만, 여신금융기관과 위탁계약 등을 맺고 대부중개업을 하는 자(그 대부중개업을 하는 자가 법인인 경우 그 법인과 직접 위탁계약 등을 맺고 대부를 받으려는 자를 모집하는 개인을 포함하며, 이하 "대출모집인"이라 한다)는 해당 위탁계약 범위에서는 그러하지 아니하다.

② 제1항에도 불구하고 대부업등을 하려는 자(여신금융기관은 제외한다)로서 다음 각 호의 어느 하나에 해당하는 자는 금융위원회에 등록하여야 한다. 다만, 대출모집인은 해당 위탁계약 범위에서는 그러하지 아니하다.
 1. 둘 이상의 특별시·광역시·특별자치시·도·특별자치도(이하 "시·도"라 한다)에서 영업소를 설치하려는 자
 2. 대부채권매입추심을 업으로 하려는 자
 3. 「독점규제 및 공정거래에 관한 법률」 제14조에 따라 지정된 상호출자제한기업집단에 속하는 자

신고 내용

「대부업 등의 등록 및 금융이용자 보호에 관한 법률」 제3조제1항에 의하면 대부업을 영위하려는 사람은 관할관청에 등록을 하여야 함에도 불구하고, 피신고자는 등록을 하지 아니하고 2015. ㅇ.경부터 ㅇㅇ시 ㅇㅇ동 ㅇㅇ-ㅇ에 있는 ㅇㅇ빌딩 2층 약 30㎡ 규모의 사무실에 'ㅇㅇㅇ대부'라는 상호로 간판을 걸고 불특정다수인을 상대로 대부업을 영위하고 있습니다.

(신고 내용 해설)
- 이 사안의 경우에는 피신고자가 미등록대부업자라는 사실 외에 실제로 금전을 대부한 사실이 1건이라도 특정될 수 있는 증거를 제출하여야 할 것이다. 광고 전단지 등 광고의 내용이 있는 경우에는 그 광고 내용을 신고서에 첨부하면 유력한 증거가 될 것이다.
- 미등록대부업자는 광고를 할 수 없으므로, 미등록대부업자가 광고행위를 하면 법 제9조의2 및 제19조제1항제3호를 적용한다.

- 대부업자의 등록 여부를 조회하는 사이트가 있다. 요령은 인터넷에서 '한국대부금융협회'의 홈페이지에 들어가 초기화면의 카테고리 '소비자보호센터'의 연결화면 '등록업체조회'를 클릭한 뒤 '전국대부업체조회하기'를 클릭하면 된다.
- 법 제19조제1항 및 제3조의 규정에 의하면 등록을 하지 아니한 대부업자는 처벌한다. 즉 미등록 대부업자를 인정하지 않겠다는 취지이다. 이 규정은 현재 시행되고 있다.

그런데 법 제11조제1항은 "미등록대부업자가 대부를 하는 경우의 이자율에 관하여는 「이자제한법」 제2조제1항 및 이 법 제8조제2항부터 제5항까지의 규정을 준용한다."고 규정하였다. 「이자제한법」의 위 규정에 의하면 미등록대부업자의 최고 이자율은 연 25%이다. 법 제11조에서는 "[법률 제14072호(2016.3.3.) 부칙 제2조제1항의 규정에 의하여 이 조 제1항은 2018년 12월 31일까지 유효함]"이라는 한시적인 유효기간을 마련하고는 있지만, 그렇다고 하더라도 이는 모순이다. 동일한 법률이 등록을 하지 아니한 채 대부업을 영위하는 자를 처벌하면서도 미등록대부업자에게도 제한최고이자율을 준수하라고 강제하는 것은 하나의 법조가 폐지되는 2018. 12. 31.까지는 이율배반적인 행태이다. 같은 법률이 한쪽에서는 미등록을 금지하면서도 다른 한쪽에서는 미등록을 허용하고 있음을 전제로 미등록자의 이자율을 제한하고 있기 때문이다. 위헌(違憲)의 소지가 있다. 그러나 공익신고자로서는 이에 구애받지 않고 해당 법조가 유효함을 전제로 위반행위를 신고해도 무방할 것이다. 아직은 헌법재판소의 판단(결정)이 없었기 때문이다.

다. 제한 이자율을 초과한 이자를 받은 대부업자

제19조(벌칙) ② 다음 각 호의 어느 하나에 해당하는 자는 3년 이하의 징역 또는 3천만원 이하의 벌금에 처한다.
  3. 제8조 또는 제11조제1항에 따른 이자율을 초과하여 이자를 받은 자
    ↳**제8조(대부업자의 이자율 제한)** ① 대부업자가 개인이나 「중소기업기본법」

제2조제2항에 따른 소기업(小企業)에 해당하는 법인에 대부를 하는 경우 그 이자율은 연 100분의 27.9 이하의 범위에서 대통령령으로 정하는 율을 초과할 수 없다.

[법률 제14072호(2016.3.3.) 부칙 제2조제1항의 규정에 의하여 이 조는 2018년 12월 31일까지 유효함]

↳ **대통령령 제5조(이자율의 제한)** ① 법 제8조제1항에서 "대통령령으로 정하는 소규모 법인"이란 「중소기업기본법」 제2조제2항에 따른 소기업에 해당하는 법인을 말한다.

② 법 제8조제1항에서 "대통령령으로 정하는 율"이란 연 100분의 34.9를 말한다.

③ 제2항의 율을 월 또는 일 기준으로 적용하는 경우에는 연 100분의 34.9를 단리로 환산한다.

↳ **「중소기업기본법」 제2조(중소기업자의 범위)** ② 중소기업은 대통령령으로 정하는 구분기준에 따라 소기업(小企業)과 중기업(中企業)으로 구분한다.

↳ **대통령령 제8조(소기업과 중기업의 구분)** ① 법 제2조제2항에 따른 소기업(小企業)은 중소기업 중 해당 기업이 영위하는 주된 업종별 평균매출액등이 별표 3[13])의 기준에 맞는 기업으로 한다.

② 법 제2조제2항에 따른 중기업(中企業)은 중소기업 중 제1항에 따른 소기업을 제외한 기업으로 한다.

---

13) 별표 3은 '처벌법규'를 참조.

> **신고 내용**
>
> 피신고자는 「대부업 등의 등록 및 금융이용자 보호에 관한 법률」의 관련 규정에 따라 ○○시 ○○동 ○○-○에 사무소를 두고 관할관청에 등록한 대부업자이므로 개인에게 대부를 하는 경우에는 그 이자율은 연 34.9%를 초과할 수 없음에도 불구하고, 2016. ○. ○. 신고외 ○○○에게 돈 10,000,000원을 대부함에 있어 그 이자율을 연 45.0%를 적용하였습니다.

(신고 내용 해설)
- 법률 제8조제1항은 최고이자율을 '연 27.9%'로 제한하였다. 그러나 같은 법 시행령은 법률 제8조제1항이 위임한 사항에 관하여 개정을 하지 아니한 채 법이 개정되기 전에 적용하던 "연 34.9%"를 최고이자율이라고 규정하고 있다. 시행령이 법률의 규정을 벗어난 결과가 되었다. 따라서 법률 부칙 제5조제1항에서는 이자율 제한 등에 관한 특례규정을 두어 "제8조, 제15조제1항·제2항의 개정규정에도 불구하고 같은 개정규정에 따른 대통령령이 시행되기 전까지는 제2항부터 제5항까지의 규정에 따른다."고 규정함으로써 종전의 이자율을 적용하는 것으로 하였다.
- 이 사안에서는 피신고자가 등록한 대부업자라는 사실과 대부에 적용한 이자율이 법정 최고이자율을 초과했다는 사실을 신고서에 특정하여야 한다. 그리고 최고이자율을 초과하여 적용한 사례 1건 이상을 특정할 수 있는 증거도 제출하여야 한다.
- 이자율을 계산함에 있어서는 사례금, 할인금, 수수료, 공제금, 연체이자, 체당금(替當金) 등 그 명칭이 무엇이든 대부와 관련하여 대부업자가 받는 것은 모두 이자로 본다(법 제8조제2항). 선이자를 공제한 경우에는 공제한 선이자 부분을 뺀 금액이 대부금액이 된다.

라. 대부조건 등 중요사항 게시의무를 위반한 대부업자

제21조(과태료) ① 다음 각 호의 어느 하나에 해당하는 자에게는 2천만원 이하의 과태료를 부과한다.
  7. 제9조제1항을 위반하여 중요 사항을 게시하지 아니한 자
    ↳**제9조(대부조건의 게시와 광고)** ① 대부업자는 등록증, 대부이자율, 이자계산방법, 변제방법, 연체이자율, 그 밖에 대통령령으로 정하는 중요 사항을 일반인이 알 수 있도록 영업소마다 게시하여야 한다.
    ↳**대통령령 제6조(대부조건의 게시 등)** ① 법 제9조제1항에서 "대통령령으로 정하는 중요 사항"이란 다음 각 호의 사항을 말한다.
      1. 대부업 등록번호
      2. 삭제 〈2010.4.20.〉
      3. 대부계약과 관련한 부대비용의 내용

신고 내용

1. 「대부업 등의 등록 및 금융이용자 보호에 관한 법률」 제9조제1항 및 같은 법 시행령 제6조제1항에 의하면 대부업자는 등록증, 대부이자율, 이자계산방법, 변제방법, 연체이자율, 대부업등록번호 및 대부계약과 관련한 부대비용의 내용 등 중요 사항을 일반인이 알 수 있도록 영업소마다 게시하여야 한다고 규정하였습니다.
2. 피신고자는 2016. ○. ○. ○○시장에게 등록한 대부업자로서 피신고자가 운영하는 ○○시 ○○동 ○○-○ 소재 대부업 사무소에 '중요사항 일체'를 게시하지 않았습니다.

(신고 내용 해설)

- 이 사안의 과태료 부과 요건에 해당하는 사항으로는 ①등록한 대부업자, ②등록한 대부업 사무소, ③중요사항의 전부 또는 일부 사항을 게시하지 아니한 사실이다.
- 이 사안의 경우에서 ①과 ②는 과태료의 부과를 담당하는 기초지방자치단체에서 이미 파악을 하고 있다. 그리고 위반행위의 내용은 작위의무(作爲義務 : 어떠한 행위를 해야 할 의무)를 위반한 경우이므로, 신고자가 위반행위를 증명할 만한 특별한 방법이 없다. 따라서 신고를 접수한 기관의 담당 공무원이 현장에 출장하여 증거를 확보하여야 할 것이므로, 신고자로서는 신고서를 제출하는 외에 신고서에 특별히 첨부하여 제출할 자료는 없다고 보아야 한다.
- 이 사안의 위반행위는 형사처벌의 대상이 아닌 과태료의 제재를 받아야 하는 위반행위이므로, 신고서는 관할 시·군·자치구 또는 국민권익위원회에 제출하여야 한다.

마. 대부업자의 허위·과장 광고행위

제21조(과태료) ① 다음 각 호의 어느 하나에 해당하는 자에게는 2천만원 이하의 과태료를 부과한다.
  9. 제9조의3제1항 각 호의 행위를 한 자
    ↳**제9조의3(허위·과장 광고의 금지 등)** ① 대부업자등은 다음 각 호의 행위를 하여서는 아니 된다.
      1. 대부이자율, 대부 또는 대부중개를 받을 수 있는 거래상대방, 대부중개를 통하여 대부할 대부업자, 그 밖에 대부 또는 대부중개의 내용에 관하여 다음 각 목의 방법으로 광고하는 행위
        가. 사실과 다르게 광고하거나 사실을 지나치게 부풀리는 방법
        나. 사실을 숨기거나 축소하는 방법

다. 비교의 대상 및 기준을 명시하지 아니하거나, 객관적인 근거 없이 자기의 대부 또는 대부중개가 다른 대부업자등의 대부 또는 대부중개보다 유리하다고 주장하는 방법
2. 대부 또는 대부중개를 받을 수 있는 것으로 오인하게 하거나 유인하여 다음 각 목의 방법으로 광고하는 행위
　가. 이 법 또는 다른 법률을 위반하는 방법
　나. 타인의 재산권을 침해하는 방법
3. 그 밖에 대부업자등의 거래상대방을 보호하거나 불법 거래를 방지하기 위하여 필요한 경우로서 대통령령으로 정하는 광고 행위

↳**대통령령 제6조의3(대부업자등의 허위·과장 광고)** 법 제9조의3제1항제3호에서 "대통령령으로 정하는 광고 행위"란 다음 각 호의 어느 하나에 해당하는 광고 행위를 말한다.
1. 다른 법률에 따라 허가·인가·등록 등을 받은 금융기관으로 오인될 수 있는 표현 등을 사용하는 광고 행위
2. 서민금융상품(서민 등 금융 소외계층을 지원하기 위한 상품으로서 금융위원회가 정하여 고시하는 상품을 말한다)으로 오인될 수 있는 표현 등을 사용하는 광고 행위

신고 내용

1. 「대부업 등의 등록 및 금융이용자 보호에 관한 법률」 제9조의3제1항제1호다목에 의하면 등록한 대부업자가 광고를 할 때에는 비교의 대상 및 기준을 명시하지 아니하거나, 객관적인 근거 없이 자기의 대부가 다른 대부업자등의 대부보다 유리하다고 주장하는 방법으로 허위 또는 과장하여 광고를 할 수 없다고 규정하였습니다.

2. 피신고자는 ○○시 ○○동 ○○-○에 사무소를 두고 관할관청에 등록한 대부업자로서 2016. ○. ○. 지역정보신문인 교차로에 광고를 하면서 그 광고 내용 중에 "전국에서 가장 싼 이자"라고 표현함으로써 객관적인 근거 없이 자기의 대부가 다른 대부보다 유리하다고 주장하는 내용의 허위광고를 하였습니다.

붙임 : 사진 ○장.

(신고 내용 해설)
- 광고의 내용 중에 법률의 규정에 어긋나는 내용을 신고 내용에 그대로 인용하여야 한다.
- 이 사안의 증거물로는 광고를 게재한 신문, 잡지, 인터넷 등이 된다. 광고를 게재한 물건을 직접 제출하는 것이 곤란한 경우에는 사진을 촬영하여 첨부하면 될 것이다.
- '광고'란 「표시·광고의 공정화에 관한 법률」 제2조제2호에서 규정하는 광고를 말한다.
- 국민권익위원회의 고시인 「공익신고 보상금의 지급기준 등에 관한 규정」 제4조제2호에 의하면 "공익침해행위에 대한 개별적이고 구체적인 증거 없이 누구든지 인터넷 검색, 정보공개청구 등을 통해 수집할 수 있는 자료만으로 신고하여 신고 내용의 정확성이나 증거자료의 신빙성이 크게 떨어지는 경우"에는 보상금(포상금도 같다)을 지급하지 않는다고 규정하였다. 이 규정을 해석함에는 "신고 내용의 정확성이나 증거자료의 신빙성이 크게 떨어지는"에 방점을 두고 해석하여야 한다. 따라서 인터넷에서 광고 내용을 캡쳐한 증거만을 제출하는 신고라 할지라도 위 규정에 해당하지 않는다. 정확성이 떨어지는 경우가 아니기 때문이다. 그리고 많은 광고행위는 인터넷을 이용하므로, 이 법뿐만 아니라 위법한 광고행위를 신고하는 내용의 신고서에는 인터넷 광고 내용을 촬영한 자료(사진)만을 첨부한 신고서를 제출하더라도 아무런 제약을 받지 않는다.

12. 「독점규제 및 공정거래에 관한 법률」

가. 법률 이해하기

이 법은 「공익신고자 보호법」의 관련 규정에 의하여 국민권익위원회가 신고자에게 '보상금' 또는 '포상금'을 지급하는 한편 이 법 자체의 규정에 의하여 공정거래위원회가 '포상금'을 지급한다. 신고자로서는 신고자에게 유리한 상금을 어느 하나의 기관으로부터 지급받을 수 있다.

이 법을 위반한 행위의 신고는 공정거래위원회가 전담 처리한다. 따라서 신고서는 공정거래위원회가 홈페이지에서 제공하고 있는 서식을 이용하여 공정거래위원회 또는 국민권익위원회에 제출하여야 한다.

이 법은 법령의 규정이 다소 길고 어려운 내용들을 포함하고 있다. 그리고 내부신고자가 아니면 증거를 수집하는 일이 만만치 않다고 보아야 한다. 그러나 내부신고자들로서는 이른바 지나친 문어발 경영, 계열사 밀어주기, 계열사 위험 지주사가 부담하기 등 여러 가지 탈법행위 또는 동종 업계의 담합행위 등과 관련하여 법령의 규정들을 반복하여 숙지할만한 충분한 이유가 있을 것이다.

이 법을 위반한 행위를 신고한 사람은 내부신고자이든 외부신고자이든 가리지 않고 이 법 자체의 규정에 의해서도 다른 법률에 비하여 고액의 상금을 지급받을 수 있을 것이다.

이 법의 특징이라면 이 법은 고액의 과징금을 부과할 수 있는 근거들을 마련하고 있다는 점이다. '과징금'은 징벌적(懲罰的) 행정처분으로써 포상금 또는 보상금을 지급할 수 있는 근거에 해당한다. 「공익신고자 보호법」이 규정하는 보상금의 상한액은 20억원이다. 이 상한액이 지급되는 최초의 기록은 이 법과 관련한 신고자가 세울 가능성이 높다.

또 하나의 특징으로는 '반의사불벌죄(反意思不罰罪)'라는 점이다. 즉 이 법을 위반한 행위 중 형벌의 대상인 행위는 모두 공정거래위원회 위원장의 고발이 있어야만 검사가 공소를 제기할 수 있다.

나. 계열회사에 대한 채무보증 금지 위반행위

제66조(벌칙) ① 다음 각 호의 어느 하나에 해당하는 자는 3년 이하의 징역 또는 2억원 이하의 벌금에 처한다.

6. 제10조의2(系列會社에 대한 채무보증의 금지)제1항의 규정을 위반하여 채무보증을 하고 있는 자

　↳제10조의2(계열회사에 대한 채무보증의 금지) ① 일정규모 이상의 자산총액 등 대통령령이 정하는 기준에 해당되어 제14조(상호출자제한기업집단등의 지정)제1항의 규정에 따라 지정된 기업집단(이하 "채무보증제한기업집단"이라 한다)에 속하는 회사(金融業 또는 保險業을 영위하는 會社를 제외한다. 이하 같다)는 국내계열회사에 대하여 채무보증을 하여서는 아니된다. 다만, 다음 각호의 1에 해당하는 채무보증의 경우에는 그러하지 아니하다.

　　1. 「조세특례제한법」에 의한 합리화기준에 따라 인수되는 회사의 채무와 관련하여 행하는 보증
　　2. 삭제 〈1996.12.30.〉
　　3. 기업의 국제경쟁력강화를 위하여 필요한 경우 기타 대통령령이 정하는 경우의 채무에 대한 보증

　　　↳대통령령 제17조의5(채무보증 금지대상의 제외요건) ② 법 제10조의2제1항제3호에서 "기업의 국제경쟁력강화를 위하여 필요한 경우 기타 대통령령이 정하는 경우의 채무에 대한 보증"이라 함은 다음 각 호의 어느 하나에 해당하는 경우를 말한다.

　　　　1. 「한국수출입은행법」 제18조(업무)제1항제1호 및 제2호의 규정에 의하여 자본재 기타 상품의 생산 또는 기술의 제공과정에서 필요한 자금을 지원하기 위하여 한국수출입은행이 행하는 대출 또는 이와 연계하여 다른 국내금융기관이 행하는 대출에 대한 보증

2. 해외에서의 건설 및 산업설비공사의 수행, 수출선박의 건조, 용역수출 기타 공정거래위원회가 인정하는 물품수출과 관련하여 국내금융기관이 행하는 입찰보증·계약이행보증·선수금환급보증·유보금환급보증·하자보수보증 또는 납세보증에 대한 보증
3. 국내의 신기술 또는 도입된 기술의 기업화와 기술개발을 위한 시설 및 기자재의 구입등 기술개발사업을 위하여 국내금융기관으로부터 지원받은 자금에 대한 보증
4. 인수인도조건수출 또는 지급인도조건수출 어음의 국내금융기관매입 및 내국신용장 개설에 대한 보증
5. 다음 각목의 1에 해당하는 사업과 관련하여 국내 금융기관의 해외지점이 행하는 여신에 대한 보증
   가. 「외국환거래법」의 규정에 의한 해외직접투자
   나. 해외 건설 및 용역사업자가 행하는 외국에서의 건설 및 용역사업
   다. 기타 공정거래위원회가 인정하는 외국에서의 사업
6. 「채무자 회생 및 파산에 관한 법률」에 따른 회생절차개시를 법원에 신청한 회사의 제3자 인수와 직접 관련된 보증
7. 「사회기반시설에 대한 민간투자법」 제4조제1호 내지 제4호의 규정에 의한 방식으로 민간투자사업을 영위하는 계열회사에 출자를 한 경우로서 국내금융기관이 당해계열회사에 행하는 여신에 대한 보증
8. "다음 각 목의 어느 하나에 해당하는 회사가 구조개편을 위하여 분할되는 경우에 그 회사가 계열회사가 아닌 회사에 행한 보증을 분할로 인하여 신설되는 회사가 인수하는 것과 직접 관련하여 그 회사가 그 신설회사에 대하여 행하는 재보증"

가. 「공공기관의 운영에 관한 법률」 제5조(공공기관의 구분)에 따른 공기업
　　나. 「공기업의 경영구조개선 및 민영화에 관한 법률」 제2조(적용대상기업)에 따른 법인
　　다. 「한국전력공사법」에 따라 설립된 한국전력공사
　　라. 「집단에너지사업법」에 따라 설립된 한국지역난방공사

↳**제14조(상호출자제한기업집단등의 지정 등)** ① 공정거래위원회는 대통령령이 정하는 바에 의하여 상호출자제한기업집단 및 채무보증제한기업집단(이하 "상호출자제한기업집단등"이라 한다)을 지정하고 동기업집단에 속하는 회사에 이를 통지하여야 한다.

　↳**대통령령**

　　제21조(상호출자제한기업집단등의 지정) ① 공정거래위원회는 법 제14조제1항에 따라 매년 5월 1일(부득이한 경우에는 5월 15일)까지 제17조의 기준에 해당하는 기업집단을 상호출자제한기업집단으로 지정하거나 상호출자제한기업집단으로 지정된 기업집단이 해당 기준에 해당하지 아니하게 되는 경우에는 이를 상호출자제한기업집단 지정에서 제외하여야 한다.

　　⑥ 제1항 내지 제5항의 규정은 법 제14조제1항의 규정에 의한 채무보증제한기업집단의 지정 및 통지에 관하여 이를 준용한다. 이 경우 "상호출자제한기업집단"은 "채무보증제한기업집단"으로 본다.

　　제17조(상호출자제한기업집단등의 범위) ① 법 제9조제1항에 따른 상호출자제한기업집단은 해당 기업집단에 속하는 국내 회사들의 상호출자제한기업집단지정 직전사업연도의 대차대조표상의 자산총액[금융업 또는 보험업을 영위하는 회사의 경우에는 자본총액 또는 자본금중 큰 금액으로 하며,

새로 설립된 회사로서 직전사업연도의 대차대조표가 없는 경우에는 지정일 현재의 납입자본금으로 한다. 이하 이 조, 제17조의8 및 제21조에서 같다]의 합계액이 10조원 이상인 기업집단으로 한다. 다만, 다음 각 호의 어느 하나에 해당하는 기업집단을 제외한다.

1. 금융업 또는 보험업만을 영위하는 기업집단
2. 금융업 또는 보험업을 영위하는 회사가 법 제2조(정의) 제2호에서 규정한 동일인인 경우의 기업집단
3. 삭제 〈2002.3.30.〉
4. 삭제 〈2001.3.27.〉
5. 해당 기업집단에 속하는 회사중 다음 각 목의 어느 하나에 해당하는 회사의 자산총액의 합계액이 기업집단 전체 자산총액의 100분의 50 이상인 기업집단. 다만, 다음 각 목의 어느 하나에 해당하는 회사를 제외한 회사의 자산총액의 합계액이 10조원 이상인 기업집단을 제외한다.

    가. 「채무자 회생 및 파산에 관한 법률」에 따른 회생절차의 개시가 결정되어 그 절차가 진행중인 회사
    나. 「기업구조조정 촉진법」에 따른 관리절차의 개시가 결정되어 그 절차가 진행중인 회사

6. 「공공기관의 운영에 관한 법률」 제4조에 따른 공공기관, 「지방공기업법」 제2조제1항에 따른 지방직영기업, 지방공사 또는 지방공단이 법 제2조제2호에 따른 동일인인 기업집단

② 공정거래위원회는 3년마다 국민경제 규모의 변화, 상호출자제한기업집단으로 지정된 기업집단의 자산총액 변화, 상호출자제한기업집단으로 지정된 기업집단 간 자산총액

차이 등을 고려하여 제1항에 따른 자산총액 합계액의 타당성을 검토한 후 자산총액 합계액의 조정 등 필요한 조치를 할 수 있다.

③ 삭제 〈2009.5.13.〉

④ 삭제 〈2009.5.13.〉

⑤ 법 제10조의2(계열회사에 대한 채무보증의 금지)제1항의 규정에 의한 채무보증제한기업집단은 제1항의 규정에 의한 상호출자제한기업집단으로 한다.

② 제1항에서 "채무보증"이라 함은 다음 각호의 1에 해당하는 국내금융기관의 여신과 관련하여 채무보증제한기업집단에 속하는 회사가 국내계열회사에 대하여 행하는 보증을 말한다.

1. 「은행법」에 의한 은행과 한국산업은행·한국수출입은행·장기신용은행 및 중소기업은행
2. 삭제 〈1998.1.13.〉
3. 「보험업법」에 의한 보험회사
4. 「자본시장과 금융투자업에 관한 법률」에 따른 투자매매업자·투자중개업자 및 종합금융회사

〔피신고자〕

○○건설 주식회사
대표이사 : ○○○
주사무소 : 서울 ○○구 ○○길○○-○ ○○빌딩 ○○○호
전화번호 : 02)○○○○-○○○○

〔신고 내용〕

1. 「독점규제 및 공정거래에 관한 법률」 제10조의2제1항에 의하면 같은 법 제14조제1항의 규정에 따라 상호출자제한기업집단등으로 지정된 채무보증제한기업집단에 속하는 회사는 국내계열회사에 대하여 채무보증을 할 수 없다고 규정하였습니다.
2. 피신고자는 채무보증제한기업집단에 속하는 회사로서 2016. ㅇ.ㅇ. 피신고자의 국내계열회사에 해당하는 신고 외 주식회사 ㅇㅇㅇ이 농협중앙회 ㅇㅇ지점으로부터 돈 50,000,000,000원을 대부받게 하기 위하여 위 ㅇㅇ지점과 연대보증계약을 체결함으로써 국내계열회사에 대하여 채무보증을 하였습니다.

〔신고 취지 및 이유〕

신고자는 내부 공익신고자로서 경재계에 공정거래가 정착되기를 바라면서 「공익신고자 보호법」 및 이 법의 관련 규정에 따라 신고하는 것입니다. 조사 등의 과정에서 신고자의 신상에 불이익이 없도록 조치하여 주시기 바랍니다. 공정거래위원회 또는 수사기관의 조사에는 적극적으로 협조하겠습니다.

(신고 내용 해설)
- 이 사안에서 범죄의 구성요건에 해당하는 사실은 ①피신고자가 상호출자제한기업집단(채무보증제한기업집단과 동일하다)에 해당하는 사실, ②채무자가 피신고자의 계열회사(피신고자와 동일한 기업집단에 속하는 회사)인 사실 및 ③은행 등과 채무보증계약을 체결한 사실이다. '범죄구성요건에 해당하는 사실'이란 범죄가 성립하기 위해서는 반드시 증명되어야 하는 사실을 말한다.
- 위 사례는 보증회사(피신고자)와 피보증회사(국내계열회사)가 모두 동일한 채무보증제한기업집단에 속한 기업들이다. 이와는 달리 보증회사가 피보증회사를

직접 보증하지 아니하고, 보증회사는 제3자(채무보증제한기업집단에 속하지 않는 자(계열회사 아닌 자))를 보증하면서 제3자로 하여금 피보증회사를 보증하게 하는 방법으로 사실상 계열회사가 동일한 계열에 소속된 회사인 피보증회사를 보증하는 경우에는 법 제66조제1항제8호 및 같은 법 시행령 제21조의4제1항제2호에 해당하는 범죄를 구성한다. 이뿐만 아니라 계열회사가 이미 채무를 부담하고 있는 상태에서 보증회사인 계열회사가 동일한 채무를 추가로 부담하는 경우(연대채무자 또는 연대보증인이 되는 경우)에도 마찬가지이다. 이들 경우에서도 형벌과 과징금에 관한 규정은 이 사안과 같다.

- 상호출자제한기업집단에 해당하는 사실은 이 신고사건에 대하여 조사를 담당하게 될 공정거래위원회가 동 집단을 지정한 주체로서 잘 알고 있으므로, 이와 관련한 증거를 제출할 필요는 없다.
- 채무자가 피신고자의 계열회사에 포함된다는 점에 관하여도 공정거래위원회의 조사에 의하여 밝혀질 것이므로, 이를 증명할 자료를 입수하는 것이 어렵다면 굳이 제출하지 않더라도 무방할 것이다. 그러나 채무자가 어떤 이유로 보증회사와 동일한 계열에 속한다는 점에 관하여는 충분한 설명이 필요할 것이다.
- 보증계약을 체결한 사실을 증명할 자료인 '계약서'는 그 사본을 제출하면 되지만, 여의치 않다면 그 원본서류를 어느 사무실에서 누가 보관하고 있다는 점을 신고서에 적어주는 것으로도 충분하다. 그리고 필요한 경우에는 공정거래위원회에 출석하여 비밀리에 진술을 하면 될 것이다.
- 이 법을 위반한 내용의 신고서는 공정거래위원회 홈페이지에서 제공하고 있는 신고서를 다운받아 작성하고, 공정거래위원회 또는 국민권익위원회에 제출하면 된다.
- 처리과정에 관하여 살펴보면, 이 법을 위반한 사건은 준사법기관인 공정거래위원회의 전속사건이므로, 공정거래위원회가 조사를 하여 과징금을 부과하는 방법으로 종결할 수도 있고, 조사한 결과 사안이 중대하다고 판단하면 과징금을 부과하는 처분과는 별도로 공정거래위원회 위원장이 검찰총장에게 고발을 한다.
- 2016년 상호출자제한기업집단으로 지정된 기업집단은 삼성, 현대자동차, 에스

케이, 엘지, 롯데, 지에스, 한화, 현대중공업, 한진, 두산, 신세계, 씨제이, 부영, 엘에스, 대림, 금호, 아시아나, 현대백화점, 현대, 오씨아이, 효성, 미래에셋, 영풍, 하림, 케이씨씨, 한국타이어, 코오롱, 교보생명보험, 한국투자금융, 동부, 한라, 동국제강, 한진중공업, 세아, 중흥건설, 이랜드, 태광, 태영, 아모레퍼시픽, 현대산업개발, 셀트리온, 하이트진로, 삼천리, 한솔, 금오석유화학, 카카오, 포스코, 케이티, 대우조선해양, 에쓰-오일, 대우건설, 케이티엔지, 한국지엠 등 52개 그룹이다. 공기업집단 13개는 편의상 여기에서 제외하였다. 공기업집단을 포함한 전체 계열회사는 1,736개이다(공정거래위원회가 지정한 회사).
- 법 제66조제1항의 법정형(法定刑)은 장기 3년 이하의 징역형이므로, 여기에 해당하는 범죄의 공소시효는 5년이다. 그런데 법 제66조제1항제6호는 "채무보증을 한 자"라고 하지 않고, "채무보증을 하고 있는 자"라고 규정하였다. 따라서 그 채무보증행위가 언제 이루어졌는지를 불문하고 현재 유효한 채무를 보증하고 있다면 위 공소시효와는 무관하게 위 규정이 적용된다고 해석하여야 한다. 즉 채무보증 상태가 계속되는 동안은 공소시효의 완성이란 있을 수 없다.

다. 부당한 공동행위(가격의 결정·유지)

제66조(벌칙) ① 다음 각 호의 어느 하나에 해당하는 자는 3년 이하의 징역 또는 2억원 이하의 벌금에 처한다.

9. 제19조(부당한 공동행위의 금지)제1항의 규정을 위반하여 부당한 공동행위를 한 자 또는 이를 행하도록 한 자

↳**제19조(부당한 공동행위의 금지)** ① 사업자는 계약·협정·결의 기타 어떠한 방법으로도 다른 사업자와 공동으로 부당하게 경쟁을 제한하는 다음 각 호의 어느 하나에 해당하는 행위를 할 것을 합의(이하 "부당한 공동행위"라 한다)하거나 다른 사업자로 하여금 이를 행하도록 하여서는 아니 된다.

1. 가격을 결정·유지 또는 변경하는 행위

〔피신고자〕

1. ○○○○○ 주식회사
 대표이사 :
 주사무소 :
 전화번호 :

2. 주식회사 ○○○○
 대표이사 :
 주사무소 :
 전화번호 :

3. ○○○ 주식회사
 대표이사 :
 주사무소 :
 전화번호 :

〔신고 내용〕

1. 「독점규제 및 공정거래에 관한 법률」 제19조제1항제1호에 의하면 사업자는 계약·협정·결의 기타 어떠한 방법으로도 다른 사업자와 공동으로 부당하게 경쟁을 제한하는 행위인 가격을 결정·유지 또는 변경하는 행위를 할 것을 합의하거나 다른 사업자로 하여금 이를 행하도록 하여서는 아니 된다고 규정하였습니다.
2. 피신고자들은 2011년 3월경부터 2016년 1월경까지 피신고자들이 생산하는 '○○○○○'의 가격을 결정·유지 및 변경하기 위하여 피신고자들 소속 영

> 업 담당 직원들이 매월 1회 정기적 모임을 갖고, 위 상품의 가격을 1주일의 시차를 두고 동일한 비율로 함께 인상하는 방법으로 공동행위를 해왔습니다.
> 3. 나머지 구체적인 내용은 비밀리에 출석진술의 기회를 주시면 적극적으로 협조하겠습니다.

(신고 내용 해설)

- 이 사안은 2인 이상의 사업자가 자유로운 경쟁을 제한하는 내용의 담합행위(談合行爲)를 하면 범죄를 구성하는 한편 과징금이 부과되는 대상행위가 된다. 사업자는 개인이든 법인이든 불문한다.
- 범죄가 성립하기 위해서는 ①2인 이상의 사업자, ②공동행위의 대상인 상품, ③공동행위의 내용이 특정되고, 증명되어야 한다.
- ①과 ②에 관련해서는 특별한 증명이 필요 없겠지만, ③에 관하여는 이를 입증(立證)할 방법을 신고자가 제출하여야 한다. 이를 증명하는 방법은 사람의 진술이 될 것이다. 공정거래위원회와 검찰은 진술하는 사람(신고인 또는 참고인)에 관한 정보를 공개하지 못한다.

라. 부당한 공동행위(입찰담합)

제66조(벌칙) ① 다음 각 호의 어느 하나에 해당하는 자는 3년 이하의 징역 또는 2억원 이하의 벌금에 처한다.

9. 제19조(부당한 공동행위의 금지)제1항의 규정을 위반하여 부당한 공동행위를 한 자 또는 이를 행하도록 한 자

↳제19조(부당한 공동행위의 금지) ① 사업자는 계약·협정·결의 기타 어떠한 방법으로도 다른 사업자와 공동으로 부당하게 경쟁을 제한하는 다음 각 호의 어느 하나에 해당하는 행위를 할 것을 합의(이하 "부당한

공동행위"라 한다)하거나 다른 사업자로 하여금 이를 행하도록 하여서는 아니된다.

8. 입찰 또는 경매에 있어 낙찰자, 경락자(競落者), 투찰(投札)가격, 낙찰가격 또는 경락가격, 그 밖에 대통령령으로 정하는 사항을 결정하는 행위

> ↳**대통령령 제33조(경매·입찰 담합의 유형)** 법 제19조(부당한 공동행위의 금지)제1항제8호에서 "대통령령으로 정하는 사항"이란 다음 각 호의 어느 하나를 말한다.
> 1. 낙찰 또는 경락의 비율
> 2. 설계 또는 시공의 방법
> 3. 그 밖에 입찰 또는 경매의 경쟁 요소가 되는 사항

② 제1항의 규정은 부당한 공동행위가 다음 각호의 1에 해당하는 목적을 위하여 행하여지는 경우로서 대통령령이 정하는 요건에 해당하고 공정거래위원회의 인가를 받은 경우에는 이를 적용하지 아니한다.

1. 산업합리화
2. 연구·기술개발
3. 불황의 극복
4. 산업구조의 조정
5. 거래조건의 합리화
6. 중소기업의 경쟁력향상

⑤ 2 이상의 사업자가 제1항 각 호의 어느 하나에 해당하는 행위를 하는 경우로서 해당 거래분야 또는 상품·용역의 특성, 해당 행위의 경제적 이유 및 파급효과, 사업자 간 접촉의 횟수·양태 등 제반사정에 비추어 그 행위를 그 사업자들이 공동으로 한 것으로 볼 수 있는 상당한 개연성이 있는 때에는 그 사업자들 사이에 공동으로 제1항 각 호의 어느 하나에 해당하는 행위를 할 것을 합의한 것으로 추정[14]한다.

---

14) 추정(推定) : 여기의 추정은 '법률상 추정'이므로, 이 추정 사실, 즉 '합의한 것'이라는 추정을

〔피신고자〕

1. ○○엔지니어링 주식회사
   대표이사 ○○○
   서울 ○○구 ○○동 ○○-○
2. ○○개발 주식회사
   대표이사 ○○○
   서울 ○○구 ○○길 ○○-○
3. 주식회사 ○○○
   공동대표이사 ○○○, ○○○
   ○○시 ○○동 ○○-○

〔신고 내용〕

1. 「독점규제 및 공정거래에 관한 법률」 제19조제1항제8호 및 같은 법 시행령 제33조 등의 규정에 의하면 사업자는 계약·협정·결의 기타 어떠한 방법으로도 다른 사업자와 공동으로 부당하게 경쟁을 제한하는 행위를 할 것을 합의하거나 다른 사업자로 하여금 이를 행하도록 하여서는 안 되며, 입찰에 있어서는 낙찰자, 투찰(投札)가격, 낙찰가격을 결정하는 행위를 해서는 안 된다고 하였습니다.
2. 신고 외 ○○종합건설 주식회사는 2016. ○. ○. ○○시 ○○동 ○○-○○에 있는 ○○○○시설공사에 관하여 최저입찰가를 돈 10,000,000,000원으로 결정하여 경쟁입찰에 붙인 사실이 있습니다(이하 "입찰"이라고 함).
3. 피신고자들은 입찰에 참가하기 전인 2016. ○. ○. 서울 ○○구 ○○동 ○○-○에 있는 피신고자 ○○엔지니어링 주식회사 사무실에서 피신고자 주

뒤집기 위해서는 이 추정과 반대되는 사실의 증명(反證)을 피신고자가 제출하여야 한다.

> 식회사 ○○○이 낙찰자로 결정되게 하기 위하여 투찰가로 피신고자 ○○ 엔지니어링 주식회사는 돈 9,900,000,000원을, 피신고자 ○○개발 주식회사는 돈 9,500,000,000원을, 피신고자 주식회사 ○○○은 11,000,000,000원을 각각 적은 입찰참가서를 제출하기로 공모하고, 같은 달 ○○일 위와 같은 내용을 기재한 입찰참가서를 각각 ○○종합건설 주식회사에 제출함으로써 위 주식회사 ○○○이 낙찰자로 결정되게 하였습니다.

(신고 내용 해설)
- 이 사안의 범죄구성요건 사실 중에는 '사업자'라는 신분(身分)을 필요로 한다. 사업자는 세무서장에게 사업자등록을 한 자(자연인 또는 법인)를 말한다.
- 입찰의 내용, 공모(모의)한 사실은 이 사건 신고서에 구체적으로 기재하여야 할 내용에 해당한다. 공모(共謀)는 피신고자들이 한 자리에 모여서 하는 경우뿐만 아니라 순차적으로 이루어져도 범죄의 성립에는 아무런 장애가 되지 않는다.
- 증거로는 입찰참가자 중 한 사람이라도 사실대로 진술을 하였거나 진술할 가능성이 있다는 점이 될 것이다. 자술서(진술서) 또는 녹음증거를 문서화한 녹취록을 제출하면 될 것이다.
- 법은 '공동행위를 한 자'와 '공동행위를 하도록 한 자(교사자 : 敎唆者)'를 함께 처벌하는 내용으로 규정하고 있다. 그러나 신고자로서는 행위자와 교사자를 모두 알지 못할 경우도 있다. 이러한 경우에는 피신고자로 법인인 회사만을 특정하더라도 무방할 것이다. 이를 분명히 밝히는 일은 공정거래위원회나 검사가 담당하게 될 것이기 때문이다.
- 위 법령의 규정에 의하면 범죄구성요건에 해당하는 사실에 관하여 '예외사항'들을 규정하고 있다. 이처럼 예외사항이 있는 경우에도 이를 신고서에 나타낼 필요는 없다. 범죄의 혐의를 벗으려는 피신고자가 그 예외사항을 증명하려고 노력할 것이기 때문이다.

- 이 사안의 입증자료를 제출할 수 있는 내부신고자의 경우에는 「공익신고자 보호법」이 규정하는 보상금 20억원을 거머쥘 가능성도 있다.

13. 「방문판매 등에 관한 법률」

가. 법률 이해하기

이 법은 이 법 자체의 규정에 의하여 공정거래위원회가 1천만원을 한도로 '포상금'을 지급한다. 한편 「공익신고자 보호법」의 관련 규정에 의하여 국민권익위원회가 내부신고자에게는 '보상금'을 지급하고, 외부신고자에게는 재량에 의하여 '포상금'을 지급할 수 있다. 신고자로서는 신고자에게 유리한 기관을 선택하여 상금을 지급받을 수 있다.

이 법을 위반한 방문판매 및 다단계판매 행위의 신고를 함에 있어서는 공정거래위원회가 홈페이지에서 제공하고 있는 신고서 양식을 다운받아 사용하여야 한다. 이 법을 위반한 사건은 준사법기관인 공정거래위원회가 전속관할 기관으로써 처리하므로, 신고서는 공정거래위원회 또는 국민권익위원회에 제출하여야 한다.

나. 사행적 판매원 확장행위

제58조(벌칙) ① 다음 각 호의 어느 하나에 해당하는 자(제29조제3항에 따라 준용되는 경우를 포함한다)는 7년 이하의 징역 또는 2억원 이하의 벌금에 처한다. 이 경우 다음 각 호의 어느 하나에 해당하는 자가 이 법 위반행위와 관련하여 판매하거나 거래한 대금 총액의 3배에 해당하는 금액이 2억원을 초과할 때에는 7년 이하의 징역 또는 판매하거나 거래한 대금 총액의 3배에 해당하는 금액 이하의 벌금에 처한다.
　4. 제24조제1항 또는 제2항에 따른 금지행위를 한 자
　　↳제24조(사행적 판매원 확장행위 등의 금지) ① 누구든지 다단계판매조직 또

는 이와 비슷하게 단계적으로 가입한 자로 구성된 조직을 이용하여 다음 각 호의 어느 하나에 해당하는 행위를 하여서는 아니 된다.

2. 판매원 또는 판매원이 되려는 자에게 하위판매원 모집 자체에 대하여 경제적 이익을 지급하거나 정당한 사유 없이 후원수당 외의 경제적 이익을 지급하는 행위

② 다단계판매업자는 다단계판매원으로 하여금 제1항의 금지행위를 하도록 교사하거나 방조하여서는 아니 된다.

제29조(후원방문판매자의 의무) ③ 후원방문판매자에게 다음 각 호의 규정을 준용한다. 이 경우 "다단계판매"는 "후원방문판매"로, "방문판매자등"과 "다단계판매자"는 "후원방문판매자"로, "방문판매업자등"과 "다단계판매업자"는 "후원방문판매업자"로, "방문판매원등"과 "다단계판매원"은 "후원방문판매원"으로, "다단계판매조직"은 "후원방문판매조직"으로 본다.

1. 제6조, 제13조, 제14조 및 제15조제2항. 다만, 제13조제1항제2호는 준용하지 아니하며, 제13조제1항제3호는 "제37조에 따른 소비자피해보상보험계약등의 체결 증명서류 또는 제29조제2항에 해당함을 증명하는 서류"로 본다.

2. 제16조부터 제28조까지의 규정. 이 경우 제20조제3항 각 호 외의 부분 중 "100분의 35"는 "100분의 38"로 본다.

신고 내용

1. 「방문판매 등에 관한 법률」 제58조제1항제4호 및 같은 법 제24조제1항제2호에 의하면 누구든지 다단계판매조직 또는 이와 비슷하게 단계적으로 가입한 자로 구성된 조직을 이용하여 판매원 또는 판매원이 되려는 자에게 하위판매원 모집 자체에 대하여 경제적 이익을 지급하거나 정당한 사유 없이 후원수당 외의 경제적 이익을 지급하는 행위를 하면 안 된다고 규정하였습

니다.
2. 피신고자는 다단계판매조직 유사하게 단계적으로 가입한 자들로 구성된 조직을 이용하여 산소발생기라는 상품을 판매하는 사업자입니다.
3. 피신고자는 2015. ㅇ.경 ㅇㅇ시 ㅇㅇ동 ㅇㅇ-ㅇ에 있는 ㅇㅇ빌딩 ㅇㅇㅇ호에 'ㅇㅇ산소발생기'라는 상호로 다단계판매 유사한 조직을 갖추고 판매원 20명으로 출발하여 이들이 하위의 판매원을 모집해오면 그에 대한 대가로 하위판매원 1인마다 장려수당이라는 명목으로 돈 200,000원을 지급하고, 하위판매원이 다시 제2차 하위판매원을 모집하는 경우에는 2차하위판매원 1인마다 돈 100,000원을 장려수당이라는 명목으로 금전을 지급하는 방식으로 위 법률이 금지한 행위를 하고 있습니다.

(신고 내용 해설)

- 법률의 규정에 의하면 다단계판매자가 되기 위하여는 3단계이상의 단계적 조직을 갖추어야 한다. 즉 최소한 1단계판매원은 2단계판매원 및 3단계판매원의 판매성과에서도 일정한 이익을 얻고, 2단계판매원은 3단계판매원의 판매성과에서도 일정한 이익을 얻는 구조가 되어야 한다. 그러나 법률 제24조제1항은 이처럼 일사불란한 구조를 이루지는 못하였지만 이에 버금가는 정도의 단계를 이루는 조직을 가리켜 "다단계판매 조직과 비슷하게 단계적으로 가입한 자로 구성된 조직"이라고 명명하였다.
- 이 사안의 경우에는 '다단계판매자'는 아니지만 이와 유사한 조직을 갖춘 판매자라는 점과 하위판매원을 모집한 데 대하여 경제적 이익을 제공하는 점이 가장 중요한 요소이다.
- 이 사안의 경우에는 범죄가 성립하는 구성요건 사실들에 관하여, 즉 다단계판매 유사한 판매행위가 이루어지고 있는 사실에 관하여 구체적인 진술이 필요하다. 따라서 신고자 또는 판매원으로 활동한 사람이 공정거래위원회에 출석하여 익명으로 진술을 할 수 있는 정도는 되어야 신고의 본지에 부합하는 결과

가 도출될 수 있을 것이다. 이 부분에 관하여 협조가 가능하다는 사실을 신고서에 표시하면 좋을 것이다. 그러나 출석 가능한 사람의 인적사항은 밝힐 필요가 없다.
- 법 제24조제2항에서 말하는 '다단계판매업자'는 관할관청에 등록한 다단계판매업자를 말한다. 그리고 '교사(教唆)'는 범죄를 실행할 생각이 없는 사람을 꾀어서 범죄의 실행을 결심하게 하는 것을 말하고, '방조(傍助)'는 범죄의 실행을 용이하게 하기 위하여 직접 또는 간접적으로 도와주는 행위를 말한다.

다. 취업 등 명목으로 판매원을 유인하는 행위

제58조(벌칙) ① 다음 각 호의 어느 하나에 해당하는 자(제29조제3항에 따라 준용되는 경우를 포함한다)는 7년 이하의 징역 또는 2억원 이하의 벌금에 처한다. 이 경우 다음 각 호의 어느 하나에 해당하는 자가 이 법 위반행위와 관련하여 판매하거나 거래한 대금 총액의 3배에 해당하는 금액이 2억원을 초과할 때에는 7년 이하의 징역 또는 판매하거나 거래한 대금 총액의 3배에 해당하는 금액 이하의 벌금에 처한다.

4. 제24조제1항 또는 제2항에 따른 금지행위를 한 자

↳제24조(사행적 판매원 확장행위 등의 금지) ① 누구든지 다단계판매조직 또는 이와 비슷하게 단계적으로 가입한 자로 구성된 조직을 이용하여 다음 각 호의 어느 하나에 해당하는 행위를 하여서는 아니 된다.

8. 판매원을 모집하기 위한 것이라는 목적을 명확하게 밝히지 아니하고 취업·부업 알선, 설명회, 교육회 등을 거짓 명목으로 내세워 유인하는 행위

신고 내용

1. 「방문판매 등에 관한 법률」 제58조제1항제4호 및 같은 법 제24조 제1항제8호의 규정에 의하면 누구든지 다단계판매조직 또는 이와 비슷하게 단계적으로 가입한 자로 구성된 조직을 이용하여 판매원을 모집하기 위한 것이라는 목적을 명확히 밝히지 아니하고 취업, 부업 알선, 설명회, 교육 등을 거짓 명목으로 내세워 판매원을 유인하는 행위를 해서는 안 된다고 하였습니다.

2. 피신고자는 2015. 0. 0. 서울 ○○구 ○○길 ○○-0에 사무소를 두고 서울특별시장에게 등록한 다단계판매업자로서 이 무렵부터 위 장소에서 전신안마의자를 판매함에 있어 판매원을 유인할 방법을 모색하던 중 인터넷포털 구직사이트에 구직을 희망한다는 내용으로 개인정보를 올린 구직희망자들에게 인터넷을 이용하여 전자우편을 발송하거나 전화를 이용하여 마치 구인을 위한 면접을 하는 것처럼 속이는 방법으로 구직희망자들이 피신고자의 사무실을 찾아오게 한 다음 전신안마의자를 판매함에 있어 전국 각 지역 책임자로 임명하는 것을 가장하여 판매원을 모집하는 행위를 하고 있습니다.

(신고 내용 해설)
- 이 사안과 같이 법률(시행령 및 시행규칙 포함)의 규정이 긴 경우에는 피신고자의 위반행위를 설명하기에 앞서 범죄의 구성요건을 열거해주면 신고 내용을 작성함에 많은 도움이 될 것이다. 그리고 신고자가 적용하고자 하는 법령의 조항을 신고서에 표시함이 원칙이다.
- 이 사안에서는 판매원을 모집하기 위해서 판매원을 '유인하는 행위'가 핵심 요

소이다. 즉 판매원을 어떠한 거짓된 방법으로 유인한다는 점을 상세히 설명해 주어야 한다. 내용이 길더라도 무방하다.
- 피신고자가 상품을 판매한 금액은 공정거래위원회의 조사과정에서 밝혀질 것이므로, 신고자로서는 이것까지 알아내기 위한 노력은 할 필요가 없을 것이다.

라. 미등록 다단계판매업자

제58조(벌칙) ① 다음 각 호의 어느 하나에 해당하는 자(제29조제3항에 따라 준용되는 경우를 포함한다)는 7년 이하의 징역 또는 2억원 이하의 벌금에 처한다. 이 경우 다음 각 호의 어느 하나에 해당하는 자가 이 법 위반행위와 관련하여 판매하거나 거래한 대금 총액의 3배에 해당하는 금액이 2억원을 초과할 때에는 7년 이하의 징역 또는 판매하거나 거래한 대금 총액의 3배에 해당하는 금액 이하의 벌금에 처한다.

1. 제13조제1항에 따른 등록을 하지 아니하고(제49조제5항에 따라 등록이 취소된 경우를 포함한다) 다단계판매조직이나 후원방문판매조직을 개설·관리 또는 운영한 자

   ↳**제13조(다단계판매업자의 등록 등)** ① 다단계판매업자는 대통령령으로 정하는 바에 따라 다음 각 호의 서류를 갖추어 공정거래위원회 또는 특별시장·광역시장·특별자치시장·도지사·특별자치도지사(이하 "시·도지사"라 한다)에게 등록하여야 한다.

   1. 상호·주소, 전화번호 및 전자우편주소(법인인 경우에는 대표자의 성명, 주민등록번호 및 주소를 포함한다) 등을 적은 신청서
   2. 자본금이 3억원 이상으로서 대통령령으로 정하는 규모 이상임을 증명하는 서류

      ↳**대통령령 제21조(다단계판매업자의 자본금의 규모)** 법 제13조제1항제2호에서 "대통령령으로 정하는 규모"란 5억원(자본잠식이 있는 경우에는 그 금액을 제외하고, 법정준비금이 있는 경우에는

그 금액을 더한다)을 말한다.
3. 제37조에 따른 소비자피해보상보험계약등의 체결 증명서류
4. 후원수당의 산정 및 지급 기준에 관한 서류
5. 재고관리, 후원수당 지급 등 판매의 방법에 관한 사항을 적은 서류
6. 그 밖에 다단계판매자의 신원을 확인하기 위하여 필요한 사항으로서 총리령으로 정하는 서류

↳ **총리령 제11조(다단계판매업 또는 후원방문판매업의 등록 신청 첨부 서류 등)** ③ 법 제13조제1항제6호에서 "총리령으로 정하는 서류"란 회사의 영업일을 적은 서류를 말한다.

↳ **대통령령 제20조(다단계판매업자 또는 후원방문판매업자의 등록 절차 등)** ① 법 제13조제1항 및 제29조제3항에 따라 등록을 하려는 다단계판매업자 또는 후원방문판매업자는 총리령으로 정하는 신청서를 주된 사무소의 소재지를 관할하는 특별시장·광역시장·특별자치시장·도지사·특별자치도지사(이하 "시·도지사"라 한다)에게 제출하여야 한다. 다만, 주된 사무소의 소재지가 외국인 경우에는 공정거래위원회에 제출하여야 한다.[15]

신고 내용

1. 피신고자는 경기도지사에게 등록을 하지 아니하고 2015. ○.경부터 ○○시 ○○동 ○○○에 있는 ○○빌딩 3·4층 약 250㎡ 규모에 사무실 및 강의실을 갖추고 '○○○홍삼엑기스'라는 건강기능식품을 판매하는 다단계판매조직을 개설하여 운영하고 있습니다.
2. 피신고자가 운영하고 있는 다단계판매조직의 구성을 살펴보면, 제1단계 판

---

[15] 등록한 다단계판매업자 및 등록한 후원방문판매업자의 명단은 공정거래위원회 홈페이지에서 확인할 수 있다.

> 매원을 본부장이라고 부르면서 이들이 제2단계 판매원을 모집하고, 팀장이
> 라고 부르는 제2단계 판매원은 제3단계 판매원을 모집하는 방식이며, 각
> 단계별로 성과급에 차등을 두어 성과수당이라는 명목으로 경제적 이득을
> 제공하는 형태입니다. 더 자세한 내용에 관하여는 신고자를 부르시면 출석
> 하여 진술하겠습니다. 다만, 신고자의 익명을 보장하여 주시기 바랍니다.

(신고 내용 해설)

- 이 신고는 법 제2조제5호의 요건에 맞는 다단계판매자이지만, 관할관청에 등록을 하지 않았다는 사실이 중요한 내용이 된다.
- 다단계판매조직의 구성에 관하여 상세한 설명이 필요하다.
- 근년에 사회적 이슈가 된 사건인 이른바 '조희팔 사건'은 이와 유사한 조직에 해당한다.

14.「보건범죄단속에 관한 특별조치법」

가. 법률 이해하기

이 법은「식품위생법」,「건강기능식품에 관한 법률」,「의료법」및「유해화학물질관리법」이 규율하는 일정한 위반행위들을 위 법률들보다 더 무겁게 처벌하기 위한 목적으로 제정된 법률이다.

이 법을 위반한 행위를 신고하여 피신고자가 형벌 또는 행정상의 제재를 받으면 신고자는「공익신고자 보호법」의 관련 규정에 의하여 국민권익위원회로부터 내부신고자는 보상금을 지급받고, 외부신고자는 포상금을 지급받을 수 있다. 이 법 자체의 규정에 의한 '포상금'은 실효성이 없는 규정이다. 그 이유는 뒤에서 설명한다.

나. 무허가 유흥주점영업자

제2조(부정식품 제조 등의 처벌) ① 「식품위생법」 제37조제1항 및 제4항의 허가를 받지 아니하거나 신고를 하지 아니하고 제조·가공한 사람, 「건강기능식품에 관한 법률」 제5조에 따른 허가를 받지 아니하고 건강기능식품을 제조·가공한 사람, 이미 허가받거나 신고된 식품, 식품첨가물 또는 건강기능식품과 유사하게 위조하거나 변조한 사람, 그 사실을 알고 판매하거나 판매할 목적으로 취득한 사람 및 판매를 알선한 사람, 「식품위생법」 제6조, 제7조제4항 또는 「건강기능식품에 관한 법률」 제24조제1항을 위반하여 제조·가공한 사람, 그 정황을 알고 판매하거나 판매할 목적으로 취득한 사람 및 판매를 알선한 사람은 다음 각 호의 구분에 따라 처벌한다.

2. 식품, 식품첨가물 또는 건강기능식품의 가액(價額)이 소매가격으로 연간 5천만원 이상인 경우 : 무기 또는 3년 이상의 징역에 처한다.

② 제1항의 경우에는 제조, 가공, 위조, 변조, 취득, 판매하거나 판매를 알선한 제품의 소매가격의 2배 이상 5배 이하에 상당하는 벌금을 병과(倂科)한다.

↳「식품위생법」

제37조(영업허가 등) ① 제36조제1항 각 호에 따른 영업 중 대통령령으로 정하는 영업을 하려는 자는 대통령령으로 정하는 바에 따라 영업 종류별 또는 영업소별로 식품의약품안전처장 또는 특별자치시장·특별자치도지사·시장·군수·구청장의 허가를 받아야 한다. 허가받은 사항 중 대통령령으로 정하는 중요한 사항을 변경할 때에도 또한 같다.

↳**대통령령 제23조(허가를 받아야 하는 영업 및 허가관청)** 법 제37조제1항 전단에 따라 허가를 받아야 하는 영업 및 해당 허가관청은 다음 각 호와 같다.

2. 제21조제8호다목의 단란주점영업과 같은 호 라목의 유흥주점영업 : 특별자치시장·특별자치도지사 또는 시장·군수·구청장

신고 내용

1. 「보건범죄 단속에 관한 특별조치법」 제2조제1항제2호에 의하면 「식품위생법」 제37조제1항 및 「식품위생법 시행령」 제23조제2호의 규정에 의하여 허가를 받아야 할 유흥주점영업자가 허가를 받지 않고 연간 5천만원 이상의 식품을 판매한 경우에는 가중처벌을 한다고 규정하였습니다.
2. 피신고자는 관할관청의 허가를 받지 아니하고 2014. ○.경 ○○시 ○○길 ○○-○ 있는 ○○빌딩 지하1층 및 지하2층 약 600㎡에 접객용 방 20개를 만든 뒤 위 방마다 속칭 '가라오께'를 설치하는 한편 접객원인 여종업원 30명을 고용하고, 그 무렵부터 그 곳을 찾는 불특정다수의 남성 손님들을 상대로 접객원들이 동석하여 노래와 춤 등으로 흥을 돋우는 방법으로 연간 약 40억원의 매출을 올리는 유흥음식점영업을 하고 있습니다.

첨부 : 사진 ○장.

(신고 내용 해설)
- 이 사안은 ①'유흥주점영업허가를 받지 아니한 사실', ②'연간 5천만원 이상의 식품판매 사실', ③'유흥음식점영업에 해당하는 사실'이 범죄의 구성요건 요소에 해당한다.
- ②와 관련해서는 수사 과정에서 그 구체적인 액수가 확인될 것이므로, 신고자로서는 개략적인 전체매출액 정도만을 적어주면 무방할 것이다.
- ③과 관련하여 구별할 영업으로는 단란주점영업이 있다. 유흥주점영업은 접객원이 손님과 동석을 할 수 있고, 여흥을 돋우는 접객원에게 춤과 노래를 허용한다. 그러나 단란주점영업장에서는 접객원이 여흥을 돋우는 행위를 할 수 없

음은 말할 나위도 없이 손님과의 동석(同席) 자체를 허용하지 않는다.

다. 무허가 일반음식점영업자

제2조(부정식품 제조 등의 처벌) ① 「식품위생법」 제37조제1항 및 제4항의 허가를 받지 아니하거나 신고를 하지 아니하고 제조·가공한 사람, 「건강기능식품에 관한 법률」 제5조에 따른 허가를 받지 아니하고 건강기능식품을 제조·가공한 사람, 이미 허가받거나 신고된 식품, 식품첨가물 또는 건강기능식품과 유사하게 위조하거나 변조한 사람, 그 사실을 알고 판매하거나 판매할 목적으로 취득한 사람 및 판매를 알선한 사람, 「식품위생법」 제6조, 제7조제4항 또는 「건강기능식품에 관한 법률」 제24조제1항을 위반하여 제조·가공한 사람, 그 정황을 알고 판매하거나 판매할 목적으로 취득한 사람 및 판매를 알선한 사람은 다음 각 호의 구분에 따라 처벌한다.

2. 식품, 식품첨가물 또는 건강기능식품의 가액(價額)이 소매가격으로 연간 5천만원 이상인 경우 : 무기 또는 3년 이상의 징역에 처한다.

② 제1항의 경우에는 제조, 가공, 위조, 변조, 취득, 판매하거나 판매를 알선한 제품의 소매가격의 2배 이상 5배 이하에 상당하는 벌금을 병과(倂科)한다.

↳**대통령령 제25조(영업신고를 하여야 하는 업종)** ① 법 제37조제4항 전단에 따라 특별자치시장·특별자치도지사 또는 시장·군수·구청장에게 신고를 하여야 하는 영업은 다음 각 호와 같다.

8. 제21조제8호가목의 휴게음식점영업, 같은 호 나목의 일반음식점영업, 같은 호 마목의 위탁급식영업 및 같은 호 바목의 제과점영업

신고 내용

1. 「보건범죄 단속에 관한 특별조치법」 제2조제1항제2호에 의하면 「식품위생법」 제37조제4항 및 「식품위생법 시행령」 제25조제1항 제8호의 규정에 의하여 신고하여야 할 일반음식점영업자가 신고를 하지 않고 연간 5천만원 이상의 식품을 제조하여 판매한 경우에는 가중처벌을 한다고 규정하였습니다.
2. 피신고자는 2014. ○. ○.경부터 ○○시 ○○동 ○○-○에 있는 단독주택 약 150㎡를 음식점영업에 적합하도록 개조한 뒤 '○○사철탕'이라는 간판을 걸고, 그 무렵부터 그 곳을 찾는 불특정다수인을 상대로 보신탕, 닭백숙, 오리구이 등 연간 4억원 상당의 음식물을 제조하여 판매하는 일반음식점영업을 하고 있습니다.

첨부 : 현장사진 ○장. 끝.

(신고 내용 해설)
- 이 사안에서는 신고하지 아니한 일반음식점의 위치, 면적, 제조하여 판매한 음식물의 내용, 영업기간 및 연간 매출액을 특정해주어야 한다.
- 면적은 조리실, 객석 및 화장실을 합한 면적을 말하는데, 신고자로서는 개략적인 면적을 적어주면 무방하다.
- 신고자로서는 연간 매출액을 정확히 알 수 없을 것이므로, 개략적인 매출액을 적어주면 정확히 특정하는 일은 수사관과 검사의 몫이 된다.
- '개'는 「축산물 위생관리법」에서는 가축에서 제외하였다. 그러나 「식품위생법」은 개의 고기만을 주된 재료로 음식물(보신탕)을 제조하여 판매하는 영업행위도 일반음식점영업에 포함시키고 있다.

- 이 신고서는 미신고 일반음식점영업행위에 관하여 「보건범죄 단속에 관한 특별조치법」을 적용하는 것을 상정하였다. 그러나 실무에서는 대부분의 경우 위 법을 적용하기보다는 「식품위생법」만을 의율하여 처벌하고 있다.
- 이 신고서를 제출할 기관은 국민권익위원회, 해당 기초지방자치단체(시·군·자치구) 또는 관할 경찰서이다.

라. 한의사 아닌 사람의 한방의료행위

제5조(부정의료업자의 처벌) 「의료법」 제27조를 위반하여 영리를 목적으로 다음 각 호의 어느 하나에 해당하는 행위를 한 사람은 무기 또는 2년 이상의 징역에 처한다. 이 경우 100만원 이상 1천만원 이하의 벌금을 병과한다.
 1. 의사가 아닌 사람이 의료행위를 업(業)으로 한 행위
 2. 치과의사가 아닌 사람이 치과의료행위를 업으로 한 행위
 3. 한의사가 아닌 사람이 한방의료행위를 업으로 한 행위

「의료법」

제27조(무면허 의료행위 등 금지) ① 의료인이 아니면 누구든지 의료행위를 할 수 없으며 의료인도 면허된 것 이외의 의료행위를 할 수 없다. 다만, 다음 각 호의 어느 하나에 해당하는 자는 보건복지부령으로 정하는 범위에서 의료행위를 할 수 있다.
  1. 외국의 의료인 면허를 가진 자로서 일정 기간 국내에 체류하는 자
  2. 의과대학, 치과대학, 한의과대학, 의학전문대학원, 치의학전문대학원, 한의학전문대학원, 종합병원 또는 외국 의료원조기관의 의료봉사 또는 연구 및 시범사업을 위하여 의료행위를 하는 자
  3. 의학·치과의학·한방의학 또는 간호학을 전공하는 학교의 학생
   ↳보건복지부령 제18조(외국면허 소지자의 의료행위) 법 제27조제1항제1호에 따라 외국의 의료인 면허를 가진 자로서 다음 각 호의 어느 하나에 해당하는 업무를 수행하기 위하여 국내에 체류하는 자는 그 업무를 수행하

기 위하여 필요한 범위에서 보건복지부장관의 승인을 받아 의료행위를 할 수 있다.
1. 외국과의 교육 또는 기술협력에 따른 교환교수의 업무
2. 교육연구사업을 위한 업무
3. 국제의료봉사단의 의료봉사 업무

신고 내용

1. 「보건범죄 단속에 관한 특별조치법」 제5조제3호 및 「의료법」 제27조제1항 본문의 규정에 의하면 누구든지 한의사가 아니면 한방의료행위를 업으로 할 수 없다고 규정하였습니다.
2. 피신고자는 한의사가 아니면서 2014년 ○월경부터 ○○시 ○○로 ○○번길 ○○-○에 있는 피신고자의 사무실에서 침, 쑥, 꿀벌 등을 항상 준비해놓고, 그 무렵부터 그 곳을 찾는 불특정 다수의 환자들을 상대로 쑥뜸, 봉침, 부항 등 한방시술을 해주고 시술비로 50,000원 내지 200,000원 상당을 받는 한방의료행위를 업으로 하고 있습니다.

(신고 내용 해설)
- 이 사안에서는 한의사가 아닌 자가 한방의료행위를 업(業)으로 하였다는 점이 핵심적 요소이다.
- 법률에서 규정한 '업'은 영업의 의미이다. 이 사안에서는 연간 매출액 등은 구성요건 사실이 아니지만, '영리행위'는 구성요건 사실이다. 따라서 재산적 이득을 취하지 않는 한방의료행위는 이 법을 적용할 수 없고, 단순히 「의료법」을 의율할 수 있을 뿐이다.

15. 「보조금관리에 관한 법률」

가. 법률 이해하기

이 법에서 규정한 일정한 범죄행위를 신고한 사람에게는 중앙관서의 장이 2억원의 범위 안에서 '포상금'을 지급한다. 그러나 이 법은 「공익신고자 보호법」에서 규정하는 279개 법률에는 포함되지 않는다. 이 법의 주관부처는 기획재정부이다.

이 법을 위반한 행위를 신고하기 위해서는 이 법의 관련 규정과 벌칙규정 및 「국가재정법」 제5조제1항 관련 별표 2에서 규정하는 법률을 함께 연구하여야 한다.

이 법은 보조금의 정의 및 보조금의 환수 등에 관하여만 규정할 뿐 각 보조금의 지급 대상 등에 관하여는 위 별표 2에서 규정하는 48개 법률이 각각 규율하고 있기 때문이다.

나. 허위의 방법으로 농업소득보전직불금을 지급받은 자

제40조(벌칙) 거짓 신청이나 그 밖의 부정한 방법으로 보조금이나 간접보조금을 교부받거나 지급받은 자 또는 그 사실을 알면서 보조금이나 간접보조금을 교부하거나 지급한 자는 10년 이하의 징역 또는 1억원 이하의 벌금에 처한다.

「농업소득의 보전에 관한 법률」
제2조(정의) 이 법에서 사용하는 용어의 뜻은 다음과 같다.
 1. "농업인등"이란 「농업·농촌 및 식품산업 기본법」 제3조제2호에 따른 농업인과 같은 법 제28조에 따른 영농조합법인 및 농업회사법인을 말한다.
  ↳「농업·농촌 및 식품산업 기본법」 제3조(정의) 이 법에서 사용하는 용어의 뜻은 다음과 같다.
   2. "농업인"이란 농업을 경영하거나 이에 종사하는 자로서 대통령령으로 정하는 기준에 해당하는 자를 말한다.
    ↳대통령령 제3조(농업인의 기준) ① 법 제3조제2호에서 "대통령령

으로 정하는 기준에 해당하는 자"란 다음 각 호의 어느 하나에 해당하는 사람을 말한다.

1. 1천제곱미터 이상의 농지(「농어촌정비법」 제98조에 따라 비농업인이 분양받거나 임대받은 농어촌 주택 등에 부속된 농지는 제외한다)를 경영하거나 경작하는 사람
2. 농업경영을 통한 농산물의 연간 판매액이 120만원 이상인 사람
3. 1년 중 90일 이상 농업에 종사하는 사람
4. 「농어업경영체 육성 및 지원에 관한 법률」 제16조제1항에 따라 설립된 영농조합법인의 농산물 출하·유통·가공·수출활동에 1년 이상 계속하여 고용된 사람
5. 「농어업경영체 육성 및 지원에 관한 법률」 제19조제1항에 따라 설립된 농업회사법인의 농산물 유통·가공·판매활동에 1년 이상 계속하여 고용된 사람

2. "논농업"이란 지목(地目)과 상관없이 논으로 이용되는 농지에서 벼, 연근, 미나리, 왕골, 그 밖에 대통령령으로 정하는 식물을 재배하는 농업을 말한다.

↳**대통령령 제2조(논농업·밭농업의 범위)** ① 「농업소득의 보전에 관한 법률」(이하 "법"이라 한다) 제2조제2호에서 "대통령령으로 정하는 식물"이란 농업인등이 소득증대를 위하여 재배하는 농작물 또는 다년생식물을 말한다.

3. "밭농업"이란 지목과 상관없이 밭으로 이용되는 농지에서 보리, 밀, 콩, 고추, 마늘, 사료작물, 그 밖에 대통령령으로 정하는 식물을 재배하는 농업을 말한다.

↳**대통령령 제2조(논농업·밭농업의 범위)** ② 법 제2조제3호에서 "대통령령으로 정하는 식물"이란 농업인등이 소득증대를 위하여 재배하는 농작물 또는 다년생식물을 말한다. 다만, 논벼, 연근, 미나리, 왕골은 제외한다.

4. "목표가격"이란 농업인등에게 변동직접지불금을 지급하기 위하여 쌀의 평균 수확기 가격 등을 고려하여 농림축산식품부장관이 정하여 고시하는 기준가격을 말한다.

5. "고정직접지불금"이란 농작물의 생산량 및 가격의 변동과 상관없이 논농업 또는 밭농업에 종사하는 농업인등에게 지급하는 보조금을 말한다.

6. "변동직접지불금"이란 논농업으로 이용되는 농지에서 쌀을 생산하는 농업인등에게 해당 연도에 생산한 쌀의 수확기 평균가격이 목표가격에 미달하는 경우에 지급하는 보조금을 말한다.

7. "종사"란 자기의 비용과 책임으로 농작업을 직접 수행(농작업의 일부만 위탁하는 경우를 포함한다)하는 것을 말한다.

제4조(농업소득의 보전을 위한 직접지불금) ① 농림축산식품부장관은 「세계무역기구 설립을 위한 마라케쉬협정」에 따른 국내보조 감축약속 면제기준과 범위에서 농업인등의 소득안정을 위하여 농업인등에게 소득보조금(이하 "농업소득보전직접지불금"이라 한다)을 지급하여야 한다.

② 농업소득보전직접지불금은 매년 지급하고 고정직접지불금과 변동직접지불금으로 구분하여 지급한다.

제5조(농업소득보전직접지불금 지급대상 농지) ① 논농업에 종사하는 농업인등에 대한 농업소득보전직접지불금 지급대상이 되는 농지는 1998년 1월 1일부터 2000년 12월 31일까지 논농업(벼, 연근, 미나리, 왕골을 재배하는 농업에 한한다. 이하 이 조에서 같다)에 이용된 농지(「농지법」에 따른 농지를 말한다. 이하 같다)로, 밭농업에 종사하는 농업인등에 대한 농업소득보전직접지불금의 지급대상이 되는 농지는 2012년 1월 1일부터 2014년 12월 31일까지 밭농업에 이용된 농지(「농지법」에 따른 농지를 말한다. 이하 같다)로 한다. 다만, 다음 각 호의 어느 하나에 해당하는 농지는 제외한다.

1. 「하천법」 제2조에 따른 하천구역에 있는 농지. 다만, 2005년 1월 1일부터 2008년 12월 31일까지의 기간 중 「쌀소득 등의 보전에 관한 법률」(법률 제11230호 농업소득의 보전에 관한 법률로 폐지되기 전의 것을 말한다)에 따

른 쌀소득등보전직접지불금(이하 "쌀소득등보전직접지불금"이라 한다)을 1회 이상 정당하게 지급받은 농지로서 제8조제1항에 따라 등록하는 연도의 직전 연도까지 보상받지 아니한 농지분에 대하여는 농림축산식품부장관이 1년 이상 논농업에 이용할 수 있다고 인정하는 경우에는 그러하지 아니하다.

2. 「농지법」 제34조·제35조 또는 제43조에 따라 농지전용허가를 받거나 농지전용신고를 한 농지와 농지전용협의를 거친 농지(다른 법률에 따라 농지전용 허가·신고·협의가 의제(擬制)되는 경우를 포함한다)

3. 다음 각 목의 어느 하나에 해당하는 농지. 다만, 제8조제1항에 따라 등록하는 연도의 직전 연도까지 다음 각 목에 따른 지구·지역의 농지 중 보상을 받지 아니한 농지분에 대하여는 농림축산식품부장관이 1년 이상 논농업 또는 밭농업에 이용할 수 있다고 인정하는 경우에는 그러하지 아니하다.

    가. 「국토의 계획 및 이용에 관한 법률」 제36조제1항제1호가목부터 다목까지의 규정에 따른 주거지역, 상업지역 또는 공업지역의 농지

    나. 「산업입지 및 개발에 관한 법률」 제6조, 제7조, 제7조의2 및 제8조에 따라 지정된 산업단지 및 농공단지의 농지

    다. 「택지개발촉진법」 제3조에 따라 지정된 택지개발지구의 농지

    라. 그 밖에 다른 법률에 따라 각종 개발사업의 예정지로 지정되거나 고시된 지역의 농지

4. 제14조제1항제1호에 해당하는 자가 소유한 농지. 이 경우 농업소득보전직접지불금 지급대상 농지로서의 제한은 제14조제2항에 따른 농업소득보전직접지불금 지급대상자의 등록제한 기간으로 한다.

    ↳제14조(농업소득보전직접지불금의 감액지급 또는 등록제한) ① 농림축산식품부장관은 농업소득직불금 등록자 또는 수령자가 다음 각 호 중 제1호 또는 제2호에 해당하면 등록된 모든 농지의 고정직접지불금 및 변동직접지불금 전부를 지급하지 아니하고, 제3호 또는 제4호에 해당하면 해당 농지의 고정직접지불금 또는 변동직접지불금 전부 또는 일부를 지급하지 아니한다.

　　　　1. 거짓이나 그 밖의 부정한 방법으로 등록 또는 수령을 한 경우
　　② 농림축산식품부장관은 제1항제1호에 해당하여 고정직접지불금 및 변동직접지불금의 전부를 지급하지 아니하게 된 자에 대하여는 5년 이내의 범위에서 제8조에 따른 농업소득보전직접지불금 지급대상자의 등록을 제한할 수 있다.

② 제1항 각 호 외의 부분 본문에도 불구하고 1997년 12월 31일 이전 논농업에 1년 이상 이용된 농지 중 다음 각 호의 어느 하나에 해당하면 농업소득보전직접지불금 지급대상 농지로 한다.

1. 경지정리사업, 간척사업 등 「농어촌정비법」 제2조제5호가목부터 다목까지의 규정에 따른 농업생산기반 정비사업으로 1998년 1월 1일부터 2000년 12월 31일까지의 기간 중 불가피하게 논농업이 중단된 경우
2. 태풍이나 홍수 등 「자연재해대책법」 제2조제2호 및 제3호에 따른 자연재해, 풍수해로 인하여 1998년 1월 1일부터 2000년 12월 31일까지의 기간 중 불가피하게 논농업이 중단된 경우

③ 제1항 각 호 외의 부분 본문에도 불구하고 2011년 12월 31일 이전 밭농업에 1년 이상 이용된 농지 중 다음 각 호의 어느 하나에 해당하면 농업소득보전직접지불금 지급대상 농지로 한다.

1. 경지정리사업, 간척사업 등 「농어촌정비법」 제2조제5호가목부터 다목까지의 규정에 따른 농업생산기반 정비사업으로 2012년 1월 1일부터 2014년 12월 31일까지의 기간 중 불가피하게 밭농업이 중단된 경우
2. 태풍이나 홍수 등 「자연재해대책법」 제2조제2호 및 제3호에 따른 자연재해, 풍수해로 인하여 2012년 1월 1일부터 2014년 12월 31일까지의 기간 중 불가피하게 밭농업이 중단된 경우

④ 제1항부터 제3항까지의 규정에 따른 농업소득보전직접지불금 지급대상 농지의 지급상한면적은 농림축산식품부령으로 정한다.

↳**농림축산식품부령 제2조(지급상한면적)** 「농업소득의 보전에 관한 법률」(이하 "법"이라 한다) 제5조제1항부터 제3항까지의 규정에 따른 농업소득보전직접지

불금 지급대상 농지(「농지법」에 따른 농지를 말한다. 이하 같다)의 지급상한면적은 다음 각 호와 같다.
1. 농업인의 경우
    가. 논농업에 이용된 농지 : 30만제곱미터
    나. 밭농업에 이용된 농지 : 4만제곱미터
2. 「농어업경영체 육성 및 지원에 관한 법률」 제16조에 따른 영농조합법인(이하 "영농조합법인"이라 한다) 또는 같은 법 제19조에 따른 농업회사법인(이하 "농업회사법인"이라 한다)의 경우
    가. 논농업에 이용된 농지 : 50만제곱미터. 다만, 25명 이상의 농업인으로 공동 영농조직을 구성하여 운영하는 영농조합법인 또는 농업회사법인 중 농림축산식품부장관이 정하여 고시하는 공동경작면적 및 공동경작방식과 그 밖에 공동 영농에 관한 기준을 충족하는 법인의 경우에는 400만제곱미터로 한다.
    나. 밭농업에 이용된 농지 : 10만제곱미터

제6조(농업소득보전직접지불금 지급대상자) ① 농업소득보전직접지불금의 지급대상이 될 수 있는 자는 제5조에 따른 농업소득보전직접지불금 지급대상 농지에서 논농업 또는 밭농업에 종사(휴경하는 경우를 포함한다)하는 농업인등으로서 다음 각 호의 어느 하나에 해당하는 자여야 한다.
1. 후계농업경영인, 전업농업인 등으로서 농림축산식품부령으로 정하는 요건에 해당하는 자

    ↳농림축산식품부령 제3조(농업소득보전직접지불금 지급대상자) 법 제6조제1항제1호에서 "농림축산식품부령으로 정하는 요건에 해당하는 자"란 다음 각 호의 어느 하나에 해당하는 자를 말한다.
    1. 「농어업경영체 육성 및 지원에 관한 법률」 제10조에 따라 후계농업경영인(後繼農業經營人)으로 선정된 농업인
    2. 「한국농어촌공사 및 농지관리기금법」 제2조제6호에 따른 전업농업인(專業農業人) 또는 같은 법 제18조에 따른 전업농 육성 대상자로

선정된 농업인

3. 법 제8조제6항에 따라 농업소득보전직접지불금의 지급대상자로 등록하는 연도의 직전 3년 동안의 기간 중 1년 이상 법 제5조에 따른 농업소득보전직접지불금 지급대상 농지에서 다음 각 목의 어느 하나를 충족하는 농업인등. 다만, 농업소득보전직접지불금의 지급대상자로 등록하는 연도에 「농업·농촌 및 식품산업 기본법」 제3조제5호의 농촌(이하 "농촌"이라 한다) 외의 지역에 주소 또는 주된 사무소를 둔 농업인등의 경우에는 「농업소득의 보전에 관한 법률 시행령」(이하 "영"이라 한다) 제5조에 따른 농업을 주업으로 하는 자만 해당한다.

　　가. 농업인 : 1천제곱미터 이상의 면적(휴경하는 농지는 면적 산정에서 제외한다)에 대하여 논농업 또는 밭농업에 종사하거나 논농업 또는 밭농업을 통하여 수확한 농산물의 판매금액이 120만원 이상

　　나. 영농조합법인 또는 농업회사법인 : 5만제곱미터 이상의 면적(휴경하는 농지는 면적 산정에서 제외한다)에 대하여 논농업 또는 밭농업에 종사하거나 논농업 또는 밭농업을 통하여 수확한 농산물의 판매금액이 4천5백만원 이상

4. 법 제8조제6항에 따라 농업소득보전직접지불금의 지급대상자로 등록하는 연도 또는 그 이전에 지급대상자로 등록한 사람(이하 이 조에서 "등록자"라 한다)이 사망하거나 「장기등 이식에 관한 법률」 제18조에 따라 뇌사판정을 받은 경우 농지에서 계속 논농업 또는 밭농업에 종사(휴경하는 경우를 포함한다)하는 배우자 또는 직계존비속(직계비속의 배우자를 포함한다)으로서 등록자가 사망하거나 뇌사판정을 받기 직전 1년 이상 등록자와 주소를 같이 한(사망 또는 뇌사판정 전에 치료를 목적으로 그 등록자의 주소가 이전되어 주소가 같지 아니하게 된 경우에는 계속해서 주소를 같이 한 것으로 보아

그 기간을 주소를 같이 한 기간에 산입한다) 농업인. 다만, 농업소득보전직접지불금을 지급받은 사람이 다음 연도부터 지급대상자로 인정되기 위해서는 등록하는 연도에 다음 각 목의 어느 하나를 충족하여야 한다.

가. 농촌에 주소를 두는 농업인

나. 농촌 외의 지역에 주소를 두고 영 제5조에 따른 농업을 주업으로 하는 농업인

5. 등록자가 고령·질병 또는 부상 등 농림축산식품부장관이 정하여 공고하는 불가피한 사유가 발생하여 농업에 종사하는 것이 불가능하게 된 경우 농지에서 계속 논농업 또는 밭농업에 종사(휴경하는 경우를 포함한다)하는 배우자 또는 직계존비속(직계비속의 배우자를 포함한다)으로서 등록자가 농업에 종사하는 것이 불가능하게 되기 직전 1년 이상 등록자와 주소를 같이 한(농업에 종사하는 것이 불가능하게 되기 전에 치료를 목적으로 그 등록자의 주소가 이전되어 주소가 같지 아니하게 된 경우에는 계속해서 주소를 같이 한 것으로 보아 그 기간을 주소를 같이 한 기간에 산입한다) 농업인. 다만, 농업소득보전직접지불금을 지급받은 사람이 다음 연도부터 지급대상자로 인정되기 위해서는 제4호 각 목의 어느 하나를 충족하여야 한다.

6. 2004년 12월 31일 이전에 1년 이상 논농업에 종사한 자로서 「한국농어촌공사 및 농지관리기금법」 제19조 또는 제24조의4에 따라 임대 또는 위탁하였던 농지를 회수하여 논농업에 종사하는 농업인등. 이 경우 법 제8조제6항에 따른 농업소득보전직접지불금의 지급대상자로 등록하는 연도에 법 제5조에 따른 농업소득보전직접지불금 지급대상 농지에서 다음 각 목의 어느 하나를 충족하는 농업인등이어야 한다.

가. 농업인 : 1만제곱미터 이상의 면적(휴경하는 농지는 면적 산정에

서 제외한다)에 대하여 논농업에 종사하거나 등록하기 직전 연도에 논농업을 통하여 수확한 농산물의 판매금액이 9백만원 이상

나. 영농조합법인 또는 농업회사법인 : 5만제곱미터 이상의 면적(휴경하는 농지는 면적 산정에서 제외한다)에 대하여 논농업에 종사하거나 등록하기 직전 연도에 논농업을 통하여 수확한 농산물의 판매금액이 4천5백만원 이상

2. 논농업에 종사하는 농업인등으로서 2005년 1월 1일부터 2008년 12월 31일까지의 기간 중 쌀소득등보전직접지불금을 1회 이상 정당하게 지급받은 자

② 제1항제2호에 해당하는 자 중 「농업·농촌 및 식품산업 기본법」 제3조제5호의 농촌 외의 지역에 주소 또는 주된 사무소를 둔 자는 대통령령으로 정하는 바에 따라 농업을 주업으로 하는 경우에 한하여 제1항에 따른 농업소득보전직접지불금의 지급대상이 될 수 있다.

↳**대통령령 제5조(농업을 주업으로 하는 자)** 법 제6조제2항에 따른 농업을 주업으로 하는 경우는 다음 각 호의 어느 하나에 해당하는 경우로 한다.

1. 다음 각 목의 어느 하나에 해당하는 농업인인 경우

 가. 같은 시(「제주특별자치도 설치 및 국제자유도시 조성을 위한 특별법」에 따른 행정시를 포함한다. 이하 같다)·군·구(자치구의 구를 말한다. 이하 같다)에 소재하는 1만제곱미터 이상의 농지(연접한 시·군·구의 농지를 포함한다)를 경작하는 농업인

 나. 연간 농산물 판매금액이 9백만원 이상인 농업인

 다. 법 제8조제1항에 따른 농업소득보전직접지불금 지급대상자 등록신청연도의 직전 1년 이상 주소를 해당 시·구에 두고 해당 시·구에 소재한 1천제곱미터 이상의 논농업 또는 밭농업에 이용하는 농지(신청인의 주소지 동을 기준으로 다른 시·군·구 중 연접한 읍·면·동 내의 농지를 포함한다)를 직전 1년 이상 경작한 농업인

2. 다음 각 목의 어느 하나에 해당하는 「농어업경영체 육성 및 지원에 관

한 법률」 제16조에 따른 영농조합법인(이하 "영농조합법인"이라 한다) 또는 같은 법 제19조에 따른 농업회사법인(이하 "농업회사법인"이라 한다)인 경우

가. 같은 시·군·구에 소재하는 5만제곱미터 이상의 농지(연접한 시·군·구의 농지를 포함한다)를 경작하는 영농조합법인 또는 농업회사법인

나. 연간 농산물 판매금액이 4천5백만원 이상인 영농조합법인 또는 농업회사법인

다. 법 제8조제1항에 따른 농업소득보전직접지불금 지급대상자 등록신청연도의 직전 1년 이상 주된 사무소를 해당 시·구에 두고 해당 시·구에 소재한 1천제곱미터 이상의 논농업 또는 밭농업에 이용하는 농지(신청인의 주소지 동을 기준으로 다른 시·군·구 중 연접한 읍·면·동 내의 농지를 포함한다)를 직전 1년 이상 경작한 영농조합법인 또는 농업회사법인

③ 제1항에도 불구하고 다음 각 호의 어느 하나에 해당하는 자는 농업소득보전직접지불금의 지급대상자가 될 수 없다. 다만, 제3호와 제4호의 경우에는 해당하는 농지분에 한하여 지급대상자가 될 수 없다.

1. 농업 외의 종합소득금액이 대통령령으로 정하는 금액 이상인 자

↳**대통령령 제6조(농업 외의 종합소득금액)** ① 법 제6조제3항제1호에서 "농업 외의 종합소득금액이 대통령령으로 정하는 금액 이상인 자"란 영농조합법인 및 농업회사법인 외의 자로서 법 제8조에 따른 농업소득보전직접지불금 지급대상자 등록신청 전년도를 기준으로 농업 외의 종합소득금액이 3천7백만원 이상인 자를 말한다.

② 제1항에 따른 농업 외의 종합소득금액은 「소득세법」 제4조제1항제1호에 따른 종합소득에서 농림축산식품부장관이 정하여 고시하는 농업소득을 제외한 금액으로 한다.

2. 논농업 또는 밭농업에 이용하는 농지면적이 1천제곱미터 미만인

　　　　자

　　3. 「농지법」 제11조제1항에 따라 농지처분 명령을 받은 자
　　4. 자기의 소유가 아닌 농지를 무단으로 점유하는 자

제8조(농업소득보전직접지불금 지급대상자 등록) ① 농업소득보전직접지불금을 받으려는 자는 매년 농림축산식품부장관이 정하는 날까지 농지 소재지 관할 읍장·면장 또는 동장(이하 "읍·면장"이라 한다)에게 등록을 신청하여야 한다. 다만, 경작농지가 같은 시(「제주특별자치도 설치 및 국제자유도시 조성을 위한 특별법」에 따른 행정시를 포함한다. 이하 같다)·군·구(자치구를 말한다. 이하 같다) 내의 2개 이상 읍·면·동에 있는 경우에는 면적이 가장 넓은 농지 소재지의 읍·면장에게 신청하여야 한다.

② 제1항에 따른 등록신청에 필요한 사항은 농림축산식품부령으로 정한다. 이 경우 농림축산식품부장관은 관내경작자[등록을 신청하는 농지 소재지 관할 시·군·구 내에 주소를 둔 신청인(신청인의 주소지 읍·면·동을 기준으로 다른 시·군·구 중 연접한 읍·면·동 내의 농지를 경작하는 경우를 포함한다)을 말한다]와 그 외의 자를 구별하여 정할 수 있다.

③ 제1항에 따라 등록신청을 받은 읍·면장은 해당 신청인에게 접수증을 내주어야 한다.

④ 읍·면장은 제1항에 따라 등록신청을 받으면 농업소득보전직접지불금 신청인이 논농업 또는 밭농업에 종사하는지를 확인하기 위하여 현지조사 등 필요한 조사를 하고, 그 조사결과를 첨부하여 농림축산식품부장관에게 제출하여야 한다.

⑤ 제4항에 따른 현지조사 등 필요한 조사를 위하여 읍·면·동에 심사위원회를 두며, 그 구성 및 운영방법 등은 농림축산식품부령으로 정한다.

⑥ 농림축산식품부장관은 제4항에 따른 조사결과를 바탕으로 등록신청인이 제6조에 따른 지급대상자로 인정되면 농업소득보전직접지불금의 지급대상자로 등록하고 신청인에게 등록증을 내주어야 한다.

⑦ 제4항 및 제6항에 따른 조사의 항목·방법 및 등록증 발급 등에 필요한 사

항은 농림축산식품부령으로 정한다.

제10조(고정직접지불금의 지급) ① 농림축산식품부장관은 농업소득직불금 등록자에게 농지의 형상(形狀) 및 기능을 대통령령으로 정하는 기준에 따라 유지하고 있는 농지분에 대하여만 고정직접지불금을 지급하여야 한다.

② 고정직접지불금의 지급액의 구체적인 산정 기준·방법, 그 밖에 지급에 필요한 세부사항은 대통령령으로 정한다.

> **대통령령 제7조(고정직접지불금의 지급 요건)** 법 제10조제1항에서 "농지의 형상(形狀) 및 기능을 대통령령으로 정하는 기준에 따라 유지하고 있는 농지분"이란 다음 각 호의 기준을 모두 충족하는 농지분을 말한다.
> 1. 농작물의 생산이 가능하도록 토양을 유지·관리할 것
> 2. 이웃 농지와의 구분이 가능하도록 경계를 설치하고 이를 관리할 것
> 3. 이웃 농지의 영농에 지장이 없도록 잡초를 제거할 것
> 4. 논농업 고정직접지불금의 지급대상 농지는 농지 주변의 용수로·배수로를 유지·관리할 것

> **대통령령 제8조(고정직접지불금의 산정 등)** ① 농업소득보전직접지불금 지급대상자로 등록된 자(이하 "농업소득직불금 등록자"라 한다)에게 법 제10조제1항에 따라 지급되는 고정직접지불금의 금액은 제2항에 따른 농지의 단위면적당 금액에 법 제8조 및 제9조에 따라 등록된 농지면적을 곱하여 산정한다.
> ② 고정직접지불금의 산정을 위한 농지의 단위면적당 금액은 「농지법」 제28조에 따른 농업진흥지역의 농지와 농업진흥지역 밖의 농지로 구분하여 농림축산식품부장관이 정하여 고시한다. 이 경우 농업진흥지역의 농지를 농업진흥지역 밖의 농지보다 우대할 수 있다.

제35조(벌칙) 다음 각 호의 어느 하나에 해당하는 자는 1년 이하의 징역 또는 1천만원 이하의 벌금에 처한다.
1. 거짓이나 그 밖의 부정한 방법으로 농업소득보전직접지불금을 수령한 자

신고 내용

1. 「보조금 관리에 관한 법률」 제40조에 의하면 거짓 신청이나 그 밖의 부정한 방법으로 보조금이나 간접보조금을 교부받아서는 안 된다고 규정하였습니다.
2. 「농업소득의 보전에 관한 법률」 제5조에 따른 농업소득보전직접지불금 대상 농지일지라도 같은 법 제6조에 따른 농업소득보전직접지불금 지급대상자가 아니면 관할관청이 지급하는 농업소득보전직접지불금을 지급받아서는 안 되는 것으로 규정하였습니다.
3. 그러나 피신고자는 「농업소득의 보전에 관한 법률」 제6조제3항제1호 및 같은 법 시행령 제6조에서 규정하는 "농업 외의 종합소득금액이 3천7백만원 이상인 자에 해당하므로 농업소득보전직접지불금을 지급받을 수 없음에도 불구하고, 2015. ○. ○. ○○시 ○○면장에게 농업소득보전직접지불금 등록신청을 함에 있어 마치 전년도 종합소득금액이 3천7백만원 미만인 것처럼 허위로 신고를 한 다음 이듬해 ○월경 경기도 ○○군수로부터 고정직접지불금 15,000,000원을 지급받은 사실이 있습니다.

(신고 내용 해설)

- 「농업소득의 보전에 관한 법률」은 「공익신고자 보호법」에 의한 보상금이나 포상금을 지급하는 279개 법률에 포함되지 않았다. 그러나 위 법률 자체의 규정(제33조)에 의하여 '포상금'을 지급한다. 그렇지만 이 포상금의 상한액은 50만원에 불과하다(동법 시행령 제23조제1항). 반면 「보조금 관리에 관한 법률」의 규정에 의하면 위 사안의 경우 '포상금'의 상한액은 2억원이다. 따라서 위 사안의 신고자로서는 신고서를 작성함에 있어 「농업소득의 보전에 관한 법률」 제35조를 위반한 행위로 작성할 것이 아니라 「보조금 관리에 관한 법률」 제40조를

적용하여 작성·신고하여야 할 것이다.
- 「보조금 관리에 관한 법률」 제3조제1항은 "보조금 예산의 편성·집행 등 그 관리에 관하여는 다른 법률에 특별한 규정이 있는 것을 제외하고는 이 법에서 정하는 바에 따른다."고 규정하였다. 이 규정은 이 법이 '보조금'에 관한한 다른 법률의 '특별법'임을 선언한 것이다. 특별법은 일반법에 우선하여 적용된다(특별법 우선의 원칙). 따라서 이 법 제40조는 「농업소득의 보전에 관한 법률」 제35조에 우선하여 적용된다.
- 이 사안에서는 「농업소득의 보전에 관한 법률」의 규정에 의하여 '보조금을 지급받을 자격이 없는 자'라는 사실 및 '보조금을 지급받은 사실'은 중요한 범죄구성요건 요소에 해당한다.
- 보조금의 지급 및 환수 등에 관한 사무는 시·자치구·군의 장에게 위임되어 있다. 따라서 신고서는 해당 시·군·자치구, 관할 경찰서 및 국민권익위원회 중 어느 한 곳에 제출하면 될 것이다.
- 「축산법」 등 다른 법률의 규정에 의하여 보조금이 지급되는 경우에도 위반행위에 관한 신고서는 위 사례를 응용하면 그리 어렵지 않을 것이다.

16. 「부정경쟁방지 및 영업비밀보호에 관한 법률」

가. 법률 이해하기

이 법은 이 법 자체의 규정에 의하여 <u>등록상표에 관한 부쟁경쟁행위</u>를 한 자를 신고한 사람에게 특허청장이 1년에 1천만원의 범위 안에서 '포상금'을 지급한다. 한편 국민권익위원회는 이 법을 위반한 모든 행위에 관하여 「공익신고자 보호법」의 관련 규정에 의한 '보상금' 또는 '포상금'을 지급한다. 등록상표는 특허청 홈페이지에서 확인할 수 있다.

나. 상표 관련 부정경쟁행위(위조상품 판매)

제18조(벌칙) ③ 다음 각 호의 어느 하나에 해당하는 자는 3년 이하의 징역 또는 3천만원 이하의 벌금에 처한다.
  1. 제2조제1호(아목부터 차목까지는 제외한다)에 따른 부정경쟁행위를 한 자
    ↳제2조(정의) 이 법에서 사용하는 용어의 뜻은 다음과 같다.
      1. "부정경쟁행위"란 다음 각 목의 어느 하나에 해당하는 행위를 말한다.
        가. 국내에 널리 인식된 타인의 성명, 상호, 상표, 상품의 용기·포장, 그 밖에 타인의 상품임을 표시한 표지(標識)와 동일하거나 유사한 것을 사용하거나 이러한 것을 사용한 상품을 판매·반포(頒布) 또는 수입·수출하여 타인의 상품과 혼동하게 하는 행위

신고 내용

피신고자는 의류판매업에 종사하는 자로서 2015. ○.경부터 ○○시 ○○동 ○○-○에 있는 피신고자의 가방판매장에서 국내에 널리 인식된 타인의 등록상표인 '루이비똥'과 유사한 상표를 사용한 위조상표 가방을 1개당 150,000,000원 내지 300,000,000원씩을 받고 불특정다수인에게 판매함으로써 부정경쟁행위를 하고 있습니다.

첨부 : 사진 ○장.

(신고 내용 해설)
- 이 사안의 경우에는 '국내에 널리 인식된 타인의 등록상표'가 무엇인지 특정되

어야 한다. 그리고 그 상표를 위조한 상품을 판매한 행위를 특정하여야 할 것이다. 만약 신고자가 위조자를 알고 있다면, 위조행위자도 피신고자로 특정하여야 할 것이다.
- 신고자로서는 판매기간을 특정해주면 전체의 판매량과 금액은 수사관이 특정을 하게 될 것이다.
- 이 사례의 경우에는 수사관이 위조상품을 압수할 수 있도록 판매 또는 보관하고 있는 장소를 특정해주는 것이 중요하다.
- '구찌', '입셍롤랑', '나이키', '아디다스' 등 상표를 위조한 행위도 위와 같은 요령으로 신고서를 작성하면 될 것이다. 상표권자가 내국인인 경우에도 마찬가지이다.
- 이 신고서는 특허청, 경찰청 또는 국민권익위원회에 제출하면 된다. 상금은 특허청과 국민권익위원회 중 신고자에게 유리한 기관에 신청하여 지급받으면 된다.

17. 「부정청탁 및 금품등 수수의 금지에 관한 법률」(김영란법)

가. 법률 이해하기

이 법의 명칭으로는 '김영란법'이 더 익숙하다. 이 법을 위반한 '공직자등'을 신고한 사람에게는 국민권익위원회가 「부패방지 및 국민위원회의 설치와 운영에 관한 법률」의 관련 규정을 준용하여 내부신고자에게는 '보상금'을 지급하여야 하고, 외부신고자에게는 재량에 의하여 '포상금'을 지급할 수 있다.

이 법을 이해하기 위하여 가장 중요한 내용으로는 법 제2조에서 규정하는 '공공기관' 및 '공직자등'의 범위라고 말할 수 있다. 이 법을 적용받는 '공직자등'에는 공무원은 물론이고, 공직유관단체(정부 및 지방자치단체의 투자기관과 재투자기관), 각급 학교 및 학교법인, 각종 언론사의 임직원이 포함된다.

이 법의 특징이라면 「형법」이 규정하는 뇌물에 관한 죄에서의 공무원에 비하여 위반행위의 주체에 관한 범위를 대폭 확대하였다는 점과 '공무원등' 또는 그의 '배우자'가 1회 100만원을 초과하거나 1회계년도 동안 누적하여 300만원을 초과한 '금품등'을 수수·요구·약속한 경우에는 직무와의 관련성(대가성)이 있는지 여부를 따질 것도 없이 처벌한다는 점이다.

그리고 '공직자등' 및 그의 '배우자'에 대한 청탁행위와 관련이 있는 경우에는 그들에게 제공하는 금품등은 금액의 많고 적음을 묻지 않고 처벌의 대상에 포함하고, 식사는 3만원을, 선물은 5만원을, 경조사비는 10만원을 각각 상한으로 제한하고 있다.

공익신고자의 입장에서만 보면, 이 법은 범죄의 증거가 매우 치밀하게 감춰져 있기 때문에 증거를 확보하는 일이 쉽지 않다. 또 하나의 단점이라면 다액의 상금을 기대하기도 어렵다는 점이다.

나. 금품등을 수수한 공직자등

제22조(벌칙) ① 다음 각 호의 어느 하나에 해당하는 자는 3년 이하의 징역 또는 3천만원 이하의 벌금에 처한다.
1. 제8조제1항을 위반한 공직자등(제11조에 따라 준용되는 공무수행사인을 포함한다). 다만, 제9조제1항·제2항 또는 제6항에 따라 신고하거나 그 수수 금지 금품등을 반환 또는 인도하거나 거부의 의사를 표시한 공직자등은 제외한다.
   ↳제8조(금품등의 수수 금지) ① 공직자등은 직무 관련 여부 및 기부·후원·증여 등 그 명목에 관계없이 동일인으로부터 1회에 100만원 또는 매 회계연도에 300만원을 초과하는 금품등을 받거나 요구 또는 약속해서는 아니 된다.
   ↳제9조(수수 금지 금품등의 신고 및 처리) ① 공직자등은 다음 각 호의 어느 하나에 해당하는 경우에는 소속기관장에게 지체 없이 서면으로 신고하여야 한다.

1. 공직자등 자신이 수수 금지 금품등을 받거나 그 제공의 약속 또는 의사표시를 받은 경우
2. 공직자등이 자신의 배우자가 수수 금지 금품등을 받거나 그 제공의 약속 또는 의사표시를 받은 사실을 안 경우

② 공직자등은 자신이 수수 금지 금품등을 받거나 그 제공의 약속이나 의사표시를 받은 경우 또는 자신의 배우자가 수수 금지 금품등을 받거나 그 제공의 약속이나 의사표시를 받은 사실을 알게 된 경우에는 이를 제공자에게 지체 없이 반환하거나 반환하도록 하거나 그 거부의 의사를 밝히거나 밝히도록 하여야 한다. 다만, 받은 금품등이 다음 각 호의 어느 하나에 해당하는 경우에는 소속기관장에게 인도하거나 인도하도록 하여야 한다.

1. 멸실·부패·변질 등의 우려가 있는 경우
2. 해당 금품등의 제공자를 알 수 없는 경우
3. 그 밖에 제공자에게 반환하기 어려운 사정이 있는 경우

⑥ 공직자등은 제1항 또는 같은 조 제2항 단서에 따른 신고나 인도를 감독기관·감사원·수사기관 또는 국민권익위원회에도 할 수 있다.

3. 제8조제5항을 위반하여 같은 조 제1항에 따른 수수 금지 금품등을 공직자등(제11조에 따라 준용되는 공무수행사인을 포함한다) 또는 그 배우자에게 제공하거나 그 제공의 약속 또는 의사표시를 한 자

↳**제8조(금품등의 수수 금지)** ⑤ 누구든지 공직자등에게 또는 그 공직자등의 배우자에게 수수 금지 금품등을 제공하거나 그 제공의 약속 또는 의사표시를 해서는 아니 된다.

〔피신고자〕

1. 안○○

　　주소 :

　　전화번호 :

2. 임○○

　　주소 :

　　전화번호 :

　　전자우편주소 :

〔신고 내용〕

1. 「부정청탁 및 금품등 수수의 금지에 관한 법률」 제8조제1항·제5항에 의하면 공직자등은 직무 관련 여부 및 기부·후원·증여 등 그 명목에 관계없이 동일인으로부터 1회에 100만원 또는 매 회계연도에 300만원을 초과하는 금품등을 받거나 요구 또는 약속해서는 아니 되고, 누구든지 공직자등에게 수수 금지 금품을 제공해서는 안 된다고 규정하였습니다.
2. 피신고자 안○○는 인터넷신문사업자인 ○○○뉴스통신 소속 기자이므로 공무원등에 해당하는 사람으로서 2016. 9. 30. 서울 ○○구 ○○동 ○○에 있는 ○○빌딩 1층 커피숍에서 피신고자 임○○으로부터 100,000원짜리 온누리상품권 20장이 든 봉투를 받고, 위 임○○은 위 수수 금지 금품등을 제공하였습니다.

(신고 내용 해설)

- 이 사안에서는 ①금품등을 받거나 요구 또는 약속한 사람이 '공무원등'에 해당

하는 사실, ②수수·요구·약속한 대상이 '금품등'에 해당하는 사실, ③수수·요구·약속한 금품등이 동일인으로부터 1회 100만원을 초과하거나 1회계연도에 누적하여 300만원을 초과하는 사실이 범죄의 구성요건 요소에 해당한다.
- 이 사안에서는 '부정한 청탁'은 범죄의 구성요건 요소에 포함되지 않는다.
- 제출하여야 할 증거로는 금품등을 제공하였거나 제공하기로 약속한 사람의 진술 또는 녹음기록이 될 것이다. 따라서 증거를 확보하는 일은 간단치 않다고 보아야 한다.
- 따라서 시중에서 학원 유사한 것을 차려놓고 마치 김영란법이 시행되면 공익신고자들이 많은 상금을 거머쥘 수 있는 것처럼 말하는 것은 지나친 과장이라고 이해하여도 무방할 것이다.

다. 배우자가 금품등을 수수한 사실을 알고도 신고하지 아니한 공무수행사인(公務遂行私人)

제22조(벌칙) ① 다음 각 호의 어느 하나에 해당하는 자는 3년 이하의 징역 또는 3천만원 이하의 벌금에 처한다.
  2. 자신의 배우자가 제8조제4항을 위반하여 같은 조 제1항에 따른 수수 금지 금품등을 받거나 요구하거나 제공받기로 약속한 사실을 알고도 제9조제1항제2호 또는 같은 조 제6항에 따라 신고하지 아니한 공직자등(제11조에 따라 준용되는 공무수행사인을 포함한다). 다만, 공직자등 또는 배우자가 제9조제2항에 따라 수수 금지 금품등을 반환 또는 인도하거나 거부의 의사를 표시한 경우는 제외한다.
    ↳제8조(금품등의 수수 금지) ① 공직자등은 직무 관련 여부 및 기부·후원·증여 등 그 명목에 관계없이 동일인으로부터 1회에 100만원 또는 매 회계연도에 300만원을 초과하는 금품등을 받거나 요구 또는 약속해서는 아니 된다.
    ② 공직자등은 직무와 관련하여 대가성 여부를 불문하고 제1항에서 정

한 금액 이하의 금품등을 받거나 요구 또는 약속해서는 아니 된다.

④ 공직자등의 배우자는 공직자등의 직무와 관련하여 제1항 또는 제2항에 따라 공직자등이 받는 것이 금지되는 금품등(이하 "수수 금지 금품등"이라 한다)을 받거나 요구하거나 제공받기로 약속해서는 아니 된다.

제9조(수수 금지 금품등의 신고 및 처리) ① 공직자등은 다음 각 호의 어느 하나에 해당하는 경우에는 소속기관장에게 지체 없이 서면으로 신고하여야 한다.

2. 공직자등이 자신의 배우자가 수수 금지 금품등을 받거나 그 제공의 약속 또는 의사표시를 받은 사실을 안 경우

② 공직자등은 자신이 수수 금지 금품등을 받거나 그 제공의 약속이나 의사표시를 받은 경우 또는 자신의 배우자가 수수 금지 금품등을 받거나 그 제공의 약속이나 의사표시를 받은 사실을 알게 된 경우에는 이를 제공자에게 지체 없이 반환하거나 반환하도록 하거나 그 거부의 의사를 밝히거나 밝히도록 하여야 한다. 다만, 받은 금품등이 다음 각 호의 어느 하나에 해당하는 경우에는 소속기관장에게 인도하거나 인도하도록 하여야 한다.

1. 멸실·부패·변질 등의 우려가 있는 경우
2. 해당 금품등의 제공자를 알 수 없는 경우
3. 그 밖에 제공자에게 반환하기 어려운 사정이 있는 경우

⑥ 공직자등은 제1항 또는 같은 조 제2항 단서에 따른 신고나 인도를 감독기관·감사원·수사기관 또는 국민권익위원회에도 할 수 있다.

제11조(공무수행사인의 공무 수행과 관련된 행위제한 등) ① 다음 각 호의 어느 하나에 해당하는 자(이하 "공무수행사인"이라 한다)의 공무 수행에 관하여는 제5조부터 제9조까지를 준용한다.

1. 「행정기관 소속 위원회의 설치·운영에 관한 법률」 또는 다른 법령

에 따라 설치된 각종 위원회의 위원 중 공직자가 아닌 위원
   2. 법령에 따라 공공기관의 권한을 위임·위탁받은 법인·단체 또는 그 기관이나 개인
   3. 공무를 수행하기 위하여 민간부문에서 공공기관에 파견 나온 사람
   4. 법령에 따라 공무상 심의·평가 등을 하는 개인 또는 법인·단체
  ② 제1항에 따라 공무수행사인에 대하여 제5조부터 제9조까지를 준용하는 경우 "공직자등"은 "공무수행사인"으로 보고, "소속기관장"은 "다음 각 호의 구분에 따른 자"로 본다.
   1. 제1항제1호에 따른 위원회의 위원 : 그 위원회가 설치된 공공기관의 장
   2. 제1항제2호에 따른 법인·단체 또는 그 기관이나 개인 : 감독기관 또는 권한을 위임하거나 위탁한 공공기관의 장
   3. 제1항제3호에 따른 사람 : 파견을 받은 공공기관의 장
   4. 제1항제4호에 따른 개인 또는 법인·단체 : 해당 공무를 제공받는 공공기관의 장
3. 제8조제5항을 위반하여 같은 조 제1항에 따른 수수 금지 금품등을 공직자등(제11조에 따라 준용되는 공무수행사인을 포함한다) 또는 그 배우자에게 제공하거나 그 제공의 약속 또는 의사표시를 한 자
  ↳제8조(금품등의 수수 금지) ⑤ 누구든지 공직자등에게 또는 그 공직자등의 배우자에게 수수 금지 금품등을 제공하거나 그 제공의 약속 또는 의사표시를 해서는 아니 된다.

〔피신고자〕

1. 김○○
   주소 :

전화번호 :
2. 이일남
　　　주소 :
　　　전화번호 :

〔신고 내용〕

1. 「부정청탁 및 금품등 수수의 금지에 관한 법률」 제22조제1항제2호, 제8조제1항·제4항·제5항, 제9조제1항제2호 및 제11조의 각 규정들을 종합해보면 자신의 배우자가 수수 금지 금품등을 받거나 요구하거나 제공받기로 약속한 사실을 알고도 지체 없이 서면으로 소속기관장에게 신고하지 아니한 공무수행사인은 처벌한다고 하였습니다.
2. 피신고자 김○○는 변호사로서 ○○교도소 가석방심사위원회 소속 심사위원으로서 공무수행사인이고, 피신고자 이일남은 위 교도소에 수감된 수형자 이이남의 형입니다.
3. 피신고자 이일남은 2016. ○. ○. ○○시 ○○동 ○○-○에 있는 피신고자 김○○의 사무실에서 위 김○○의 배우자인 박○○에게 돈 3,000,000원이 든 봉투 1개를 제공하고, 위 김○○은 이러한 사실을 그날 알았으면서도 이 사실을 소속기관장인 ○○교도소장에게 지체 없이 서면으로 신고할 의무를 위반하였습니다.

(신고 내용 해설)
- 이 사안의 경우에는 금품등을 직접 받은 공무원등(공무수행사인 포함)의 배우자는 처벌하지 않으면서 공무원등(공무수행사인)이 그 사실을 알고도 신고의무를 위반한 행위를 벌하고 있다.
- 이 사안에서는 ①공무수행사인, ②공무수행사인의 배우자, ③금품등 제공자, ④

제공하였거나 제공을 약속한 금품등, ⑤행위의 일시 및 장소 등이 특정되어야 한다.
- 금품등을 제공했거나 제공하기로 약속한 동기나 원인은 이 범죄의 구성요건사실은 아니지만, 신고자가 알고 있다면 정상에 참작할 사유로써 신고서에 그 내용을 표시해주는 것도 나쁘지 않을 것이다.
- 앞의 사례에서도 설명한 바와 같이 이 법을 위반한 행위는 그 증거를 수집하는 일이 어렵다. 따라서 공익신고를 전업으로 하는 사람의 경우에도 이 법을 위반하는 행위의 증거를 수집하기 위한 노력을 의식적으로 기울이기 보다는 우연한 기회에 범죄혐의를 포착한 경우에만 신고하는 것이 바람직할 것이다. 대신 위반행위자가 범죄의 증거를 감출 수 없는 범죄들을 규정하고 있는 다음의 법률들에 관심 갖기를 권한다.
- 「건설기계관리법」, 「건축법」, 「농수산물의 원산지표시에 관한 법률」, 「농지법」, 「산업안전보건법」, 「산지관리법」, 「자동차관리법」, 「축산물위생관리법」, 「토양환경보전법」, 「폐기물관리법」, 「표시·광고의 공정화에 관한 법률」, 「화재예방, 소방시설 설치·유지 및 안전관리에 관한 법률」, 「환경범죄의 단속 및 가중처벌 등에 관한 법률」 등

18. 「산업안전보건법」

가. 법률 이해하기

이 법을 위반한 행위자를 신고한 사람에게는 「공익신고자 보호법」의 관련 규정에 의하여 국민권익위원회가 내부신고자에게는 '보상금'을 지급하고, 외부신고자에게는 재량에 의하여 '포상금'을 지급할 수 있다.

이 법은 독특한 구조를 이루고 있다. 고용노동부령이 셋인 점이 그것이다. 첫째는 「유해위험작업의 취업 제한에 관한 규칙」, 둘째는 「산업안전보건법 시행규칙」, 셋째는 「산업안전보건기준에 관한 규칙」이다.

첫 번째의 것은 법 제47조에서 위임한 사항을 규정한다. 두 번째의 것은 첫째의 것과 셋째의 것을 제외한 것들을 모아서 규정하고 있는데, 법과 대통령령이 위임한 사항 중 주로 행정절차 및 안전점검과 관련한 내용을 규정한다. 세 번째의 것은 법 제23조(안전조치) 및 제24조(보건조치)에서 위임한 사항만을 규정하였다.

그런데 세 번째의 것은 법이 2개 조문에서 위임한 내용만으로 시행규칙을 만들면서 시행규칙의 본문만 무려 671개 조문으로 구성하였다. 다분히 위헌적(違憲的)인 시행규칙으로 보인다. 그 이유는 다음과 같다.

법 제23조 및 제24조를 위반하는 행위는 법 제67조제1호의 규정에 의하여 5년 이하의 징역 또는 5천만원 이하의 벌금에 처해지는 형벌에 관한 법규이다. 원래 형벌법규(범죄와 형벌을 규정한 법규)는 국회가 제정한 형식적 의미의 '법률'로 정하여야 한다. 이는 「대한민국헌법」 제12조 및 제13조에 의하여 보장되는 원칙이다. 이를 '죄형법정주(罪刑法定主義)의 원칙'이라고 한다. 위 원칙에서 파생된 원칙인 '명확성의 원칙'에 의하면 법률이 처벌하고자 하는 행위가 무엇이며 그에 대한 형벌이 어떠한 것인지를 누구나 예견할 수 있고, 그에 따라 자신의 행위를 결정할 수 있도록 구성요건을 명확하게 규정하여야 한다. 따라서 법률이 부득이 이를 하위의 법령이 정하도록 위임하는 경우에도 일반적이고 추상적인 규정만은 법률이 직접 규정한 뒤 '구체적인 사항'만을 위임할 수 있다. 과연 위 시행규칙은 이 원칙을 지키고 있는가? 의심스럽다.

그러나 대법원이 시행규칙에 대하여 또는 헌법재판소가 법률에 대하여 위헌이라는 선언을 하기 전까지는 위 671개 조문이 모두 유효한 규정들이다.

위헌인지 여부는 피신고자가 법정에서 다툴 일이니만큼 공익신고자로서는 법 제23조(안전조치)를 위반한 구체적인 행위가 무엇인지는 「산업안전보건기준에 관한 규칙」 제1조부터 제419조까지에서 찾아야 하고, 법 제24조(보건조치)를 위반한 구체적인 행위가 무언인지를 알아보기 위해서는 위 규칙 제1조부터 제85조까지 및 제420조 내지 제671조를 조사해보아야 할 것이다.

법 제23조 및 제24조가 위헌이 아님을 전제로 고찰해보면, 이 법을 위반하는 행위는 그 증거의 포착이 그리 어렵지 않다는 특징이 있다. 왜냐하면 이 법 제23조 및 제24조는 사업자에게 어떠한 행위를 하라고 요구하였을 뿐 어떠한 행위를 하지 말라는 명령은 덜 하였다. 따라서 신고자로서는 사진 몇 장만 촬영하여 첨부하면서 피신고자가 어떤 의무부과 사항을 위반하였다고 설명하는 신고서를 제출하면 그것으로 충분하기 때문이다. 피신고자가 무혐의결정 또는 무죄를 선고받기 위해서는 스스로 의무를 이행하였다는 점에 관하여 증명하여야 한다.

이 법은 고용노동부 산하 지방노동청 소속 근로감독관이 사법경찰관의 직무를 수행한다. 따라서 신고서는 고용노동부 또는 국민권익위원회에 제출하여야 한다. 검찰청에도 제출할 수는 있으나, 검사는 아마도 근로감독관에게 수사지휘를 할 것이므로 고용노동부에 제출하는 경우와 결과가 다르지 않을 것이다.

한편 이 법을 위반한 행위의 결과 안전사고가 발생하여 사람이 사망하거나 상해를 입은 때에는 일선 경찰공무원이 「형법」이 규정하는 업무상과실치사상의 죄를 수사함에 있어서 이 법을 위반한 행위를 더불어 조사하게 된다.

아래에서는 관련 법령의 규정, 형벌법규를 먼저 소개한 뒤 위 문제의 시행규칙(셋째의 것)은 이 콘텐츠의 맨 끝에 목차와 내용을 소개한다. 공부량이 많을 수밖에 없는 법령이지만, 시간과 노력을 투자할만한 가치가 있는 법령이다.

나. 지반굴착 현장에서의 위험방지조치 불이행

제67조(벌칙) 다음 각 호의 어느 하나에 해당하는 자는 5년 이하의 징역 또는 5천만원 이하의 벌금에 처한다.
   1. 제23조제1항부터 제3항까지, 제24조제1항, 제26조제1항, 제28조제1항, 제37조제1항, 제38조제1항, 제38조의4제1항 또는 제52조제2항을 위반한 자
      ↳**제23조(안전조치)** ① 사업주는 사업을 할 때 다음 각 호의 위험을 예방하기 위하여 필요한 조치를 하여야 한다.
         1. 기계·기구, 그 밖의 설비에 의한 위험
         2. 폭발성, 발화성 및 인화성 물질 등에 의한 위험
         3. 전기, 열, 그 밖의 에너지에 의한 위험

② 사업주는 굴착, 채석, 하역, 벌목, 운송, 조작, 운반, 해체, 중량물 취급, 그 밖의 작업을 할 때 불량한 작업방법 등으로 인하여 발생하는 위험을 방지하기 위하여 필요한 조치를 하여야 한다.

③ 사업주는 작업 중 근로자가 추락할 위험이 있는 장소, 토사·구축물 등이 붕괴할 우려가 있는 장소, 물체가 떨어지거나 날아올 위험이 있는 장소, 그 밖에 작업 시 천재지변으로 인한 위험이 발생할 우려가 있는 장소에는 그 위험을 방지하기 위하여 필요한 조치를 하여야 한다.

④ 제1항부터 제3항까지의 규정에 따라 사업주가 하여야 할 안전상의 조치 사항은 고용노동부령으로 정한다.

↳ 「산업안전보건기준에 관한 규칙」

제338조(지반 등의 굴착 시 위험 방지) ① 사업주는 지반 등을 굴착하는 경우에는 굴착면의 기울기를 별표 11의 기준에 맞도록 하여야 한다. 다만, 흙막이 등 기울기면의 붕괴 방지를 위하여 적절한 조치를 한 경우에는 그러하지 아니하다.

② 제1항의 경우 굴착면의 경사가 달라서 기울기를 계산하기가 곤란한 경우에는 해당 굴착면에 대하여 별표 11의 기준에 따라 붕괴의 위험이 증가하지 않도록 해당 각 부분의 경사를 유지하여야 한다.

[별표 11]

굴착면의 기울기 기준(제338조제1항 관련)

구분	지반의 종류	기울기
보통흙	습지	1 : 1 ~ 1 : 1.5
	건지	1 : 0.5 ~ 1 : 1
암반	풍화암	1 : 0.8
	연암	1 : 0.5
	경암	1 : 0.3

신고 내용

1. 「산업안전보건법」 제23조제2항 및 「산업안전보건기준에 관한 규칙」 제338조에 의하면 연암지대에서 암반굴착작업을 하는 사업자는 굴착면의 기울기를 1 : 0.5가 되도록 유지함으로써 불량한 작업방법 등으로 인하여 발생하는 위험을 방지하여야 한다고 규정하였습니다.
2. 피신고자는 2016. ○.경부터 같은 해 ○월경까지 사이에 ○○시 ○○동 ○○-○ 및 주변 일대에서 암반굴착작업을 시공함에 있어 그 곳은 연암지대임에도 불구하고 굴착면의 기울기를 1 : 0.3으로 유지함으로써 법령의 규정을 위반하여 시공하였습니다.

첨부 : 현장사진 ○장.

(신고 내용 해설)
- 이 법은 시행규칙이 3개이므로, 단순히 '시행규칙'이라고 표시하기보다는 시행규칙의 명칭을 정확히 기재할 필요가 있으며, 위 시행규칙은 매우 방대하므로 그 조항도 기재할 필요가 있어 보인다.
- 이 사안에서는 '굴착면의 기울기'를 규칙이 정한 기준에 어긋나게 시공한 사실이 가장 중요한 구성요건에 해당한다.
- 위반행위자가 법인인 경우에는 피신고자를 특정함에 있어서는 법인명, 법인의 주사무소 소재지, 법인의 대표자(또는 시공책임자) 성명을 기재한다.
- 다른 안전조치의무 및 보건조치의무를 위반한 내용은 위 사례를 응용하면 될 것이다.

다. 석면해체·제거작업자 아닌 자의 석면해체·제거행위

제67조(벌칙) 다음 각 호의 어느 하나에 해당하는 자는 5년 이하의 징역 또는 5천만원 이하의 벌금에 처한다.
1. 제23조제1항부터 제3항까지, 제24조제1항, 제26조제1항, 제28조제1항, 제37조제1항, 제38조제1항, 제38조의4제1항 또는 제52조제2항을 위반한 자

> **제38조의4(석면해체·제거업자를 통한 석면의 해체·제거)** ① 기관석면조사 대상으로서 대통령령으로 정하는 함유량과 면적 이상의 석면이 함유되어 있는 경우 건축물이나 설비의 소유주등은 고용노동부장관에게 등록한 자(이하 "석면해체·제거업자"라 한다)로 하여금 그 석면을 해체·제거하도록 하여야 한다. 다만, 건축물이나 설비의 소유주등이 인력·장비 등에서 석면해체·제거업자와 동등한 능력을 갖추고 있는 경우 등 대통령령으로 정하는 사유에 해당할 경우에는 스스로 석면을 해체·제거할 수 있다.

> **대통령령 제30조의7(석면해체·제거업자를 통한 석면해체·제거 대상)** ① 법 제38조의4제1항 본문에서 "대통령령으로 정하는 함유량과 면적 이상의 석면이 함유되어 있는 경우"란 다음 각 호의 어느 하나에 해당하는 경우를 말한다.
> 1. 철거·해체하려는 벽체재료, 바닥재, 천장재 및 지붕재 등의 자재에 석면이 1퍼센트(무게 퍼센트)를 초과하여 함유되어 있고 그 자재의 면적의 합이 50제곱미터 이상인 경우
> 2. 석면이 1퍼센트(무게 퍼센트)를 초과하여 함유된 분무재 또는 내화피복재를 사용한 경우
> 3. 석면이 1퍼센트(무게 퍼센트)를 초과하여 함유된 제30조의3제1항제3호 각 목의 어느 하나(분무재 및 내화피복재는 제외한다)에 해당하는 자재의 면적의 합이 15제곱미터 이상 또는 그 부피의 합이 1세제곱미터 이상인 경우

↳**대통령령 제30조의3(기관석면조사 대상)** ① 법 제38조의2제2항 본문에서 "대통령령으로 정하는 규모 이상의 건축물이나 설비"란 다음 각 호의 어느 하나에 해당하는 건축물이나 설비를 말한다.

3. 설비의 철거·해체하려는 부분에 다음 각 목의 어느 하나에 해당하는 자재(물질을 포함한다. 이하 같다)를 사용한 면적의 합이 15제곱미터 이상 또는 그 부피의 합이 1세제곱미터 이상인 경우

   가. 단열재
   나. 보온재
   다. 분무재
   라. 내화피복재
   마. 개스킷(Gasket)
   바. 패킹(Packing)재
   사. 실링(Sealing)재
   아. 그 밖에 가목부터 사목까지의 자재와 유사한 용도로 사용되는 자재로서 고용노동부장관이 정하여 고시한 자재

4. 파이프에 사용된 보온재에서 석면이 1퍼센트(무게 퍼센트)를 초과하여 함유되어 있고, 그 보온재 길이의 합이 80미터 이상인 경우

신고 내용

1. 「산업안전보건법」 제38조의4제1항 및 같은 법 시행령 제30조의7제1항제1호에 의하면 기관석면조사 대상으로서 철거·해체하려는 벽체재료, 바닥재,

천장재 및 지붕재 등의 자재에 석면이 1퍼센트(무게 퍼센트)를 초과하여 함유되어 있고 그 자재의 면적의 합이 50제곱미터 이상인 경우에는 건축물이나 설비의 소유주등은 고용노동부장관에게 등록한 자(석면해체·제거업자)로 하여금 그 석면을 해체·제거하도록 하여야 한다고 규정하였습니다.

2. 피신고자는 2016. ㅇ. ㅇ.경 피신고자의 소유인 ㅇㅇ시 ㅇㅇ동 ㅇㅇ-ㅇ 소재 지하1층 지상3층 건물을 철거함에 있어 위 건물은 벽체 및 천장재 재료 중에 석면이 다량 함유되어 있고, 그 면적의 합계가 100제곱미터 이상이므로 석면해체·제거업자로 하여금 석면을 제거하게 하여야 함에도 불구하고 그러한 자격을 갖추지 못한 건축물철거업자인 신고 외 ㅇㅇㅇ에게 건물을 철거하게 함으로써 무자격자가 석면을 철거하게 하였습니다.

첨부 : 사진 ㅇ장.

(신고 내용 해설)

- '기관석면조사대상'은 법 제38조의2제2항 및 법 시행령 제30조의3제1항이 규정하는 건축물 및 설비를 말한다.
- 이 사안의 범죄가 성립하려면 철거·해체하려는 벽체재료, 바닥재, 천장재 및 지붕재 등의 자재에 석면이 무게 대비 1퍼센트를 초과하여 함유되어 있고, 그 자재의 면적의 합이 50제곱미터 이상인 경우이어야 한다. 그러나 신고자가 석면의 함유량이 몇 퍼센트인지를 정확히 알기란 쉽지 않을 것이다. 이러한 경우에는 신고서에 '석면이 다량 함유되어 있다'고만 적어주어도 무방할 것이다. 정확한 함유량을 특정하는 일은 근로감독관의 몫이기 때문이다. 그리고 그 면적의 합에 관하여도 개략적인 면적을 적어주면 충분할 것이다.
- '석면해체·제거업자'는 토목·건축 분야 건설기술자 등 석면해체·제거에 필요한 전문 인력 및 음압기(陰壓機)·위생설비 등 안전한 석면해체·제거작업을 위한 시설과 장비를 갖추고 고용노동부장관에게 등록한 자를 말한다.

- '석면'에 관하여 규제를 하고 있는 법은 이 법 외에도 「석면안전관리법」이 있다. 이 법은 석면을 제거하는 작업에 관여하는 근로자의 안전·보건을 위한 규제임에 비하여 「석면안전관리법」은 일반 국민의 안전을 지키기 위한 목적으로 석면의 취급에 관하여 여러 가지 규제를 가하고 있는 것이다. 「석면안전관리법」도 「공익신고자 보호법」이 규정하는 279개 법률에 포함된다.

라. 무자격자에게 위험한 작업을 하게 한 사업주

제67조의2(벌칙) 다음 각 호의 어느 하나에 해당하는 자는 3년 이하의 징역 또는 2천만원 이하의 벌금에 처한다.
1. 제33조제3항, 제34조제2항, 제34조의4제1항, 제38조제3항, 제38조의3, 제46조, 제47조제1항 또는 제49조의2제1항 후단을 위반한 자
   ↳ **제47조(자격 등에 의한 취업 제한)** ① 사업주는 유해하거나 위험한 작업으로서 고용노동부령으로 정하는 작업의 경우 그 작업에 필요한 자격·면허·경험 또는 기능을 가진 근로자가 아닌 자에게 그 작업을 하게 하여서는 아니 된다.
   ③ 제1항에 따른 자격·면허·경험·기능, 제2항에 따른 교육기관의 지정 요건 및 지정 절차, 그 밖에 필요한 사항은 고용노동부령으로 정한다.
      ↳ 「유해·위험작업의 취업 제한에 관한 규칙」 제3조(자격·면허 등이 필요한 작업의 범위 등) ① 법 제47조제1항에 따른 작업과 그 작업에 필요한 자격·면허·경험 또는 기능은 별표 1과 같다.
      ② 법 제47조제1항에 따른 작업에 대한 취업 제한은 별표 1에 규정된 해당 법령에서 정하는 경우를 제외하고는 해당 작업을 직접 하는 사람에게만 적용하며, 해당 작업의 보조자에게는 적용하지 아니한다.

[별표 1]
자격·면허·경험 또는 기능이 필요한 작업 및 해당 자격·면허·경험 또는 기능(제3조제1항 관련)

작업명	작업범위	자격·면허·기능 또는 경험
1. 「고압가스 안전관리법」에 따른 압력용기 등을 취급하는 작업	자격 또는 면허를 가진 사람이 취급해야 하는 업무	「고압가스 안전관리법」에서 규정하는 자격
2. 「전기사업법」에 따른 전기설비 등을 취급하는 작업	자격 또는 면허를 가진 사람이 취급해야 하는 업무	「전기사업법」에서 규정하는 자격
3. 「에너지이용 합리화법」에 따른 보일러를 취급하는 작업	자격 또는 면허를 가진 사람이 취급해야 하는 업무	「에너지이용 합리화법」에서 규정하는 자격
4. 「건설기계관리법」에 따른 건설기계를 사용하는 작업	면허를 가진 사람이 취급해야 하는 업무	「건설기계관리법」에서 규정하는 면허
5. 터널 내에서의 발파 작업	장전·결선(結線)·점화 및 불발 장약(裝藥) 처리와 이와 관련된 점검 및 처리업무	1) 「총포·도검·화약류 등 단속법」에서 규정하는 자격 2) 「근로자직업능력 개발법」에 따른 해당 분야 직업능력개발훈련 이수자 3) 관계 법령에 따라 해당작업을 할 수 있도록 허용된 사람
6. 인화성 가스 및 산소를 사용하여 금속을 용접·용단 또는 가열하는 작업	가. 폭발분위기가 조성된 장소에서의 업무 나. 안전규칙 제254조에 따른 위험물을 취급하는 밀폐된 장소에서의 업무	1) 「국가기술자격법」에 따른 전기용접기능사, 특수용접기능사 및 가스용접기능사보 이상의 자격(가스용접에 한정한다) 2) 「국가기술자격법」에 따른 금속재료산업기사, 표면처리산업기사, 주조산업기사 및 금속제련산업기사 이상의 자격 3) 「근로자직업능력 개발법」에 따른 해당 분야 직업능력개발훈련 이수자
7. 폭발성·발화성 및 인화성 물질의 제조 또는 취급작업	폭발분위기가 조성된 장소에서의 폭발성·발화성·인화성 물질의 취급업무	1) 「총포·도검·화약류 등 단속법」에서 규정하는 자격 2) 「근로자직업능력 개발법」에 따른 해당 분야 직업능력개발훈련 이수자 3) 관계 법령에 따라 해당작업을 할 수 있도록 허용된 사람
8. 방사선 취급작업	가. 원자로 운전업무 나. 핵연료물질 취급·폐기업무 다. 방사선 동위원소 취급·폐기 업무 라. 방사선 발생장치 검사·촬영 업무	「원자력법」에서 규정하는 면허
9. 고압선 정전작업 및 활선작업(活線作業)	안전규칙 제328조제1항제3호다목에 따른 고압의 전로(電路)를 취급하는 업무로서 가. 정전작업(전로를 전개하여 그 지지물을 설치·해체·점검·수리 및 도장(塗裝)하는 작업)	1) 「국가기술자격법」에 따른 전기기능사, 철도신호기능사 및 전기철도기능사 이상의 자격 2) 「초·중등교육법」에 따른 고등학교에서 전기에 관한 학과를 졸업한 사람 또는 이와 같은 수준 이상의 학력 소지자

	나. 활선작업(고압 또는 특별고압의 충전전로 또는 그 지지물을 설치·점검·수리 및 도장작업)	3) 「근로자직업능력 개발법」에 따른 해당 분야 직업능력개발훈련 이수자 4) 관계 법령에 따라 해당 작업을 할 수 있도록 허용된 사람
10. 철골구조물 및 배관 등을 설치하거나 해체하는 작업	철골구조물 설치·해체작업	1) 「국가기술자격법」에 따른 철골구조물기능사보 이상의 자격 2) 3개월 이상 해당 작업에 경험이 있는 사람(높이 66미터 미만인 것에 한정한다)
	안전규칙 제283조에 따른 위험물질등이 들어 있는 배관	1) 「국가기술자격법」에 따른 공업배관기능사보 이상 및 건축배관기능사보 이상의 자격 2) 「근로자직업능력 개발법」에 따른 해당 분야 직업능력개발훈련 이수자
11. 천장크레인 조종작업 (조종석이 설치되어 있는 것에 한정한다)	조종석에서의 조종작업	1) 「국가기술자격법」에 따른 천장크레인운전기능사의 자격 2) 「근로자직업능력 개발법」에 따른 해당 분야 직업능력개발훈련 이수자 3) 이 규칙에서 정하는 해당 교육기관에서 교육을 이수하고 수료시험에 합격한 사람
12. 타워크레인 조종작업 (조종석이 설치되지 않은 정격하중 5톤 이상의 무인타워크레인을 포함한다)		「국가기술자격법」에 따른 타워크레인운전기능사의 자격
13. 컨테이너크레인 조종업무(조종석이 설치되어 있는 것에 한정한다)	조종석에서의 조종작업	1) 「국가기술자격법」에 따른 컨테이너크레인운전기능사의 자격 2) 「근로자직업능력 개발법」에 따른 해당 분야 직업능력개발훈련 이수자 3) 이 규칙에서 정하는 해당 교육기관에서 교육을 이수하고 수료시험에 합격한 사람 4) 관계 법령에 따라 해당 작업을 할 수 있도록 허용된 사람
14. 승강기 점검 및 보수작업		1) 「국가기술자격법」에 따른 승강기기능사의 자격 2) 「근로자직업능력 개발법」에 따른 해당 분야 직업능력개발훈련 이수자 3) 이 규칙에서 정하는 해당 교육기관에서 교육을 이수하고 수료시험에 합격한 사람 4) 관계 법령에 따라 해당 작업을 할 수 있도록 허용된 사람
15. 흙막이 지보공(支保工)의 조립 및 해체작업		1) 「국가기술자격법」에 따른 거푸집기능사보 또는 비계기능사보 이상의 자격 2) 3개월 이상 해당 작업에 경험이

		있는 사람(깊이 31미터 미만인 작업에 한정한다) 3) 「근로자직업능력 개발법」에 따른 해당 분야 직업능력개발훈련 이수자 4) 이 규칙에서 정하는 해당 교육기관에서 교육을 이수한 사람
16. 거푸집의 조립 및 해체작업		1) 「국가기술자격법」에 따른 거푸집기능사보 이상의 자격 2) 3개월 이상 해당 작업에 경험이 있는 사람(층높이가 10미터 미만인 작업에 한정한다) 3) 「근로자직업능력 개발 법」에 따른 해당 분야 직업능력개발훈련 이수자 4) 이 규칙에서 정하는 해당 교육기관에서 교육을 이수한 사람
17. 비계의 조립 및 해체 작업		1) 「국가기술자격법」에 따른 비계기능사보 이상의 자격 2) 3개월 이상 해당 작업에 경험이 있는 사람(층높이가 10미터 미만인 작업에 한정한다) 3) 「근로자직업능력 개발법」에 따른 해당 분야 직업능력개발훈련 이수자 4) 이 규칙에서 정하는 해당 교육기관에서 교육을 이수한 사람
18. 표면공급식 잠수장비 또는 스쿠버 잠수장비에 의해 수중에서 행하는 작업		1) 「국가기술자격법」에 따른 잠수기능사보 이상의 자격 2) 「근로자직업능력 개발법」에 따른 해당 분야 직업능력개발훈련 이수자 3) 3개월 이상 해당 작업에 경험이 있는 사람 4) 이 규칙에서 정하는 해당 교육기관에서 교육을 이수한 사람
19. 롤러기를 사용하여 고무 또는 에보나이트 등 점성물질을 취급하는 작업		3개월 이상 해당 작업에 경험이 있는 사람
20. 양화장치(揚貨裝置)운전작업(조종석이 설치되어 있는 것에 한정한다)		1) 「국가기술자격법」에 따른 양화장치운전기능사보 이상의 자격 2) 「근로자직업능력 개발법」에 따른 해당 분야 직업능력개발훈련 이수자 3) 이 규칙에서 정하는 해당 교육기관에서 교육을 이수하고 수료시험에 합격한 사람
21. 타워크레인 설치(상승작업을 포함한다. 이하 같다)·해체 작업		1) 「국가기술자격법」에 따른 제관기능사 또는 비계기능사의 자격 2) 이 규칙에서 정하는 해당 교육기관에서 교육을 이수하고 수료시험에 합격한 사람

신고 내용

1. 「산업안전보건법」 제47조제1항 및 「유해·위험작업의 취업 제한에 관한 규칙」 제3조제1항별표1제14호의 규정들을 종합하면 사업주는 유해하거나 위험한 작업으로서 위 규칙이 정하는 작업인 승강기 점검 및 보수작업의 경우 다음 각 목의 어느 하나에 해당하는 근로자가 아닌 자에게 그 작업을 하게 하여서는 아니 된다고 규정하였습니다.
   가. 「국가기술자격법」에 따른 승강기기능사의 자격
   나. 「근로직업능력개발법」에 따른 해당 분야 직업능력개발훈련 이수자
   다. 「유해·위험작업의 취업 제한에 관한 규칙」에서 정하는 해당 교육기관에서 교육을 이수하고 수료시험에 합격한 사람
   라. 관계 법령에 따라 해당 작업을 할 수 있도록 허용된 사람

2. 피신고자는 불특정다수의 승강기 소유자로부터 의뢰를 받아 승강기의 점검 및 보수작업을 전문으로 하는 ○○시 ○○동 ○○-○에 주사무소를 둔 '○○엘리베이터 주식회사'의 대표이사입니다.

3. 피신고자는 2016. ○. ○. 위 같은 동 ○-○○ 소재 ○○빌딩에 설치된 승강기에 관하여 피신고자가 고용하고 있는 사람으로서 위 법령이 규정하는 점검 및 보수작업을 할 수 있는 요건을 갖추지 아니한 신고외 김○○과 이○○이 점검 및 보수작업을 하게 한 것을 비롯하여 2013. ○.경부터 현재까지 ○○시 일원에 있는 승강기들을 대상으로 위와 같이 그 작업을 하게 해서는 안 될 사람들에게 그 작업을 하도록 하고 있습니다.

(신고 내용 해설)

- 이 사안의 범죄구성요건 요소는 ①유해·위험작업, ②사업주, ③자격·면허·경험·기능을 갖추지 못한 자에게 작업하게 한 사실이다.
- 이 사안의 경우에는 법령의 규정이 단순치 않다. 이러한 경우에는 먼저 법령이 요구하는 구성요건을 잘 정리해주어서 신고를 받는 기관의 사법경찰관 등으로 하여금 신고자가 신고하려는 내용이 무엇인지를 밝혀주는 것이 하나의 요령이며, 사법경찰관 등에 대한 배려이기도 하다.
- 위 사안과 같이 위반행위를 계속·반복하여 저지른 행위는 그 행위마다 1개의 범죄가 성립하지만, 신고자가 수많은 위반행위를 모두 열거하는 것은 어려울 것이므로, 1개의 위반행위만을 정확히 특정한 다음 언제부터 언제까지 동일 또는 유사한 위반행위를 계속하여 저질렀다는 취지만 적어주어도 무방하다. 특히 '영업범'의 경우에는 이와 같은 요령으로 신고내용을 작성한다.
- '영업범'이란 법률이 동일 또는 유사한 영업행위를 예상하여 미리 허가, 등록, 인가, 신고 등을 하도록 요구하고 있는 업무를 말하는 것으로서 각종 음식물의 제조·가공·판매업, 각종 위험물의 운송·저장·판매업, 각종 건설 관련 영업 등을 말한다.
- 「승강기시설 안전관리법」 제11조제1항에 의하면 승강기의 유지관리를 영업으로 하려는 사람은 특별시·자치시·광역시장 또는 도지사에게 등록을 하도록 규정하였다. 이를 위반한 행위는 같은 법 제25조제3호의 규정에 의하여 3년 이하의 징역 또는 3천만원 이하의 벌금의 형으로 처벌한다.
- 위 사안의 피신고자가 만약 무등록 유지·관리업자라면 피신고자는 「산업안전보건법」과 「승강기시설 안전관리법」을 동시에 위반한 행위가 된다. 이처럼 하나의 행위가 동시에 두 개 이상의 범죄를 구성하는 경우를 두고 형사법학에서는 '상상적 경합범(想像的 競合犯)'이라고 부른다. 상상적 경합범은 위반행위 중 가장 무거운 형벌을 규정한 법률의 규정에 의하여 처벌한다. 따라서 이 사안에서는 「승강기시설 안전관리법」의 벌칙규정을 적용하여 처벌하게 될 것이지만 신고자로서는 이런 문제까지 모두 고려하여야 할 이유는 없고, 위반행위를

적용하는 법률이 여러 개가 있더라도 어느 하나의 법률을 위반한 사실만을 특정하는 내용의 신고서를 작성하면 된다. 처벌법규의 선택은 검사의 몫이다.
- 「승강기시설 안전관리법」은 「공익신고자 보호법」이 규정하는 279개 법률에 포함되어 있다. 즉 국민권익위원회가 '보상금' 또는 '포상금'을 지급하는 대상 법률에 해당한다.

마. 기관석면조사를 하지 아니하고 건축물을 철거하는 행위

제72조(과태료) ① 다음 각 호의 어느 하나에 해당하는 자에게는 5천만원 이하의 과태료를 부과한다.
1. 제38조의2제2항에 따라 기관석면조사를 하지 아니하고 건축물 또는 설비를 철거하거나 해체한 자

↳**제38조의2(석면조사)** ① 건축물이나 설비를 철거하거나 해체하려는 경우에 해당 건축물이나 설비의 소유주 또는 임차인 등(이하 "건축물이나 설비의 소유주등"이라 한다)은 다음 각 호의 사항을 고용노동부령으로 정하는 바에 따라 조사(이하 "일반석면조사"라 한다)한 후 그 결과를 기록·보존하여야 한다.
1. 해당 건축물이나 설비에 석면이 함유되어 있는지 여부
2. 해당 건축물이나 설비 중 석면이 함유된 자재의 종류, 위치 및 면적
② 제1항에 따른 건축물이나 설비 중 대통령령으로 정하는 규모 이상의 건축물이나 설비의 소유주등은 고용노동부장관이 지정하는 기관(이하 "석면조사기관"이라 한다)으로 하여금 제1항 각 호의 사항과 해당 건축물이나 설비에 함유된 석면의 종류 및 함유량을 조사(이하 "기관석면조사"라 한다)하도록 한 후 그 결과를 기록·보존하여야 한다. 다만, 석면함유 여부가 명백한 경우 등 대통령령으로 정하는 사유에 해당하여 고용노동부령으로 정하는 절차에 따라 확인을 받은 경우에는 기관석면조사를 생략할 수 있다.

↳**대통령령 제30조의3(기관석면조사 대상)** ① 법 제38조의2제2항 본문에서 "대통령령으로 정하는 규모 이상의 건축물이나 설비"란 다음 각 호의 어느 하나에 해당하는 건축물이나 설비를 말한다.

1. 건축물(제2호에 따른 주택은 제외한다. 이하 이 호에서 같다)의 연면적 합계가 50제곱미터 이상이면서, 그 건축물의 철거·해체하려는 부분의 면적 합계가 50제곱미터 이상인 경우
2. 주택(「건축법 시행령」 제2조제12호에 따른 부속건축물을 포함한다. 이하 이 조에서 같다)의 연면적 합계가 200제곱미터 이상이면서, 그 주택의 철거·해체하려는 부분의 면적 합계가 200제곱미터 이상인 경우
3. 설비의 철거·해체하려는 부분에 다음 각 목의 어느 하나에 해당하는 자재(물질을 포함한다. 이하 같다)를 사용한 면적의 합이 15제곱미터 이상 또는 그 부피의 합이 1세제곱미터 이상인 경우
   가. 단열재
   나. 보온재
   다. 분무재
   라. 내화피복재
   마. 개스킷(Gasket)
   바. 패킹(Packing)재
   사. 실링(Sealing)재
   아. 그 밖에 가목부터 사목까지의 자재와 유사한 용도로 사용되는 자재로서 고용노동부장관이 정하여 고시한 자재
4. 파이프 길이의 합이 80미터 이상이면서, 그 파이프의 철거·해체하려는 부분의 보온재로 사용된 길이의 합이 80미터 이상인 경우

② 법 제38조의2제2항 단서에서 "석면함유 여부가 명백한 경우 등

대통령령으로 정하는 사유"란 다음 각 호와 같다.

1. 건축물이나 설비의 철거·해체 부분에 사용된 자재가 설계도서, 자재 이력 등 관련 자료를 통해 석면을 함유하고 있지 않음이 명백하다고 인정되는 경우
2. 건축물이나 설비의 철거·해체 부분에 석면이 1퍼센트(무게 퍼센트) 초과하여 함유된 자재를 사용하였음이 명백하다고 인정되는 경우

↳**법 시행규칙 제80조의2(석면조사의 생략 등 확인 절차)** ① 법 제38조의2제2항 단서에 따라 건축물이나 설비의 소유주등이 영 제30조의3제2항 각 호에 따른 석면조사의 생략 대상 건축물등에 대하여 확인을 받으려는 경우에는 영 제30조의3제2항 각 호의 사유에 해당함을 증명할 수 있는 서류를 첨부하여 별지 제17호의3서식의 석면조사의 생략 등 확인신청서에 석면이 함유되어 있지 않음 또는 석면이 1퍼센트(무게 퍼센트) 초과하여 함유되어 있음을 표시하여 관할 지방고용노동관서의 장에게 제출하여야 한다.

신고 내용

1. 「산업안전보건법」 제72조제1항제1호, 제38조의2제2항 및 같은 법 시행령 제30조의3제1항제1호에 의하면 건축물의 면적 합계가 50제곱미터 이상이면서 그 건축물의 철거·해체하려는 부분의 면적 합계가 50제곱미터 이상인 경우에는 건축물의 소유자등은 기관석면조사를 해야 한다고 규정하였습니다.
2. 피신고자는 2016. ㅇ. 중순경 피신고자의 소유인 ㅇㅇ시 ㅇㅇ동 ㅇㅇ-ㅇ에 있는 지상3층 건물을 철거함에 있어 위 건물은 연면적이 300제곱미터가 넘는 건물임에도 불구하고 기관석면조사를 하지 아니한 채 철거를 하고 있습니다.

첨부 자료
1. 현장사진 ○장.
2. 건축물대장등본 1통.

(신고 내용 해설)
- 이 사안의 범죄구성요건은 ①철거하려는 건축물의 연면적이 50㎡ 이상인 사실(기관석면조사 대상 건물), ②건축물의 소유자, ③건축물의 소재지, ④철거행위이다.
- 이 사안은 건물을 철거하고 있는 상태를 상정하였으나, 이미 철거를 완료한 건물의 경우에도 신고를 하는 데에는 장애가 되지 않을 것이다. 석면조사기관에 대하여 기관석면조사를 의뢰한 사실이 없다면, 피신고자가 위반행위를 부인할 수는 없을 것이기 때문이다.
- 해당 건축물의 구조 및 규모 등을 특정할 수 있는 자료로써 건축물대장등본을 덧붙여주는 정도의 성의는 표시할 필요가 있다.

19. 「산지관리법」

가. 법률 이해하기

이 법은 이 법 자체의 규정에 의하여 산림청장 또는 지방자치단체의 장이 상한액 50만원의 범위 안에서 '포상금'을 지급하는 한편 「공익신고자 보호법」의 관련 규정에 의하여 국민권익위원회가 내부신고자에게는 '보상금'을 지급하고, 외부신고자에게는 '포상금'을 지급할 수 있다.

이 법을 위반한 행위는 그 증거물을 숨길 수 없다는 특징이 있다. 전용된 산지 또는 골재채취의 장소 등 그 자체가 증거이기 때문이다. 따라서 공익신고자에게는 증거의 채집이 용이하다는 장점이 있다. 법령의 규정들이 그리 어렵거나 복잡하지도 않다.

나. 무허가 산지전용행위

제53조(벌칙) 다음 각 호의 어느 하나에 해당하는 자는 7년 이하의 징역 또는 5천만원 이하의 벌금에 처한다. 이 경우 징역형과 벌금형을 병과(倂科)할 수 있다.
1. 제14조제1항 본문을 위반하여 산지전용허가를 받지 아니하고 산지전용을 하거나 거짓이나 그 밖의 부정한 방법으로 산지전용허가를 받아 산지전용을 한 자
   ↳**제14조(산지전용허가)** ① 산지전용을 하려는 자는 그 용도를 정하여 대통령령으로 정하는 산지의 종류 및 면적 등의 구분에 따라 산림청장등의 허가를 받아야 하며, 허가받은 사항을 변경하려는 경우에도 같다. 다만, 농림축산식품부령으로 정하는 사항으로서 경미한 사항을 변경하려는 경우에는 산림청장등에게 신고로 갈음할 수 있다.
   ↳**대통령령제15조(산지전용허가의 절차 및 심사)** ① 법 제14조제1항에 따라 산지전용허가 또는 변경허가를 받거나 변경신고를 하려는 자는 신청서에 농림축산식품부령으로 정하는 서류를 첨부하여 다음 각 호의 구분에 따른 자에게 제출하여야 한다.
   1. 법 제14조제1항에 따른 산지전용허가를 받으려는 산지의 면적(산지전용허가에 대한 변경허가를 받거나 변경신고를 하려는 경우에는 최초로 산지전용허가를 받은 산지의 면적을 말한다)이 200만제곱미터 이상(보전산지의 경우에는 100만제곱미터 이상)인 경우 : 산림청장
   2. 법 제14조제1항에 따른 산지전용허가를 받으려는 산지의 면적(산지전용허가에 대한 변경허가를 받거나 변경신고를 하려는 경우에는 최초로 산지전용허가를 받은 산지의 면적을 말한다)

이 50만제곱미터 이상 200만제곱미터 미만(보전산지의 경우에는 3만제곱미터 이상 100만제곱미터 미만)인 경우

   가. 산림청장 소관인 국유림의 산지인 경우 : 산림청장

   나. 산림청장 소관이 아닌 국유림, 공유림 또는 사유림의 산지인 경우 : 시·도지사

3. 법 제14조제1항에 따른 산지전용허가를 받으려는 산지의 면적(산지전용허가에 대한 변경허가를 받거나 변경신고를 하려는 경우에는 최초로 산지전용허가를 받은 산지의 면적을 말한다)이 50만제곱미터 미만(보전산지의 경우에는 3만제곱미터 미만)인 경우

   가. 산림청장 소관인 국유림의 산지인 경우 : 산림청장

   나. 산림청장 소관이 아닌 국유림, 공유림 또는 사유림의 산지인 경우 : 시장·군수·구청장

↳**농림축산식품부령 제10조(산지전용허가의 신청 등)** ④ 법 제14조제1항 단서에서 "농림축산식품부령으로 정하는 사항"이란 다음 각 호의 어느 하나에 해당하는 사항을 말한다.

1. 산지전용허가를 받은 자의 명의변경
2. 산지전용을 하려는 산지의 이용계획 및 토사처리계획 등 사업계획의 변경(산지전용허가를 받은 산지의 면적이 변경되지 아니하는 경우에 한정한다)
3. 산지전용면적의 축소
4. 「공간정보의 구축 및 관리 등에 관한 법률」 제78조에 따른 등록전환 시 측량오차를 바로잡기 위한 면적의 증감이나 경계의 변경
5. 산지전용허가를 받은 산지의 소유권 또는 사용·수익권의 변경

신고 내용

　피신고자는 관할관청의 허가를 받지 아니하고 2015. ○.경부터 이듬해 ○월경까지 사이에 피신고자 소유의 산지인 경기도 ○○군 ○○면 ○○리 ○○-○ 임야 약 10,000㎡에 대하여 자생하는 초목을 제거한 다음 계단식으로 평지작업을 하고, 그 지상 일부에는 목재 및 경량판넬 등을 이용하여 약 20㎡ 규모인 가설건축물 10동을 신축하는 한편 나머지 지상에는 잔디를 심는 등으로 야영장을 조성하여 산지를 전용하였습니다.

　첨부 자료

1. 임야대장 1통.
2. 현장 사진 ○장. 끝.

(신고 내용 해설)
- 행위의 장소가 산지를 전용하기 전에는 법 제2조제1호가 설명하는 '산지(山地)'에 해당한다는 점을 설명하고, 이를 뒷받침할 자료로 임야대장을 첨부한다.
- 허가를 받지 아니하고 법 제2조제2호의 산지전용에 해당하는 행위를 저지른 내용이 무엇인지를 설명하고, 이를 뒷받침할 증거자료로써 사진을 첨부한다.
- 전용한 산지의 면적은 개략적인 면적을 적어주면 무방할 것이다. 정확한 면적을 특정하는 일은 산림청 또는 지방자치단체 소속 특별사법경찰관의 몫이기 때문이다.
- 위 사례의 경우에는 「건축법」을 위반한 행위를 신고 내용에서 제외하였다. 그러나 허가를 받지 않고 산지를 전용한 행위이니만큼 그 곳에서 이루어진 건축행위도 「건축법」의 관련 규정을 위반한 행위임은 두말할 나위가 없으므로, 이

부분도 신고 내용에 포함하는 것이 자연스러울 것이다.
- 이 사안은 원상복구명령 등 행정처분이 수반되어야 할 내용이므로, 이를 위반한 내용의 신고서는 지방자치단체 또는 국민권익위원회에 제출하면 된다.

다. 변경허가를 받지 아니한 토석채취자

제54조(벌칙) 다음 각 호의 어느 하나에 해당하는 자는 5년 이하의 징역 또는 3천만원 이하의 벌금에 처한다.
  4. 제25조제1항 본문을 위반하여 변경허가를 받지 아니하고 토석채취를 하거나 거짓이나 그 밖의 부정한 방법으로 변경허가를 받아 토석채취를 한 자

   ↳제25조(토석채취허가 등) ① 국유림이 아닌 산림의 산지에서 토석을 채취하려는 자는 대통령령으로 정하는 바에 따라 다음 각 호의 구분에 따라 시·도지사 또는 시장·군수·구청장에게 토석채취허가를 받아야 하며, 허가받은 사항을 변경하려는 경우에도 같다. 다만, 농림축산식품부령으로 정하는 경미한 사항을 변경하려는 경우에는 시·도지사 또는 시장·군수·구청장에게 신고하는 것으로 갈음할 수 있다.
   1. 토석채취 면적이 10만제곱미터 이상인 경우 : 시·도지사의 허가
   2. 토석채취 면적이 10만제곱미터 미만인 경우 : 시장·군수·구청장의 허가

   ↳대통령령 제32조(토석채취허가의 절차 및 심사 등) ① 법 제25조제1항에 따라 토석채취허가 또는 변경허가를 받거나 변경신고를 하려는 자는 신청서에 농림축산식품부령이 정하는 서류를 첨부하여 시·도지사 또는 시장·군수·구청장에게 제출하여야 한다.

   ↳농림축산식품부령 제24조(토석채취허가의 신청 등) ③ 법 제25조제1항 각 호 외의 부분 단서에서 "농림축산식품부령으로 정하는 경미한 사항"이란 다음 각 호의 어느 하나에 해당하는 사항을 말한다.
   1. 토석채취방법, 연차별 생산·이용계획, 토사처리계획(석재에 한

정한다) 등 사업계획의 변경
2. 토석채취허가를 받은 자 및 그 대표자의 명의변경
3. 법인명칭의 변경이 없는 법인대표의 변경
4. 법인대표의 변경이 없는 법인명칭의 변경
5. 토석채취허가(석재에 한정한다)를 받은 석재의 용도변경. 다만, 법 제25조의4 및 제28조제2항에 따라 토석채취허가(석재에 한정한다)를 받은 석재의 용도를 변경하는 경우는 제외한다.
6. 토석채취허가를 받은 면적의 축소

신고 내용

「산지관리법」제54조제4호 및 제25조제1항제2호에 의하면 허가받은 토석채취 면적이 10만제곱미터 미만인 토석채취 장소에서 허가받은 내용을 변경하여 토석을 채취하려면 시장·군수·구청장의 허가를 받아야 한다고 규정하였습니다.

피신고자는 피신고자 소유의 산지인 ○○시 ○○동 ○○-○ 일원 약 20,000제곱미터에 대하여 ○○시장으로부터 허가를 받아 2015. ○. ○.경부터 토석을 채취함에 있어 허가받은 지점과 인접한 동남쪽 부근 약 1,500제곱미터(30m×50m)에 대하여는 변경허가를 받지 아니한 채 토석을 채취하고 있습니다.

첨부 : 사진 ○장.

(신고 내용 해설)
- 이 사안에서는 ①허가받은 내용, ②변경허가를 받지 아니한 사실, ③허가받은 지역을 벗어나서 채취한 내용을 설명하면 충분하다.
- ①과 관련해서는 그 내용을 수사관이 용이하게 확인할 수 있는 것이므로, 신고

자로서는 다소 부정확한 내용을 표현하더라도 문제될 것은 없다.
- ③과 관련하여 살펴보면, 관할관청이 허가를 할 때에는 허가된 구역을 외부에서 알아볼 수 있도록 경계표시를 할 것을 조건으로 허가한다. 따라서 허가받은 구역을 벗어난 사실을 증명할만한 사진을 촬영할 때에는 그 경계를 표시한 부분이 잘 드러나도록 촬영하고, 그 사진을 신고서에 첨부하여야 할 것이다. 허가된 구역 밖의 면적, 즉 변경허가를 받아야 함에도 불구하고 변경허가를 받지 아니하고 토석을 채취한 정확한 면적을 특정하는 일은 수사관의 몫이므로, 신고자로서는 개략적인 면적을 신고서에 적어주면 무방하다.

20. 「수질 및 수생태계 보전에 관한 법률」

가. 법률 이해하기

이 법은 이 법 자체의 규정에 의하여 환경부가 '포상금'을 지급한다. 그러나 이 포상금의 지급방법·절차 및 포상금의 액수산정 기준 등에 관하여 대통령령이 아직 규정하지 않았다(2016년 10월 현재).

「공익신고자 보호법」의 관련 규정에 의하여 국민권익위원회가 보상금(내부신고자) 또는 포상금(외부신고자)을 지급하고 있다.

이 법은 법령의 규정들이 다소 복잡하고 난해하다. 그러나 이 법을 위반하는 행위는 상수원(上水源)의 상류지역 등에서는 어렵지 않게 발견할 수 있다는 장점도 있다. 법령의 규정들을 얼마만큼 습득했느냐에 따라 위반행위의 증거를 포착하는 능력에는 많은 차이가 있을 것이다. 다시 말하자면, 법령의 규정들을 충분히 습득한 사람에게만 위반행위의 증거가 보인다는 의미이다.

나. 무허가 폐수배출시설 설치자

제75조(벌칙) 다음 각 호의 어느 하나에 해당하는 자는 7년 이하의 징역 또는 7천

만원 이하의 벌금에 처한다.
1. 제33조제1항 또는 제2항에 따른 허가 또는 변경허가를 받지 아니하거나 거짓으로 허가 또는 변경허가를 받아 배출시설을 설치 또는 변경하거나 그 배출시설을 이용하여 조업한 자

  ↳제33조(배출시설의 설치 허가 및 신고) ① 배출시설을 설치하려는 자는 대통령령으로 정하는 바에 따라 환경부장관의 허가를 받거나 환경부장관에게 신고하여야 한다. 다만, 제7항에 따라 폐수무방류배출시설을 설치하려는 자는 환경부장관의 허가를 받아야 한다.

  ↳대통령령 제31조(설치허가 및 신고 대상 폐수배출시설의 범위 등) ① 법 제33조제1항 본문에 따라 설치허가를 받아야 하는 폐수배출시설(이하 "배출시설"이라 한다)은 다음 각 호와 같다.

    4. 「수도법」 제7조에 따른 상수원보호구역(이하 "상수원보호구역"이라 한다)에 설치하거나 그 경계구역으로부터 상류로 유하거리(流下距離) 10킬로미터 이내에 설치하는 배출시설

    5. 상수원보호구역이 지정되지 아니한 지역 중 상수원 취수시설이 있는 지역의 경우에는 취수시설로부터 상류로 유하거리 15킬로미터 이내에 설치하는 배출시설

신고 내용

1. 「수질 및 수생태계 보전에 관한 법률」 제33조제1항 및 같은 법 시행령 제31조제1항제4호에 의하면 「수도법」 제7조에 따른 상수원보호구역이나 그 경계구역으로부터 상류로 유하거리(流下距離) 10킬로미터 이내에 폐수배출시설을 설치하려면 관할관청의 허가를 받아야 한다고 규정하였습니다.
2. 피신고자는 관할관청의 허가를 받지 아니하고 2016. O.경 상수원보호구역인 경기도 ○○군 ○○면 ○○리 ○○-○ 지상 약 600㎡에 폐수배출시설인

>   '섬유염색 및 가공공장'을 설치하였습니다.
>
> 첨부하는 자료
>
> 1. 국토이용계획확인원 1통.
> 2. 현장 사진 ○장.

(신고 내용 해설)

- 이 사안의 범죄구성요건은 ①허가를 받지 아니한 사실, ②상수원보호구역 안이라는 사실, ③폐수배출시설의 설치행위이다.
- 상수원보호구역 안이라는 사실은 국토이용계획확인원에 의하여 증명이 된다. 폐수배출시설이라는 점은 법 시행규칙 제6조 관련 별표 4에서 규정하는 요건에 해당하는 사실을 입증할 자료로 사진을 첨부하면 될 것이다.
- 이 법을 위반한 행위는 환경부 및 지방자치단체(광역 및 기초자치단체) 소속으로서 관련 업무를 단속하는 공무원이 사법경찰관의 직무를 수행한다. 따라서 신고서를 제출할 기관은 관할 지방자치단체, 경찰청 또는 국민권익위원회이다.

다. 공공수역에 특정수질유해물질을 버리는 행위

제77조(벌칙) 제15조제1항제1호를 위반하여 특정수질유해물질 등을 누출·유출하거나 버린 자는 3년 이하의 징역 또는 3천만원 이하의 벌금에 처한다.

　↳**제15조(배출 등의 금지)** ① 누구든지 정당한 사유 없이 다음 각 호의 어느 하나에 해당하는 행위를 하여서는 아니 된다.

　　1. 공공수역에 특정수질유해물질, 「폐기물관리법」에 따른 지정폐기물, 「석유 및 석유대체연료 사업법」에 따른 석유제품·가짜석유제품·석유대체연료 및 원유(석유가스는 제외한다. 이하 "유류"라 한다), 「화학물질관

리법」에 따른 유독물질(이하 "유독물"이라 한다), 「농약관리법」에 따른 농약(이하 "농약"이라 한다)을 누출·유출하거나 버리는 행위

신고 내용

피신고자는 2016. ○. ○.경 ○○시 ○○동 ○○-○에 있는 피신고자의 공장에서 인근 ○○천으로 연결된 비밀 배출관을 묻고, 그 무렵부터 위 공장에서 배출되는 벤젠이 혼합된 폐수를 위 배관을 통하여 위 하천에 흘러들게 함으로써 특정수질유해물질을 공공수역에 버리고 있습니다. 따라서 「수질 및 수생태계보전에 관한 법률」을 위반한 행위로 신고합니다.

(신고 내용 해설)
- 이 사안에서 신고서에 특정하여야 할 사항은 ①공공수역, ②특정수질유해물질, ③누출, 유출 또는 버리는 행위이다.
- ①은 법 제2조제9호 및 시행규칙 제5조에서 규정하는 장소 중 어느 하나에 해당하는 곳을 특정하면 된다.
- 특정수질유해물질은 법 시행규칙 제4조 관련 별표 3에서 규정하는 것 중 어느 하나에 해당하는 것을 말한다.

라. 미신고 기타수질오염원 설치자

제78조(벌칙) 다음 각 호의 어느 하나에 해당하는 자는 1년 이하의 징역 또는 1천만원 이하의 벌금에 처한다.

  14. 제60조제1항에 따른 신고를 하지 아니하고 기타수질오염원을 설치 또는 관리한 자

↳제60조(기타수질오염원의 설치신고 등) ① 기타수질오염원을 설치하거나 관리하려는 자는 환경부령으로 정하는 바에 따라 환경부장관에게 신고하여야 한다. 신고한 사항을 변경하는 경우에도 또한 같다.

↳환경부령 제86조(기타수질오염원의 설치·관리 신고 등) ① 법 제60조제1항 전단에 따라 기타수질오염원을 설치하거나 관리하려는 자는 시설을 설치하거나 관리하기 15일 전까지 별지 제37호서식의 기타수질오염원 설치·관리신고서에 다음 각 호의 서류를 첨부하여 시·도지사에게 제출하여야 한다.
1. 기타수질오염원의 명세서 및 그 도면
2. 원료·사료·약품·농약 등 수질오염의 원인이 되는 물질의 사용량, 용수사용량 및 수질오염물질 배출예측서
3. 제87조에 따른 시설의 설치 또는 조치 계획서

신고 내용

「수질 및 수생태계 보전에 관한 법률」 제60조제1항의 규정에 의하면 기타수질오염원을 설치하려면 관할관청에 신고하여야 함에도 불구하고, 피신고자는 관할관청에 신고를 하지 아니한 채 2016. ○.경 경기도 ○○군 ○○면 ○○리 ○○-○ 약 300㎡ 지상에 자동차 및 건설기계를 정비하는 운수장비정비시설을 설치함으로써 기타수질오염원을 설치하였습니다.

첨부 : 사진 ○장.

(신고 내용 해설)
- 이 사안의 경우에는 그 설치 장소가 어디인가는 문제되지 않는다. 따라서 신고

서에는 설치한 시설이 '기타수질오염원'에 해당하는 사실과 설치장소만 특정하면 된다.
- 기타수질오염원의 범위는 법 시행규칙 별표 5에서 규정하였다.
- 위 사례와 같이 운수장비정비시설을 설치한 경우에는 「자동차관리법」및 「건설기계관리법」을 함께 위반하는 행위가 될 것이다. 이는 이 법 위반행위와는 별도의 범죄를 구성한다. 즉 '경합범(競合犯)'이므로, 이들 범죄행위도 신고 내용에 포함하는 신고서가 되어야 할 것이다. 이러한 경합범의 신고서는 이들 모든 범죄행위를 수사할 수 있는 권한을 가진 경찰관서에 제출하여야 한다. 인터넷 신문고를 이용하는 경우에는 기관선택에서 '경찰청'을 클릭하면 된다.
- 경합범의 처벌은, 여러 개의 형벌 중 가장 무거운 형벌에 2분의1을 가중하여 벌한다.

21. 「식품위생법」

가. 법률 이해하기

이 법은 이 법 자체의 규정에 의하여 지방자치단체에서 '포상금'을 지급하는 한편 「공익신고자 보호법」의 관련 규정에 따라 국민권익위원회가 내부신고자에게는 '보상금'을 지급하여야 하고, 외부신고자에게는 재량에 의하여 '포상금'을 지급할 수 있다.

국민권익위원회가 지급하는 상금은 최소금액이 20만원을 초과하는 경우에만 지급한다. 즉 벌금, 과징금, 과태료 등 피신고자에게 부과된 금액이 100만원 이하인 경우에는 어떠한 상금도 지급하지 않는다. 반면 이 법의 규정에 의한 포상금은 최소 3만원까지도 지급하고 있다. 신고자로서는 유리한 상금을 선택하여 지급받을 수 있다.

이 법은 공익신고의 건수가 가장 많은 법률중 하나이다. 우리나라는 음식 관련 영업장이 지나치게 많기 때문일 것이다. 법을 위반하는 많은 규정들 중에서 취사선택을 잘 해야 할 것이다.

나. 식품의 허위·과대 표시·광고행위

제95조(벌칙) 다음 각 호의 어느 하나에 해당하는 자는 5년 이하의 징역 또는 5천만원 이하의 벌금에 처하거나 이를 병과할 수 있다.

1. 제7조제4항(제88조에서 준용하는 경우를 포함한다), 제9조제4항(제88조에서 준용하는 경우를 포함한다) 또는 제13조제1항제2호부터 제5호까지의 규정을 위반한 자

    ↳**제13조(허위표시 등의 금지)** ① 누구든지 식품등의 명칭·제조방법, 품질·영양 표시, 유전자변형식품등 및 식품이력추적관리 표시에 관하여는 다음 각 호에 해당하는 허위·과대·비방의 표시·광고를 하여서는 아니되고, 포장에 있어서는 과대포장을 하지 못한다. 식품 또는 식품첨가물의 영양가·원재료·성분·용도에 관하여도 또한 같다.

    2. 사실과 다르거나 과장된 표시·광고
    3. 소비자를 기만하거나 오인·혼동시킬 우려가 있는 표시·광고
    4. 다른 업체 또는 그 제품을 비방하는 광고
    5. 제12조의3제1항에 따라 심의를 받지 아니하거나 심의받은 내용과 다른 내용의 표시·광고

    ② 제1항에 따른 허위표시, 과대광고, 비방광고 및 과대포장의 범위와 그 밖에 필요한 사항은 총리령으로 정한다.

    ↳**총리령 제8조(허위표시, 과대광고, 비방광고 및 과대포장의 범위)** ① 법 제13조에 따른 허위표시 및 과대광고의 범위는 용기·포장 및 라디오·텔레비전·신문·잡지·음악·영상·인쇄물·간판·인터넷, 그 밖의 방법으로 식품등의 명칭·제조방법·품질·영양가·원재료·성분 또는 사용에 대한 정보를 나타내거나 알리는 행위 중 다음 각 호의 어느 하나에 해당하는 것으로 한다.

1. 「수입식품안전관리 특별법」 제20조에 따라 수입신고한 사항이나 법 제37조 또는 「수입식품안전관리 특별법」 제15조에 따라 허가받거나 신고·등록 또는 보고한 사항과 다른 내용의 표시·광고
2. 질병의 예방 또는 치료에 효능이 있다는 내용의 표시·광고
3. 식품등의 명칭·제조방법, 품질·영양표시, 식품이력추적표시, 식품 또는 식품첨가물의 영양가·원재료·성분·용도와 다른 내용의 표시·광고
4. 제조 연월일 또는 유통기한을 표시함에 있어서 사실과 다른 내용의 표시·광고
5. 제조방법에 관하여 연구하거나 발견한 사실로서 식품학·영양학 등의 분야에서 공인된 사항 외의 표시·광고. 다만, 제조방법에 관하여 연구하거나 발견한 사실에 대한 식품학·영양학 등의 문헌을 인용하여 문헌의 내용을 정확히 표시하고, 연구자의 성명, 문헌명, 발표 연월일을 명시하는 표시·광고는 제외한다.
6. 각종 상장·감사장 등을 이용하거나 "인증"·"보증" 또는 "추천"을 받았다는 내용을 사용하거나 이와 유사한 내용을 표현하는 표시·광고. 다만, 다음 각 목에 해당하는 내용을 사용하는 경우는 제외한다.
    가. 「정부표창규정」에 따라 제품과 직접 관련하여 받은 상장
    나. 「정부조직법」 제2조부터 제4조까지의 규정에 따른 중앙행정기관·특별지방행정기관 및 그 부속기관, 「지방자치법」 제2조에 따른 지방자치단체 또는 「공공기관의 운영에 관한 법률」 제4조에 따른 공공기관으로부터 받은 인증·보증
    다. 「식품산업진흥법」 제22조에 따른 전통식품 품질인증, 「산

업표준화법」 제15조에 따른 제품인증 등 다른 법령에 따라 받은 인증·보증

라. 식품의약품안전처장이 고시하는 절차와 방법에 따라 식품에 대한 인증·보증의 신뢰성을 인정받은 기관으로부터 받은 인증·보증

7. 외국어의 사용 등으로 외국제품으로 혼동할 우려가 있는 표시·광고 또는 외국과 기술제휴한 것으로 혼동할 우려가 있는 내용의 표시·광고

8. 다른 업소의 제품을 비방하거나 비방하는 것으로 의심되는 표시·광고나 "주문 쇄도" 등 제품의 제조방법·품질·영양가·원재료·성분 또는 효과와 직접적인 관련이 적은 내용 또는 사용하지 않은 성분을 강조함으로써 다른 업소의 제품을 간접적으로 다르게 인식하게 하는 표시·광고

9. 미풍양속을 해치거나 해칠 우려가 있는 저속한 도안·사진 등을 사용하는 표시·광고 또는 미풍양속을 해치거나 해칠 우려가 있는 음향을 사용하는 광고

10. 화학적 합성품의 경우 그 원료의 명칭 등을 사용하여 화학적 합성품이 아닌 것으로 혼동할 우려가 있는 광고

11. 판매사례품 또는 경품 제공·판매 등 사행심을 조장하는 내용의 표시·광고(「독점규제 및 공정거래에 관한 법률」[16])에 따

---

[16] 「독점규제 및 공정거래에 관한 법률」 제23조제1항제3호는 "부당하게 경쟁자의 고객을 자기와 거래하도록 유인하거나 강제하는 행위"를 불공정거래행위의 하나로 규정하였다. 그리고 위 같은 조 제3항의 위임에 의하여 불공정거래행위의 유형 및 기준을 정한 위 법 시행령 제36조제1항별표 1의1에서는 "부당한 이익에 의한 고객의 유인"과 관련하여 "정상적인 거래관행에 비추어 부당하거나 과대한 이익을 제공 또는 제공할 제의를 하여 경쟁사업자의 고객을 자기와 거래하도록 유인하는 행위"라고 정의하였다. 그리고 공정거래위원회는 위 법과 시행령이 공정거래위원회 위원장에게 위임한 사실이 없음에도 불구하고(법적 근거도 없이), '경품'의 상한액은 판매하는 물건 가액의 25%를 초과할 수 없도록 규정한 「경품류제공에 관한 불공정거래행위의 유형 및 기준지정고시」라는 것을 제정하여 마치 법률과 같은 효력이 있는 고시인양 시행해왔다. 「식품위생법 시행규칙」 제8조제1항제11호가 "「독점규제 및 공정거래에 관한 법률」에 따라 허용

라 허용되는 경우는 제외한다)

12. 소비자가 건강기능식품으로 오인·혼동할 수 있는 특정 성분의 기능 및 작용에 관한 표시·광고
13. 체험기를 이용하는 광고

② 제1항제2호·제5호 및 제6호에도 불구하고 다음 각 호에 해당되는 경우에는 허위표시나 과대광고로 보지 아니한다.

1. 「식품위생법 시행령」(이하 "영"이라 한다) 제21조제8호가목·나목에 따른 휴게음식점영업소 및 일반음식점영업소에서 조리·판매하는 식품, 같은 호 마목에 따른 위탁급식영업소에서 조리·제공하는 식품 및 같은 호 바목에 따른 제과점영업소에서 제조·판매하는 식품에 대한 표시·광고
2. 영 제25조제2항제6호 본문에 따라 영업신고를 하지 아니한 식품에 대한 표시·광고
3. 「농어촌발전특별조치법」 제2조제2호에 따른 농업인등 및 「농업·농촌 및 식품산업 기본법」 제28조에 따른 영농조합법인과 「수산업법」 제10조에 따른 영어조합법인이 국내산 농·임·수산물을 주된 원료로 하여 제조·가공한 메주·된장·고추장·간장·김치에 대하여 식품영양학적으로 공인된 사실이라고 식품의약품안전처장이 인정한 표시·광고
4. 그 밖에 별표 3에 따른 허위표시·과대광고로 보지 아니하는 표시 및 광고의 범위에 해당하는 표시·광고

③ 법 제13조에 따른 과대포장의 범위는 「자원의 절약과 재활용 촉진에 관한 법률」 제9조에 따른 「제품의 포장재질·포장방법에 관한 기준 등에 관한 규칙」에서 정하는 바에 따른다.

④ 누구든지 식품 또는 식품첨가물에는 의약품과 혼동할 우려가

되는 경우는 제외한다"고 규정한 부분은 위 고시를 염두에 둔 규정으로 해석된다. 그러나 공정거래위원회는 2016. 5. 30. 위 고시를 폐지하겠다고 행정예고를 하였다. 따라서 이 법 시행규칙이 앞으로 위 규정을 유지할지 여부는 지켜보아야 할 듯하다.

있는 표시를 하거나 광고를 하여서는 아니 된다.

신고 내용

1. 「식품위생법」 제13조제1항제1호 및 같은 법 시행령 제8조제1항제6호에 의하면 누구든지 "인증", "보증" 또는 "추천"을 받았다는 내용을 사용하거나 이와 유사한 내용을 표현하는 표시·광고를 할 수 없다고 규정하였습니다.
2. 피신고자는 2016. 5.경 피신고자가 개설한 인터넷 통신판매 사이트를 이용하여 특수기능식품인 ○○○○○을 판매하기 위한 광고를 함에 있어 사실은 식품의약품안전처장이 인증한 사실이 없음에도 불구하고, "식약처장 인증" 및 "○○○ 박사 추천식품"이라고 표현함으로써 금지된 표시·광고행위를 하였습니다.

첨부 : 광고사진 ○장.

(신고 내용 해설)
- 이 사안은 금지된 표시 또는 광고행위를 특정하고, 그러한 표시·광고행위를 어디에 어떠한 방법으로 했다는 점을 설명하면 된다.
- 인터넷을 이용한 전자상거래에서의 표시, 광고행위는 인터넷의 해당 화면들을 캡쳐하여 사진을 첨부하는 한편 피신고자의 인적사항을 적는 곳에 사이트의 주소(도메인 이름)도 함께 적어준다.
- 상품의 포장, 광고전단 또는 잡지를 이용한 표시나 광고의 경우에는 해당 표현이 있는 부분을 촬영하거나 해당 물건을 직접 또는 우편을 이용하여 제출할 수도 있을 것이다.
- 이 법을 위반한 행위는 지방자치단체에서 식품 단속업무를 수행하는 공무원이

특별사법경찰관의 직무를 수행한다. 따라서 신고서는 해당 지방자치단체, 관할 경찰서 또는 국민권익위원회에 제출하면 된다.

다. 미신고 집단급식소 식품판매업자

제97조(벌칙) 다음 각 호의 어느 하나에 해당하는 자는 3년 이하의 징역 또는 3천만원 이하의 벌금에 처한다.
1. 제10조제2항(제88조에서 준용하는 경우를 포함한다), 제12조의2제2항, 제17조제4항, 제31조제1항·제3항, 제37조제3항·제4항, 제39조제3항, 제48조제2항·제10항, 제49조제1항 단서 또는 제55조를 위반한 자
   ↳제37조(영업허가 등) ④ 제36조제1항 각 호에 따른 영업 중 대통령령으로 정하는 영업을 하려는 자는 대통령령으로 정하는 바에 따라 영업 종류별 또는 영업소별로 식품의약품안전처장 또는 특별자치시장·특별자치도지사·시장·군수·구청장에게 신고하여야 한다. 신고한 사항 중 대통령령으로 정하는 중요한 사항을 변경하거나 폐업할 때에도 또한 같다.
      ↳대통령령 제25조(영업신고를 하여야 하는 업종) ① 법 제37조제4항 전단에 따라 특별자치시장·특별자치도지사 또는 시장·군수·구청장에게 신고를 하여야 하는 영업은 다음 각 호와 같다.
         1. 삭제 〈2011.12.19.〉
         2. 제21조제2호의 즉석판매제조·가공업
         3. 삭제 〈2011.12.19.〉
         4. 제21조제4호의 식품운반업
         5. 제21조제5호의 식품소분·판매업
            ↳제21조(영업의 종류) 법 제36조제2항에 따른 영업의 세부 종류와 그 범위는 다음 각 호와 같다.
               5. 식품소분·판매업
                  가. 식품소분업 : 총리령으로 정하는 식품 또는 식품첨가

물의 완제품을 나누어 유통할 목적으로 재포장·판매하는 영업

　나. 식품판매업

　　1) 식용얼음판매업 : 식용얼음을 전문적으로 판매하는 영업

　　2) 식품자동판매기영업 : 식품을 자동판매기에 넣어 판매하는 영업. 다만, 유통기간이 1개월 이상인 완제품만을 자동판매기에 넣어 판매하는 경우는 제외한다.

　　3) 유통전문판매업 : 식품 또는 식품첨가물을 스스로 제조·가공하지 아니하고 제1호의 식품제조·가공업자 또는 제3호의 식품첨가물제조업자에게 의뢰하여 제조·가공한 식품 또는 식품첨가물을 자신의 상표로 유통·판매하는 영업

　　4) 집단급식소 식품판매업 : 집단급식소에 식품을 판매하는 영업

　　5) 삭제 〈2016.1.22.〉

　　6) 기타 식품판매업 : 1)부터 4)까지를 제외한 영업으로서 총리령으로 정하는 일정 규모 이상의 백화점, 슈퍼마켓, 연쇄점 등에서 식품을 판매하는 영업

6. 제21조제6호나목의 식품냉동·냉장업

7. 제21조제7호의 용기·포장류제조업(자신의 제품을 포장하기 위하여 용기·포장류를 제조하는 경우는 제외한다)

8. 제21조제8호가목의 휴게음식점영업, 같은 호 나목의 일반음식점영업, 같은 호 마목의 위탁급식영업 및 같은 호 바목의 제과점영업

② 제1항에도 불구하고 다음 각 호의 어느 하나에 해당하는 경우에는 신고하지 아니한다.

1. 「양곡관리법」 제19조에 따른 양곡가공업 중 도정업을 하는 경우
2. 「식품산업진흥법」 제19조의5에 따라 수산물가공업[어유(간유) 가공업, 냉동·냉장업 및 선상수산물가공업만 해당한다]의 신고를 하고 해당 영업을 하는 경우
3. 삭제 〈2012.11.27.〉
4. 「축산물 위생관리법」 제22조에 따라 축산물가공업의 허가를 받아 해당 영업을 하거나 같은 법 제24조 및 같은 법 시행령 제21조제8호에 따라 식육즉석판매가공업 신고를 하고 해당 영업을 하는 경우
5. 「건강기능식품에 관한 법률」 제5조 및 제6조에 따라 건강기능식품제조업 및 건강기능식품판매업의 영업허가를 받거나 영업신고를 하고 해당 영업을 하는 경우
6. 식품첨가물이나 다른 원료를 사용하지 아니하고 농산물·임산물·수산물을 단순히 자르거나, 껍질을 벗기거나, 말리거나, 소금에 절이거나, 숙성하거나, 가열(살균의 목적 또는 성분의 현격한 변화를 유발하기 위한 목적의 경우는 제외한다. 이하 같다)하는 등의 가공과정 중 위생상 위해가 발생할 우려가 없고 식품의 상태를 관능검사(官能檢査)로 확인할 수 있도록 가공하는 경우. 다만, 다음 각 목의 어느 하나에 해당하는 경우는 제외한다.
   가. 집단급식소에 식품을 판매하기 위하여 가공하는 경우
   나. 식품의약품안전처장이 법 제7조제1항에 따라 기준과 규격을 정하여 고시한 신선편의식품(과일, 야채, 채소, 새싹 등을 식품첨가물이나 다른 원료를 사용하지 아

니하고 단순히 자르거나, 껍질을 벗기거나, 말리거나, 소금에 절이거나, 숙성하거나, 가열하는 등의 가공과정을 거친 상태에서 따로 씻는 등의 과정 없이 그대로 먹을 수 있게 만든 식품을 말한다)을 판매하기 위하여 가공하는 경우

7. 「농업·농촌 및 식품산업 기본법」 제3조제2호에 따른 농업인과 「수산업·어촌 발전 기본법」 제3조제3호에 따른 어업인 및 「농어업경영체 육성 및 지원에 관한 법률」 제16조에 따른 영농조합법인과 영어조합법인이 생산한 농산물·임산물·수산물을 집단급식소에 판매하는 경우. 다만, 다른 사람으로 하여금 생산하거나 판매하게 하는 경우는 제외한다.

신고 내용

 「식품위생법」 제37조제4항 및 같은 법 시행령 제21조제5호나목에 의하면 집단급식소 식품판매업을 영위하려는 자는 관할관청에 신고를 하여야 한다고 규정하였습니다.

 피신고자는 관할관청에 신고를 하지 아니하고 2014. ㅇ.경부터 ㅇㅇ시 ㅇㅇ동 ㅇㅇ-ㅇ에 사무소 및 창고를 갖추고 집단급식소인 같은 시 ㅇㅇ동 ㅇㅇㅇ 소재 주식회사 ㅇㅇ의 구내식당 등 별지 목록 기재 집단급식소들을 상대로 각종 음식가공품 및 음식재료를 공급하는 영업을 하고 있습니다.

 첨부 : 1. 집단급식소 목록(피신고자의 거래처) 1통.
         2. 사무실, 창고 및 운반용 자동차 사진 ㅇ장. 끝.

(신고 내용 해설)

- 이 사안에서는 집단급식소 여러 곳을 상대로 영업하는 내용을 소개하였다. 그러나 집단급식소의 수는 중요한 요소는 아니므로, 영업의 대상이 1곳이어도 무방하다. 다만, 그 수가 많고 적음은 양형(量刑)에는 참작할만한 사유가 될 것이다.
- 위 사례처럼 목록을 별지로 만드는 경우에는 순서, 거래처명, 거래처의 주소, 거래기간 등을 표시해주면 된다.
- 사실 공익신고자가 노릴만한 미신고 영업행위는 계곡이나 산속에 있는 무허가 건물 또는 미신고건물에서 영업하는 일반음식점이 더 적합할 것이다. 건축물대장이 만들어지지 아니한 건물에는 영업신고를 할 수 없었을 것이기 때문이다.

식품등의 표시기준

보건복지부 고시 제95-67호(1996.01.01, 제정)
식품의약품안전처 고시 제2016-31호(2016.4.28, 개정)

제1조(목적) 이 고시는 식품위생법 제10조의 규정에 따라 식품, 식품첨가물, 기구 또는 용기·포장(이하 "식품등"이라 한다)의 표시기준에 관한 사항 및 같은 법 제11조제1항의 규정에 따른 영양성분 표시대상 식품에 대한 영양표시에 관한 필요한 사항을 규정함으로써 식품등의 위생적인 취급을 도모하고 소비자에게 정확한 정보를 제공하며 공정한 거래의 확보를 목적으로 한다.

제2조(정의) 이 고시에서 사용하는 용어의 뜻은 다음과 같다.
1. "제품명"이라 함은 개개의 제품을 나타내는 고유의 명칭을 말한다.
2. "식품의 유형"이라 함은 식품위생법(이하 "법"이라 한다) 제7조의 규정에 의한 식품등의 기준 및 규격의 최소분류단위를 말한다.
3. "제조연월일"이라 함은 포장을 제외한 더 이상의 제조나 가공이 필요하지 아니한 시점(포장후 멸균 및 살균 등과 같이 별도의 제조공정을 거치는 제

품은 최종공정을 마친 시점)을 말한다. 다만, 캅셀제품은 충전·성형완료시점으로, 소분판매하는 제품은 소분용 원료제품의 제조연월일로, 원료제품의 저장성이 변하지 않는 단순 가공처리만을 하는 제품은 원료제품의 포장시점으로 한다.

4. "유통기한"이라 함은 제품의 제조일로부터 소비자에게 판매가 허용되는 기한을 말한다.

4의2. "품질유지기한"이라 함은 식품의 특성에 맞는 적절한 보존방법이나 기준에 따라 보관할 경우 해당식품 고유의 품질이 유지될 수 있는 기한을 말한다.

5. "원재료"는 식품 또는 식품첨가물의 제조·가공 또는 조리에 사용되는 물질로서 최종 제품내에 들어있는 것을 말한다.

6. "성분"이라 함은 제품에 따로 첨가한 영양성분 또는 비영양성분이거나 원재료를 구성하는 단일물질로서 최종제품에 함유되어 있는 것을 말한다.

7. "영양성분"이라 함은 식품에 함유된 성분으로서 에너지를 공급하거나 신체의 성장, 발달, 유지에 필요한 것 또는 결핍시 특별한 생화학적, 생리적 변화가 일어나게 하는 것을 말한다.

7의2. "당류"라 함은 식품 내에 존재하는 모든 단당류와 이당류의 합을 말한다.

7의3. "트랜스지방"이라 함은 트랜스구조를 1개 이상 가지고 있는 비공액형의 모든 불포화지방을 말한다.

8. "1회 제공량"은 4세 이상 소비계층이 통상적으로 1회 섭취하기에 적당한 양으로서 1회 제공기준량에 따라 산출한 양을 말한다. 이 경우 1회 제공기준량은『별지 3』과 같다.

9. "영양성분표시"라 함은 제품의 일정량에 함유된 영양성분의 함량을 표시하는 것을 말한다.

10. "영양강조표시"라 함은 제품에 함유된 영양성분의 함유사실 또는 함유정도를 "무", "저", "고", "강화", "첨가", "감소"등의 특정한 용어를 사용하여 표시하는 것으로서 다음의 것을 말한다.

가. "영양성분 함량강조표시" : 영양성분의 함유사실 또는 함유정도를 "무
　ㅇㅇ", "저ㅇㅇ", "고ㅇㅇ", "ㅇㅇ함유"등과 같은 표현으로 그 영양성분
의 함량을 강조하여 표시하는 것을 말한다.
나. "영양성분 비교강조표시" : 영양성분의 함유사실 또는 함유정도를 "덜",
"더", "강화", "첨가"등과 같은 표현으로 같은 유형의 제품과 비교하여
표시하는 것을 말한다.
11. "영양성분 기준치"라 함은 소비자가 하루의 식사 중 해당식품이 차지하는
영양적 가치를 보다 잘 이해하고, 식품간의 영양성분를 쉽게 비교할 수 있
도록 식품표시에서 사용하는 영양성분의 평균적인 1일 섭취 기준량을 말한
다.
12. "주표시면"이라 함은 용기·포장의 표시면 중 상표, 로고 등이 인쇄되어 있어
소비자가 식품 또는 식품첨가물을 구매할 때 통상적으로 소비자에게 보여지
는 면을 말한다.
13. "주원료"라 함은 법 제7조의 규정에 의한 식품의 기준 및 규격에서 정한 성
분배합기준이상의 원재료 또는 각각의 식품의 주용도, 제품의 특성 등을 고
려하여 다른 식품과 구별, 특징짓게 하기 위하여 사용되는 원료를 말한다.
14. "복합원재료"라 함은 2종류 이상의 원재료 또는 성분으로 제조·가공한 식품
으로써 다른 식품의 원료로 사용되는 것을 말한다.
15. "품목보고번호"라 함은 식품위생법 제37조에 따라 제조 · 가공업 영업자가
관할기관에 품목제조를 보고할 때 부여되는 번호를 말한다.

제3조(표시대상) 표시대상 식품등은 다음과 같다.
1. 식품 또는 식품첨가물
　가. 식품위생법시행령(이하 "영"이라 한다) 제21조제1호의 규정에 의한 식품
제조·가공업 및 동조제2호의 규정에 의한 즉석판매제조·가공업을 등록하
여 제조·가공하는 식품. 다만, 식용얼음의 경우에는 5킬로그램이하의 포
장 제품에 한한다.
　나. 영 제21조제3호의 규정에 의한 식품첨가물제조업을 등록하여 제조·가공

하는 식품첨가물

다. 영 제21조제5호가목의 규정에 의한 식품소분업으로 신고를 하여 소분하는 식품 또는 식품첨가물

라. 방사선으로 조사처리한 식품

마. 수입식품 또는 수입식품첨가물

바. 〈삭제 2013. 12. 26〉

사. 자연상태의 식품 중 다음에 해당하는 식품. 다만 식품의 보존을 위하여 비닐랩(Wrap) 등으로 포장(진공포장 제외)하여 관능으로 내용물을 확인할 수 있도록 투명하게 포장한 것은 제외한다.

    1) 가목부터 바목까지 해당하는 식품 외의 용기·포장에 넣어진 식품

    2) 수입 농·임·축·수산물로서 용기·포장에 넣어진 식품

2. 기구 또는 용기·포장(수입제품을 포함한다)

가. 법 제9조제1항 및 제2항의 규정에 의하여 기준 및 규격이 정하여진 기구 또는 용기·포장

나. 옹기류

제4조(표시사항) 식품등의 표시사항은 다음과 같다.

1. 제품명(기구 또는 용기·포장은 제외한다)
2. 식품의 유형 (따로 정하는 제품에 한한다)
3. 〈삭 제 99. 2. 18〉
4. 업소명 및 소재지
5. 제조연월일(따로 정하는 제품에 한한다)
6. 유통기한 또는 품질유지기한(식품첨가물과 기구 또는 용기·포장은 제외한다)
7. 내용량(내용량에 해당하는 열량) : 내용량은 기구 또는 용기·포장 제품을 제외하며, 내용량에 해당하는 열량은 영양성분 대상 식품에 한하여 표시한다.
8. 원재료명(기구 또는 용기·포장은 재질로 표시한다) 및 함량(원재료를 제품명 또는 제품명의 일부로 사용하는 경우에 한한다)
9. 성분명 및 함량(성분표시를 하고자 하는 식품 및 성분명을 제품명 또는 제

품명의 일부로 사용하는 경우에 한한다)
10. 영양성분 (따로 정하는 제품에 한한다)
11. 기타 식품등의 세부표시기준에서 정하는 사항

제5조(표시방법) 식품등(수입되는 식품등을 포함한다. 이하 같다)의 표시방법은 다음과 같다.

1. 소비자에게 판매하는 제품의 최소 판매단위별 용기·포장에는 제4조에 따른 표시사항을 표시하여야 한다. 다만, 포장된 과자류 중 캔디류·추잉껌, 초콜릿류 및 잼류는 최소판매 단위 제품의 주표시면 면적이 30cm2 이하이고 여러 개의 최소판매 단위 제품이 하나의 용기·포장으로 진열·판매할 수 있도록 포장된 경우에는 그 용기·포장에 대신 표시 할 수 있다.

1의2. 최소 판매단위 포장 안에 내용물을 2개 이상으로 나누어 개별포장(이하 "내포장"이라 한다)한 제품의 경우에는 소비자에게 올바른 정보를 제공할 수 있도록 내포장별로 제품명, 내용량 및 내용량에 해당하는 열량, 유통기한 또는 품질유지기한, 영양성분을 표시할 수 있다.

2. 표시는 지워지지 아니하는 잉크·각인 또는 소인 등을 사용하여 한글로 하여야 하나 소비자의 이해를 돕기 위하여 한자나 외국어는 혼용하거나 병기하여 표시할 수 있으며, 이 경우 한자나 외국어는 한글표시 활자와 같거나 작은 크기의 활자로 표시하여야 한다. 다만, 수입되는 식품등과 상표법에 의하여 등록된 상표 및 주류의 제품명은 한자나 외국어를 한글표시활자보다 크게 표시 할 수 있다.

3. 표시사항을 표시함에 있어 소비자가 쉽게 알아볼 수 있도록 눈에 띄게 바탕색과 구별되는 색상으로 주표시면, 일괄표시면(소비자가 쉽게 알아 볼 수 있도록 모아서 표시하는 면을 말한다) 및 기타표시면(주표시면과 일괄표시면 등을 포함한 모든 표시면을 말한다)으로 구분하여 다음 각 목과 같이 표시하여야 한다. 다만, 회수하여 재사용하는 병마개 제품의 경우에는 그러하지 아니하다.

가. 표시장소별 표시사항 및 활자크기

표시장소	표시사항	활자크기 (포인트)
1) 주표시면	가) 제품명	6 이상
	나) 내용량(내용량에 해당하는 열량)	12 이상
2) 일괄표시면	가) 식품의 유형	8 이상
	나) 제조연월일	10 이상
	다) 유통기한·품질유지기한	12 이상
	라) 원재료명 및 함량	7 이상
	마) 성분명 및 함량	7 이상
3) 기타 표시면	가) 업소명 및 소재지	8 이상
	나) 영양성분	8 이상
	다) 주의사항 표시	10 이상
	라) 기타사항 표시	6 이상

나. 가목 2)의 표시사항 중 식품의 유형, 제조연월일, 유통기한 및 품질유지기한은 주표시면에 표시할 수 있다.

다. 포장면적이 200㎠ 이하인 제품의 경우 유통기한·품질유지기한은 10포인트 이상, 원재료명은 5포인트 이상, 영양성분은 6포인트 이상, 주의사항은 8포인트 이상의 활자크기로 표시할 수 있다.

라. 제5조제1의2호에 해당하는 내포장한 제품의 표시사항 및 활자크기는 가목의 규정을 따르지 아니할 수 있다.

4. 용기나 포장은 다른 제조업소의 표시가 있는 것을 사용하여서는 아니 된다. 다만, 식품에 유해한 영향을 미치지 아니하는 용기로서 일반시중에 유통 판매할 목적이 아닌 다른 회사의 제품원료로 제공할 목적으로 사용하는 경우와 「자원의 절약과 재활용촉진에 관한 법률」에 따라 재사용되는 유리병(같은 식품유형 또는 유사한 품목으로 사용한 것에 한한다)의 경우에는 그러하지 아니할 수 있다.

5. 시각장애인을 위하여 제품명, 유통기한 등의 표시사항을 알기 쉬운 장소에 점자로 표시할 수 있다. 이 경우 점자표시는 스티커 등을 이용할 수 있다.

6. 주문자상표부착방식 위탁생산(OEM, Original Equipment Manufacturing) 식품 및 식품첨가물(유통전문판매업소가 표시된 제품은 제외한다)은 주표시면 제품명 주위에「대외무역법」에 따른 원산지 표시의 국가명 옆에 괄호로 위탁생산제품임을 다음과 같이 표시하여야 한다. 이 경우 활자크기는 제품명 활자크기 1/2이상 또는 주표시면 면적별 활자크기로 한다.

"원산지 : ○○ (위탁생산제품)", "○○ 산 (위탁생산제품)", "원산지:○○(위탁생산)", "○○ 산(위탁생산)", "원산지:○○(OEM)" 또는 "○○ 산(OEM)"

주표시면 면적	활자크기 (포인트)
35㎠ 미만	12 이상
35㎠ 이상 100㎠ 미만	16 이상
100㎠ 이상 200㎠ 미만	24 이상
200㎠ 이상 450㎠ 미만	30 이상
450㎠ 이상	36 이상

7. 원재료명 등 표시사항은 QR 코드 또는 음성변환용 코드를 함께 표시할 수 있다.

제6조(소비자 안전을 위한 주의사항 표시) 제3조의 규정에 따른 표시대상이 되는 식품등을 제조·가공·수입·소분·판매하는 영업자는 다음 각 호에 해당하는 식품등에 소비자의 안전을 위한 주의 사항을 표시하여야 한다.

1. 식품

    가. 육류 등 냉동식품에 대하여는 "이미 냉동된 바 있으니 해동 후 재 냉동시키지 마시길 바랍니다" 등의 표시 다만, 제조업체가 냉동식품인 빵류, 떡류, 젓갈류 및 초콜릿류를 해동하여 출고할 때에는 "이 제품은 냉동식품을 해동한 제품이니 재냉동시키지 마시길 바랍니다" 등의 표시

    나. 과일·채소류음료, 우유류 등 개봉 후 부패·변질될 우려가 높은 식품에 대하여는 "개봉 후 냉장보관하거나 빨리 드시기 바랍니다" 등의 표시

    다. "원터치캔" 통조림 제품에 대하여는 "캔 절단 부분이 날카로우므로 개봉, 보관 및 폐기 시 주의하십시오" 등의 표시

    라. 음주전후, 숙취해소 등의 표시를 하는 제품에 대하여는 "과다한 음주는

건강을 해칩니다" 등의 표시

마. 아스파탐을 첨가 사용한 제품에 대하여는 "페닐알라닌 함유"라는 내용의 표시

바. "선천성대사질환자용" 식품에 대하여는 "선천성대사질환자용식품"과 "의사의 지시에 따라 사용하여야 합니다" 등의 표시

사. 특수용도식품 중 "특수의료용도등식품"에 대하여는 "의사의 지시에 따라 사용하여야 합니다" 등의 표시

아. 당알코올류를 주원료로 한 제품에 대하여는 해당 당알코올의 종류 및 함량을 표시하여야 하고, "과량섭취시 설사를 일으킬 수 있습니다" 등의 표시

자. 한입크기로서 작은 용기에 담겨져 있는 젤리제품(소위 미니컵젤리 제품)에 대하여는 잘못 섭취에 따른 질식을 방지하기 위한 경고문구 표시 (예시) "얼려서 드시지 마십시오. 한번에 드실 경우 질식의 위험이 있으니 잘 씹어 드십시오. 5세 이하 어린이 및 노약자는 섭취를 금하여 주십시오" 등의 표시

차. 알레르기 유발 성분을 사용하는 제품과 사용하지 않은 제품을 같은 제조 과정(작업자, 기구, 제조라인, 원료보관 등 모든 과정)을 통하여 생산하게 될 경우 불가피하게 혼입 가능성이 있다는 내용의 표시. 다만, 제품의 해당 원재료로서 사용된 알레르기 유발 성분명은 표시하지 않는다.
(예시) "이 제품은 메밀을 사용한 제품과 같은 제조시설에서 제조하고 있습니다" 등의 표시

카. 식품의 품질관리를 위하여 별도 포장하여 넣은 선도유지제에는 "습기방지제(방습제)", "습기제거제(제습제)" 등 소비자가 그 용도를 쉽게 알 수 있도록 표시하고 "먹어서는 아니 된다"는 등의 주의문구도 함께 표시

타. 해당 식품에 대한 불만이나 소비자의 피해가 있는 경우 신속하게 신고하도록 하기 위해 식품의 용기·포장에 "부정·불량식품 신고는 국번없이

1399"의 표시를 하여야 한다.

파. 카페인 함량을 ㎖ 당 0.15 ㎎ 이상 함유한 액체식품은 "어린이, 임산부, 카페인 민감자는 섭취에 주의하여 주시기 바랍니다."등의 문구 및 주표시면에 "고카페인 함유"와 "총카페인 함량 OOO ㎎"을 표시하여야 한다. 이 때 카페인 허용오차는 표시량의 90~110%(단, 커피 및 다류는 120% 미만)이어야 한다.

2. 식품첨가물

가. 수산화암모늄, 초산, 빙초산, 염산, 황산, 수산화나트륨, 수산화칼륨, 차아염소산나트륨, 표백분 등 식품첨가물에는 "어린이 등의 손에 닿지 않는 곳에 보관하십시오", "직접 섭취하거나 음용하지 마십시오", "눈·피부에 닿거나 마실 경우 인체에 치명적인 손상을 입힐 수 있습니다" 등의 취급상 주의문구 표시17)

3. 기구 또는 용기·포장

가. 식품포장용 랩을 식품포장용으로 사용할 때에는 100℃를 초과하지 않은 상태에서만 사용하도록 표시

나. 식품포장용 랩은 지방성분이 많은 식품 및 주류에는 직접 접촉되지 않게 사용하도록 표시

다. 〈삭제 2015. 10. 22〉

라. 유리제 가열조리용 기구에는 "표시된 사용 용도 외에는 사용하지 마십시오" 등을 표시하고 가열조리용이 아닌 유리제 기구에는 "가열조리용으로 사용하지 마십시오" 등을 표시

제7조(소비자가 오인·혼동하는 표시 금지) 제3조의 규정에 따른 표시대상이 되는 식품등을 제조·가공·수입·소분·판매하는 영업자는 식품의 용기·포장 등에 다음 각 호의 소비자가 오인·혼동하는 표시를 하여서는 아니 된다.

1. 「식품첨가물의 기준 및 규격」(식약처 고시)에서 해당 식품에 사용하지 못하도록 한 합성보존료, 색소 등의 식품첨가물에 대하여 사용을 하지 않았다는

---

17) 제2호는 나목을 규정하지 않았다.

표시

(예시) 면류, 김치 및 두부제품에 "무보존료" 등의 표시

2. 영양성분의 함량을 낮추거나 제거하는 제조·가공의 과정을 하지 아니한 원래의 식품에 해당 영양성분 함량이 전혀 들어 있지 않은 경우 그 영양성분에 대한 강조표시

3. 합성착향료만을 사용하여 원재료의 향 또는 맛을 내는 경우 그 향 또는 맛을 뜻하는 그림, 사진 등의 표시

4. 「식품첨가물의 기준 및 규격」(식약처 고시)에서 고시한 명칭을 사용하지 않은 표시

(예시) "MSG" 표시

제8조(표시사항의 적용특례) 다음 각호의 식품에 대하여는 그 식품의 특성을 고려하여 제4조 및 제5조의 규정에 불구하고 다음과 같이 표시할 수 있다.

1. 다음 각 목에 해당하는 경우로서 표시사항을 진열상자에 표시하거나 별도의 표지판에 기재하여 게시하는 때에는 개개의 제품별 표시를 생략할 수 있다.

    가. 즉석판매제조·가공업의 영업자가「식품위생법 시행규칙」별표 15에 따른 즉석판매제조·가공대상식품을 판매하는 경우. 다만, 즉석판매제조·가공 대상식품 중 선식 및 우편 또는 택배 등의 방법으로 최종소비자에게 배달하는 식품의 경우 제품별 표시를 생략하여서는 아니된다.

    나. 「주세법 시행령」제4조에서 정한 소규모주류제조자가 직접 제조한 탁주, 약주, 청주, 맥주를 해당 제조자가 같은 장소에서 운영하는 식품접객업소의 고객들에 한해 직접 판매하는 경우

2. 다음 각 목에 해당하는 경우에는 스티커, 라벨(Label) 또는 꼬리표(Tag)를 사용할 수 있으나 떨어지지 아니하게 부착하여야 한다.

    가. 제품포장의 특성상 잉크·각인 또는 소인 등으로 표시하기가 불가능한 경우

    나. 통·병조림 및 병제품 등의 경우

    다. 소비자에게 직접 판매되지 아니하고 식품제조·가공업소 및 식품첨가물제

조업소에 제품의 원료로 사용될 목적으로 공급되는 원료용 제품의 경우
라. 허가(신고)권자가 변경신고 수리한 업소명 및 소재지를 표시하는 경우
마. 제조연월일, 유통기한 또는 품질유지기한을 제외한 식품의 안전과 관련이 없는 경미한 표시사항으로 관할 허가 또는 신고관청에서 승인한 경우
바. 제조업체가 냉동식품인 빵류, 떡류, 젓갈류 및 초콜릿류를 해동하여 제조연월일, 해동연월일, 냉동식품으로서의 유통기한 또는 품질유지기한 이내로 설정한 해동 후 유통기한 또는 품질유지기한, 해동 후 보관방법 및 주의사항을 표시하는 경우
사. 별지 4에 따른 방사선조사 관련 문구를 표시하고자 하는 경우
아. 식품제조·가공업소에서 제조·가공하여 식품접객업소 또는 집단급식소에만 납품 판매되는 제품으로써 "식품접객업소용" 또는 "집단급식소용"으로 표시한 경우에는 제4조에서 정하는 표시사항
자. 즉석판매제조·가공 대상식품 중 선식 및 우편 또는 택배 등의 방법으로 최종소비자에게 배달하는 식품의 경우
차. 자연상태의 농·임·축수산물의 경우

2의1. 탱크로리 제품의 표시사항은 차 내부에 비치할 수 있으며, 소비자에게 직접 판매되지 아니하고 식품제조·가공업소 및 식품첨가물제조업소에 제품의 원료로 사용될 목적으로 공급되는 원료용 제품의 경우에는 제품명, 제조일자 또는 유통기한, 보관방법 또는 취급방법, 업소명 및 소재지만 표시할 수 있다.
3. 제3조제1호사목에 해당하는 식품은 제품명(내용물의 명칭 또는 품목), 업소명(생산자 또는 생산자단체명), 제조연월일(포장일 또는 생산연도), 내용량, 보관방법 또는 취급방법만을 표시할 수 있다. 또한, 해동한 수산물은 '해동'이라는 표시와 함께 냉장 진열 시작 일시를 표시하여야 한다. 이 경우 해동한 수산물의 해동 표시 등은 별도의 표지판을 사용하여 표시할 수 있다.
4. 절임식품(단무지에 한한다), 두부류 또는 묵류를 운반용 위생상자를 사용하

여 판매하는 경우에는 그 운반용 위생상자에 업소명 및 소재지만을 표시할 수 있다.
5. 영양성분 표시를 생략할 수 있는 식품은 「식품위생법 시행규칙」(이하 "시행규칙"이라 한다) 제6조제2항의 규정을 따른다.
6. 수출식품에 대하여는 수입국 표시기준에 따라 표시할 수 있다.
7. 수입식품 등에 대한 표시방법
   가. 수출국에서 유통되고 있는 식품 등의 경우에는 수출국에서 표시한 표시사항이 있어야 하고, 한글이 인쇄된 스티커를 사용할 수 있으나 떨어지지 아니하게 부착하여야 하며, 원래의 용기·포장에 표시된 제품명, 원재료명, 유통기한 등 일자표시에 관한 사항 등 주요 표시사항을 가려서는 아니 된다. 다만, 한글로 표시된 용기·포장으로 포장하여 수입되는 식품 등의 경우에는 표시사항을 스티커로 부착하여서는 아니 된다.
   나. 수출국 및 제조회사의 표시는 한글표시 스티커에 당해 제품수출국의 언어로 표시할 수 있다.
   다. 주표시면에 표시하여야 하는 표시사항을 주표시면에 표시할 수 없는 경우에는 일괄표시면에 12포인트이상의 활자로 표시하여야 한다.
   라. 자사의 제품을 제조·가공에 사용하기 위한 식품 및 식품첨가물의 경우에는 제품명, 제조업소명과 제조연월일·유통기한 또는 품질유지기한만을 표시할 수 있고, 그 식품등에 영어 또는 수출국의 언어 등으로 표시된 경우 한글표시를 생략할 수 있다.
   마. 수입되는 식품등 중 다음에 해당하는 것은 한글표시를 생략할 수 있다.
      1) 용기·포장에 넣어지지 아니한 자연상태의 농·임·축·수산물
      2) 「대외무역법 시행령」 제26조의 규정에 의하여 외화획득용으로 수입하는 식품 등. 다만, 같은 법 시행령 제26조제1항제3호의 규정에 따라 관광사업용으로 수입되는 식품등은 제외한다.
8. 식품제조·가공업자가 최종소비자에게 판매되지 아니하는 식품을 「가맹사업거래의 공정화에 관한 법률」에 의한 가맹점에 제조·가공, 조리를 목적으로

공급하는 경우에는 제품명, 제조일자 또는 유통기한, 보관방법 또는 취급방법, 업소명 및 소재지만을 표시할 수 있다. 다만, 여러 종류의 식품이 함께 포장된 덕용제품의 경우 제품명과 업소명 및 소재지는 가맹사업자가 POS(point of sales)시스템 등을 통해 이미 알고 있는 경우에는 표시를 생략할 수 있다.

제9조(식품등의 세부표시기준 등) 식품등의 세부표시기준 등은 다음 각호와 같다.
 1. 제4조 표시사항에 따른 식품등의 세부표시기준 :『별지 1』
 2. 제3조제1호 라목에 따른 방사선 조사식품의 세부표시기준 :『별지 4』

제10조(중량등의 허용오차) 제4조제7호의 규정에 의하여 중량 또는 용량을 표시함에 있어 그 용기·포장에 표시된 양과 실제량과의 부족량의 허용오차는『별지 2』와 같다.

제11조(규제의 재검토) 「행정규제기본법」제8조 및 「훈령·예규 등의 발령 및 관리에 관한 규정」(대통령훈령 제248호)에 따라 2014년 1월 1일을 기준으로 매 3년이 되는 시점(매 3년째의 12월 31일까지를 말한다)마다 그 타당성을 검토하여 개선 등의 조치를 하여야 한다.

부칙〈제95-67호, 1996.1.1〉

① (시행일) 이 고시는 1996년 1월 1일부터 시행한다.
② (다른 고시의 폐지) 인삼제품의 포장 및 도안등에 관한 표시기준(보건사회부 고시 제90-13호, 1990. 2. 10)은 이를 폐지한다.

부칙〈제2016-31호, 2016.4.28〉

제1조(시행일) 이 고시는 고시한 날부터 시행한다.

22. 「양곡관리법」

가. 법률 이해하기

이 법을 위반한 행위 중 일정한 위반행위를 신고한 사람에게는 이 법 자체의 규정에 의하여 기초지방자치단체가 상한액 100만원의 범위 내에서 '포상금'을 지급한다. 한편 「공익신고자 보호법」의 관련 규정에 의하여 국민권익위원회에서는 내부신고자에게는 '보상금'을 지급하고, 외부신고자에게는 '포상금'을 지급할 수 있다. 국민권익위원회의 상금은 이 법을 위반한 모든 행위를 그 대상으로 한다.

나. 거짓·과대의 표시행위

제32조(벌칙) 다음 각 호의 어느 하나에 해당하는 자는 3년 이하의 징역 또는 사용·처분한 양곡을 시가로 환산한 가액의 5배 이하의 벌금에 처한다.
  3. 제20조의3제1항을 위반하여 거짓·과대의 표시 또는 거짓·과대의 광고를 한 자
    ↳제20조의3(거짓표시 등의 금지) ① 양곡가공업자나 양곡매매업자는 양곡의 생산연도·품질 등에 관하여 다음 각 호의 어느 하나에 해당하는 표시 또는 광고를 하여서는 아니 된다.
      1. 사실과 다르거나 과장된 표시·광고
      2. 소비자를 기만하거나 오인·혼동시킬 우려가 있는 표시·광고
      ② 제1항에 따른 거짓·과대의 표시 및 거짓·과대의 광고의 범위 등에 필요한 사항은 농림축산식품부령으로 정한다.
        ↳농림축산식품부령 제7조의4(거짓·과대의 표시·광고의 범위) 법 제20조의3제2항에 따른 거짓·과대의 표시 및 거짓·과대의 광고의 범위는 표시의 경우에는 포장·용기에, 광고의 경우에는 라디오·텔레비전·신문·잡지·인터넷이나 그 밖의 방법으로 양곡의 명칭·품질 등에 대한 정보를 나타내거나 알리는 행위 중 다음 각 호의 어느 하나에 해당하는 것으로 한다.

1. 법 제20조의2에 따른 표시사항과 표시방법을 사실과 다르게 한 표시·광고

   ↳ **법 제20조의2(생산연도·품질 등의 표시)** ① 양곡가공업자나 양곡매매업자가 양곡을 판매하려면 그 양곡의 생산연도·품질 등 농림축산식품부령으로 정하는 사항을 포장·용기 등에 표시하여야 한다.

   ② 제1항에 따른 표시사항의 표시방법 등에 필요한 사항은 농림축산식품부령으로 정한다.

   ↳ **농림축산식품부령 제7조의3(양곡의 표시사항 등)** 법 제20조의2에 따른 양곡의 표시사항과 표시방법은 별표 4[18])와 같다.

신고 내용

1. 「양곡관리법」 제20조의3, 같은 법 시행규칙 제7조의4제1호 등의 규정에 의하면 양곡가공업자나 양곡매매업자가 양곡을 판매하려면 그 양곡의 생산연도·품질 등 일정한 사항을 포장·용기 등에 표시하여야 한다고 규정하였습니다.

2. 피신고자는 ○○군수에게 신고한 양곡가공업자로서 2016. 3. 중순 경 경기도 ○○군 ○○면 ○○리에 있는 피신고자가 운영하는 양곡가공업소(도정공장)에서 미곡을 가공함에 있어 사실은 양곡의 생산연도는 2014년이고, 쌀의 품종은 '신동진'임에도 이를 20kg 들이 포장에 표시함에 있어서는 생산연도를 "2015년", 품종을 "추청"이라고 각각 표시하여 불특정 다수의 소비자에게 판매함으로써 허위의 표시를 하였습니다.

첨부 : 사진 ○장.

---

18) 별표 4는 (신고 내용 해설)의 끝부분에 인용함.

(신고 내용 해설)
- 이 사안의 범죄가 성립하려면 ①양곡가공업자 또는 양곡판매업자, ②양곡을 판매했거나 판매하려한 사실, ③포장 또는 용기, ④표시사항을 허위로 표시한 사실이라는 구성요건 요소를 모두 충족하여야 한다.
- 판매량이나 판매기간 따위는 정상에 참작할 사유이므로, 이는 사법경찰관이 조사할 내용이다. 따라서 신고자가 그 내용을 알고 있다면 신고서에 설명해주어도 무방하지만, 모르는 경우에는 기재를 생략하여도 된다.
- 이 법을 위반한 행위는 지방자치단체에 근무하며 양곡에 관한 단속 사무를 담당하는 지방공무원이 사법경찰관의 직무를 수행한다. 따라서 인터넷 국민신문고를 이용하여 신고서를 제출할 때 기관을 선택함에 있어서는 시·군·자치구, 경찰청 또는 국민권익위원회를 선택하면 된다.

[별표 4]

양곡의 표시사항 및 표시방법(제7조의3 관련)

1. 표시사항

  가. 의무표시사항

   1) 품목

    가) 양곡의 품목 또는 품명을 표시
    나) 쌀 또는 현미에 다른 양곡이나 양곡가공품을 혼합한 경우 혼합된 모든 품목 또는 품명을 표시
    다) 쌀 또는 현미에 다른 양곡이나 양곡가공품을 혼합한 경우 각각의 혼합비율 또는 중량을 표시하되, 혼합된 품목 또는 품명이 다섯 가지를 넘는 경우 혼합비율 또는 중량이 많은 순으로 다섯 가지 이상을 표시
    라) 여러 가지 양곡 또는 양곡가공품을 혼합한 경우 품목별로 표시된 양과 실제 양과의 과부족 허용오차는 10퍼센트 이하로 함

   2) 생산연도(쌀과 현미의 경우만 해당함)

가) 원료 양곡의 수확연도를 표시

나) 삭제 〈2015.6.30.〉

3) 중량

실제 중량을 표시

4) 품종(쌀과 현미의 경우에만 해당함)

가) 해당 품종명을 표시하되, 품종명 표시가 가능한 다른 품종과의 혼입을 허용할 수 있는 범위는 농림축산식품부장관이 따로 정하여 고시할 수 있음

나) 품종명을 모르는 경우에는 "혼합"으로 표시

다) 품종을 혼합한 경우에는 품종별 혼합비율을 표시하거나 "혼합"으로 표시

5) 도정 연월일(쌀과 현미의 경우만 해당함)

가) 벼를 현미로 도정한 연월일을 표시하거나 벼 또는 현미를 쌀로 도정한 연월일을 표시

나) 도정일이 다른 쌀·현미를 혼합한 경우에는 먼저 도정한 연월일을 표시

6) 생산자·가공자 또는 판매원의 주소, 상호(또는 성명) 및 전화번호[외국산의 경우에는 수입자 또는 판매원의 주소, 상호(또는 성명) 및 전화번호]

7) 등급 표시(흑미·향미를 제외한 멥쌀만 해당함)

가) 해당되는 등급에 "○" 표시하되 등급의 구분은 농림축산식품부장관이 정하여 고시

나) 삭제 〈2016. 10. 13.〉

다) 가공업체의 원료로 판매하는 가공용 쌀은 등급표시 대신에 "가공용"이라고 표시할 수 있음

라) 수입쌀은 국제적으로 통용되는 등급으로 표시 할 수 있음

나. 임의표시사항

쌀의 경우 단백질함량을 표시할 수 있되, 함량의 구분은 농림축산식품부 장관이 정하여 고시

2. 표시방법

가. 포장하여 판매하는 경우

1) 위치

가) 포장 앞면의 쉽게 알아볼 수 있는 곳에 라)의 포장양곡 표시사항일괄표시 예시에 따라 표시하되, 생산자·가공자 또는 판매원의 주소, 상호(또는 성명) 및 전화번호[외국산의 경우에는 수입자 또는 판매원의 주소, 상호(또는 성명) 및 전화번호]는 포장 뒷면에 따로 표시할 수 있음

나) 5킬로그램 이하의 포장양곡은 앞면에 표시하기가 어려울 경우 표시사항의 전부 또는 일부를 뒷면에 표시할 수 있음

다) 품목(또는 품명) 및 가변성이 있는 도정일 등은 일괄표시가 있는 면에 따로 표시할 수 있음.

라) 포장양곡 표시사항 일괄표시 예시

품 목	쌀		중 량	20kg
품 종	추청		단백질함량(임의표시)	수, 우, 미
등 급	특, 상, 보통		단백질함량이 낮을수록 밥맛이 우수	
생산연도	2014		도정 연월일	2015. 7. 7.
생산자 (가공자 또는 판매원)	주소	00도 00군 00로 00		
	상호명(성명)	00미곡종합처리장		
	전화번호	031)000-0000		

* 등급 표시는 해당 등급에 O 표시하되, 표시 등급 중 어느 하나에 해당

하지 않는 경우는 "등외"로 표시
* 단백질함량은 임의표시사항이며, 해당 함량에 ○ 표시
* 원산지는 「농수산물의 원산지 표시에 관한 법률」에 따라 표시

2) 글자크기
 가) 의무표시사항
  10킬로그램 이상의 포장양곡은 16포인트(24급) 이상으로 하고, 10킬로그램 미만의 포장양곡은 12포인트(18급) 이상으로 함. 다만, 1킬로그램 이하의 포장양곡은 8포인트(12급) 이상으로 표시할 수 있음
 나) 임의표시사항
  글자크기 제한 없음
3) 색도 : 포장재의 바탕색과 구별되는 색으로 표시
4) 포장재에 직접 인쇄하는 것을 원칙으로 하되, 스티커·고무인 등으로 표시할 수 있음

나. 포장하지 않고 판매하는 경우(품목·중량·생산자·주소·상호 또는 전화번호를 생략할 수 있음)
 1) 표시방법 : 용기 표면, 푯말 등에 표시
 2) 용기 표시 : 가로 10㎝ × 세로 5㎝ 이상
 3) 푯말 표시 : 가로 10㎝ × 세로 5㎝ × 높이 5㎝ 이상
다. 표시 문자
 1) 한글 또는 아라비아 숫자로 표시
 2) 영문 또는 한문 등으로 표시하려면 한글 표시 다음에 ( )로 표시

다. 국산 쌀에 수입 쌀을 혼합한 행위

제32조(벌칙) 다음 각 호의 어느 하나에 해당하는 자는 3년 이하의 징역 또는 사용·처분한 양곡을 시가로 환산한 가액의 5배 이하의 벌금에 처한다.

4. 제20조의4제2항을 위반하여 미곡등을 혼합하여 유통하거나 판매한 자
↳ 제20조의4(양곡의 혼합 금지) ② 양곡가공업자나 양곡매매업자는 농림축산식품부령으로 정하는 양곡(이하 "미곡등"이라 한다)에 대하여 다음 각 호의 어느 하나에 해당하는 행위를 하여서는 아니 된다.
1. 국산 미곡등과 같은 종류의 수입 미곡등을 혼합하여 유통하거나 판매하는 행위
2. 생산연도가 다른 미곡등을 혼합하여 유통하거나 판매하는 행위
↳ 농림축산식품부령 제7조의5(혼합 금지 대상 양곡) ① 법 제20조의4제2항 각 호 외의 부분에서 "농림축산식품부령으로 정하는 양곡"이란 미곡을 말한다.
② 제1항에 따른 미곡은 벼, 현미, 쌀로서 육안으로 원형을 알아볼 수 있는 것(부서진 것을 포함한다)을 말한다.

신고 내용

「양곡관리법」 제20조의4제2항제1호 및 같은 법 시행규칙 제7조의5에 의하면 양곡가공업자나 양곡매매업자는 국산 미곡에 수입 미곡을 혼합하여 판매하면 안된다고 규정하였습니다.

피신고자는 ○○시장에게 신고한 양곡가공업자로서 2016. ○.경부터 피신고사가 운영하는 ○○시 ○○면 ○○리 ○○-○ 소재 ○○정미소에서 국산 쌀과 중국산 쌀을 각각 절반씩 혼합하여 20kg, 10kg으로 포장하고, 포장에는 국내산 100%인 것처럼 표시하여 성명을 알 수 없는 양곡판매업자에게 판매하고 있습니다.

첨부 : 사진 ○장.

(신고 내용 해설)
- 이 사안의 구성요건 중 '양곡가공업자'는 관할관청에 신고한 자라는 신분(身分) 있는 자를 말한다. '양곡매매업자'는 영리를 목적으로 양곡(쌀)을 매매하는 자를 말한다. 도매이든 소매이든 묻지 않는다.
- 범죄의 구성요건 사실 중에서 '국산 미곡과 외국산 미곡의 혼합'과 관련해서는 그 비율은 묻지 않는다.
- 범죄행위에 관한 증거자료는 중국산 쌀의 포장지를 촬영한 사진으로 충분할 것이다. 판매기간, 판매량, 판매가격 등은 사법경찰관이 조사하여 특정할 내용이다. 그러나 알고 있다면 신고서에 적어줄 필요가 있다. 이는 벌금의 양형(量刑)에 중요한 자료이기 때문이다.

23.「자동차관리법」

가. 법률 이해하기

이 법은「공익신고자 보호법」의 관련 규정에 의하여 국민권익위원회가 내부신고자에게는 보상금을, 외부신고자에게는 포상금을 지급한다.

이 법 자체의 규정에 의하면 이 법의 일부 조항에 관하여 신고한 사람에게는 각 지방자치단체가 '포상금'을 지급할 수 있다고 규정하였다. 그러나 그 포상금에 관하여는 각 지방자치단체가 '조례'로 규정할 수 있게 하였다. 이 규정에 따라 조례를 제정하고, 포상금을 지급하는 광역지방자치단체로는 서울특별시, 대전광역시, 부산광역시가 있고, 기타 기초지방자치단체에서도 조례를 제정한 시·군이 있으나, 그 포상금의 상한액은 모두 소액에 불과하다.

나. 미등록 자동차정비업자

제79조(벌칙) 다음 각 호의 어느 하나에 해당하는 자는 3년 이하의 징역 또는 3천

만원 이하의 벌금에 처한다.

13. 제53조제1항을 위반하여 시장·군수·구청장에게 등록을 하지 아니하고 자동차관리사업을 한 자

    ↳**제53조(자동차관리사업의 등록 등)** ① 자동차관리사업을 하려는 자는 국토교통부령으로 정하는 바에 따라 시장·군수·구청장에게 등록하여야 한다. 등록 사항을 변경하려는 경우에도 또한 같다. 다만, 대통령령으로 정하는 경미한 등록 사항을 변경하는 경우에는 그러하지 아니하다.

    ↳**대통령령 제11조(경미한 등록사항의 변경)** 법 제53조제1항 단서에서 "대통령령으로 정하는 경미한 등록 사항을 변경하는 경우"란 다음 각 호의 변경을 말한다.

    1. 임원(대표자를 포함한다)의 주소변경
    2. 자동차관리사업으로 등록한 사업장의 대지면적 또는 건물면적의 100분의 30이하의 변경 또는 증·개축(등록기준에 미달되게 하는 경우를 제외한다)

    ② 제1항에 따른 자동차관리사업은 대통령령으로 정하는 바에 따라 세분할 수 있다.

    ↳**대통령령 제12조(자동차정비업의 세분)** ① 법 제53조제2항에 따른 자동차정비업의 종류는 다음 각 호와 같이 세분한다.

    1. 자동차종합정비업
    2. 소형자동차종합정비업
    3. 자동차전문정비업
    4. 원동기전문정비업

    ② 제1항에 따라 세분된 자동차정비업의 종류별 정비작업의 범위는 국토교통부령으로 정한다.

    ↳**국토교통부령 제131조(자동차정비업의 작업범위)** ① 영 제12조제1항 각 호의 자동차정비업(이하 "정비업"이라 한다)의 종류별 정비작업범위는 다음 각호와 같다.

1. 자동차종합정비업 : 모든 종류의 자동차에 대한 점검·정비 및 튜닝작업
2. 소형자동차종합정비업 : 승용자동차·경형 및 소형의 승합·화물·특수자동차에 대한 점검·정비 및 튜닝작업
3. 자동차전문정비업 : 별표 26[19])에 따른 자동차전문정비업의 작업제한범위에 속하지 아니하는 구조·장치에 대한 점검·정비 및 튜닝
4. 원동기전문정비업 : 자동차원동기의 재생정비 및 튜닝

신고 내용

「자동차관리법」 제53조제1항에 의하면 자동차관리사업을 하려는 자는 국토교통부령에 의하여 시장·군수·구청장에게 등록하여야 함에도 불구하고, 피신고자는 ○○시장에게 등록하지 아니한 채 2015. ○.경부터 ○○시 ○○길 ○○-○에 있는 부지 약 900㎡에 리프트기, 콤프레샤, 산소용접·절단기 및 스프레이건 등 시설 및 장비를 갖춘 다음 '○○○자동차정비소'라는 간판을 걸고, 그 곳을 찾는 불특정 다수의 고객을 상대로 자동차정비사업을 영위하고 있습니다.

첨부 : 1. 토지대장 및 건축물관리대장 각 1통.
      2. 현장 사진 ○장. 끝.

(신고 내용 해설)

- 이 사안은 '영업범'이다. 따라서 영리를 목적으로 타인의 자동차에 대한 정비를 해주고 재산상의 이득을 얻는 사업임을 설명하여야 한다. 즉 법 제36조 및 법

---

19) 별표 26은 생략함.

시행규칙 제62조별표9에서 규정하는 자동차소유자의 '자기정비'와는 다른 것(영업)이라는 점이 설명되어야 한다. 법 제36조에서 말하는 정비는 버스 또는 택시 운송사업자 등이 차고지에 설치한 정비시설에서 고용한 정비기술자격자로 하여금 하게 하는 정비를 의미한다.
- 신고서는 원칙적으로 '6하원칙'으로 작성하므로, 일시 및 장소는 기본적으로 설명하고 이를 입증할 수 있는 자료로 토지대장, 건축물대장 등을 첨부한다. 면적은 수사관이 특정을 할 것이다. 따라서 신고서에는 개략적인 면적을 적어주면 충분하다.
- 영업장에서 사용하는 모든 시설과 장비를 설명할 필요는 없지만, 자동차의 정비에 필요한 기본적인 것들은 열거하고, 사진에도 현출되게 하는 것이 좋다.
- 자동차나 건설기계 관련 영업장 또는 자동차를 이용한 범죄행위를 신고할 때에는 가능하면 자동차의 등록번호를 읽을 수 있는 사진을 첨부하는 편이 좋을 것이다.
- 피신고자가 '등록'을 한 정비사업자인지 여부는 관할 시·군·구에 전화상으로 질문을 하더라도 확인할 수 있을 것이다.
- 이러한 유형의 위반행위와 같이 피신고자가 범죄의 증거를 감추기 어려운 위반행위들은 휴대폰이나 디지털카메라로 – 특별한 장비 없이 – 사진촬영을 하는 것만으로도 신고서에 첨부할만한 훌륭한 증거자료가 된다.
- 이 사안과 같은 영업범(營業犯)은 시설과 장비를 언제 갖추었는지를 따질 것도 없이 영업을 계속하고 있는 동안에는 공소시효가 완성되지 않는다.
- 이 법을 위반한 행위의 신고서를 국민신문고를 이용하여 제출할 경우에는 국민권익위원회 또는 경찰청을 선택하면 된다.

다. 폐차 대상 자동차 매집행위자

제79조(벌칙) 다음 각 호의 어느 하나에 해당하는 자는 3년 이하의 징역 또는 3천만원 이하의 벌금에 처한다.

14의2. 제57조의2를 위반하여 자동차해체재활용업자가 아닌 자가 영업을 목적으로 폐차 대상 자동차를 수집 또는 매집하거나 그 자동차를 자동차해체재활용업자에게 알선하는 행위를 한 자

↳제57조의2(폐차 수집·알선 등의 금지) 자동차해체재활용업자가 아닌 자는 영업을 목적으로 폐차 대상 자동차를 수집 또는 매집하거나 그 자동차를 자동차해체재활용업자에게 알선하는 행위를 하여서는 아니 된다.

〔신고 내용〕

1. 「자동차관리법」 제57조의2에 의하면 자동차해체재활용업자가 아닌 자는 영업을 목적으로 폐차 대상 자동차를 수집 또는 매집하거나 그 자동차를 자동차해체재활용업자에게 알선하는 행위를 하여서는 아니 된다고 규정하였습니다.
2. 피신고자는 자동차해체재활용업자가 아니면서 2016. 1.경부터 지역정보신문인 가로수에 "폐차매매"라는 제목의 광고를 게재한 다음 위 광고를 보고 연락하는 자동차의 폐차 희망자들로부터 자동차 1대마다 돈 100만원 내지 200만원을 주고 매집한 자동차 약 20대를 ○○시 ○○면 ○○리 ○○-○에 있는 피신고자 소유의 나대지에 보관하고 있습니다.

〔첨부하는 증거〕

1. 지역정보신문 광고 내용 사진 ○장.
2. 폐차 대상 자동차 보관 장소 사진 ○장. 끝.

(신고 내용 해설)
- 이 사안의 범죄구성요건 요소는 ①자동차해체재활용업자 아닌 자, ②폐차 대상 자동차, ③수집·매집 또는 자동차해체재활용업자와 자동차 소유자 사이의 매매알선 및 ④영업의 목적이다.
- 법이 2015. 8. 11. 위 제57조의2를 신설한 이유는 이러하다. 일부 몰지각한 사람들이 폐차 대상인 자동차를 헐값에 매집하거나 무상으로 수집한 다음 이를 함부로 해체하거나 고물을 가장하여 중고차로 수출하는 사례가 여러 번 적발되었기 때문이다. 또 하나의 이유는, 자동차해체재활용업자(이른바 "폐차장")가 위와 같은 매집·수집상에게 웃돈을 주는 관행이 성행하고 있기 때문이다.
- 이 사안에 관한 범죄구성요건을 살펴보면, '영업범'이자 '목적범'이다. 따라서 실제로 신고를 함에 있어서는 광고를 한 사실만으로는 부족하다. 단 1건이라도 영업의 목적이 있는 수집 또는 매집이 특정되어야 한다.
- 수집인지 매집인지, 매집이라면 그 매매가는 얼마인지 등에 관하여는 수사관이 자동차 소유자를 조사하는 방법 등으로 특정할 것이다.

라. 자동차를 도로에 장기방치한 행위

제81조(벌칙) 다음 각 호의 어느 하나에 해당하는 자는 1년 이하의 징역 또는 1천만원 이하의 벌금에 처한다.
  8. 제26조제1항(제52조에서 준용하는 경우를 포함한다)을 위반하여 같은 항 각 호의 어느 하나에 해당하는 금지행위를 한 자
   ↳**제26조(자동차의 강제 처리)** ① 자동차(자동차와 유사한 외관 형태를 갖춘 것을 포함한다. 이하 이 조에서 같다)의 소유자 또는 점유자는 다음 각 호의 어느 하나에 해당하는 행위를 하여서는 아니 된다.
     1. 자동차를 일정한 장소에 고정시켜 운행 외의 용도로 사용하는 행위
     2. 자동차를 도로에 계속하여 방치하는 행위
     3. 정당한 사유 없이 자동차를 타인의 토지에 방치하는 행위

신고 내용

1. 「자동차관리법」 제26조제1항제2호의 규정에 의하면 자동차나 자동차와 유사한 형태를 갖춘 것의 소유자나 점유자는 자동차를 도로에 계속하여 방치하면 안 된다고 하였습니다.
2. 피신고자는 서울○○오○○○○호 승용자동차의 소유자로서 위 자동차를 2016. 2. 15.경부터 같은 해 4. 20. 현재까지 서울 ○○구 ○○동 ○○-○ 부근 도로에 계속하여 방치하고 있습니다.

첨부 : 자동차 사진 ○장.

(신고 내용 해설)
- 이 사안의 범죄를 구성하기 위해서는 ①자동차(또는 자동차와 유사한 형태를 갖춘 것), ②소유자(또는 점유자), ③도로(또는 타인의 토지), ④계속 방치라는 요건이 충족되어야 한다.
- '자동차와 유사한 형태를 갖춘 것'이라는 요건은 장난감 자동차를 의미하는 것이 아니라 원래는 자동차였지만 중요한 부속들이 사라진 채 껍데기만 남은 것을 염두에 둔 규정이라고 해석된다. 이러한 것은 그 소유자나 점유자를 밝히는 일이 쉽지 않을 것이다.
- 문제는 "계속하여 방치"를 어떻게 해석할 것인가이다. 즉 어느 정도의 기간이 지나면 "계속 방치"라는 요건을 충족하였다고 볼 것인가의 문제인데, 신고자가 주관적으로 볼 때 소유자나 점유자가 버린 것이라고 볼만한 상당한 이유가 있는 정도는 되어야 할 것이다.
- '도로'는 골목길이든 농로(農路)이든 가리지 않는다. 그러나 주차장은 도로에 포함되지 않는다.

- 이 사안의 경우에는 한 가지 어려운 문제점이 더 있다. 도로나 타인의 토지에 자동차를 버린 사람은 대부분 자동차의 등록번호판을 제거한 채 버린다. 이러한 경우에는 등록번호를 알 수 없을 것이므로, 차대번호라도 알 수 있어야 수사를 개시할 수 있을 것이다.

24. 「청소년보호법」

가. 법률 이해하기

이 법은 「공익신고자 보호법」의 관련 규정에 의하여 국민권익위원회에서 보상금 또는 포상금을 지급한다. 한편 이 법 자체의 규정에 의하면 기초지방자치단체장이 포상금을 지급할 수 있다고 하였다. 따라서 이 포상금에 관한 금액의 산정기준, 지급절차 등은 각 지방자치단체의 조례를 확인하면 알 수 있을 것이다.

나. 청소년에 대한 청소년유해약물 판매행위

제58조(벌칙) 다음 각 호의 어느 하나에 해당하는 자는 3년 이하의 징역 또는 3천만원 이하의 벌금에 처한다.
  3. 제28조제1항을 위반하여 청소년에게 제2조제4호가목4)·5)의 청소년유해약물 또는 같은 호 나목의 청소년유해물건을 판매·대여·배포(자동기계장치·무인판매장치·통신장치를 통하여 판매·대여·배포한 경우를 포함한다)한 자
    ↳**제28조(청소년유해약물등의 판매·대여 등의 금지)** ① 누구든지 청소년을 대상으로 청소년유해약물등을 판매·대여·배포(자동기계장치·무인판매장치·통신장치를 통하여 판매·대여·배포하는 경우를 포함한다)하거나 무상으로 제공하여서는 아니 된다. 다만, 교육·실험 또는 치료를 위한 경우로서 대통령령으로 정하는 경우는 예외로 한다.
      ↳**대통령령 제24조(청소년유해약물등의 판매·대여 등)** 법 제28조제1항 단

서에서 "대통령령으로 정하는 경우"란 다음 각 호의 경우를 말한다.
1. 청소년의 친권자·후견인·교사, 직장의 감독자 그 밖에 해당 청소년을 보호·감독할 수 있는 실질적인 지위에 있는 자가 청소년유해약물등을 교육 또는 실험용으로 사용할 것임을 전화 등을 통하여 확인한 경우
2. 「의료법」 제18조에 따라 의사나 치과의사로부터 발급받은 처방전에 청소년유해약물등이 포함되어 있는 경우

↳**제2조(정의)** 이 법에서 사용하는 용어의 뜻은 다음과 같다.
4. "청소년유해약물등"이란 청소년에게 유해한 것으로 인정되는 다음 가목의 약물(이하 "청소년유해약물"이라 한다)과 청소년에게 유해한 것으로 인정되는 다음 나목의 물건(이하 "청소년유해물건"이라 한다)을 말한다.
　가. 청소년유해약물
　　4) 「화학물질관리법」에 따른 환각물질

　　↳**「화학물질관리법」 제22조(환각물질의 흡입 등의 금지)** ① 누구든지 흥분·환각 또는 마취의 작용을 일으키는 화학물질로서 대통령령으로 정하는 물질(이하 "환각물질"이라 한다)을 섭취 또는 흡입하거나 이러한 목적으로 소지하여서는 아니된다.

　　　↳**대통령령 제11조(환각물질)** 법 제22조제1항에서 "대통령령으로 정하는 물질"이란 다음 각 호의 어느 하나에 해당하는 물질을 말한다.
　　　1. 톨루엔, 초산에틸 또는 메틸알코올
　　　2. 제1호의 물질이 들어 있는 시너(도료의 점도를 감소시키기 위하여 사용되는 유기용제를 말한다), 접착제, 풍선류 또는 도료
　　　3. 부탄가스

신고 내용

1. 「청소년보호법」 제2조제4호가목4), 제28조제1항 및 「화학물질관리법」 제28조제1항, 같은 법 시행령 제11조제3호의 규정에 의하면 누구든지 청소년을 대상으로 청소년유해약물등을 판매·대여·배포하거나 무상으로 제공하여서는 아니 된다고 하였습니다.
2. 피신고자는 2016. ○. ○. ○○시 ○○동 ○○-○ 소재 피신고자가 운영하는 ○○할인마트에서 미성년자인 신고 외 ○○○(17세)에게 부탄가스 220g 용량 5개를 돈 12,000원을 받고 판매함에 있어 위 ○○○의 연령을 확인하지 아니한 채 판매한 사실이 있습니다.

(신고 내용 해설)

- 이 사안에서는 ①청소년유해약물등, ②청소년, ③판매, 대여, 배포, 무상 제공 중 어느 하나 및 ④일시, 장소가 범죄의 구성요건 요소로서 특정되어야 한다.
- 여기에서 가장 중요한 요소는 청소년임을 특정할 수 있는 증거자료이다. 청소년의 연락처가 기재된 진술서가 유력할 것이다. 청소년이 부탄가스를 코에 대고 흡입할 목적으로 구매했는지 여부는 묻지 않는다.
- 이 법을 위반하는 행위는 여성가족부, 광역 및 기초지방자치단체에서 청소년보호 업무에 종사하는 공무원이 특별사법경찰관의 직무를 수행한다. 따라서 이 신고서는 국민권익위원회, 경찰청, 여성가족부, 지방자치단체에 제출하면 된다. 경찰청의 경우에는 지방경찰청을 경유하여 관할 경찰서에 이첩하여 수사하도록 할 것이고, 여성가족부는 지방자치단체에 이첩할 것이다.

다. 청소년에게 술·담배를 판매한 행위

제59조(벌칙) 다음 각 호의 어느 하나에 해당하는 자는 2년 이하의 징역 또는 2천만원 이하의 벌금에 처한다.
6. 제28조제1항을 위반하여 청소년에게 제2조제4호가목1)·2)의 청소년유해약물을 판매·대여·배포(자동기계장치·무인판매장치·통신장치를 통하여 판매·대여·배포한 경우를 포함한다)하거나 영리를 목적으로 무상 제공한 자

↳**제28조(청소년유해약물등의 판매·대여 등의 금지)** ① 누구든지 청소년을 대상으로 청소년유해약물등을 판매·대여·배포(자동기계장치·무인판매장치·통신장치를 통하여 판매·대여·배포하는 경우를 포함한다)하거나 무상으로 제공하여서는 아니 된다. 다만, 교육·실험 또는 치료를 위한 경우로서 대통령령으로 정하는 경우는 예외로 한다.

↳**대통령령 제24조(청소년유해약물등의 판매·대여 등)** 법 제28조제1항 단서에서 "대통령령으로 정하는 경우"란 다음 각 호의 경우를 말한다.
1. 청소년의 친권자·후견인·교사, 직장의 감독자 그 밖에 해당 청소년을 보호·감독할 수 있는 실질적인 지위에 있는 자가 청소년유해약물등을 교육 또는 실험용으로 사용할 것임을 전화 등을 통하여 확인한 경우
2. 「의료법」 제18조에 따라 의사나 치과의사로부터 발급받은 처방전에 청소년유해약물등이 포함되어 있는 경우

↳**제2조(정의)** 이 법에서 사용하는 용어의 뜻은 다음과 같다.
4. "청소년유해약물등"이란 청소년에게 유해한 것으로 인정되는 다음 가목의 약물(이하 "청소년유해약물"이라 한다)과 청소년에게 유해한 것으로 인정되는 다음 나목의 물건(이하 "청소년유해물건"이라 한다)을 말한다.
   가. 청소년유해약물
      1) 「주세법」에 따른 주류

↳「주세법」 제3조(정의) 이 법에서 사용하는 용어의 뜻은 다음과 같다.

1. "주류"란 다음 각 목의 것을 말한다.

    가. 주정(酒精)[희석하여 음료로 할 수 있는 에틸알코올을 말하며, 불순물이 포함되어 있어서 직접 음료로 할 수는 없으나 정제하면 음료로 할 수 있는 조주정(粗酒精)을 포함한다.]

    나. 알코올분 1도 이상의 음료[용해(鎔解)하여 음료로 할 수 있는 가루 상태인 것을 포함하되,「약사법」에 따른 의약품으로서 알코올분이 6도 미만인 것은 제외한다.]

2)「담배사업법」에 따른 담배

↳「담배사업법」 제2조(정의) 이 법에서 사용하는 용어의 뜻은 다음과 같다.

1. "담배"란 연초(煙草)의 잎을 원료의 전부 또는 일부로 하여 피우거나, 빨거나, 증기로 흡입하거나, 씹거나, 냄새 맡기에 적합한 상태로 제조한 것을 말한다.

신고 내용

1. 「청소년보호법」 제2조제4호가목1), 제28조제1항 및 「주세법」 제3조제1호의 규정을 종합해보면 누구든지 청소년을 대상으로 청소년유해약물등을 판매·대여·배포하거나 무상으로 제공하여서는 아니 된다고 하였습니다.

2. 피신고자는 서울 ○○구 ○○동 ○○-○에 있는 '○○24시체인점'을 운영하는 사람으로서 2016. 5. 5. 21시경 위 체인점에서 청소년들인 ○○○ 외 3명에게 소주인 참이슬 360㎖ 10병을 돈 14,000원을 받고 판매함에 있어 청소년인지 여부를 확인하지 아니한 채 이를 판매한 사실이 있습니다.

붙임 : 1. 자술서 1통.
　　　 2. 사진 ○장.

(신고 내용 해설)
- 이 사안과 같이 청소년으로 의심되는 사람 여러 명이 청소년에게 판매할 수 없는 물건을 공동으로 구입하려는 경우에는 판매자는 해당 손님 전원에 대하여 연령을 조사해야 한다. 이 손님들 중에 성년(만19세 이상)이 한 사람이라도 있는 경우에는 판매를 하더라도 무방하다.
- 만약 청소년으로부터 진술서(또는 자술서)를 징구할 경우에는 강압적인 분위기를 조성한 상태에서 징구해서는 안 될 것이며, 사진을 촬영할 때에도 청소년이 자발적으로 피사체가 되어 주는 경우에만 촬영해야 한다는 점은 반드시 기억하여야 할 것이다.
- 법 제28조제1항에서는 "누구든지 청소년을 대상으로 청소년유해약물등을 판매·대여·배포(자동기계장치·무인판매장치·통신장치를 통하여 판매·대여·배포하는 경우를 포함한다)하거나 무상으로 제공하여서는 아니 된다."고 규정하였다. 위 규정에서는 "무상으로 제공하여서는"이라고 규정한 점에 주목하고자 한다. 그런데 처벌법규인 법 제59조제6호는 "영리를 목적으로 무상 제공한 자"라고 규정하여 무상 제공에 관여는 '영리의 목적'이라는 가중적 구성요건을 두어 영리의 목적이 있는 경우에만 벌할 수 있도록 제한을 가하였다. 이를 반대해석하면 영리의 목적이 없으면 청소년에게 청소년유해약물등을 제공하더라도 처벌할 수 없다는 의미가 되고, 법 제28조제1항의 규정 중 "무상으로 제공하여서는 아니 된다."는 부분은 훈시규정(訓示規定)에 불과한 것이 된다. 아무튼 형벌에 관한 규정은 법문(法文)에 충실한 해석을 해야 하므로, 현재로서는 청소년에게 청소년유해약물등을 영리의 목적 없이 무상으로 제공하는 행위는 벌할 수 없다.

25. 「축산물위생관리법」

가. 법률 이해하기

이 법은 이 법을 위반한 일부 행위를 신고한 사람에게는 이 법 자체의 규정에 의하여 농림축산검역본부장 또는 지방식품의약품안전청장이 '포상금'을 지급한다. 한편 이 법을 위반한 모든 행위를 대상으로 신고한 사람에게는 「공익신고자 보호법」의 관련 규정에 의하여 국민권익위원회가 내부신고자에게는 '보상금'을, 외부신고자에게는 '포상금'을 각각 지급한다. 신고자는 신고자에게 유리한 상금을 선택하여 지급받을 수 있다.

이 법을 위반한 행위 중에는 과징금이 부과되는 위반행위도 많다. 국민권익위원회의 상금은 과징금이 부과된 경우에도 이를 상금을 산정하는 기초로 삼고 있다. 따라서 이 법을 연구하는 사람으로서는 깊이 있는 공부를 해두기를 권한다. 이 법은 우리 모두의 일상과 밀접한 관련이 있는 법률이기도 하다.

나. 무허가 도축업자

제45조(벌칙) ① 다음 각 호의 어느 하나에 해당하는 자는 10년 이하의 징역 또는 1억원 이하의 벌금에 처한다.
  6. 제22조제1항을 위반하여 영업허가를 받지 아니하거나 제22조제2항을 위반하여 변경허가를 받지 아니하고 영업을 한 자
    ↳제22조(영업의 허가) ① 제21조제1항제1호부터 제3호까지의 규정에 따른 도축업·집유업 또는 축산물가공업의 영업을 하려는 자는 총리령으로 정하는 바에 따라 작업장별로 시·도지사의 허가를 받아야 하고, 같은 항 제4호에 따른 식육포장처리업 또는 같은 항 제5호에 따른 축산물보관업의 영업을 하려는 자는 총리령으로 정하는 바에 따라 작업장별로 특별자치도지사·시장·군수·구청장의 허가를 받아야 한다.

↳제21조(영업의 세부 종류와 범위) 법 제21조에 따른 영업의 세부 종류와 그 범위는 다음 각 호와 같다.
1. 도축업 : 가축을 식용에 제공할 목적으로 도살·처리하는 영업
2. 집유업 : 원유를 수집·여과·냉각 또는 저장하는 영업. 다만, 자신이 직접 생산한 원유를 원료로 하여 가공하는 경우로서 원유의 수집행위가 이루어지지 아니하는 경우는 제외한다.
3. 축산물가공업의 경우에는 다음 각 목의 구분에 따른 영업
   가. 식육가공업 : 식육가공품을 만드는 영업
   나. 유가공업 : 유가공품을 만드는 영업
   다. 알가공업 : 알가공품을 만드는 영업

신고 내용

1. 「축산물 위생관리법」 제22조제1항, 제21조제1호에 의하면 도축업을 영위하려는 사람은 관할관청의 허가를 받아야 한다고 규정하였습니다.
2. 피신고자는 경기도지사의 허가를 받지 아니하고 2015. ㅇ.경부터 ㅇㅇ시 ㅇㅇ로 ㅇㅇ-ㅇ에 있는 피신고자가 운영하는 닭·오리농장에서 작업실, 냉장고, 식육수송차량 등의 시설과 장비를 갖추고 피신고자가 사육하는 닭과 오리를 도축하여 위 ㅇㅇ시 일원에 산재한 일반음식점 등에 판매하는 방법으로 도축업을 영위하고 있습니다.

첨부 : 사진 ㅇ장.

(신고 내용 해설)
- 이 사안의 범죄가 성립하려면 ①광역지방자치단체장으로부터 허가를 받지 아니한 사실, ②축산물의 도축행위, ③영업으로 하는 행위가 증명되어야 한다. ③

의 '영업'이라고 함은 '계속·반복할 의사를 가지고 재산적 이득을 얻는 행위'를 말한다.
- 위 ③에 관한 행위를 증명하기 위해서는 작업장과 가축수송차량 등을 촬영하면 될 것이다. 자동차를 피사체로 촬영할 때에는 그 자동차의 등록번호가 식별될 수 있도록 촬영하는 것이 중요하다.
- 법이 도축업을 하려는 사람에게 허가를 받도록 한 이유는 축산물의 위생관리 및 환경문제의 해소에 있다. 따라서 신고서에는 위 범죄구성요건에 해당하는 사실 외에도 정상에 참작할 사유를 설명해주는 것이 유익하다. 그 내용으로는 작업실과 가축수송차량의 비위생적인 환경에 따른 축산물의 비위생적인 처리·운송 상황, 가축의 방혈(放血)에 따른 폐수 무단방류, 폐기물의 불법처리 등에 관하여도 설명을 덧붙일 필요가 있다.
- 이 법을 위반한 행위는 농림축산식품부, 특별시·광역시·도, 시·군·자치구에서 축산물에 관한 단속 사무에 종사하는 공무원이 특별사법경찰관의 직무를 수행한다. 따라서 이 법을 위반한 행위에 관하여 신고서를 제출할 기관은 국민권익위원회, 경찰청, 관할 지방자치단체이다.

26. 「폐기물관리법」

가. 법률 이해하기

이 법을 위반한 행위자를 신고한 사람에게는 「공익신고자 보호법」의 관련 규정에 의하여 국민권익위원회가 내부신고자에게는 '보상금'을 의무적으로 지급하고, 외부신고자에게는 '포상금'을 재량에 의하여 지급할 수 있도록 정해져 있다.

이 법은 법령의 규정이 다소 복잡하며, 난해한 점은 단점이다. 그러나 이 법과 관련하여 국민권익위원회로부터 상금을 지급받는 사람이 많고, 상금의 지급액도 이 법이 많은 비율을 차지하는 것으로 알려진다.

공부하여야 할 내용이 많지만, '산업폐기물'과 관련한 규정들은 꼼꼼히 숙지해 둘 필요가 있을 것이다. 공익신고를 전업(專業)으로 하는 사람에게는 매우 좋은 신고재료들이 내재되어 있는 법률이다. 왜냐하면 이 법을 위반한 행위의 결과는 감출 수 없는 증거를 남기는 특성상 신고자로서는 증거를 수집하는 일이 어렵지 않기 때문이다. 휴대폰 또는 디지털카메라만 있으면 증거 수집을 완료할 수 있는 내용을 많이 포함하고 있는 법률이다. 시행령과 시행규칙 및 이들과 관련한 별표의 규정들까지를 꼼꼼히 익혀둔다면 짭짤한 소득을 얻게 되리라는 점을 감히 말하고 싶다.

폐기물 중 '건설폐기물'의 친환경적 처리와 재활용에 관하여는 「건설폐기물의 재활용촉진에 관한 법률」이 이 법에 대한 특별법으로서 우선 적용되고, 위 건설폐기물법에서 규정하지 아니한 사항에 관하여는 이 법을 적용하게 된다.

나. 사업장폐기물 불법 매립행위

제63조(벌칙) 다음 각 호의 어느 하나에 해당하는 자는 7년 이하의 징역이나 7천만원 이하의 벌금에 처한다. 이 경우 징역형과 벌금형은 병과(倂科)할 수 있다.
 2. 제8조제2항을 위반하여 사업장폐기물을 매립하거나 소각한 자
  ↳제8조(폐기물의 투기 금지 등) ② 누구든지 이 법에 따라 허가 또는 승인을 받거나 신고한 폐기물처리시설이 아닌 곳에서 폐기물을 매립하거나 소각하여서는 아니 된다. 다만, 제14조제1항 단서에 따른 지역에서 해당 특별자치시, 특별자치도, 시·군·구의 조례로 정하는 바에 따라 소각하는 경우에는 그러하지 아니하다.
   ↳제14조(생활폐기물의 처리 등) ① 특별자치시장, 특별자치도지사, 시장·군수·구청장은 관할 구역에서 배출되는 생활폐기물을 처리하여야 한다. 다만, 환경부령으로 정하는 바에 따라 특별자치시장, 특별자치도지사, 시장·군수·구청장이 지정하는 지역은 제외한다.
    ↳환경부령 제15조(생활폐기물관리 제외지역의 지정) ① 특별자치시장, 특별자치도지사, 시장·군수·구청장은 법 제14조제1항 단서에 따라 생활폐기물을 처리하여야 하는 구역에서 제외할

수 있는 지역(이하 "생활폐기물관리 제외지역"이라 한다)을 지정하는 경우에는 다음 각 호의 어느 하나에 해당하는 지역을 대상으로 하여야 한다.
1. 가구 수가 50호 미만인 지역
2. 산간·오지·섬지역 등으로서 차량의 출입 등이 어려워 생활폐기물을 수집·운반하는 것이 사실상 불가능한 지역
② 특별자치시장, 특별자치도지사, 시장·군수·구청장은 제1항에 따라 생활폐기물관리제외지역으로 지정된 지역 중 일정한 기간에만 다수인이 모이는 해수욕장·국립공원 등 관광지나 그 밖에 이에 준하는 지역에 대하여는 이용객의 수가 많은 기간에 한정하여 그 지정의 전부 또는 일부를 해제할 수 있다.

〔피신고자〕

1. 행위자
   성명 : ○○○
   주소 :
   전화번호 :

2. 감독자
   상호 : ○○건설 주식회사(대표이사 ○○○)
   주사무소 :
   전화번호 :

〔신고 내용〕

1. 「폐기물관리법」 제8조제2항은 누구든지 이 법에 따라 허가 또는 승인을 받거나 신고한 폐기물처리시설이 아닌 곳에서 폐기물을 매립하거나 소각하여서는 아니 된다고 규정하였습니다.
2. 피신고자 ○○건설주식회사는 골재채취업자이고, 같은 ○○○는 위 회사의 사업본부장으로서 ○○시 ○○면 ○○리에 있는 ○○지구 골재채취현장의 총괄책임자입니다.
3. 피신고자들은 2015. ○. ○.경부터 현재까지 위 골재채취현장에서 지하로부터 채취한 토석을 분쇄하여 자갈과 모래를 생산함에 있어 토사세척시설에서 1일 평균 약 50t씩 발생되는 사업장폐기물인 '공정 오니'를 아무런 조치도 없이 위 토석을 파낸 지하에 그대로 매립하고 있습니다.
4. 위 오니에는 '○○○○' 등 환경유해물질이 다량 포함되어 있습니다.

첨부 : 현장 사진 ○장.

(신고 내용 해설)

- 이 사안의 범죄가 성립하기 위해서는 ①폐기물처리시설 아닌 곳, ②폐기물, ③매립행위가 특정되어야 한다. 사업자인지 여부는 구성요건 요소는 아니지만 양벌규정의 적용 등에 필요하므로, 행위자가 영위하는 사업의 내용도 설명할 필요가 있다.
- 위 구성요건 요소에 더하여 정상에 참작할 사유로는 매립한 폐기물의 양(量)과 환경유해물질이 포함된 오니(汚泥 : 오염물질을 함유한 흙)라는 사실을 밝혀주면 유익할 것이다. 오니 속에 환경유해물질이 섞일 수밖에 없는 이유를 위 4호에서 잘 설명하는 내용의 신고서를 작성하면 더욱 유익할 것이다.
- 범죄의 증거는 땅속에 묻혔으므로, 피신고자들이 수사 과정에서 혐의를 부인하는 경우에는 수사를 담당하는 기관에서는 굴삭기 등을 이용하여 땅속을 파낼

수밖에 없을 것이나, 신고자로서는 토사세척시설과 매립 현장을 촬영한 사진은 첨부하여야 할 것이다.
- 이 법을 위반한 행위는 광역지방자치단체 및 시·군·자치구에 근무하면서 환경관계 단속 사무에 종사하는 공무원이 특별사법경찰관의 직무를 수행한다. 따라서 신고서를 제출할 기관은 국민권익위원회, 경찰청 및 관할 지방자치단체이다.

다. 미신고 폐기물처리시설 설치자

제65조(벌칙) 다음 각 호의 어느 하나에 해당하는 자는 3년 이하의 징역이나 3천만원 이하의 벌금에 처한다. 다만, 제1호, 제6호 및 제11호의 경우 징역형과 벌금형은 병과할 수 있다.

18. 제29조제2항을 위반하여 승인을 받지 아니하고 폐기물처리시설을 설치한 자

↳**제29조(폐기물처리시설의 설치)** ② 제25조제3항에 따른 폐기물처리업의 허가를 받았거나 받으려는 자 외의 자가 폐기물처리시설을 설치하려면 환경부장관의 승인을 받아야 한다. 다만, 제1호의 폐기물처리시설을 설치하는 경우는 제외하며, 제2호의 폐기물처리시설을 설치하려면 환경부장관에게 신고하여야 한다.

1. 학교·연구기관 등 환경부령으로 정하는 자가 환경부령으로 정하는 바에 따라 시험·연구목적으로 설치·운영하는 폐기물처리시설

↳**환경부령제37조(폐기물처리시설 설치 승인·신고의 제외 대상 등)** ① 법 제29조제2항제1호에서 "환경부령으로 정하는 자"란 다음 각 호의 자를 말한다.

1. 「환경기술 및 환경산업 지원법」 제5조제1항에 따른 기관

↳**「환경기술 및 환경산업 지원법」 제5조(환경기술개발사업의 추진)** ① 정부는 환경보전 및 국민경제의 지속가능한 발전을 위하여 대통령령으로 정하는 바에 따라 다음

각 호의 어느 하나에 해당하는 기관이나 단체 또는 사업자(이하 이 조에서 "연구기관등"이라 한다)로 하여금 환경기술개발사업(이하 "개발사업"이라 한다)을 하게 할 수 있다.

1. 국·공립연구기관
2. 「특정연구기관 육성법」의 적용을 받는 연구기관
3. 「정부출연연구기관 등의 설립·운영 및 육성에 관한 법률」에 따라 설립된 정부출연연구기관 또는 「과학기술분야 정부출연연구기관 등의 설립·운영 및 육성에 관한 법률」에 따라 설립된 과학기술분야 정부출연연구기관
4. 「고등교육법」 제2조에 따른 학교
5. 대통령령으로 정하는 기준에 해당하는 기업부설연구소

    ↳대통령령 제11조(기업부설연구소) 법 제5조제1항제5호에서 "대통령령으로 정하는 기준에 해당하는 기업부설연구소"란 「기초연구진흥 및 기술개발지원에 관한 법률」 제14조제1항제2호에 따른 기업부설연구소 중 환경 분야 연구인력을 항상 확보하고 있는 기업부설연구소를 말한다.

6. 「산업기술연구조합 육성법」에 따른 산업기술연구조합
7. 제10조에 따른 녹색환경지원센터
8. 환경산업을 영위하는 사업자(이하 "환경산업체"라 한다)
9. 대통령령으로 정하는 기준에 해당하는 외국연구기

관. 다만, 국내의 기관이나 단체 또는 사업자와 공동으로 연구개발을 하는 외국연구기관으로 한정한다.

↳**대통령령 제11조의2(개발사업의 실시기관)** 법 제5조제1항제9호 본문에서 "대통령령으로 정하는 기준에 해당하는 외국연구기관"이란 해당 분야의 학사 이상의 학위를 취득한 사람으로서 3년 이상의 연구경력을 가진 연구전담요원 5명 이상을 항상 확보하고 독립된 연구시설을 갖춘 연구기관으로서 환경부장관이 인정하는 기관을 말한다.

10. 그 밖에 대통령령으로 정하는 기관이나 단체 또는 사업자

↳**대통령령 제12조(환경 분야 연구기관)** 법 제5조제1항제10호에서 "대통령령으로 정하는 기관이나 단체 또는 사업자"란 다음 각 호의 기관·단체 또는 사업자를 말한다.

1. 「한국환경공단법」에 따른 한국환경공단(이하 "한국환경공단"이라 한다)

2. 「수도권매립지관리공사의 설립 및 운영 등에 관한 법률」에 따른 수도권매립지관리공사

3. 「산업기술혁신 촉진법」에 따른 한국산업기술진흥원, 한국산업기술평가관리원, 한국세라믹기술원, 한국산업기술시험원 및 전문생산기술연구소

4. 「벤처기업육성에 관한 특별조치법」 제2조

제1항에 따른 환경부문 벤처기업(이하 "환경벤처기업"이라 한다)
5. 환경기술의 개발을 목적으로 「민법」 또는 다른 법률에 따라 설립된 연구기관
2. 「고등교육법」 제2조에 따른 대학·산업대학·전문대학·기술대학 및 그 부설연구기관
3. 국·공립연구기관
4. 「기초연구진흥 및 기술개발지원에 관한 법률」 제14조제1항제2호에 따른 기업부설연구소 및 기업의 연구개발전담부서
5. 「산업기술연구조합 육성법」에 따른 산업기술연구조합
6. 「환경친화적 산업구조로의 전환촉진에 관한 법률」 제6조제2항에 따른 기관 및 단체

↳「환경친화적 산업구조로의 전환촉진에 관한 법률」 제6조(기술개발사업에 대한 지원) ② 정부는 다음 각 호의 어느 하나에 해당하는 기관·단체·사업자 등이 기술개발사업을 실시하는 데에 드는 자금을 출연하거나 그 밖에 필요한 지원을 할 수 있다.
1. 국·공립 연구기관
2. 「특정연구기관 육성법」의 적용을 받는 특정연구기관
3. 「산업기술연구조합 육성법」에 따른 산업기술연구조합
4. 「고등교육법」 및 다른 법률에 따른 대학·전문대학·개방대학
5. 「과학기술분야 정부출연연구기관 등의 설립·운영 및 육성에 관한 법률」에 따라 설립된 한국생산기술연구원과 「산업기술혁신 촉진법」에 따른 전문생

산기술연구소

6. 제7조에 따른 청정생산지원센터

7. 기술개발사업에 참여하는 사업자

8. 그 밖에 기술개발사업을 촉진하기 위하여 필요하다고 산업통상자원부장관이 인정하는 법인·단체 또는 사업자

7. 그 밖에 환경부장관이 정하여 고시하는 자

2. 환경부령으로 정하는 규모의 폐기물처리시설

↳환경부령 제38조(설치신고대상 폐기물처리시설) 법 제29조제2항제2호에서 "환경부령으로 정하는 규모의 폐기물처리시설"이란 다음 각 호의 시설을 말한다.

1. 일반소각시설로서 1일 처분능력이 100톤(지정폐기물의 경우에는 10톤) 미만인 시설

2. 고온소각시설·열분해시설·고온용융시설 또는 열처리조합시설로서 시간당 처분능력이 100킬로그램 미만인 시설

3. 기계적 처분시설 또는 재활용시설 중 증발·농축·정제 또는 유수분리시설로서 시간당 처분능력 또는 재활용능력이 125킬로그램 미만인 시설

4. 기계적 처분시설 또는 재활용시설 중 압축·압출·성형·주조·파쇄·분쇄·탈피·절단·용융·용해·연료화·소성(시멘트 소성로는 제외한다) 또는 탄화시설로서 1일 처분능력 또는 재활용능력이 100톤 미만인 시설

5. 기계적 처분시설 또는 재활용시설 중 탈수·건조시설, 멸균분쇄시설 및 화학적 처분시설 또는 재활용시설

6. 생물학적 처분시설 또는 재활용시설로서 1일 처분능력 또는 재활용 능력이 100톤 미만인 시설

7. 소각열회수시설로서 1일 재활용능력이 100톤 미만인 시설

신고 내용

1. 「폐기물관리법」 제29조제2항제2호 및 같은 법 시행규칙 제38조제1호에 의하면 폐기물처리업의 허가를 받았거나 받으려는 자 외의 자가 일반소각시설로서 1일 처분능력이 100톤(지정폐기물의 경우에는 10톤) 미만인 폐기물처리시설을 설치하려면 환경부장관에게 신고하여야 한다고 규정하였습니다.
2. 피신고자는 관할관청에 신고하지 아니하고 2016. ○. 중순경 ○○시 ○○동 ○○-○에 있는 피신고자 소유 ○○○공장 안에 1일 처분능력이 약 50t에 이르는 폐건축자재 등의 소각용 일반소각시설을 설치하고, 현재까지 위 소각시설을 운영하고 있습니다.

첨부 : 사진 ○장.

(신고 내용 해설)

- 이 사안의 범죄구성요건 요소로는 ①신고하지 아니한 사실, ②시행규칙 제38조 각 호의 어느 하나에 해당하는 폐기물처리시설에 해당하는 사실, ③폐기물처리시설을 설치하여 가동한 사실 및 ④처리하는 폐기물의 종류가 특정되어야 한다. 법령의 규정에 의하면 폐기물처리시설을 설치한 것만으로도 범죄를 구성하는 것처럼 규정되어 있으나, 단 한 번이라도 그 처리시설을 가동한 사실이 있어야 가벌성(可罰性)이 있을 것이다.
- 증거로는 피신고자가 설치한 폐기물처리시설을 촬영한 사진이 있으면 충분할 것이다.
- 처리시설의 1일 처리능력(법령에서는 '처분능력'이라고 표현하였다)이나 그 규모 등은 개략적으로만 적어주면 충분하다. 이 법은 '미승인 설치행위'와 '미신고 설치행위'에 대한 처벌법규가 같기 때문이다.

라. 미신고 폐가전제품 수집행위

제66조(벌칙) 다음 각 호의 어느 하나에 해당하는 자는 2년 이하의 징역이나 2천만원 이하의 벌금에 처한다.

2. 제24조의2제1항이나 제46조제1항을 위반하여 신고를 하지 아니하거나 허위로 신고를 한 자

　↳**제46조(폐기물처리 신고)** ① 다음 각 호의 어느 하나에 해당하는 자는 환경부령으로 정하는 기준에 따른 시설·장비를 갖추어 시·도지사에게 신고하여야 한다.

3. 폐타이어, 폐가전제품 등 환경부령으로 정하는 폐기물을 수집·운반하는 자

　↳**환경부령 제66조(폐기물처리 신고대상)** ⑥ 법 제46조제1항제3호에서 "환경부령으로 정하는 폐기물"이란 다른 자의 폐기물로서 다음 각 호의 폐기물을 말한다.

1. 폐축전지 및 폐변압기(손상되지 아니한 상태로서 폐황산이나 폐절연유가 유출되지 아니하는 경우만 해당한다)
2. 폐타이어
3. 폐가전제품
4. 폐드럼(내용물이 제거되어 유출될 우려가 없는 경우만 해당한다)
5. 폐식용유(생활폐기물에 해당하는 폐식용유를 유출될 우려가 없는 전용의 탱크·용기로 수집·운반하는 경우만 해당한다)
6. 폐섬유(봉제공장에서 봉제 가공 후 생활폐기물로 배출되는 폐원단 조각만 해당한다)
7. 농업용 폐플라스틱필름·시트류와 폐농약용기 등 폐농약 포장재(농업활동 과정에서 생활폐기물로 발생되는 것만 해당

한다)
8. 폐의류(생활폐기물로 배출되는 것만 해당한다)

신고 내용

1. 「폐기물관리법」 제46조제1항제3호 및 같은 법 시행규칙 제66조제6항제3호에 의하면 폐가전제품을 수집·운반하려는 자는 환경부령이 정하는 시설과 장비를 갖추어 도지사에게 신고하여야 한다고 규정하였습니다.
2. 피신고자는 경기도지사에게 신고를 하지 아니한 채 2016. ○.경 경기도 ○○군 ○○면 ○○리 ○○-○에 있는 잡종지 약 600㎡ 지상에 경량판넬 및 컨테이너 등을 이용하여 가설건축물을 설치하고, 그 곳을 저장장소로 하여 위 ○○군 일대에서 피신고자 소유 1톤 화물차 등을 이용하여 폐T.V., 폐냉장고, 폐컴퓨터 등 폐가전제품을 수집·운반하는 사업을 영위하고 있습니다.

첨부 : 사진 ○장.

(신고 내용 해설)
- 이 사안에서는 ①신고를 하지 아니한 사실, ②폐가전제품, ③수집·운반행위가 특정되어야 한다.
- ③과 관련하여 검토해보면, 법은 "수집·운반하는 자"라고 규정하였으나, 이는 수집행위를 영업으로 하는 자로 해석하여야 할 것이다.
- 증거자료는 사진을 제출하면 충분할 것이다. 다만, 운반용 자동차를 촬영할 때에는 자동차등록번호가 나타나도록 촬영하는 것이 요령이다.
- 위 사례의 경우는 「건축법」을 위반한 행위이기도 할 것이나, 건축법위반에 관

하여는 별도의 콘텐츠에서 설명하였다. 그러나 실제의 신고서에는 건축법위반 부분도 신고내용에 포함시키는 것이 유익할 것이다.

마. 폐기물을 처리시설 외의 장소로 운반한 행위

제68조(과태료) ① 다음 각 호의 어느 하나에 해당하는 자에게는 1천만원 이하의 과태료를 부과한다.
1. 제13조, 제13조의2 또는 제24조의3제4항을 위반하여 폐기물을 처리한 자(제65조제1호와 제66조제1호의 경우는 제외한다)
   ↳**제13조(폐기물의 처리 기준 등)** ① 누구든지 폐기물을 처리하려는 자는 대통령령으로 정하는 기준과 방법을 따라야 한다. 다만, 제13조의2에 따른 폐기물의 재활용 원칙 및 준수사항에 따라 재활용을 하기 쉬운 상태로 만든 폐기물(이하 "중간가공 폐기물"이라 한다)에 대하여는 완화된 처리 기준과 방법을 대통령령으로 따로 정할 수 있다.
      ↳**대통령령 제7조(폐기물의 처리기준 등)** ① 법 제13조제1항 본문에 따른 폐기물의 처리 기준 및 방법은 다음 각 호와 같다.
      3. 해당 폐기물을 적정하게 처분, 재활용 또는 보관할 수 있는 장소 외의 장소로 운반하지 아니할 것. 다만, 다음 각 목의 어느 하나에 해당하는 자가 적재 능력이 작은 차량으로 폐기물을 수집하여 적재 능력이 큰 차량으로 옮겨 싣기 위하여 환경부령으로 정하는 장소로 운반하는 경우에는 그러하지 아니하다.
         가. 법 제25조제5항제1호에 해당하는 폐기물 수집·운반업의 허가를 받은 자
         나. 법 제46조제1항제3호에 해당하는 폐기물처리 신고를 한 자 중 환경부령으로 정하는 자
            ↳**환경부령 제9조(폐기물 수집·운반업자 등의 운반기준)** ① 영 제7조제1항제3호 단서에서 "환경부령으로 정하는

장소로 운반하는 경우"란 적재능력이 작은 차량으로 폐기물을 수집하여 적재능력이 큰 차량으로 옮겨 싣기 위하여 시·도지사 또는 유역환경청장·지방환경청장(이하 "지방환경관서의 장"이라 한다)으로부터 승인받은 장소(이하 "임시보관장소"라 한다)로 운반하는 경우를 말한다.

② 영 제7조제1항제3호나목에서 "환경부령으로 정하는 자"란 다음 각 호의 자를 말한다.

1. 제66조제6항제2호에 따른 폐타이어를 수집·운반하는 자
2. 제66조제6항제5호에 따른 폐식용유를 수집·운반하는 자
3. 그 밖에 폐기물의 원활한 처리를 위하여 환경부장관이 임시보관장소가 필요하다고 인정하여 고시하는 자

↳**제65조(벌칙)** 다음 각 호의 어느 하나에 해당하는 자는 3년 이하의 징역이나 3천만원 이하의 벌금에 처한다. 다만, 제1호, 제6호 및 제11호의 경우 징역형과 벌금형은 병과할 수 있다.

1. 제13조나 제24조의3제4항을 위반하여 폐기물을 매립한 자

↳**제66조(벌칙)** 다음 각 호의 어느 하나에 해당하는 자는 2년 이하의 징역이나 2천만원 이하의 벌금에 처한다.

1. 제13조, 제13조의2 또는 제24조의3제4항을 위반하여 폐기물을 처리하여 주변 환경을 오염시킨 자(제65조제1호의 경우는 제외한다)

신고 내용

1. 「폐기물관리법」 제13조제1항 및 같은 법 시행령 제7조제1항제3호에 의하면 누구든지 해당 폐기물을 적정하게 처분, 재활용 또는 보관할 수 있는 장소 외의 장소로 운반하여서는 안 된다고 규정하였습니다.
2. 피신고자는 폐기물수집·운반업에 종사하는 사람으로서 2016. ○.경부터 같은 해 ○○.경까지 사이에 ○○시 및 ○○군 일원에서 수집한 폐기물인 고철, 폐드럼, 폐유리병 등 약 50㎥를 적정하게 처분, 재활용 및 보관할 수 있는 장소가 아닌 ○○시 ○○면 ○○리 ○○-○ 잡종지의 지상 약 900㎡로 운반하여 야적하고 있습니다.

첨부 : 사진 ○장.

(신고 내용 해설)
- 이 사안에서는 범죄의 구성요건 요소로 ①폐기물의 종류, ②운반하여 저장한 장소, ③운반한 폐기물의 양(量) 및 ④운반한 시기가 특정되어야 한다.
- 법은 행위의 주체에 관하여 "누구든지"라고 규정하였다. 그러나 실제로는 폐기물처리업자의 위반행위가 될 것이다. 따라서 단순히 폐기물 소유자(폐기물처리업자)의 위탁을 받아 운송비만을 받고 운송에 가담한 사람은 피신고자가 되어서는 안 될 것으로 판단된다.
- 사진은 폐기물 보관 장소와 운반한 자동차를 폐기물과 함께 촬영하면 될 것이다.

바. 사업장폐기물배출자의 신고의무위반

제68조(과태료) ① 다음 각 호의 어느 하나에 해당하는 자에게는 1천만원 이하의

과태료를 부과한다.

1의3. 제17조제2항을 위반하여 신고를 하지 아니하거나 거짓으로 신고를 한 자

↳제17조(사업장폐기물배출자의 의무 등) ② 환경부령으로 정하는 사업장폐기물배출자는 사업장폐기물의 종류와 발생량 등을 환경부령으로 정하는 바에 따라 특별자치시장, 특별자치도지사, 시장·군수·구청장에게 신고하여야 한다. 신고한 사항 중 환경부령으로 정하는 사항을 변경할 때에도 또한 같다.

↳환경부령 제18조(사업장폐기물배출자의 신고) ① 법 제17조제2항에서 "환경부령으로 정하는 사업장폐기물배출자"란 지정폐기물 외의 사업장폐기물[법 제13조제1항 단서에 따른 중간가공 폐기물(이하 "중간가공 폐기물"이라 한다) 중 생활폐기물로 만든 중간가공 폐기물 외의 중간가공 폐기물, 폐지 및 고철(비철금속을 포함한다. 이하 같다)은 제외한다. 이하 이 조에서 같다]을 배출하는 자로서 다음 각 호의 어느 하나에 해당하는 자를 말한다.

4. 영 제2조제8호의 건설공사 및 영 제2조제9호의 일련의 공사 또는 작업 등으로 인하여 폐기물을 5톤 이상 배출하는 자(공사의 경우에는 발주자로부터 최초로 공사의 전부를 도급받은 자를 포함한다)

↳시행령 제2조(사업장의 범위) 「폐기물관리법」(이하 "법"이라 한다) 제2조제3호에서 "그 밖에 대통령령으로 정하는 사업장"이란 다음 각 호의 어느 하나에 해당하는 사업장을 말한다.

8. 「건설산업기본법」 제2조제4호에 따른 건설공사로 폐기물을 5톤(공사를 착공할 때부터 마칠 때까지 발생되는 폐기물의 양을 말한다)이상 배출하는 사업장

↳「건설산업기본법」

제2조(정의) 이 법에서 사용하는 용어의 뜻은 다

음과 같다.

4. "건설공사"란 토목공사, 건축공사, 산업설비공사, 조경공사, 환경시설공사, 그 밖에 명칭에 관계없이 시설물을 설치·유지·보수하는 공사(시설물을 설치하기 위한 부지조성공사를 포함한다) 및 기계설비나 그 밖의 구조물의 설치 및 해체공사 등을 말한다. 다만, 다음 각 목의 어느 하나에 해당하는 공사는 포함하지 아니한다.
   가. 「전기공사업법」에 따른 전기공사
   나. 「정보통신공사업법」에 따른 정보통신공사
   다. 「소방시설공사업법」에 따른 소방시설공사
   라. 「문화재 수리 등에 관한 법률」에 따른 문화재 수리공사

9. 일련의 공사(제8호에 따른 건설공사는 제외한다) 또는 작업으로 폐기물을 5톤(공사를 착공하거나 작업을 시작할 때부터 마칠 때까지 발생하는 폐기물의 양을 말한다)이상 배출하는 사업장

〔피신고자〕

1. 감독자
   주식회사 ○○건설(공동대표이사 김○○, 이○○)
   주사무소 소재지 :
   전화번호 :
2. 위반행위자

박○○

주소 :

전화번호 :

〔신고 내용〕

1. 「폐기물관리법」 제17조제2항 및 같은 법 시행규칙 제18조제1항제4호에 의하면 건설공사를 착공할 때부터 마칠 때까지 발생하는 폐기물의 양이 5톤 이상인 사업장폐기물배출자는 시장·군수·구청장에게 사업장폐기물의 종류와 발생량 등을 신고하여야 한다고 규정하였습니다.
2. 피신고자 박○○는 위 회사 상무이사 겸 ○○시 ○○동 ○○-○에 있는 '○○빌딩 철거공사'의 현장책임자이고, 같은 주식회사 ○○건설은 건설업 등을 목적으로 설립한 회사입니다.
3. 피신고자들은 2016. ○.경부터 같은 해 ○월경까지 위 철거공사 현장에서 발생하는 폐벽돌, 폐콘크리트, 폐목재 등 건설폐기물 약 50톤과 관련하여 사업장폐기물의 종류와 발생량 등을 ○○시장에게 신고하지 않았습니다.

〔첨부하는 증거〕

1. 현장 사진 ○장. 끝.

(신고 내용 해설)
- 이 사안에서는 ①폐기물의 종류, ②폐기물의 발생량, ③폐기물의 발생시기, ④폐기물의 발생장소가 특정되어야 한다.
- 증거사진은 폐기물이 발생되기 전과 발생 후의 것을 촬영한 것이면 충분하다. 이 범죄의 성립에서는 폐기물의 처리 과정이나 처리결과는 묻지 않는다. 다만,

행정기관(시·군·구)의 공무원은 그 내용에 관하여도 조사를 해야 하므로, 처리 내용에 관하여도 신고자가 알고 있다면 상세히 적어줄 필요가 있다.
- 이 사안은 형사처벌이 아닌 과태료를 부과할 대상 행위이므로, 신고서는 과태료의 부과권자인 관할 기초지방자치단체에 제출하거나 국민권익위원회에 제출하여 관할 시·군·구에 이첩이 되게 하여야 한다.
- 건설폐기물에 관하여 처리 자체가 부적절한 경우에는 「건설폐기물의 재활용촉진에 관한 법률」을 검토하여야 한다.

27. 「표시·광고의 공정화에 관한 법률」

가. 법률 이해하기

이 법을 위반한 행위자를 신고한 사람에게는 「공익신고자 보호법」의 관련 규정에 따라 국민권익위원회가 내부신고자에게는 '보상금'을 의무적으로 지급하는 한편 '외부신고자에게는 '포상금'을 재량에 의하여 지급할 수 있다.

이 법은 표시·광고에 관한 일반법에 해당한다. 표시·광고에 관하여 특별한 규정을 마련하고 있는 특별법으로는 「식품위생법」, 「건강기능식품에 관한 법률」, 「농수산물의 원산지표시에 관한 법률」, 「농수산물 품질관리법」, 「약사법」, 「의료법」, 「의료기기법」, 「화장품법」 등이 있다. 특별법은 일반법에 우선한다. 위 법률들은 「공익신고자 보호법」이 규정하는 279개 법률에 포함되어 있다.

이 법을 위반한 행위는 공정거래위원회가 전담기관으로서 처리한다. 공정거래위원회는 준사법기관으로서 수사권이 없으므로, 형사상 처벌의 대상행위라고 판단하면 공정거래위원회 위원장이 검찰총장에게 고발을 한다. 신고서는 위원회가 홈페이지에서 제공하는 양식을 다운받아 작성하여야 하고, 공정거래위원회 또는 국민권익위원회에 제출하면 된다.

나. 부당하게 비교하는 표시·광고행위

제17조(벌칙) 다음 각 호의 어느 하나에 해당하는 자는 2년 이하의 징역 또는 1억 5천만원 이하의 벌금에 처한다.
  1. 제3조제1항을 위반하여 부당한 표시·광고 행위를 하거나 다른 사업자등으로 하여금 하게 한 사업자등

   ↳**제3조(부당한 표시·광고 행위의 금지)** ① 사업자등은 소비자를 속이거나 소비자로 하여금 잘못 알게 할 우려가 있는 표시·광고 행위로서 공정한 거래질서를 해칠 우려가 있는 다음 각 호의 행위를 하거나 다른 사업자등으로 하여금 하게 하여서는 아니 된다.
   1. 거짓·과장의 표시·광고
   2. 기만적인 표시·광고
   3. 부당하게 비교하는 표시·광고
   4. 비방적인 표시·광고

   ② 제1항 각 호의 행위의 구체적인 내용은 대통령령으로 정한다.

   ↳**대통령령 제3조(부당한 표시·광고의 내용)** ① 법 제3조제1항제1호에 따른 거짓·과장의 표시·광고는 사실과 다르게 표시·광고하거나 사실을 지나치게 부풀려 표시·광고하는 것으로 한다.

   ② 법 제3조제1항제2호에 따른 기만적인 표시·광고는 사실을 은폐하거나 축소하는 등의 방법으로 표시·광고하는 것으로 한다.

   ③ 법 제3조제1항제3호에 따른 부당하게 비교하는 표시·광고는 비교 대상 및 기준을 분명하게 밝히지 아니하거나 객관적인 근거 없이 자기 또는 자기의 상품이나 용역(이하 "상품등"이라 한다)을 다른 사업자 또는 사업자단체(이하 "사업자등"이라 한다)나 다른 사업자등의 상품등과 비교하여 우량 또는 유리하다고 표시·광고하는 것으로 한다.

   ④ 법 제3조제1항제4호에 따른 비방적인 표시·광고는 다른

사업자등 또는 다른 사업자등의 상품등에 관하여 객관적인 근거가 없는 내용으로 표시·광고하여 비방하거나 불리한 사실만을 표시·광고하여 비방하는 것으로 한다.

⑤ 제1항부터 제4항까지의 규정에 따른 부당한 표시·광고의 세부적인 유형 또는 기준은 공정거래위원회가 정하여 고시할 수 있다. 이 경우 공정거래위원회는 미리 관계 행정기관의 장과 협의하여야 한다.

신고 내용

1. 「표시·광고의 공정화에 관한 법률」 제3조제1항제3호에 의하면 사업자등은 소비자를 속이거나 소비자로 하여금 잘못 알게 할 우려가 있는 표시·광고 행위로서 공정한 거래질서를 해칠 우려가 있는 부당하게 비교하는 표시·광고행위를 해서는 안 된다고 규정하였습니다.

2. 피신고자는 서울 ○○구 ○○길 ○○-○ 소재 대학입시전문학원인 '○○학원'을 운영하는 사람으로서 사실은 위 학원에서는 동일 또는 유사한 학원들 중에서 서울대학교 입학생을 최다 배출한 사실이 없고, 위 학원이 발간한 영어교재가 국내 최대 판매량을 기록한 사실이 없음에도 불구하고, 2016. ○. 무렵 위 학원의 인터넷 홈페이지를 이용하여 학원을 광고함에 있어 "서울대학 입학생 3년 연속 최다 배출!", "○○학원 영어교재 2년 연속 국내 최대 판매량 기록!" 등의 표현을 하고, 위 표현과 동일한 글을 게재한 현수막을 위 학원이 소재한 건물의 외벽에 내 거는 방법으로 부당하게 비교하는 표시·광고행위를 하였습니다.

첨부 : 사진 ○장.

(신고 내용 해설)

- 이 사안의 신고서에는 ①표시·광고의 일시, ②표시·광고의 방법, ③부당하게 비교하는 표시·광고의 내용이 특정되어야 한다.
- 이 법을 위반하는 행위가 무엇인지에 관하여는 공정거래위원회가 매우 상세히 고시하고 있다. 이들 고시의 내용은 법률의 위임에 터 잡은 것이므로, 법률과 동일한 효력을 갖는다. 위 ③과 관련하여, 신고서에 사실관계를 기재할 때에는 피신고자가 표시·광고를 한 표현을 그대로 인용하여야 한다.
- 인터넷을 이용한 광고 부분은 인터넷 광고 내용이 표시된 화면을 캡쳐하는 방법으로 촬영하고, 간판, 현수막, 애드벌룬 등은 광고의 표현이 현출되도록 적당한 거리에서 촬영한 사진을 신고서에 첨부한다.
- 국민권익위원회의 「공익신고 보상금의 지급기준 등에 관한 규정」에서는 "누구든지 인터넷 검색을 통해 수집할 수 있는 자료만으로 신고하여 신고 내용의 정확성이나 증거자료의 신빙성이 크게 떨어지는 경우"에는 보상금을 지급하지 않는다고 규정하고 있다. 그러나 위 규정을 해석함에는 "신고 내용의 정확성이나 증거자료의 신빙성이 크게 떨어지는 경우"에 방점을 두어야 하므로, 단순히 인터넷에서 광고 내용을 캡쳐하였다는 이유만으로 그 사진증거의 가치를 무시할 수는 없을 것이다. 오늘날 광고의 수단으로 활용되는 매체 중에서 인터넷 광고의 점유율이 1위이고, 이 법에서도 '인터넷'을 광고의 수단이라고 규정하고 있기 때문이다.
- 이 신고서는 공정거래위원회 홈페이지에서 신고서의 양식을 다운받아 작성하고, 신고서는 국민권익위원회 또는 공정거래위원회에 제출하면 된다.

다. 중요정보 표시·광고의무 위반행위

제20조(과태료) ① 사업자등이 다음 각 호(제5호는 제외한다)의 어느 하나에 해당하는 경우에는 1억원 이하의 과태료를 부과하고, 제5호에 해당하는 경우에는 3

천만원 이하의 과태료를 부과하며, 법인 또는 사업자단체의 임원이나 종업원 또는 그 밖의 이해관계인이 다음 각 호의 어느 하나에 해당하는 경우에는 1천만원 이하의 과태료를 부과한다.
1. 제4조제5항을 위반하여 고시된 중요정보를 표시·광고하지 아니한 경우

　↳**제4조(중요정보의 고시 및 통합공고)** ① 공정거래위원회는 상품등이나 거래분야의 성질에 비추어 소비자 보호 또는 공정한 거래질서 유지를 위하여 필요한 사항으로서 다음 각 호의 어느 하나에 해당하는 사항인 경우에는 사업자등이 표시·광고에 포함하여야 하는 사항(이하 "중요정보"라 한다)과 표시·광고의 방법을 고시(인터넷 게재를 포함한다. 이하 같다)할 수 있다. 다만, 다른 법령에서 표시·광고를 하도록 한 사항은 제외한다.

　　1. 표시·광고를 하지 아니하여 소비자 피해가 자주 발생하는 사항
　　2. 표시·광고를 하지 아니하면 다음 각 목의 어느 하나에 해당하는 경우가 생길 우려가 있는 사항
　　　가. 소비자가 상품등의 중대한 결함이나 기능상의 한계 등을 정확히 알지 못하여 구매 선택을 하는 데에 결정적인 영향을 미치게 되는 경우
　　　나. 소비자의 생명·신체 또는 재산에 위해(危害)를 끼칠 가능성이 있는 경우
　　　다. 그 밖에 소비자의 합리적인 선택을 현저히 그르칠 가능성이 있거나 공정한 거래질서를 현저히 해치는 경우

　⑤ 사업자등은 표시·광고 행위를 하는 경우에는 제1항에 따라 고시된 중요정보를 표시·광고하여야 한다.

중요한 표시·광고사항 고시

제정 1999.10.23. 공정거래위원회고시 제 1999-25호
개정 2016. 6.24. 공정거래위원회고시 제 2016- 7호

Ⅰ. 목 적

이 고시는 표시·광고의 공정화에 관한 법률(이하 "법"이라 한다) 제4조제1항의 규정에 따라 소비자의 상품 또는 용역(이하 "상품 등"이라 한다)의 구매선택에 영향을 미칠 수 있는 중요한 표시·광고사항(이하 "중요정보"라 한다)을 정함으로써 소비자가 합리적으로 선택하는데 필요한 정보 제공을 확대하여 정보부족으로 인한 소비자 피해를 사전에 예방하는 데에 그 목적이 있다.

Ⅱ. 용어의 정의

이 지침에서 사용하는 용어의 정의는 다음과 같다.
1. "표시대상 중요정보 항목"이라 함은 법 제2조제1호에서 규정하고 있는 표시행위를 할 경우 포함해야 하는 중요정보 항목을 말한다.
2. "광고대상 중요정보 항목"이라 함은 법 제2조제2호에서 규정하고 있는 광고행위를 할 경우 포함해야 하는 중요정보 항목을 말한다.

Ⅲ. 중요한 표시·광고사항에 관한 일반원칙

1. 사업자(독점규제 및 공정거래에 관한 법률 제2조제4호의 규정에 의한 사업자단체를 포함한다. 이와 같다.)는 소비자가 상품 등의 구매선택 결정을 할 때 중대한 영향을 받을 수 있는 정보 항목에 관해서는 소비자에게 진실 되게 알릴 기본적 의무가 있고, 소비자는 자신이 구매하고자 하는 상품 등에 관해 정확하게 알 권리가 있다. 소비자가 상품 등에 관한 중요정보를 알고

서 최종적인 구매선택 결정을 할 때 비로소 소비자 권익이 보호됨과 더불어 사업자간 공정한 경쟁 질서를 정착시킬 수 있다.
2. 따라서 사업자는 자신이 제조·판매하는 상품 등에 관하여 표시·광고행위를 할 경우 중요정보를 소비자가 알아보기 쉽도록 명확하게 표시·광고 내용에 포함하여야 한다.
3. 이 고시는 다음 각 목의 경우에 적용한다.
   가. 사업자가 법 제2조제1호의 규정에 의한 "표시" 행위를 하는 경우에 적용한다.
   나. 사업자가 법 제2조제2호의 규정에 의한 "광고" 행위 중 방송이외의 방법으로 광고행위를 하는 경우에 적용한다. 다만, 방송의 경우(라디오를 제외한다)에도 광고 1회당 2분 이상 상품 등의 소개나 판매를 위한 광고행위에 대해서는 이 고시를 적용한다.
   다. 분야 및 업종에 따라 별도로 방송의 방법으로 하는 광고행위에 대해 광고 방법을 정하고 있는 경우에는 위의 나목을 적용하지 않고 분야 및 업종별로 정한 바에 따른다.
4. 위 3.가.의 표시 행위를 하는 경우 각 업종별 표시대상 항목을 지정된 표시장소에 의무적으로 표시하여야 한다.
5. 제3호의 규정에 불구하고 다음 각 목의 경우에는 이 고시를 적용하지 아니한다.
   가. 사업자가 사업자명, 주소, 전화번호, 허가·등록번호 등 사업자에 관한 기본정보만을 광고하거나 당해 광고 내용으로 보아 사업자의 특징, 사업 내용 소개 등 사업자 자신의 이미지를 표현하기 위한 목적이라고 인정되는 경우
   나. 사업자가 사업장에 사업자명, 주소, 전화번호, 허가·등록번호 등 사업자에 관한 기본정보만을 표시하는 경우
   다. 다른 법령에 의하여 이 고시에서 표시·광고의 중요정보항목으로 규정된 내용을 사업자가 계약체결 전에 소비자에게 고지하여야 하는 경우

6. 다음 각 목의 경우에는 당해 중요정보를 표시·광고한 것으로 인정할 수 있다.
   가. 방송매체를 이용한 광고에서 중요정보를 자막으로 처리한 경우
   나. 표시·광고하여야 할 중요정보의 구체적인 내용이 별도로 규정되어 있는 경우 해당 규정을 인용하여 표시·광고하는 경우
   【예시】피해보상에 관한 내용이 소비자분쟁해결기준에 명시되어 있고 이 규정에 따라 소비자에게 피해보상을 하고자 하는 경우 "피해보상기준은 소비자분쟁해결기준(공정거래위원회 고시)을 적용함"이라고 표시·광고하는 경우
7. 공정거래위원회는 소비자, 사업자등 이해관계인에게 중요정보에 관한 종합적인 정보를 제공하기 위하여 다른 법령에서 표시·광고를 하도록 한 사항 등을 통합하여 공고할 수 있다.

Ⅳ. 분야별 중요정보

1. 유전자변형물질 분야
1-1. 적용범위
   유전자를 재조합하거나 변형하는 등의 방법으로 식품이나 농·수산물을 제조·생산·판매하는 사업자 중 다음 각 목의 업종에 속하는 사업자에 대해 적용한다.

   가. 식품 제조·판매업
   유전자변형식품등의 표시기준(식품의약품안전처 고시) 제2조의 규정에 의한 유전자재조합식품 또는 식품첨가물(이하 "유전자재조합식품 등"이라 한다)을 제조·판매하는 사업자에 대해 적용한다.

   나. 농·수산물 생산·판매업
     1) 농수산물품질관리법 제2조제11호의 규정에 의한 유전자변형농수산물을 생

산·판매하는 사업자에 대해 적용한다.
2) 1)의 규정에도 불구하고 사업자가 유전자 변형이 아닌 농·수산물을 구분하여 생산·유통한 경우 비의도적으로 유전자 변형 농·수산물이 혼입될 수 있는 점을 고려하여 유전자변형 농·수산물이 3%이하로 포함된 경우에는 적용하지 아니한다.

1-2. 중요정보 항목
 가. 식품 제조·판매업
  1) 표시대상 중요정보 항목 : 해당사항 없음【식품위생법이 적용됨】
  2) 광고대상 중요정보 항목 : 유전자변형물질 포함 사실(유전자변형물질이 포함되어 있을 경우에 한함)

【광고 예시】
당해 식품에 "유전자변형물질이 포함되어 있다는 사실"을 구체적으로 명시
 - 유전자변형(농·축·수산물명) 포함 식품(포함여부가 확실한 경우), 유전자변형(농·축·수산물명) 포함가능성 있음(포함여부가 불확실하나 포함가능성이 큰 경우)

 나. 농·수산물 생산·판매업
  1) 표시대상 중요정보 항목 : 해당사항 없음(농수산물품질관리법이 적용됨)
  2) 광고대상 중요정보 항목 : 유전자변형물질 포함 사실(유전자변형물질이 포함되어 있을 경우에 한함)

【광고 예시】
당해 농·수산물에 "유전자변형물질이 포함되어 있다는 사실"을 구체적으로 명시
 - 유전자변형(농·축·수산물명) 포함(포함여부가 확실한 경우), 유전자변형(농·축·수산물명) 포함가능성 있음(포함여부가 불확실하나 포함가능성이 큰 경우

2. 상품권 분야

2-1. 적용범위

사업자가 자신의 상품 등을 판매하기 위하여 현금 액수를 기재한 상품권을 발행·판매하는 경우에 적용한다.

2-2. 중요정보 항목

가. 표시대상 중요정보 항목

1) 권면금액 중 사용 후의 잔액에 대한 현금 환불 기준
2) 상사채권 소멸시효(5년) 이내인 경우로서 유효기간이 경과된 상품권에 대한 보상기준
3) 상품권의 사용제한품목, 사용제한기간 등 상품권의 사용과 관련한 제한사항(제한사항이 있는 경우에 한함)

나. 광고대상 중요정보 항목 : 해당사항 없음

2-3. 표시 장소

가. 상품권면

【표시 예시】

표시대상 중요정보 항목들을 구체적으로 명시

- 권면금액 중 사용 후의 잔액에 대한 현금 환불 기준 : 상품권 권면금액의 ○○% 이상 사용시 잔액을 현금 환불

- 상사채권 소멸시효(5년) 이내인 경우로서 유효기간이 경과된 상품권에 대한 보상기준 : 상품권 권면금액의 ○○% 해당 금액을 현금 환불

- 상품권의 사용제한품목, 사용제한기간 등 상품권의 사용과 관련한 제한사항 : 이 상품권은 ○○구입(○○기간)에는 사용하실 수 없습니다.

3. 소비자안전 분야

3-1. 적용범위

가. 전기용품 제조·판매업

전기용품안전관리법 시행규칙 제3조 및 별표2의 규정에 의한 안전인증대상전기용품 및 별표3의 안전확인대상전기용품, 별표3의2 공급자적합성확인대상전기용품을 제조·판매하는 사업자 및 전기용품안전관리법 제5조제1항 및 제12조 규정에 의한 안전검사대상전기용품을 판매하는 사업자에 대하여 적용한다.

나. 어린이용품 제조·판매업

다음 품목을 제조·판매하는 사업자에 대하여 적용한다.

- 어린이제품 안전 특별법 시행규칙 제2조 및 별표 1 안전인증대상 어린이제품 중 어린이용 물놀이기구, 어린이 놀이기구, 자동차용 어린이 보호장치, 어린이용 비비탄총
- 어린이제품 안전 특별법 시행규칙 제2조 및 별표 2에 의한 안전확인대상 어린이제품 중 운동용 안전모, 롤러스포츠보호장구, 유아용 의자, 학용품 중 크레용, 보행기, 유모차, 유아용 침대
- 어린이제품 안전 특별법 시행규칙 제2조 및 별표 3에 의한 공급자적합성확인대상 어린이제품 중 어린이용 바퀴달린 운동화, 어린이용 킥보드, 어린이용 인라인 롤러스케이트
- 품질경영 및 공산품안전관리법 시행규칙 제2조 및 별표 2에 의한 자율안전 확인대상 공산품 중 휴대용 레이저 용품

다. 여객운송업

1) 항공법 제2조제31호의 항공운송사업(제32호 국내항공운송사업, 제33호 국제항공운송사업, 제34호 소형항공운송사업)을 하는 사업자에 대해 적용한다.
2) 여객자동차운수사업법 제2조제3호의 여객자동차운송사업 중 시외버스운송

사업, 전세버스운송사업을 하는 사업자에 대해 적용한다.

라. 시설물
1) 관광진흥법 제3조제2호의 관광숙박업(호텔업, 휴양콘도미니엄업)을 하는 사업자에 대해 적용한다.
2) 체육시설의 설치·이용에 관한 법률 제5조의 전문체육시설을 관리하는 국가 및 지방자치단체와 동법 제9조에 따른 위탁운영 사업자에 대해 적용한다.
3) 공연법 제2조제4호의 공연장을 운영하는 국가 및 지방자치단체(제8조에 따른 위탁운영 사업자도 포함)와 사업자에 대해 적용한다. 단, 동법 제9조제1항 단서에 해당하는 미등록 공연장은 제외한다.

3-2. 중요정보항목
가. 전기용품 제조·판매업
1) 광고대상 중요정보 항목 : 안전인증 필 또는 안전검사 필

나. 어린이용품 제조·판매업
1) 광고대상 중요정보 항목 : 안전인증 필 또는 자율안전확인신고 필

【광고예시】
"안전인증 필", "자율안전확인신고 필" 또는 개별법의 안전마크와 인증번호를 기재하여 안전인증 등을 받은 제품임을 명시

다. 여객운송업
1) 표시대상 중요정보 항목
가) 여객운송수단의 제조년월, 최근의 정비점검(자동차검사, 여객자동차운송사업에 한함)일자 및 결과

나) 피해발생에 대한 보상·배상 기준
　2) 광고대상 중요정보 항목 : 해당사항 없음

【표시 예시】

표시대상 중요정보 항목들을 구체적으로 명시
- 여객운송수단의 구체적인 정보

〈표시 예시〉

등록번호 또는 차량번호	기종 또는 차량모델	제조 년월	정비점검 (자동차검사)		점검 기관
			일자	유효 기간	
HL 0000 또는 0000	○○ ○○	0000년 00월	0000년 00월	0년	○○ ○○

※ 외국계항공사의 경우, 국내에 취항하는 항공기의 정보를 공개
- 피해보상·배상규정 : 안전사고 발생 시 소비자가 받을 수 있는 피해보상·배상기준을 구체적으로 명시하거나 '배상기준은 몬트리올 협정 및 약관 참조' 등과 같이 명시하고 관련페이지로 링크

라. 시설물
　1) 표시대상 중요정보 항목
　　가) 건축법에 의한 건축물의 사용승인서와 최근의 정기점검 및 수시점검 일자 및 결과
　　나) 시설물의 안전관리에 관한 특별법에 의한 최근의 점검 일자 및 결과(1종시설물 또는 2종시설물에 한함)
　2) 광고대상 중요정보 항목 : 해당사항 없음

【표시 예시】

표시대상 중요정보 항목들을 구체적으로 명시
- 건축물의 사용승인서 : 건축법 제22조제2항에 따른 사용승인서를 표시장소에 게시
- 건축법상 정기점검 및 수시점검 일자 및 결과 :
  · 건축법 시행령 제23조의2에 따른 정기점검 및 수시점검 중 제23조의3제3호 구조안전과 제23조의3제4호 화재안전, 제23조의3제5호 건축설비의 점검결과를 "점검결과 : 구조안전 적합, 화재안전 적합, 건축설비 적합, 점검시기 : 0000년 00월, 점검기관 : ㅇㅇㅇ, 유효기간 : 0년" 등과 같이 구체적으로 명시
  · 시설물의 안전관리에 관한 특별법상 제1종시설물 또는 제2종시설물인 건축물은 구조안전 점검결과 대신 동법에 따른 안전점검 및 정밀안전진단의 일자 및 결과를 명시

3-3. 표시 장소

가. 전기용품 제조·판매업 : 해당사항 없음

나. 어린이용품 제조·판매업 : 해당사항 없음

다. 여객운송업
 1) 홈페이지(홈페이지가 없을 경우 사업장 게시물)

라. 시설물
 1) 홈페이지(홈페이지가 없을 경우 사업장 게시물)

V. 업종별 중요정보

1. 제조업

가. 가구 업종

가-1. 적용범위

    소파, 장롱, 탁자, 침대 등 가구제품을 제조·판매하는 사업자에 대해 적용한다.

가-2. 중요정보 항목

1) 표시대상 중요정보 항목

  가) 환불·교환 가능여부 및 환불·교환 기준

2) 광고대상 중요정보 항목 : 해당사항 없음

가-3. 표시 장소

1) 제품 자체, 포장용기(제품이 보이지 않는 경우에는 포장용기에 표시) 중 한 곳

【표시 예시】

표시대상 중요정보 항목들을 구체적으로 명시

- 환불·교환 가능 여부 및 환불·교환기준 : "구입 후에는 환불이나 교환이 안됨"[환불·교환이 불가능한 경우], 「구체적 환불·교환 기준을 명시」하거나 "○○, ○○, ○○의 경우 교환·환불이 가능하며 구체적 내용은 ○○ 보상규정(사업자 스스로 제정한 보상규정일 경우에는 당해 보상규정을 알 수 있는 방법을 제시하고, 공정거래위원회고시일 경우에는 공정거래위원회고시임을 명시)을 참고하시기 바람" [환불·교환이 가능한 경우] 등과 같이 명시

나. 건강기능식품·특수용도식품 업종

나-1. 적용범위

    건강기능식품에 관한 법률 제3조 제1호의 규정에 의한 건강기능식품, 식품위생법 제7조의 규정에 의한 '식품의 기준 및 규격'고시 중 특수용

도식품을 제조·판매하는 사업자 및 이들 식품을 이용하여 일정기간 동안 체질개선·체질감량 등 건강관련 관리·상담을 해 주는 것을 내용으로 하는 '건강프로그램 상품'을 판매하는 사업자에 대해 적용한다.

나-2. 중요정보 항목

1) 표시대상 중요정보 항목

 가) 환불·교환 가능여부 및 환불·교환기준

 나) 부작용 발생 가능성 (부작용이 있고 건강기능식품에 관한 법률 제17조 제1항의 규정이 적용되지 않는 경우에 한함)

2) 광고대상 중요정보 항목 : 1)과 동일

나-3. 표시 장소

1) 건강기능식품 및 특수용도식품

 가) 제품 자체, 포장용기(제품이 보이지 않는 경우에는 포장용기에 표시) 중 한 곳

2) 건강프로그램 상품

 가) 사업장 게시물, 설명서, 계약서 중 한 곳

【표시·광고예시】

표시·광고대상 중요정보 항목들을 구체적으로 명시

- 환불·교환 가능여부 및 환불·교환기준 : "구입 후에는 환불이나 교환이 안됨"[환불·교환이 불가능한 경우], 구체적 환불·교환기준을 명시하거나 "○○, ○○, ○○의 경우 교환·환불이 가능하며 구체적 내용은 ○○보상규정 (사업자 스스로 제정한 보상규정일 경우에는 당해 보상규정을 알 수 있는 방법을 제시하고, 공정거래위원회고시일 경우에는 공정거래위원회고시임을 명시)을 참고하시기 바람"[환불·교환이 가능한 경우] 등과 같이 명시

- 부작용 발생 가능성 : "부작용 발생가능성 있음" 등과 같이 명시

다. 완구 업종

다-1. 적용범위

어린이제품 안전 특별법 시행규칙 제2조 및 별표 2에 의한 안전확인대상 어린이제품이 되는 '완구'를 제조·판매하는 사업자에 대하여 적용한다.

다-2. 중요정보 항목

 1) 표시대상 중요정보 항목

  가) 결함·하자 등 피해 발생 시 보상기준

 2) 광고대상 중요정보 항목 : 자율안전확인신고 필

다-3. 표시 장소

 1) 다-2.1)가)

  가) 제품 자체, 포장용기(제품이 보이지 않는 경우에는 포장용기에 표시) 중 한 곳

【표시·광고예시】

표시·광고대상 중요정보 항목들을 구체적으로 명시

- 피해보상기준(분쟁해결기준) : "구체적인 피해보상기준"을 명시하거나, "결함·하자 등에 따른 소비자피해에 대해서는 ○○○보상규정(사업자 스스로 제정한 보상규정일 경우에는 당해 보상규정을 알 수 있는 방법을 제시하고, 공정거래위원회고시일 경우에는 공정거래위원회고시임을 명시)에 따라 보상 가능함" 등과 같이 명시

- "자율안전확인신고 필" 또는 개별법의 안전마크와 자율안전확인신고필증 번호를 기재하여 자율안전확인을 받은 제품임을 명시

라. 의류 업종

라-1. 적용범위

 1) 섬유를 원재료로 하여 학생복을 제조·판매하는 사업자에 한하여 적용

한다.

라-2. 중요정보 항목

 1) 표시대상 중요정보 항목

  가) 제조년월 또는 제품 최초 착용년도

 2) 광고대상 중요정보 항목 : 해당 사항 없음

라-3. 표시 장소

 1) 제품 라벨

【표시 예시】

표시대상 중요정보 항목들을 구체적으로 명시

- "○○년도 제품", "○○년도 동복 제품", "○○년도 신학기 제품"

마. 장의업종

마-1. 적용범위

> 장의용품 중 수의를 제조·판매하는 사업자에 대해 적용한다. 다만 상조업자에 대해서는 적용을 제외한다.

마-2. 중요정보 항목

 1) 표시대상 중요정보 항목

  가) 수의원단 제조에 소요되는 원사의 종류·구성비율 및 원산지

  나) 수의원단의 제조방법 및 제조지역

  다) 수의완제품의 제조자명

 2) 광고대상 중요정보 항목 : 1)과 동일

마-3. 표시 장소

 1) 제품의 라벨, 포장용기(제품이 보이지 않는 경우에는 포장용기에 표시)중 한 곳

┌─ 【표시·광고예시】 ─────────────────────────────┐
│ 표시·광고대상 중요정보 항목들을 구체적으로 명시
│
│ - 원사의 종류·구성비율·원산지 : "대마100%" 또는 "대마70% 저마30%",
│   국내산인 경우 "시·군단위 이하의 지역명" 외국산인 경우 "국가명"을
│   명시
│
│ - 원단의 제조방법 및 제조지역 : "수작업식 또는 기계식 여부"와 국내 제조
│   인 경우 "시·군 단위이하의 지역명", 외국제조인 경우 "국가명"을 명시
│
│ - 완제품의 제조자명 : "제조자명"을 명시
│
└───┘

바. 소형 전자제품 업종

바-1. 적용범위

　　　소비자들이 필수품으로 인식하고 있는 고가의 소형 전자제품 중 다음 항목을 제조·판매하는 사업자에 대해 적용한다. 다만, 소비자기본법 제16조에 의한 소비자분쟁해결기준(공정거래위원회 고시)보다 소비자에게 불리한 품질보증기준 또는 A/S기준을 운용하는 사업자에 한하여 적용한다.

1) 휴대폰(스마트폰 포함)
2) 차량용 네비게이션
3) 노트북PC(태블릿PC 포함)
4) 카메라(가정용 비디오 카메라, 디지털 카메라 포함)
5) 휴대용 미디어 플레이어(MP3플레이어, 동영상 플레이어 포함)

바-2. 중요정보 항목

1) 표시대상 중요정보 항목 : 품질보증기준 또는 A/S기준이 소비자분쟁해결기준과 다르다는 사실 및 그 내용

2) 광고대상 중요정보 항목 : 해당사항 없음

바-3. 표시 장소

1) 제품 포장용기 또는 별지* 교부

   * 표시할 내용이 많거나 포장용기의 디자인 면에서 외부표시가 적정하지 않는 경우에는 포장용기에 "(예시)당사의 품질보증기준은 소비자분쟁해결기준(공정거래위원회 고시)과 다름을 알려드립니다"로 표기하고 구체적인 품질보증기준은 별지로 교부 가능

【표시 예시】

표시대상 중요정보 항목을 구체적으로 명기

- "당사의 품질보증기준 또는 A/S기준은 아래와 같이 소비자분쟁해결기준(공정거래위원회고시)과 다름을 알려드립니다.
  · 소비자분쟁해결기준은 하자발생시 구체적인 하자 기준·횟수, 구입시기 등을 명시하고 개별 기준에 대한 품질보증기준을 마련하고 있으나, 당사는 자체기준으로 판단하여 품질보증기간 중에는 제품교환 또는 무상수리를 함. 단, 제품교환은 1회만 가능
  · 소비자분쟁해결기준은 유·무상 하자 기준을 구분하고 있으나, 당사는 자체기준으로 유·무상 여부를 판단함.
  · 소비자분쟁해결기준은 품질보증기간이 1년이나, 당사는 6개월임 등

  ※ 소비자분쟁해결기준과 다른 내용을 표 형태 또는 항목별로 나열하되, 소비자가 다른 내용을 명확히 알 수 있도록 소비자분쟁해결기준과 비교하여 표시할 것

- "당사의 품질보증기준 또는 A/S기준은 별지와 같이 소비자분쟁해결기준(공정거래위원회고시)과 다름을 알려드리며, 상세한 내용은 별지를 참고하시기 바랍니다.(별지 첨부)"

2. 도매 및 소매업

가. 귀금속·보석 업종

가-1. 적용범위

금, 은, 백금 등 귀금속이나 자수정, 다이아몬드, 에메랄드, 루비, 사파이어, 스컬잼, 토파즈 등 보석을 원재료로 하는 제품을 가공·판매하는 사업자에 대해 적용한다.

가-2. 중요정보 항목

1) 표시대상 중요정보 항목

가) 세공불량 등 소비자피해에 대한 보상기준

나) 가공국가명 및 가공지역명(국내가공의 경우 시·군·구 단위까지 기재)

다) 순도(함량) 및 보증기간

라) 가공업자의 명칭 및 전화번호

2) 광고대상 중요정보 항목 : 가공국가명 및 가공지역명(국내가공의 경우 시·군·구 단위까지 기재)

가-3. 표시 장소

1) 제품, 제품의 포장용기(제품이 보이지 않는 경우에는 포장용기에 표시) 또는 첨부물 중 한 곳

【표시·광고예시】

표시·광고대상 중요정보 항목들을 구체적으로 명시

- 세공불량 등 소비자피해에 대한 보상기준 : 「당해 내용을 구체적으로 명시」하거나 "○○, ○○, ○○의 경우 소비자피해보상이 가능하며 구체적 내용은 ○○보상규정 (사업자 스스로 제정한 보상규정일 경우에는 당해 보상규정을 알 수 있는 방법을 제시하고, 공정거래위원회고시일 경우에는 공정거래위원회고시임을 명시)을 참고하시기 바람" 등과 같이 명시

- 가공 국가명 및 가공 지역명 : "○○국가 ○○지역 가공"[외국 가공인 경우], "○○광역시 ○○구 가공"[국내가공인 경우] 등과 같이 명시

> - 순도 및 보증기간 : "24K순금 또는 999금, PT999 또는 순백금, AG999 또는 순은", "보증기간 : 구입일로부터 1년간" 등과 같이 명시

나. 자동차부품 업종

나-1. 적용범위

  자동차를 구성하는 부품 중 '에어컨디셔너, 오디오 장치, 비디오 장치, 타이어, 브레이크 패드(브레이크 라이닝), 원격시동장치, 연료절감장치, 시트커버 기타 비내구성 부품이나 선택적 부품(옵션 품목)으로 볼 수 있는 자동차부품'을 제조·판매하는 사업자에 대해 적용한다. 다만, '나-2.1)다)'항목은 연료절감장치를 제조·판매하는 사업자에 한하여 적용한다.

나-2. 중요정보 항목

1) 표시대상 중요정보 항목

 가) 품질보증기간

 나) 환불·교환 가능여부 및 환불·교환기준

 다) 제품사용으로 인한 위험 및 유의사항(연료절감장치에 한하여 적용)

2) 광고대상 중요정보 항목 : 해당사항 없음

나-3. 표시 장소

1) 제품 자체, 포장용기(제품이 보이지 않는 경우에는 포장용기에 표시) 중 한 곳

> 【표시 예시】
>
> 표시대상 중요정보 항목들을 구체적으로 명시
>
> - 품질보증기간 : "품질보증기간 ○년" 등과 같이 명시
>
> - 환불·교환 가능여부 및 환불·교환기준 : "구입 후에는 환불이나 교환

이 안됨"[환불·교환이 불가능한 경우], 「구체적 환불·교환기준을 명시」하거나 "○○, ○○, ○○의 경우 교환·환불이 가능하며 구체적 내용은 ○○보상규정(사업자 스스로 제정한 보상규정일 경우에는 당해 보상규정을 알 수 있는 방법을 제시하고, 공정거래위원회고시일 경우에는 공정거래위원회고시임을 명시)을 참고하시기 바람"[환불·교환이 가능한 경우] 등과 같이 명시

- 제품사용으로 인한 위험 및 유의사항 : 자동차 연료 효율을 높이는 연료절감장치를 사용할 경우 "연료절감장치를 사용할 경우 연료와 공기배합의 변화를 가져와 주행중 엔진이 정지하거나 폭발할 우려가 있으므로 사용시 주의할 것" 등과 같이 명시

다. 주방용품 업종
다-1. 적용범위
　　소비자들의 일상 식생활과 관련된 주방용품 중 식기, 씽크대 제품을 제조·판매하는 사업자에 대해 적용한다.
다-2. 중요정보 항목
 1) 표시대상 중요정보 항목
　가) 품질보증기간
　나) 환불·교환 가능여부 및 환불·교환기준
 2) 광고대상 중요정보 항목 : 해당사항 없음
다-3. 표시 장소
 1) 제품 자체, 포장용기(제품이 보이지 않는 경우에는 포장용기에 표시) 중 한 곳

【표시 예시】
표시대상 중요정보 항목들을 구체적으로 명시

> - 품질보증기간 : "품질보증기간 O년" 등과 같이 명시
>
> - 환불·교환 가능여부 및 환불·교환기준 : "구입 후에는 환불이나 교환이 안됨"[환불·교환이 불가능한 경우], 「구체적 환불·교환기준을 명시」하거나 "OO, OO, OO의 경우 교환·환불이 가능하며 구체적 내용은 OO보상규정(사업자 스스로 제정한 보상규정일 경우에는 당해 보상규정을 알 수 있는 방법을 제시하고, 공정거래위원회고시일 경우에는 공정거래위원회고시임을 명시)을 참고하시기 바람"[환불·교환이 가능한 경우] 등과 같이 명시

3. 부동산업 및 임대업
 가 건축물 분양 업종
 가-1. 적용범위
  1) 건축물을 분양하는 사업자에 대하여 적용한다.
  2) 다만, 다음의 각목에 해당하는 사업자의 경우는 적용하지 아니한다.
   가) 「주택법」에 의한 공동주택을 분양하는 사업자
   나) 「건축물의 분양에 관한 법률」의 적용범위에 해당하는 아래 건축물을 분양하는 사업자
    (1) 분양하는 부분의 바닥면적(「건축법」제84조에 따른 바닥면적을 말한다)의 합계가 3천제곱미터 이상인 건축물
    (2) 일반업무시설중 오피스텔로서 30실 이상인 건축물
    (3) 주택외의 시설과 주택을 동일건축물로 건축하는 건축물중 주택외의 용도에 쓰이는 바닥면적(「건축법 시행령」제119조 제1항제3호의 규정에 의하여 산정한 바닥면적을 말한다)의 합계가 3천제곱미터 이상인 건축물
    (4) 바닥면적의 합계가 3천제곱미터 이상으로서 임대 후 분양전환을 조건으로 임대하는 건축물
  3) 또한, 「산업집적활성화 및 공장설립에 관한 법률」에 의한 아파트형 공장,

「관광진흥법」에 의한 관광숙박시설, 「노인복지법」에 의한 노인복지시설에 대해서는 '가-2.2)가) 및 나)'항목을 적용하지 아니하며, 「주택법」에 의한 오피스텔에 대해서는 '가-2.2)가)'항목을 적용하지 아니한다.

가-2. 중요정보 항목
 1) 표시대상 중요정보 항목 : 해당사항 없음
 2) 광고대상 중요정보 항목
  가) 건축허가 취득여부. 다만 아래 건축물은 제외
   (1) 「주택법」에 의한 오피스텔
   (2) 「산업집적활성화 및 공장설립에 관한 법률」에 의한 아파트형 공장
   (3) 「관광진흥법」에 의한 관광숙박시설
   (4) 「노인복지법」에 의한 노인복지시설
  나) 대지소유권 확보여부. 다만 아래 건축물은 제외
   (1) 「산업집적활성화 및 공장설립에 관한 법률」에 의한 아파트형 공장
   (2) 「관광진흥법」에 의한 관광숙박시설
   (3) 「노인복지법」에 의한 노인복지시설
  다) 신탁계약 체결여부 등 분양대금 관리방법
  라) 시행사·시공업체명
  마) 분양물의 용도·규모·지번

> 【광고 예시】
> 광고대상 중요정보 항목들을 구체적으로 명시
> - "건축허가 취득" "건축허가 미취득", "대지소유권 100%확보"(대지소유권 확보가 완료된 경우) "대지소유권 ○○% 확보"(대지소유권 확보가 완료되지 않은 경우) 등과 같이 명시
>
> - "분양대금 관리방법 : ○○은행 신탁관리"(신탁계약이 체결된 경우), "분양대금 관리방법 : 시행사 자체관리(신탁계약 없이 시행사가 자체 관리하는 경우)"등과 같이 명시

> - "시행사 ○○ 사, 시공사 : ○○ 사", "분양물 용도 : 상가, 분양규모 : ○○㎡, 지번 : ○○시 ○○ 동 ○○ 번지" 등과 같이 명시

나. 공동주택 업종

나-1. 적용범위

1) 주택법 제2조제2호 규정에 의한 공동주택을 분양하는 사업자에 대하여 적용한다.

2) 위 1)의 규정에 의한 공동주택의 종류와 범위는 다음 각목과 같다.

가) 아파트[주택으로 쓰는 총수가 5개 층 이상인 주택] : 건축법 시행령 별표1 제2호 가목

나) 연립주택[주택으로 쓰는 1개 동의 바닥면적(지하주차장 면적은 제외) 합계가 660 제곱미터를 초과하고, 층수가 4개 층 이하인 주택] : 건축법 시행령 별표1 제2호 나목

다) 다세대주택[주택으로 쓰는 1개 동의 바닥면적 합계가 660제곱미터 이하이고, 층수가 4개 층 이하인 주택(2개 이상의 동을 지하주차장으로 연결하는 경우에는 각각의 동으로 보며, 지하주차장 면적은 바닥면적에서 제외함)] : 건축법 시행령 별표1 제2호 다목

나-2. 중요정보 항목

1) 표시대상 중요정보 항목 : 해당사항 없음

2) 광고대상 중요정보 항목

가) 신탁계약 체결여부 등 분양대금 관리방법

나) 시행사·시공업체명,

다) 분양물의 규모·지번

> 【광고 예시】
>
> 광고대상 중요정보 항목들을 구체적으로 명시

> - "시행사 : ○○ 사,   시공사 : ○○ 사", "분양물 용도 : 상가
> - "분양규모 : ○○㎡, 지번 : ○○시 ○○ 동 ○○ 번지"

다. 렌탈서비스 업종

다-1. 적용범위

　　정수기, 공기청정기, 의류, 도서 등 생활용품을 대여해 주고 사용료를 받는 사업자에 대해 적용한다.

다-2. 중요정보 항목

1) 표시대상 중요정보 항목

　가) 소유권 이전 조건(소유권이 이전되는 경우에 한함)

　나) 상품의 고장·훼손·분실시 소비자 책임범위

　다) 중도해약시 환불기준

2) 광고대상 중요정보 항목 : 해당 사항 없음

다-3. 표시 장소

1) 제품 라벨(단, 제품의 특성상 라벨에 표시가 불가능한 경우는 설명서에 표시), 포장지, 사업장 게시물 중 한 곳

> 【표시 예시】
>
> 표시대상 중요정보 항목들을 구체적으로 명시
> - 소유권 이전 조건 : 소유권 이전에 필요한 렌탈기간 또는 총렌탈금액 등 소유권 이전에 필요한 요건을 구체적으로 명시
>
> - 상품의 고장·훼손·분실시 사업자 및 소비자의 책임범위 : 사업자의 귀책사유로 인한 고장·훼손·분실시 사업자의 책임 및 소비자의 귀책사유로 인한 고장·훼손·분실시의 소비자의 책임을 구체적으로 명시
>
> - 중도해약시 환불기준

> - 구체적 기준 명시 : 해지일까지의 이용일수에 해당하는 금액과 총 계약금액의 ○%공제 후 환급
> - 소비자분쟁해결기준 원용 : "환불기준은 공정거래위원회 소비자분쟁해결기준에 따름"

라. 토지분양 업종

라-1. 적용범위

　　자기 소유의 토지를 분양하거나 타인 소유 토지의 분양을 대행하는 사업자에 대하여 적용한다.

라-2. 중요정보 항목

 1) 표시대상 중요정보 항목 : 해당사항 없음

 2) 광고대상 중요정보 항목

　가) 분양대상 토지의 소재지·지목·지번 및 면적

　나) 국토의 계획 및 이용에 관한 법률상 용도지역·용도지구 및 용도구역

　다) 토지거래허가구역 여부 등 법령상 거래규제 사항

　라) 매매시 소유권 이전 형태(지분등기 또는 분할등기 여부)

> 【광고 예시】
>
> 광고대상 중요정보 항목들을 구체적으로 명시
> - "○○군 ○○면 ○○리 ○○번지 임야 ○○㎡, 농림지역, 토지거래허가구역에 해당됨" 등과 같이 명시
>
> - "잔금 완납시 공유지분 등기", "잔금 완납시 별도지번 분할등기" 등과 같이 명시

4. 운수업

가. 화물자동차운수 업종

가-1. 적용범위

　　화물자동차 운수사업법 제2조제2호의 규정에 의한 화물자동차 운수사업을 운영하는 사업자 중 '이사화물' 또는 '택배화물'을 취급하는 사업자에 대해 적용한다.

가-2. 중요정보 항목

 1) 표시대상 중요정보 항목 : 분실·파손 등 피해 발생시 보상기준
 2) 광고대상 중요정보 항목 : 해당사항 없음

가-3. 표시 장소

 1) 설명서, 계약서 중 한 곳

【표시 예시】

표시대상 중요정보 항목들을 구체적으로 명시
- 피해보상기준(소비자분쟁해결기준) : "구체적인 피해보상기준"을 명시하거나, "분실·파손 등에 따른 소비자피해에 대해서는 ○○○보상규정(사업자 스스로 제정한 보상규정일 경우에는 당해 보상규정을 알 수 있는 방법을 제시하고, 공정거래위원회고시일 경우에는 공정거래위원회고시임을 명시)에 따라 보상 가능함" 등과 같이 명시

---

5. 출판, 영상, 방송통신 및 정보서비스업

가. 전화정보서비스 업종

가-1. 적용범위

　　기간통신사업자의 전화회선을 이용하여 각종 정보를 제공하거나 음성을 녹음하고 그 내용을 들을 수 있도록 하는 서비스를 제공하는 사업자에 대해 적용한다.

가-2. 중요정보 항목

 1) 표시대상 중요정보 항목 : 해당사항 없음

2) 광고대상 중요정보 항목

가) 정보제공자명, 정보제공자의 주소(홈페이지 주소도 가능) 및 전화번호

나) 제공하는 정보의 내용

다) 통화료 외에 정보이용료가 부과된다는 사실 및 정보이용료

【광고 예시】

광고대상 중요정보 항목들을 구체적으로 명시

- "실시간 운세 상담", "증권 시세 분석 ARS 서비스" 등과 같이 제공하는 정보의 내용을 명시

- "이 서비스는 통화료 외에 30초당 1000원의 정보이용료가 부과됩니다." 등과 같이 통화료 외에 정보이용료가 부과된다는 사실과 시간 단위당 정보이용료를 명시

나. 학습교재 업종

나-1. 적용범위

1) 아동용 학습교재, 외국어 학습교재 및 초·중·고등학생용 학습참고서를 출판·판매하는 사업자에 대해 적용한다. 다만, '나-2.1)다)' 항목은 아동용 학습교재를 출판판매하는 사업자에 한하여 적용하며, 초·중·고등학생용 학습참고서를 출판·판매하는 사업자의 경우는 '나-2.1)라)' 항목에 한하여 적용한다.

2) "아동용 학습교재"라 함은 초등학교 취학전 아동 또는 초등학생 대상의 학습교재를 말한다.

3) "외국어 학습교재"라 함은 영어, 일어 등 외국어학습을 위한 학습교재를 말한다.

4) "학습교재"라 함은 인쇄물과 테이프(비디오테이프를 포함한다), 컴퓨터디스켓(CD롬을 포함한다) 등의 형태로 제작된 것을 포함한다.

5) "학습참고서"라 함은 교과용 도서를 이용하여 발행하는 참고서로서 자습서, 평가문제집, 기획교재, 수험교양서 등을 포함한다. 다만, 회원제로 운영되면서 학생이 일정한 양을 학습할 수 있도록 정기적으로 가정으로 배달되는 학습지는 제외한다.

6) 나-2.1)라)항목의 "발행일"이라 함은 출판문화산업 진흥법 시행령 제15조 제2항에 의한 간행물의 매 판을 처음 인쇄한 날을 말한다. 여기서 "판"은 출판물을 처음 인쇄(초판)하는 것뿐만 아니라 출판물에 커다란 변화(내용, 페이지, 판형, 발행자, 판의 저자 변경)가 생겨 중판(개정판 등)하는 것을 포함하며, "인쇄일"은 글이나 그림 따위를 종이에 박은 날을 말한다.

나-2. 중요정보 항목

1) 표시대상 중요정보 항목

 가) 구입 후의 철회 가능 여부와 철회의 방법

 나) 파손 등 피해 발생시 보상기준

 다) 교재 사용 연령(아동용 학습교재에 한하여 적용)

 라) 발행일(초·중·고등학생용 학습참고서에 한하여 적용)

2) 광고대상 중요정보 항목 : 1)과 동일. 다만, 1)의 라)는 제외

나-3. 표시 장소

1) 제품 자체, 포장용기(다만 제품이 보이지 않을 경우 포장용기에 표시)중 한 곳

【표시 · 광고예시】

표시·광고대상 중요정보 항목들을 구체적으로 명시

- 철회가능 여부 · 철회의 방법 : "구입후에는 철회안됨"[철회가 불가능한 경우] 또는 "계약서 수령일부터 ○○이내 서면으로 철회 가능함"[철회가 가능한 경우] 등과 같이 명시

- 피해보상기준 : "구체적인 피해보상기준"을 명시하거나 "파손 등에 따른 소비자 피해에 대해서는 ○○보상규정(사업자 스스로 제정한 보상규정일

경우에는 당해 보상규정을 알 수 있는 방법을 제시하고, 공정거래위원회고시일 경우에는 공정거래위원회고시임을 명시)에 따라 보상 가능함" 등과 같이 명시

- 교재 사용 연령 : "교재사용연령 ○○세 이상" 등과 같이 명시

- 교재 발행일 : "00년0월" 등과 같이 명시

6. 전문, 과학 및 기술 서비스업
가. 사진현상 및 촬영 업종
가-1. 적용범위
　　사진을 현상하거나 촬영하는 서비스를 제공하는 사업자에 대해 적용한다.
가-2. 중요정보 항목
 1) 표시대상 중요정보 항목 : 현상불량 등 피해발생에 대한 보상기준
 2) 광고대상 중요정보 항목 : 해당사항 없음
가-3. 표시 장소
 1) 사업장 게시물

【표시 예시】

표시대상 중요정보 항목들을 구체적으로 명시

- 피해보상기준(소비자분쟁해결기준) : "구체적인 피해보상기준"을 명시하거나, "현상불량 등에 따른 소비자 피해에 대해서는 ○○보상규정(사업자 스스로 제정한 보상규정일 경우에는 당해 보상규정을 알 수 있는 방법을 제시하고, 공정거래위원회고시일 경우에는 공정거래위원회고시임을 명시)에 따라 보상 가능함" 등과 같이 명시

나. 체형·피부관리 서비스 업종

나-1. 적용범위

비만관리 등 체형관리 서비스를 제공하는 사업자 및 경락, 여드름관리, 모공관리, 잡티제거 등 피부관리 서비스를 제공하는 사업자에 대해 적용한다.

나-2. 중요정보 항목

1) 표시대상 중요정보 항목

가) 제공되는 용역의 구체적 내용과 요금체계

나) 중도해약시 환불기준

2) 광고대상 중요정보 항목 : 해당사항 없음

다-3. 표시 장소

1) 사업장 게시물, 설명서, 계약서 중 한 곳

【표시 예시】

표시대상 중요정보항목을 구체적으로 명시

- "○○서비스 : ○○회에 ○○원, 이외 ○○서비스는 별도요금 추가" 등과 같이 명시

- 중도해약시 환불기준
  · 구체적 기준 명시 : 해지일까지의 이용일수에 해당하는 금액과 총 계약금액의 ○%공제 후 환급 등
  · 소비자분쟁해결기준 원용 : "환불기준은 공정거래위원회 소비자 분쟁해결기준에 따름"

7. 교육 서비스업

가. 해외 연수프로그램업종

가-1. 적용범위

해외연수프로그램이나 해외어학 캠프 등을 중개·판매하는 사업자에 대해 적용한다.

가-2. 중요정보 항목

1) 표시대상 중요정보 항목

　가) 제공되는 서비스의 구체적 내용 및 요금체계

　나) 계약 중도해지시 환불기준

2) 광고대상 중요정보 항목 : 1)과 동일

가-3. 표시 장소

1) 사업장 게시물 또는 설명서

【표시 예시】

표시대상 중요정보 항목들을 구체적으로 명시

- 제공되는 서비스의 구체적 내용 및 요금체계 : 숙박시설, 체류기간, 체류기간동안 교습 내용 및 방법, "○○프로그램, ○○프로그램 : ○○원, 이외 프로그램(가능한 프로그램의 내용을 괄호형태로 명시)는 별도 요금 추가", "○○프로그램, ○○프로그램 : ○○원, 추가요금 없음" 등과 같이 명시

- 계약 중도해지시 환불기준 : 중도해지가 불가능할 경우 "중도해지 불가능", 중도해지가 일정기간에만 가능할 경우 "언제까지 해지 가능" 등으로 명시하고, 구체적인 환불기준을 명시

---

8. 예술, 스포츠 및 여가관련 서비스업

가. 여행업종

가-1. 적용범위

관광진흥법 제2조제3호에서 규정하고 있는 '기획여행'을 실시하는 사업자에 대하여 적용한다.

가-2. 중요정보 항목

1) 표시대상 중요정보 항목 : 해당사항 없음
2) 광고대상 중요정보 항목

가) 여행상품 가격

 (1) 여행상품 가격에는 유류할증료, 공항이용료, 전쟁보험료, 관광진흥개발기금, 운송요금, 숙박요금, 식사요금, 가이드 경비, 여행자보험료, 현지관광입장료 등 소비자가 특정 여행상품을 선택할 경우 반드시 부담해야 하는 모든 경비가 포함되어야 함. 다만, 가이드 경비를 현지에서 지불하여야 하는 경우 별도로 그 금액을 표시할 수 있으며, 현지에서 별도로 지불해야 한다는 점을 표시하여야 함.

나) 선택경비 유무 및 세부 내용

 (1) 선택경비(선택관광 경비 등 현지에서 개별 구매자의 필요나 선택에 의하여 지출하게 되는 경비)가 있는지 여부 및 소비자의 선택에 따라 자유롭게 지불할 수 있다는 점을 함께 표시하여야 함.

 (2) 선택관광 경비의 금액 및 선택관광을 선택하지 않을 경우의 대체 일정을 함께 표시하여야 함.

다) 가이드 팁에 대하여 기재할 경우에는 가이드 경비와 구별하여 자유롭게 지불여부를 결정할 수 있음을 표시하여야 함. 다만, 정액으로 지불을 권장하는 등 소비자가 필수적으로 지불하여야하는 경비인 것처럼 오인하지 않도록 표시하여야 함.

【광고 예시】

광고대상 중요정보 항목들을 구체적으로 명시

- 가이드 경비를 현지에서 지불하여야할 경우 기재 방법 : "가이드 경비 $00(1인당) 현지에서 별도 지불"

- 선택관광 경비의 금액 및 대체 일정 기재 방법 : 선택관광 경비가 있는 경우 "선택 관광 선택 시 ○○원 별도 부담. 선택관광 참여여부는 자유

롭게 선택하실 수 있으며, 미참여에 대한 불이익은 없습니다. 선택관광을 하지 않는 경우 2일째 오전 일정은 자유 시간입니다(가이드 동행 없음)", 선택 관광이 여러 품목이 있어서 구체적으로 기재하기 어려운 경우 "선택 관광 선택 시 ○○원~○○원 별도 부담, 자세한 사항은 홈페이지 참조" 등으로 명시
- 가이드 팁 기재 방법 : "가이드 팁은 가이드 경비와 달리 자유롭게 지불 여부를 결정할 수 있습니다."
  ※ "[예시] 가이드 팁 1인당 $40 권장" 등과 같이 소비자가 필수적으로 지불하여야하는 경비인 것처럼 오인케 할 소지가 있는 표현의 경우 필수경비에 해당한다고 봄

【광고 방법】
- 소비자가 쉽게 알아볼 수 있는 장소에 색, 크기, 모양 등으로 구별되게 기재

나. 체육시설 운영업종

나-1. 적용범위

1) 체육시설의 설치·이용에 관한 법률의 규정에 의한 체육시설업중 다음 각 목의 업종을 운영하는 사업자에 대해 적용한다.
  가) 종합체육시설업
  나) 수영장업
  다) 체력단련장업

2) 위 1) 각 목의 규정에 의한 체육시설업은 다음 각목과 같다.
  가) "종합체육시설업"이라 함은 체육시설의 설치·이용에 관한 법률 제10조 제1항 제2호 및 동법 시행령 제6조의 규정에 의한 신고대상 체육시설업(수영장업, 체육도장업, 골프연습장업, 체력단련장업, 당구장업, 썰매장업, 무도학원업, 무도장업, 요트장업, 조정장업, 카누장업, 빙상장업, 승마장업 등 13개 업종)의 시설 중 실내수영장을 포함한 2종이상의 체

육시설을 동일인이 한 장소에 설치하여 하나의 단위 체육시설로 경영하는 업을 말한다.

나) "수영장업"이라 함은 수영조의 바닥면적이 200제곱미터(시·군 소재 수영장의 경우 100제곱미터)이상이고 물의 깊이가 0.9미터 이상 2.7미터 이하인 수영장을 운영하는 업을 말한다.

다) "체력단련장업"이라 함은 헬스클럽 등 운동전용면적 66제곱미터이상, 기초체력단련기구 5종이상, 연습용구 10점이상, 신장기·체중기 등 필요한 기구를 갖춘 체력단련장을 운영하는 업을 말한다.

나-2. 중요정보 항목

1) 표시대상 중요정보 항목

가) 제공되는 서비스의 구체적 내용과 요금체계(기본요금 및 추가 비용)

나) 체육시설 이용계약의 중도해지시 잔여 기간의 이용료 환불기준

2) 광고대상 중요정보 항목 : 1)과 동일

나-3. 표시 장소

1) 사업장 게시물 또는 등록 신청서

【표시·광고예시】

표시·광고대상 중요정보 항목들을 구체적으로 명시

- 제공되는 서비스의 구체적 내용과 요금체계 : "○○서비스, ○○서비스, 이외 서비스(가능한 서비스의 내용을 괄호형태로 명시)는 별도요금 추가", "○○서비스, ○○서비스 : ○○원, 추가요금 없음" 등과 같이 명시

- 환불기준 : "구체적인 환불기준"을 명시하거나, "이용료 환불에 대해서는 ○○보상규정(사업자 스스로 제정한 보상규정일 경우에는 당해 보상규정을 알 수 있는 방법을 제시하고, 공정거래위원회고시일 경우에는 공정거래위원회고시임을 명시)에 따라 환불 가능함" 등과 같이 명시

9. 협회 및 단체, 수리 및 기타 개인 서비스업

 가. 사후 관리 서비스(A/S) 업종

 가-1. 적용범위

　　　　퍼스널 컴퓨터(데스크톱, 노트북PC, 태블릿PC 등을 포함), 휴대폰(스마트폰 포함), 카메라(가정용 비디오카메라, 디지털카메라 포함)의 사후 관리 서비스(이하 A/S라 한다)를 제공하는 사업자(위탁계약을 체결하여 공식 A/S 사업자로 하여금 소비자에게 A/S 제공을 대신하게 한 제조·판매 사업자도 포함)에 대해 적용한다.

 가-2. 중요정보 항목

  1) 표시대상 중요정보 항목: A/S 제공 시 교체 또는 추가되는 부품의 품질 등급 및 가격체계(재생부품이 사용되는 경우에 한함)
  2) 광고대상 중요정보 항목 : 해당사항 없음

 가-3. 표시장소

  1) A/S 사업자의 홈페이지 및 사업장 게시물

【표시 예시】

표시대상 중요정보 항목들을 구체적으로 명시
- A/S 시 재생품이 사용되는 경우, 아래의 예시와 같은 방법으로 개별부품의 품질등급별 각각의 가격을 소비자가 인지하도록 구체적으로 명시

〈예 시〉

제품명	부품명	부품번호	가격
○○○○	○○○○	0000-0000	신품 : ○○원
			재생품 : ○○원
○○○○	○○○○	0000-0000	신품 : ○○원
			재생품 : ○○원
:	:	:	:
			:

> ※ 모든 부품에 대해 재생부품을 사용하고 새부품과 재생부품의 가격이 동일할 경우, 소비자가 해당 내용을 알 수 있도록 "모든 부품의 A/S 시 재생부품이 사용됩니다." 등과 같이 명시
> - 전자기기(PC 등)를 활용하는 경우 : 부품의 정보를 확인 가능한 전자기기를 사업장에 설치하고 해당 전자기기가 A/S 부품의 정보를 제공하는 전자기기임을 소비자가 인지하도록 현수막 등을 통해 구체적으로 명시
> - 인쇄물을 활용하는 경우 : 게시물의 교체주기는 1개월 이내로 하고 "0000년 00월 00일 기준", "개별 부품에 따라 변동이 있을 수 있음", "상세 내용(변동 내용 등)은 홈페이지에 게시" 등의 내용을 소비자가 인지하도록 구체적으로 명시

나. 상조업종

나-1. 적용범위

할부거래에 관한 법률 제2조제2호에서 규정하고 있는 선불식 할부거래업자에 대해 적용한다.

나-2. 중요정보 항목

1) 표시대상 중요정보 항목

가) 중도해약환급금에 대한 환급기준 및 환급시기

나) 구체적인 제공물품 및 서비스 내용

 (1) 수의 원단 제조에 소요되는 원사의 종류·구성비율 및 원산지, 수의 원단의 제조방법 및 제조지역

 (2) 관의 재질·두께 및 원산지

 (3) 차량의 종류 및 무료로 제공되는 차량 거리

 (4) 서비스에 제공되는 인력 및 인력 추가시 요구되는 비용

다) 총 고객환급 의무액, 상조관련 자산 및 이와 관련하여 공인회계사의 회계감사(검토)를 받았는지 여부(최근사업연도의 재무 관련 자료를 기준으

로 표시하여야 함)
- (1) "총 고객환급의무액"은 기존 회원이 전부 계약 해지를 요구할 경우 회사가 지불해야 하는 총 금액을 의미함
- (2) "상조 관련 자산"은 자산총계에서 고객불입금 이외의 부채를 제외한 금액을 의미함

라) 고객불입금에 대한 관리방법 : 할부거래법 제27조에 의한 소비자피해보상보험계약 등 체결 기관 및 선수금 보전 비율. 다만, 표시·광고기간 동안 표시·광고한 예치 비율 이하로 예치 비율이 떨어져서는 아니 됨

2) 광고대상 중요정보 항목 : 1)과 동일. 다만, 1)의 나)는 제외

나-3. 표시장소

1) 사업장 게시물(홈페이지), 상품설명서 및 계약서에 모두 표시

【표시 · 광고예시】

표시 · 광고대상 중요정보 항목들을 구체적으로 명시

- 중도해약환급금에 대한 환급기준 : "구체적인 환급기준"을 명시하거나, "중도해약환급금 지급에 대해서는 ○○보상규정(사업자 스스로 제정한 보상규정일 경우에는 당해 보상규정을 알 수 있는 방법을 제시하고, 공정거래위원회고시일 경우에는 공정거래위원회고시임을 명시)에 따라 환불 가능함", 공정거래위원회가 승인한 상조업 표준약관을 따르는 경우에는 "상조업 표준약관에 따라 환급 가능함" 등과 같이 명시

- 해약환급금고시 원용 : "환급기준은 「선불식할부계약의 해제에 따른 해약환급금 산정기준 고시」에 따름"
  · 환급시기 : "환급금액은 신청 즉시 수령가능함" 또는 "환매금액은 신청일로부터 제○영업일에 수령할 수 있음" 등과 같이 명시

- 원사의 종류 · 구성비율 · 원산지, 원단의 제조방법 · 제조지역"을 구체적

으로 명시
- 원사의 종류·구성비율·원산지 : "대마100%" 또는 "대마70% 저마30%", 국내산인 경우 "국내산" 외국산인 경우 "국가명"을 명시
- 원단의 제조방법 및 제조지역 : "수작업식 또는 기계식 여부"와 국내 제조인 경우 "국내산", 외국제조인 경우 "국가명"을 명시
- 관의 재질·두께 및 원산지 : 관의 재질은 "오동나무 ㅇㅇcm", "ㅇㅇ나무 ㅇㅇcm", 원산지는 "한국", "중국" 등으로 명시

- "차량의 종류 및 무료로 제공되는 차량 거리"를 구체적으로 명시
  - 차량의 종류 : "ㅇㅇ브랜드 ㅇㅇ년식 ㅇㅇ영구차량", 여러 차종에서 택일하여 사용 가능할 경우 "ㅇㅇ브랜드 ㅇㅇ년식 ㅇㅇ영구차량, ㅁㅁ브랜드 ㅁㅁ년식 ㅁㅁ영구차량 중 택일 가능" 등으로 명시
  - 무료로 제공되는 차량 거리 : 모든 지역에 무료로 차량이 제공될 경우에는 "전지역 무료 제공", 일부지역 또는 일정거리만 무료로 제공되고 다른 지역이나 추가적인 거리에 대해서는 별도의 비용을 부담해야 하는 경우에는 "ㅇㅇ지역만 무료 제공되며, 그 지역을 벗어날 경우 추가적인 비용부담", "100Km 이내 무료제공, 10Km 추가시마다 ㅇㅇ원 추가 비용 부담" 등으로 명시

- "총 고객환급의무액, 상조 관련 자산 및 이와 관련하여 공인회계사의 감사(검토)를 받았는지 여부"를 구체적으로 명시
  - 총 고객환급의무액 및 상조 관련 자산을 아래와 같이 명시
  - 회계사에 의해 외부 감사(검토)를 받은 경우에는 "공인회계사의 회계감사(검토)를 받았음", 외부 감사(검토)를 받은 적이 없는 경우에는 "공인회계사의 회계감사(검토)를 받지 않았음"이라고 명시

총 고객환급의무액	상조 관련 자산
0,000만원	0,000만원
※ 공인회계사의 회계감사(검토)를 받았음(받지 않았음)	

* 만원 단위 이하는 사사오입을 원칙으로 함

- "고객불입금에 대한 관리방법"을 구체적으로 명시
  · 고객불입금에 대한 관리방법 : "고객불입금의 ○○%는 ○○은행(또는 ○○공제조합 등)에 소비자피해보상을 위한 보험계약(또는 채무지급보증계약, 예치계약, 공제계약)을 채결하고 있음" 등으로 명시

【광고 방법】

- 2분 미만 방송(라디오 제외)의 방법으로 하는 광고행위의 경우에는 (1)의 (다), (라) 사항을 화면의 1/6이상 크기로 방송 시간의 1/5이상 소비자가 쉽게 알아볼 수 있도록 자막으로 표시하여야 한다. 다만, 전화면(중요정보 항목 관련 내용 정보가 화면의 1/2이상 되어야 함)을 사용하여 표시하는 경우에는 방송 시간의 1/15이상(최소 3초 이상)이 되도록 하여야 한다.

- 2분 이상 방송(라디오 제외)의 방법으로 하는 광고행위의 경우에는 모든 광고 사항에 대해 전화면을 사용하여 방송시간의 1/15(한번 표시할 때 3초 이상)이상 소비자가 쉽게 알아볼 수 있도록 표시하여야 한다.

10. 기타

가. 할인카드 회원권 운영업종

가-1. 적용범위

1) 소비자로부터 연회비 등 회원 가입금액을 받고 소비자가 다음 각목의 상품 등 구입하거나 제공받을 경우 정상가격보다 할인을 해 주는 할인 전

문업자에 대해 적용한다.
   가) 호텔, 콘도미니엄 숙식
   나) 가구, 가전제품
   다) 연극, 영화관람
   라) 주유소 휘발유 등 주유제품
  2) 다만, 여신전문금융업법 제2조제2호에 의한 신용카드업을 운영하는 사업자가 자신의 신용카드 회원에게 상품 등의 구입시 할인혜택을 제공하는 경우에는 적용하지 아니한다.
가-2. 중요정보 항목
 1) 표시대상 중요정보 항목 : 할인카드 이용과정에서 발생하는 각종 피해의 보상기준
 2) 광고대상 중요정보 항목 : 가맹점의 수 및 상품별 할인율
가-3. 표시 장소
 1) 사업장 게시물 또는 가입신청서

【표시 · 광고예시】

표시 · 광고대상 중요정보 항목들을 구체적으로 명시
 - 피해보상기준(분쟁해결기준) : "구체적인 피해보상기준"을 명시하거나, "할인카드 이용과정에서 발생하는 소비자피해에 대해서는 ○○○보상규정(사업자 스스로 제정한 보상규정일 경우에는 당해 보상규정을 알 수 있는 방법을 제시하고, 공정거래위원회고시일 경우에는 공정거래위원회고시임을 명시)에 따라 보상가능함" 등과 같이 명시

 - 가맹점의 수 및 상품별 할인율 : "가맹점 총 ○○개, ○○상품 ○○% 할인" 등과 같이 명시

Ⅵ. 과태료 부과

법 제20조제1항제1호의 규정에 따라 사업자가 표시·광고 내용에 중요정보를 포함하지 아니할 때에는 1억원이하의 과태료에 처하며 법인 또는 사업자단체의 임원 또는 종업원 기타 이해관계인이 위의 사항을 위반할 때에는 1천만원 이하의 과태료에 처한다.

Ⅶ. 재검토기한

공정거래위원회는 이 고시에 대하여 2016년 1월 1일 기준으로 매3년이 되는 시점(매 3년째의 12월 31일까지를 말한다)마다 그 타당성을 검토하여 개선 등의 조치를 하여야 한다.

부 칙 〈제2000-11호, 2000.12.26.〉

1.【시행일】이 고시는 2001년 4월 1일부터 시행한다.
2.【경과조치】이 고시 시행 전에 이루어진 표시·광고행위에 대해서는 중요한 표시·광고사항 고시(공정거래위원회고시 제1999-25호)의 규정을 적용한다.

부 칙 〈제2016-7호, 2016.6.24.〉

이 고시는 2016년 7월 1일부터 시행한다. 다만 소비자안전 분야의 사업자에 대해서는 2016년 8월 1일부터 적용한다.

신고 내용

1. 「표시·광고의 공정화에 관한 법률」 제4조제1항 및 공정거래위원회의 「중요한 표시·광고 사항의 고시」에 의하면 사업자등이 표시·광고를 하는 경우에는 공정거래위원회가 고시한 중요정보를 표시·광고하여야 한다고 규정하였습니다.
2. 피신고자는 ○○시 ○○길 ○○-○에 사무소를 두고 '○○○○상조'를 운영하는 회사로서 피신고자가 개설한 위 ○○○○상조의 인터넷 홈페이지에 위 회사의 상조 관련 서비스(용역) 및 재화 등을 광고하면서 표시 대상 중요정보 항목인 "관의 재질·두께 및 원산지"와 "총 고객환급 의무액"을 표시하지 않았습니다.

첨부 : 사진 ○장.

(신고 내용 해설)
- 이 사안의 신고서에서는 공정거래위원회의 「중요한 표시·광고 사항의 고시」 중 '업종' 및 '표시 대상 중요정보 항목'을 빠뜨린 내용을 설명하여야 한다.
- 인터넷을 이용한 광고의 경우에는 인터넷의 광고화면을 캡쳐한 사진이 유일한 증거이다. 사진은 홈페이지의 초기화면을 함께 촬영할 필요가 있다. 만약 이 광고의 수단이 잡지 등 책자인 경우에는 책자의 표지와 함께 광고 내용 및 발행일 부분을 촬영한 사진을 제출하거나 책자 자체를 제출할 수도 있을 것이다. 책자를 제출할 때에는 광고 내용이 게재된 페이지 등을 신고서에 설명해 주어야 한다.
- 인터넷 화면을 캡쳐할 때에는 피신고자가 개설한 홈페이지(사이트)의 도메인이름(주소)도 피신고자를 표시하는 곳에 함께 적어줄 필요가 있다.

28. 「품질경영 및 공산품안전관리법」

가. 법률 이해하기

이 법을 위반한 행위자를 신고한 사람에게는 「공익신고자 보호법」의 관련 규정에 따라 국민권익위원회가 내부신고자에게는 '보상금'을 당연히 지급하는 한편 외부신고자에게는 '포상금'을 재량에 의하여 지급한다.

나. 자율안전확인을 하지 아니한 자율안전확인대상공산품에 자율안전표시를 한 수입업자

제38조(벌칙) 다음 각 호의 어느 하나에 해당하는 자는 3년 이하의 징역 또는 3천만원 이하의 벌금에 처한다.
7. 제20조제2항을 위반하여 자율안전확인표시 또는 이와 유사한 표시를 한 자
　　↳제20조(자율안전확인의 표시 등) ② 제19조제1항에 따른 신고를 하지 아니한 자율안전확인대상공산품에는 자율안전확인표시 또는 이와 유사한 표시를 하여서는 아니 된다.
　　　　↳제19조(자율안전확인대상공산품의 신고 등) ① 자율안전확인대상공산품 제조업자 및 수입업자는 산업통상자원부령으로 정하는 바에 따라 자율안전확인대상공산품의 모델별로 제3항에 따라 지정된 시험·검사기관으로부터 안전성에 대한 시험·검사를 받아 해당 공산품이 제2항에 따른 안전기준에 적합한 것임을 스스로 확인(이하 "자율안전확인"이라 한다)한 후 이를 산업통상자원부장관에게 신고하여야 하며, 신고한 사항을 변경하려는 경우에는 변경신고를 하여야 한다.
　　　　② 제3항에 따라 지정된 시험·검사기관은 산업통상자원부장관이 정하여 고시하는 자율안전확인대상공산품에 관한 안전기준을 적용

하여 시험·검사를 하여야 한다. 다만, 안전기준이 고시되지 아니하거나 고시된 안전기준을 적용할 수 없는 자율안전확인대상공산품에 대하여는 관련 국제기준 또는 국내외의 국가표준 등을 준용하여 산업통상자원부령으로 정하는 바에 따라 시험·검사를 할 수 있다.

③ 산업통상자원부장관은 「국가표준기본법」 제23조에 따라 인정된 시험·검사기관 중에서 산업통상자원부령으로 정하는 기준에 맞는 기관을 자율안전확인대상공산품 시험·검사기관(이하 이 조에서 "시험·검사기관"이라 한다)으로 지정할 수 있으며, 지정한 경우에는 이를 공고하여야 한다.

↳**품질경영 및 공산품안전관리법 시행규칙 제2조(안전관리대상공산품의 범위)** ② 법 제2조제9호에 따른 자율안전확인대상공산품은 별표 2와 같다.

신고 내용

1. 「품질경영 및 공산품안전관리법」 제20조제2항 및 제19조제1항에 의하면 자율안전확인대상공산품 제조업자 및 수입업자는 법 시행규칙이 정하는 바에 따라 자율안전확인대상공산품의 모델별로 지정된 시험·검사기관으로부터 안전성에 대한 시험·검사를 받아 해당 공산품이 안전기준에 적합한 것임을 스스로 확인하고, 이를 산업통상자원부장관에게 신고한 후에만 자율안전확인표시를 할 수 있다고 규정하였습니다.

2. 피신고자는 스포츠용품 수입업자로서 2016. ○.경 중국으로부터 수입한 스케이트보드 약 1,000개에 대하여 안전성에 대한 시험·검사를 받은 사실이 없음에도 불구하고, 같은 해 ○월 무렵 ○○시 ○○동 ○○-○에 있는 피신고자가 관리하는 창고에서 위 스케이트보드에 자율안전표시를 한 다음

> 이를 국내에 산재한 불특정 다수의 스포츠용품 소매상에게 판매한 사실이 있습니다.

(신고 내용 해설)
- 이 사안의 경우에는 범죄의 구성요건 요소인 ①해당 공산품이 자율안전확인대상공산품으로 분류(시행규칙 별표 2)된 사실, ②행위자가 제조업자 또는 수입업자라는 신분(身分) 있는 자인 점, ③안전성에 대한 시험·검사를 받지 아니한 사실, ④제품에 자율안전표시를 한 사실이 증명되어야 한다.
- 정상에 참작할 사유로는, 자율안전표시를 한 제품의 수량 및 판매량 등을 신고자가 알고 있는 범위 내에서 적어주면 유익할 것이다.
- 신고사실을 입증할 증거자료로는 사진, 거래명세서, 영수증 등을 제출하면 될 것이다.
- 이 법을 위반한 행위 중 형벌의 대상행위는 신고서를 국민권익위원회 또는 경찰청에 제출하면 된다.
- 자율안전확인대상공산품의 범위는 다음 표와 같다.

[별표 2]

자율안전확인대상공산품(제2조제2항 관련)

분야	자율안전확인대상공산품
1. 섬유	가. 등산용 로프 나. 스포츠용 구명복 다. 삭제 〈2015.6.4.〉
2. 화학	가. 건전지(충전지는 제외한다) 나. 부동액 다. 삭제 〈2015.3.6.〉

		라. 자동차용 브레이크액
		마. 자동차용 앞면 창유리 세정액
		바. 자동차용 타이어
		사. 삭제 〈2015.6.4.〉
		아. 삭제 〈2015.3.6.〉
3. 기계		가. 빙삭기
		나. 휴대용 예초기의 날 및 보호덮개
		다. 「승강기시설 안전관리법」 제2조제1호에 따른 승강기를 구성하는 주요부품[엘리베이터 권상기용 제동장치, 엘리베이터용 안전극한스위치, 럽쳐밸브, 에스컬레이터용 스텝, 에스컬레이터용 스텝체인, 에스컬레이터용 전자브레이크, 와이어로프, 안전회로기판만 해당한다]
4. 토건		가. 미끄럼 방지 타일
		나. 실내용 바닥재
5. 생활용품		가. 고령자용 보행보조차
		나. 고령자용 보행차
		다. 디지털도어록
		라. 롤러스포츠 보호장구
		마. 스노보드
		바. 스케이트보드
		사. 스키용구
		아. 삭제 〈2015.6.4.〉
		자. 삭제 〈2015.6.4.〉
		차. 삭제 〈2015.6.4.〉
		카. 삭제 〈2015.6.4.〉
		타. 삭제 〈2015.6.4.〉

	파. 이륜자전거
	하. 일회용 기저귀
	거. 삭제 〈2015.6.4.〉
	너. 헬스기구(공급되는 교류 전원이 50볼트 이상 1천볼트 이하에서 사용되는 헬스기구는 제외한다)
	더. 휴대용 레이저용품
	러. 삭제 〈2015.3.6.〉
	머. 온열 시트
	버. 삭제 〈2015.6.4.〉
	서. 승차용 안전모(승차용 눈 보호구를 포함한다)
	어. 운동용 안전모
	저. 삭제 〈2015.6.4.〉
	처. 삭제 〈2015.6.4.〉
	커. 온열팩(주머니난로를 포함한다)
	터. 수유패드
	퍼. 기름난로(연료소비량이 600g/h 이하 제품으로 한정한다)

다. 자율안전확인표시 없는 자율안전확인대상공산품을 판매 목적으로 진열·보관한 행위

제41조(과태료) ① 다음 각 호의 어느 하나에 해당하는 자에게는 1천만원 이하의 과태료를 부과한다.
  6. 제21조제1항을 위반하여 자율안전확인표시가 없는 자율안전확인대상공산품을 판매하거나 판매를 목적으로 수입·진열 또는 보관한 자
    ↳**제21조(판매·사용 등의 금지)** ① 자율안전확인대상공산품 제조업자, 수입

업자 및 판매업자는 자율안전확인표시가 없는 자율안전확인대상공산품을 판매하거나 판매를 목적으로 수입·진열 또는 보관하여서는 아니 된다.

신고 내용

피신고자는 자동차용품 판매업에 종사하는 사람인바, 2016. ○.경부터 ○○시 ○○길 ○○-○에 있는 피신고자가 운영하는 '○○자동차용품'에서 「품질경영 및 공산품안전관리법」 제21조제1항에 따른 자율안전표시가 없는 자율안전확인대상공산품인 자동차용 브레이크액 240ml 용량 약 50개를 판매할 목적으로 진열 및 보관하고 있습니다.

첨부 : 사진 ○장.

(신고 내용 해설)
- 이 사안의 범죄가 성립하기 위해서는 ①자율안전표시가 없는 자율안전확인대상공산품, ②판매행위 또는 판매할 목적으로 수입, 진열, 보관하는 행위가 증명되어야 한다. 수입·진열·보관하는 행위는 '목적범(目的犯)'이므로, 판매의 목적이 없으면 이 범죄는 성립하지 않는다.
- 이 사안은 특별시·광역시장, 도지사가 과태료를 부과한다. 따라서 신고서는 서울시, 광역자치단체, 도 또는 국민권익위원회에 제출하여야 한다.

29. 「하도급거래 공정화에 관한 법률」

가. 법률 이해하기

이 법은 이 법 자체의 규정에 의하여 일정한 위반행위자를 신고한 사람에게는 공정거래위원회가 '포상금'을 지급한다. 그러나 2016년 9월 현재까지는 공정거래위원회가 이 포상금을 지급할 준비가 덜 되었다. 뒤에서 설명한다.

한편 「공익신고자 보호법」의 관련 규정에 의하여 국민권익위원회가 내부신고자에게는 '보상금'을 의무적으로 지급하며, 외부신고자에게는 '포상금'을 재량에 의하여 지급할 수 있다. 공정거래위원회의 준비가 끝나면 신고자는 신고자에게 유리한 상금을 선택하여 지급받을 수 있다.

이 법의 주된 목적은 하도급거래에 있어서의 이른바 '갑의 횡포'를 방지하기 위함이다. 법이 매우 촘촘한 규정을 만들어 둠으로써 거의 모든 원사업자(특히 건설업의 원사업자)인 대기업 및 중소기업자는 이 법을 위반하지 않기란 여간 어려운 일이 아닐 것이다. 따라서 내부신고자에게는 범죄의 증거를 확보하는 일이 그리 어렵지 않을 것이다.

이 법을 위반한 행위는 벌금형과 과징금이 무거우므로, 신고자가 지급받을 수 있는 상금의 액수도 만만치 않을 것이다. 이 법이 사용하는 용어와 금지규정을 잘 섭렵한 뒤에 증거를 수집한다면 특히 내부신고자에게는 매우 유익한 법이 될 것이다.

공정거래위원회의 '고시'들은 법령의 위임에 터 잡은 것이므로, 모두 법률과 같은 효력이 있는 규정들이다. 따라서 이들 고시의 내용을 숙지하는 일도 소홀히 해서는 안 될 것이다.

이 법을 위반한 행위는 공정거래위원회가 홈페이지에서 제공하는 신고서 양식에 따라야 한다. 다만, 다음 유형에 해당하는 경우는 이 법의 적용 대상이 아니므로, 신고 대상에서 제외된다.[20]

① 원사업자가 소프트웨어사업, 영화·방송프로그램·엔지니어링활동사업, 건축설

---

[20] 참고 : 발주자 → 원사업자 → 수급사업자

계업인 경우로서 연 매출액이 10억원 미만인 경우
② 원사업자가 제조업, 도소매업인 경우로서 연 매출액이 20억원 미만인 경우
③ 원사업자가 건설업자로서 시공능력평가액이 30억원 미만인 경우
④ 원사업자가 중소기업자로서 연간매출액 또는 상시근로자수가 수급사업자의 2배를 초과하지 못하는 경우
⑤ 수급사업자가 대기업이거나 30대재벌의 기업집단 소속 중소기업인 경우
⑥ 수급사업자가 무등록, 무면허 등 사업자인 경우
⑦ 하도급거래가 아닌 발주자와 원사업자 사이의 거래인 경우
⑧ 개인 사이의 거래인 경우
⑨ 엔지니어링활동이나 건축설계를 업으로 하지 않는 건축업자가 건축설계를 위탁하는 경우
⑩ 단순히 건설장비를 임대하는 경우

나. 원사업자에게 부과된 의무를 수급사업자에게 전가하는 약정 체결행위

제30조(벌칙) ① 다음 각 호의 어느 하나에 해당하는 원사업자는 수급사업자에게 제조등의 위탁을 한 하도급대금의 2배에 상당하는 금액 이하의 벌금에 처한다.
1. 제3조제1항부터 제4항까지 및 제9항, 제3조의4, 제4조부터 제12조까지, 제12조의2, 제12조의3 및 제13조를 위반한 자

↳ 제3조의4(부당한 특약의 금지) ① 원사업자는 수급사업자의 이익을 부당하게 침해하거나 제한하는 계약조건(이하 "부당한 특약"이라 한다)을 설정하여서는 아니 된다.
② 다음 각 호의 어느 하나에 해당하는 약정은 부당한 특약으로 본다.
1. 원사업자가 제3조제1항의 서면에 기재되지 아니한 사항을 요구함에 따라 발생된 비용을 수급사업자에게 부담시키는 약정
2. 원사업자가 부담하여야 할 민원처리, 산업재해 등과 관련된 비용을 수급사업자에게 부담시키는 약정

3. 원사업자가 입찰내역에 없는 사항을 요구함에 따라 발생된 비용을 수급사업자에게 부담시키는 약정
4. 그 밖에 이 법에서 보호하는 수급사업자의 이익을 제한하거나 원사업자에게 부과된 의무를 수급사업자에게 전가하는 등 대통령령으로 정하는 약정

> **대통령령 제6조의2(부당한 특약으로 보는 약정)** 법 제3조의4제2항제4호에서 "이 법에서 보호하는 수급사업자의 이익을 제한하거나 원사업자에게 부과된 의무를 수급사업자에게 전가하는 등 대통령령으로 정하는 약정"이란 다음 각 호의 어느 하나에 해당하는 약정을 말한다.
>
> 1. 다음 각 목의 어느 하나에 해당하는 비용이나 책임을 수급사업자에게 부담시키는 약정
>   - 가. 관련 법령에 따라 원사업자의 의무사항으로 되어 있는 인·허가, 환경관리 또는 품질관리 등과 관련하여 발생하는 비용
>   - 나. 원사업자(발주자를 포함한다)가 설계나 작업내용을 변경함에 따라 발생하는 비용
>   - 다. 원사업자의 지시(요구, 요청 등 명칭과 관계없이 재작업, 추가작업 또는 보수작업에 대한 원사업자의 의사표시를 말한다)에 따른 재작업, 추가작업 또는 보수작업으로 인하여 발생한 비용 중 수급사업자의 책임 없는 사유로 발생한 비용
>   - 라. 관련 법령, 발주자와 원사업자 사이의 계약 등에 따라 원사업자가 부담하여야 할 하자담보책임 또는 손해배상책임
> 2. 천재지변, 매장문화재의 발견, 해킹·컴퓨터바이러스 발생 등으로 인한 작업기간 연장 등 위탁시점에 원사업자

와 수급사업자가 예측할 수 없는 사항과 관련하여 수급사업자에게 불합리하게 책임을 부담시키는 약정

3. 해당 하도급거래의 특성을 고려하지 아니한 채 간접비(하도급대금 중 재료비, 직접노무비 및 경비를 제외한 금액을 말한다)의 인정범위를 일률적으로 제한하는 약정. 다만, 발주자와 원사업자 사이의 계약에서 정한 간접비의 인정범위와 동일하게 정한 약정은 제외한다.

4. 계약기간 중 수급사업자가 법 제16조의2에 따라 하도급대금 조정을 신청할 수 있는 권리를 제한하는 약정

↳ **제16조의2(원재료의 가격 변동에 따른 하도급대금의 조정)**

① 수급사업자는 제조등의 위탁을 받은 후 목적물등의 제조등에 필요한 원재료의 가격이 변동되어 하도급대금의 조정(調整)이 불가피한 경우에는 원사업자에게 하도급대금의 조정을 신청할 수 있다.

② 「중소기업협동조합법」 제3조제1항제1호 또는 제2호에 따른 중소기업협동조합(이하 "조합"이라 한다)은 원재료 가격의 급격한 변동으로 조합원인 수급사업자의 하도급대금의 조정이 불가피한 사유가 발생한 경우에는 해당 수급사업자의 신청을 받아 대통령령으로 정하는 원사업자와 하도급대금의 조정을 위한 협의를 할 수 있다. 다만, 원사업자와 수급사업자가 같은 조합의 조합원인 경우에는 그러하지 아니하다.

③ 제2항 본문에 따른 신청을 받은 조합은 신청받은 날부터 20일 이내에 원사업자에게 하도급대금의 조정을 신청하여야 한다.

④ 제1항에 따라 하도급대금 조정을 신청한 수급

사업자가 제2항에 따른 협의를 신청한 경우 제1항에 따른 신청은 중단된 것으로 보며, 제1항 또는 제3항에 따른 조정협의가 완료된 경우 수급사업자 또는 조합은 사정변경이 없는 한 동일한 사유를 들어 제1항부터 제3항까지의 조정협의를 신청할 수 없다.

⑤ 제2항에 따른 신청을 받은 조합은 납품 중단을 결의하는 등 부당하게 경쟁을 제한하거나 부당하게 사업자의 사업내용 또는 활동을 제한하는 행위를 하여서는 아니 된다

⑥ 제2항 본문에 따른 불가피한 사유, 수급사업자의 신청 및 조합의 협의권한 행사의 요건·절차·방법 등에 관하여 필요한 사항은 대통령령으로 정한다.

⑦ 원사업자는 제1항 또는 제3항의 신청이 있은 날부터 10일 안에 조정을 신청한 수급사업자 또는 조합과 하도급대금 조정을 위한 협의를 개시하여야 하며, 정당한 사유 없이 협의를 거부하거나 게을리하여서는 아니 된다.

⑧ 원사업자 또는 수급사업자(제3항에 따른 조정협의의 경우 조합을 포함한다. 이하 이 조에서 같다)는 다음 각 호의 어느 하나에 해당하는 경우 제24조에 따른 하도급분쟁조정협의회에 조정을 신청할 수 있다. 다만, 제3항에 따른 조합은 「중소기업협동조합법」에 따른 중소기업중앙회에 설치된 하도급분쟁조정협의회에 조정을 신청할 수 없다.

  1. 제1항 또는 제3항에 따른 신청이 있은 날부터

10일이 지난 후에도 원사업자가 하도급대금의 조정을 위한 협의를 개시하지 아니한 경우
2. 제1항 또는 제3항에 따른 신청이 있은 날부터 30일 안에 하도급대금의 조정에 관한 합의에 도달하지 아니한 경우
3. 제1항 또는 제3항에 따른 신청으로 인한 협의 개시 후 원사업자 또는 수급사업자가 협의 중단의 의사를 밝힌 경우 등 대통령령으로 정하는 사유로 합의에 도달하지 못할 것이 명백히 예상되는 경우
5. 그 밖에 제1호부터 제4호까지의 규정에 준하는 약정으로서 법에 따라 인정되거나 법에서 보호하는 수급사업자의 권리·이익을 부당하게 제한하거나 박탈한다고 공정거래위원회가 정하여 고시하는 약정

---

1. **신고 제목** : 원사업자에게 부과된 의무를 수급사업자에게 전가하는 약정 체결행위

2. **피신고자**
성명(상호) : ○○건설주식회사
　　　　　대표이사 ○○○
주소(주사무소) :
전화번호 :

3. **신고 내용**

가. 「하도급거래 공정화에 관한 법률」(이하 "법"이라고 함) 제3조의4제2항제4호 및 같은 법 시행령 제6조의2제2호에 의하면 원사업자는 이 법에서 보호하는 수급사업자의 이익을 제한하거나 원사업자에게 부과된 의무를 수급사업자에게 전가하는 행위인 천재지변, 매장문화재의 발견, 해킹·컴퓨터바이러스 발생 등으로 인한 작업기간 연장 등 위탁시점에 원사업자와 수급사업자가 예측할 수 없는 사항과 관련하여 수급사업자에게 불합리하게 책임을 부담시키는 약정을 해서는 안 된다고 규정하였습니다.

나. 피신고자는 종합건설사업자로서 법 제2조제2항제1호에 해당하는 원사업자입니다.

다. 피신고자는 ○○시 ○○동으로부터 ○○시 ○○구 ○○동까지 사이에서 시공하는 제○○번 국도의 확·포장공사(이하 "위 공사"라고 함)를 2014. ○. ○. 발주자인 대한민국(국토교통부장관)으로부터 일괄 수급한 사실이 있고, 위 공사 중 토목공사를 분리하여 신고 외 주식회사 ○○토건에게 재하도급을 하는 수의계약을 같은 해 ○○월경 체결한 사실이 있습니다.

라. 위 ○○토건은 위 계약을 체결한 직후부터 2015. ○.경까지 위 시공현장에서 토목공사를 시공하던 중 위 공사구간 중 일부의 구간에서 매장문화재가 발견되었고, 이에 따라 문화재청으로부터 시공을 중단하라는 명령을 받게 되었으며, 이로 인하여 약 6개월 동안 장비의 임대료, 인부의 노임, 자재 관리비 등 합계 약 2억원 상당의 손실을 입게 되었습니다.

마. 이에 따라 위 ○○토건은 위 손실액 약 2억원에 관하여 원사업자인 ○○건설주식회사가 부담하여야 하므로, 이를 공사비(재하도급금액)로 계

상하여 줄 것을 요구하였으나, 위 ○○건설 주식회사는 계약체결 당시 그 계약서에 기재된 "천재지변이나 매장문화재의 발견 등으로 인한 손해가 발생하는 경우에는 수급인의 책임으로 한다."는 규정에 근거하여 위 ○○건설의 손실액 2억원에 대하여는 수급사업자인 위 ○○토건에게 전가를 하고 있습니다.

4. 신고의 취지 및 이유

신고인은 위 ○○토건에 대하여 건설기계를 임대한 임대사업자로서 공익을 위하여 이 신고서를 제출합니다. 이 신고서와 함께 제출하는 증거자료 외에 더 필요한 사항에 관하여는 공정거래위원회 또는 수사기관에서 출석을 요구할 경우 적극적으로 협조할 것입니다. 다만, 신고인의 신분에 관하여는 비공개 원칙을 지켜주실 것을 바랍니다.

5. 첨부하는 증거자료

  가. 사업자등록증 사본 2통.
  나. 법인등기부등본 2통.
  다. 도급계약서 사본 1통.
  라. 건설기계임대계약서 사본 1통.

(신고 내용 해설)
- 원사업자 : '원사업자'는 법 제2조제2항 각 호 중 어느 하나의 요건을 충족하는 사업자를 말한다. 그러나 그 요건을 충족하는 사실을 모두 설명할 필요는 없을 것이다. 이는 조사 또는 수사를 담당하는 기관에서 밝혀야 할 사항이기 때문이다. 공정거래위원회가 제시하고 있는 '불공정하도급거래행위 신고서'에 의하면

첨부하여야 할 문서로 '건설업등록수첩 사본 전부', '하도급계약 직전연도말 원천징수이행상황신고서 사본', '하도급계약 직전연도 및 당해연도 손익계산서, 대차대조표 사본'을 요구하고 있으나, 이들 증거자료를 수집하기 어려운 신고자라면 첨부하지 않더라도 무방할 것으로 생각된다.
- 수급사업자 : '수급사업자'는 위 원사업자로부터 '제조등의 위탁(법 제2조제1항 참조)'을 받은 '중소기업자(「중소기업기본법」 제2조제1항 또는 제3항에 따른 자 및 「중소기업협동조합법」에 따른 중소기업협동조합)'를 말한다. 이 요건에 관하여도 구체적인 설명은 생략하여도 무방하다.
- 계약조건 : 계약체결 당시에는 예측이 불가능한 사건이 발생한 사실을 설명해 주면 된다.
- 원사업자의 부담 사항 : 수급사업자가 책임져야 할 이유가 없는 사항임을 설명해준다.
- 전가행위 : 수급사업자의 요구가 있었음에도 불구하고 이에 응하지 않는 원사업자의 행위를 설명한다.
- 신고의 취지 및 이유 : 공정거래위원회는 현재 법이 규정하고 있는 '포상금'을 지급할 준비가 되어 있지 않다(2016. 10. 현재 필자의 촉구에 따라 관련 고시를 제정하고 있다). 따라서 현재로서는 「공익신고자 보호법」의 관련 규정에 따라 국민권익위원회가 지급하는 '보상금' 또는 '포상금'을 기대할 수밖에 없다. 그런데 위 법은 '내부신고자'에게는 20억원의 범위 내에서 '보상금'을 의무적으로 지급하지만, '신고자(외부신고자를 말함)'에게는 국민권익위원회가 2억원을 상한으로 재량에 의하여 '포상금'을 지급할 수 있도록 규정하고 있다. 따라서 지급하지 아니할 수도 있는 것이다. 위 법의 규정이 이러하기 때문에 내부신고자임을 밝힐 필요가 있으므로, '신고의 취지 및 이유'를 적는 곳에서 이를 간략히 설명하면 좋을 것이다.
- 증거자료 : 증거자료로는 각 사업자의 사업자등록증 사본 또는 법인의 등기부등본을 첨부하고, 도급계약서 사본을 붙이면 충분할 것이다. 수급사업자와 관련이 있는 사람의 진술서(자술서)를 덧붙이면 금상첨화가 될 것이다.

다. 계속적 거래계약에서 수급사업자에게 불리하게 하도급대금을 결정하는 행위

제30조(벌칙) ① 다음 각 호의 어느 하나에 해당하는 원사업자는 수급사업자에게 제조등의 위탁을 한 하도급대금의 2배에 상당하는 금액 이하의 벌금에 처한다.
 1. 제3조제1항부터 제4항까지 및 제9항, 제3조의4, 제4조부터 제12조까지, 제12조의2, 제12조의3 및 제13조를 위반한 자
   ↳ **제4조(부당한 하도급대금의 결정 금지)** ① 원사업자는 수급사업자에게 제조등의 위탁을 하는 경우 부당하게 목적물등과 같거나 유사한 것에 대하여 일반적으로 지급되는 대가보다 낮은 수준으로 하도급대금을 결정(이하 "부당한 하도급대금의 결정"이라 한다)하거나 하도급받도록 강요하여서는 아니 된다.
   ② 다음 각 호의 어느 하나에 해당하는 원사업자의 행위는 부당한 하도급대금의 결정으로 본다.
     1. 정당한 사유 없이 일률적인 비율로 단가를 인하하여 하도급대금을 결정하는 행위
     2. 협조요청 등 어떠한 명목으로든 일방적으로 일정 금액을 할당한 후 그 금액을 빼고 하도급대금을 결정하는 행위
     3. 정당한 사유 없이 특정 수급사업자를 차별 취급하여 하도급대금을 결정하는 행위
     4. 수급사업자에게 발주량 등 거래조건에 대하여 착오를 일으키게 하거나 다른 사업자의 견적 또는 거짓 견적을 내보이는 등의 방법으로 수급사업자를 속이고 이를 이용하여 하도급대금을 결정하는 행위
     5. 원사업자가 일방적으로 낮은 단가에 의하여 하도급대금을 결정하는 행위

6. 수의계약(隨意契約)으로 하도급계약을 체결할 때 정당한 사유 없이 대통령령으로 정하는 바에 따른 직접공사비 항목의 값을 합한 금액보다 낮은 금액으로 하도급대금을 결정하는 행위

> ↳**대통령령 제7조(부당한 하도급대금 결정 금지)** ① 법 제4조제2항제6호에서 "대통령령으로 정하는 바에 따른 직접공사비 항목의 값을 합한 금액"이란 원사업자의 도급내역상의 재료비, 직접노무비 및 경비의 합계를 말한다. 다만, 경비 중 원사업자와 수급사업자가 합의하여 원사업자가 부담하기로 한 비목(費目) 및 원사업자가 부담하여야 하는 법정경비는 제외한다.
> ② 법 제4조제2항제6호에 따른 정당한 사유는 공사현장여건, 수급사업자의 시공능력 등을 고려하여 판단하되, 다음 각 호의 어느 하나에 해당되는 경우에는 하도급대금의 결정에 정당한 사유가 있는 것으로 추정한다.
>   1. 수급사업자가 특허공법 등 지식재산권을 보유하여 기술력이 우수한 경우
>   2. 「건설산업기본법」 제31조에 따라 발주자가 하도급 계약의 적정성을 심사하여 그 계약의 내용 등이 적정한 것으로 인정한 경우
>
>> ↳**「건설산업기본법」 제31조(하도급계약의 적정성 심사 등)** ① 발주자는 하수급인이 건설공사를 시공하기에 현저하게 부적당하다고 인정되거나 하도급계약금액이 대통령령으로 정하는 비율에 따른 금액에 미달하는 경우에는 하수급인의 시공능력, 하도급계약내용의 적정성 등을 심사할 수 있다.
>>
>>> ↳**대통령령 제34조(하도급계약의 적정성 심사 등)** ① 법 제31조제1항 및 제2항에서 "하도급계약금액이 대통령령으로 정하는 비율에 따른 금액에

미달하는 경우"란 다음 각 호의 어느 하나에 해당되는 경우를 말한다.

1. 하도급계약금액이 도급금액 중 하도급부분에 상당하는 금액[하도급하려는 공사 부분에 대하여 수급인의 도급금액 산출내역서의 계약단가(직접·간접 노무비, 재료비 및 경비를 포함한다)를 기준으로 산출한 금액에 일반관리비, 이윤 및 부가가치세를 포함한 금액을 말하며, 수급인이 하수급인에게 직접 지급하는 자재의 비용과 법 제34조제3항에 따른 하도급대금 지급보증서 발급에 드는 금액 등 관계 법령에 따라 수급인이 부담하는 금액은 제외한다]의 100분의 82에 미달하는 경우
2. 하도급계약금액이 하도급부분에 대한 발주자의 예정가격의 100분의 60에 미달하는 경우

② 국가, 지방자치단체 또는 대통령령으로 정하는 공공기관이 발주자인 경우에는 하수급인이 건설공사를 시공하기에 현저하게 부적당하다고 인정되거나 하도급계약금액이 대통령령으로 정하는 비율에 따른 금액에 미달하는 경우에는 하수급인의 시공능력, 하도급계약내용의 적정성 등을 심사하여야 한다.

↳ **대통령령 제34조(하도급계약의 적정성 심사 등)**
　② 법 제31조제2항에서 "대통령령으로 정하는 공공기관"이란 국가 또는 지방자치단

체가 출자 또는 출연한 법인을 말한다.

③ 발주자는 제1항 및 제2항에 따라 심사한 결과 하수급인의 시공능력 또는 하도급계약내용이 적정하지 아니한 경우에는 그 사유를 분명하게 밝혀 수급인에게 하수급인 또는 하도급계약내용의 변경을 요구할 수 있다. 이 경우 제2항에 따라 심사한 때에는 하수급인 또는 하도급계약내용의 변경을 요구하여야 한다.

④ 발주자는 수급인이 정당한 사유 없이 제3항에 따른 요구에 따르지 아니하여 공사 결과에 중대한 영향을 끼칠 우려가 있는 경우에는 해당 건설공사의 도급계약을 해지할 수 있다.

⑤ 제2항에 따른 발주자는 하수급인의 시공능력, 하도급계약내용의 적정성 등을 심사하기 위하여 하도급계약심사위원회를 두어야 한다.

⑥ 제1항부터 제3항까지에 따른 하도급계약의 적정성 심사기준, 하수급인 또는 하도급계약내용의 변경 요구 절차, 그 밖에 필요한 사항 및 제5항에 따른 하도급계약심사위원회의 설치·구성, 심사방법 등에 관하여 필요한 사항은 대통령령으로 정한다.

7. 경쟁입찰에 의하여 하도급계약을 체결할 때 정당한 사유 없이 최저가로 입찰한 금액보다 낮은 금액으로 하도급대금을 결정하는 행위

8. 계속적 거래계약에서 원사업자의 경영적자, 판매가격 인하 등 수급사업자의 책임으로 돌릴 수 없는 사유로 수급사업자에게 불리하게 하도급대금을 결정하는 행위

신고 내용

1. 「하도급거래 공정화에 관한 법률」(이하 "법"이라고 함) 제4조제2항제8호에 의하면 원사업자는 계속적 거래계약에서 원사업자의 경영적자, 판매가격 인하 등 수급사업자의 책임으로 돌릴 수 없는 사유로 수급사업자에게 불리하게 하도급대금을 결정하는 행위를 해서는 안 된다고 규정하였습니다.

2. 피신고자는 법 제2조제2항제1호에 해당하는 원사업자이고, 신고 외 ○○화학주식회사는 플라스틱 제품의 성형을 위한 사출 및 압출을 업으로 하는 중소기업입니다.

3. 피신고자와 위 ○○화학 주식회사는 2014. ○.경부터 피신고자는 원사업자이고, 위 ○○화학주식회사는 수급사업자로서 피신고자의 위탁에 의하여 ○○화학 주식회사가 사출·압출한 플라스틱 성형제품 여러 종류를 위 ○○화학 주식회사가 피신고자에게 공급하면서 그 물품대금은 매월 1회 결제하는 방법으로 계속적 거래계약을 유지하는 관계입니다.

4. 피신고자의 경영적자는 수급사업자의 책임으로 돌릴 수 없는 사유임에도 불구하고, 피신고자는 2016. ○.경 경영상 어렵다는 이유로 수급사업자에게 제품들의 납품단가를 일률적으로 10% 내리도록 일방적으로 통보함으로써 수급사업자에게 불리하게 하도급대금을 결정하였습니다.

첨부 자료

1. 사업자등록증 사본 2통.
2. 법인등기부등본 2통.
3. 납품가 인하 결정 통보서 사본 1통.

(신고 내용 해설)
- 이 신고서에서는 ①원사업자에 해당하는 사실, ②수급사업자에 해당하는 사실, ③계속적 거래계약에 해당하는 사실, ④수급사업자에게 불리한 하도급대금의 결정행위, ⑤수급사업자에게 돌릴 수 없는 귀책사유가 특정되어야 한다.
- ①과 ②는 법 제2조에 따른다.
- ③과 관련하여, 법은 '계속적 거래계약'에 관하여는 정의를 규정하지 않았다. 여기에서는 「상법」 제72조에서 말하는 '상시 거래관계'에 준하여 해석함이 옳을 것으로 생각된다. 즉 특별히 계약을 갱신하지 아니하면서 종전의 계약 내용을 관행처럼 유지하는 관계로 이해하면 무방할 것이다. 「상법」의 위 규정에서는 '상호계산'이라고 명명하였다.

라. 선급금을 지급하지 아니한 원사업자

제30조(벌칙) ① 다음 각 호의 어느 하나에 해당하는 원사업자는 수급사업자에게 제조등의 위탁을 한 하도급대금의 2배에 상당하는 금액 이하의 벌금에 처한다.
1. 제3조제1항부터 제4항까지 및 제9항, 제3조의4, 제4조부터 제12조까지, 제12조의2, 제12조의3 및 제13조를 위반한 자
    ↳**제6조(선급금의 지급)** ① 수급사업자에게 제조등의 위탁을 한 원사업자가 발주자로부터 선급금을 받은 경우에는 수급사업자가 제조·수리·시공 또는 용역수행을 시작할 수 있도록 그가 받은 선급금의 내용과 비율에 따라 선급금을 받은 날(제조등의 위탁을 하기 전에 선급금을 받은 경우에는 제조등의 위탁을 한 날)부터 15일 이내에 선급금을 수급사업자에게 지급하여야 한다.
    ② 원사업자가 발주자로부터 받은 선급금을 제1항에 따른 기한이 지난 후에 지급하는 경우에는 그 초과기간에 대하여 연 100분의 40 이내에서 「은행법」에 따른 은행이 적용하는 연체금리 등 경제사정을 고려하

여 공정거래위원회가 정하여 고시하는 이율21)에 따른 이자를 지급하여야 한다.

③ 원사업자가 제1항에 따른 선급금을 어음 또는 어음대체결제수단을 이용하여 지급하는 경우의 어음할인료·수수료의 지급 및 어음할인율·수수료율에 관하여는 제13조제6항·제7항·제9항 및 제10항을 준용한다. 이 경우 "목적물등의 수령일부터 60일"은 "원사업자가 발주자로부터 선급금을 받은 날부터 15일"로 본다.

↳**제13조(하도급대금의 지급 등)** ⑥ 원사업자가 하도급대금을 어음으로 지급하는 경우에 그 어음은 법률에 근거하여 설립된 금융기관에서 할인이 가능한 것이어야 하며, 어음을 교부한 날부터 어음의 만기일까지의 기간에 대한 할인료를 어음을 교부하는 날에 수급사업자에게 지급하여야 한다. 다만, 목적물등의 수령일부터 60일(제1항 단서에 따라 지급기일이 정하여진 경우에는 그 지급기일을, 발주자로부터 준공금이나 기성금 등을 받은 경우에는 제3항에서 정한 기일을 말한다. 이하 이 조에서 같다) 이내에 어음을 교부하는 경우에는 목적물등의 수령일부터 60일이 지난 날 이후부터 어음의 만기일까지의 기간에 대한 할인료를 목적물등의 수령일부터 60일 이내에 수급사업자에게 지급하여야 한다.

⑦ 원사업자는 하도급대금을 어음대체결제수단을 이용하여 지급하는 경우에는 지급일(기업구매전용카드의 경우는 카드결제 승인일을, 외상매출채권 담보대출의 경우는 납품등의 명세 전송일을, 구매론의 경우는 구매자금 결제일을 말한다. 이하 같다)부터 하도급대금 상환기일까지의 기간에 대한 수수료(대출이자를 포함한다. 이하 같다)를 지급일에 수급사업자에게 지급하여야 한다. 다만, 목적물등의 수령일부터 60일 이내에 어음대체결제수단을 이용하여 지급하는 경우에는 목적물등의 수령일부터 60일이 지난 날 이후

---

21) 공정거래위원회가 정하여 고시하는 이율은 '연 15.5%'이다.

부터 하도급대금 상환기일까지의 기간에 대한 수수료를 목적물등의 수령일부터 60일 이내에 수급사업자에게 지급하여야 한다.

⑨ 제6항에서 적용하는 할인율은 연 100분의 40 이내에서 법률에 근거하여 설립된 금융기관에서 적용되는 상업어음할인율을 고려하여 공정거래위원회가 정하여 고시한다.

⑩ 제7항에서 적용하는 수수료율은 원사업자가 금융기관(「여신전문금융업법」 제2조제2호의2에 따른 신용카드업자를 포함한다)과 체결한 어음대체결제수단의 약정상 수수료율로 한다.

선급금 등 지연지급 시의 지연이율 고시

제정 1998. 1. 13. 공정거래위원회 고시 제1998- 1호
개정 2015. 6. 30. 공정거래위원회 고시 제2015- 4호

하도급거래공정화에관한법률(이하 "법"이라 한다) 제6조(선급금의 지급)제2항, 법 제11조(감액금지)제4항, 법 제13조(하도급대금의 지급 등)제8항, 법 제15조(관세 등 환급액의 지급)제3항의 규정에 의하여 선급금 등을 지연 지급하는 경우 적용되는 지연이율을 다음과 같이 고시합니다.

2015년 6월 30일
공정거래위원회

I. 선급금 등 지연지급 시의 지연이율

법 제6조(선급금의 지급)제2항, 법 제11조(감액금지)제4항, 법 제13조(하도급대금의 지급 등)제8항, 법 제15조(관세 등 환급액의 지급)제3항의 규정에 의하여 선급금 등을 지연 지급하는 경우 적용되는 지연이율을 연리 15.5%로 한다.

Ⅱ. 재검토기한

공정거래위원회는 행정규제기본법 제8조 및 훈령·예규 등의 발령 및 관리에 관한 규정(대통령훈령 제334호)에 따라 이 고시에 대하여 2015년 7월 1일을 기준으로 매 3년이 되는 시점(매 3년째의 6월 30일까지를 말한다)마다 그 타당성을 검토하여 개선 등의 조치를 하여야 한다.

부　　칙('98.1.13)

이 고시는 공포한 날로부터 시행한다.
공정거래위원회고시 제1997-9호(하도급대금 지연지급시의 지연이자율 고시)는 폐지한다.

부　　칙(2015.6.30)

이 고시는 2015년 7월 1일부터 시행한다.

어음에 의한 하도급대금 지급시의 할인율 고시

제정 2009. 8. 20 공정거래위원회고시 제2009-28호
개정 2012. 8. 20 공정거래위원회고시 제2012-40호

하도급거래공정화에관한법률(이하 "법"이라 한다) 제13조(하도급대금의지급 등) 제6항에 의하여 하도급대금을 어음으로 교부하는 경우 적용되는 어음할인율을 다음과 같이 고시한다.

2012년 8월 20일
공정거래위원회

어음에 의한 하도급대금 지급시의 할인율

1. 어음에 의한 하도급대금 지급시의 할인율

원사업자가 법 제13조(하도급대금의 지급 등)제6항에 따라 하도급대금을 어음으로 교부하는 경우, 원사업자가 부담하여야 할 할인료에 적용되는 할인율은 연 7.5%로 한다.

2. 재검토기한

「훈령·예규 등의 발령 및 관리에 관한 규정」(대통령훈령 제248호)에 따라 이 고시 발령 후의 법령이나 현실 여건의 변화 등을 검토하여 이 고시의 폐지, 개정 등의 조치를 하여야 하는 기한은 2015년 8월 20일까지로 한다.

부　칙 〈 2009. 8. 20 〉

제1조(시행일) 이 고시는 2009년 8월 21일부터 시행한다.

제2조(종전 고시의 폐지) 종전의 어음에 의한 하도급대금 지급시의 할인율 고시는 이를 폐지한다.

제3조(경과조치) 1998년 5월 11일 이전까지 교부된 어음의 할인료에 대해서는 공정거래위원회고시 제1993-5호(연 12.5%)를, 1998년 5월 12일부터 1998년 2월 31일까지 교부된 어음의 할인료에 대해서는 공정거래위원회고시 제1998-4호(어음의 만기일이 90일이내인 경우에는 연 17%, 만기일이 90일을 초과하는 경우에는 연 19%)를, 1999년 1월 1일부터 2000년 5월 31일까지 교부된 어음의 할인료에 대해서는 공정거래위원회고시 제1998-12호(연 12.5%)를, 2000년 6월 1일부터 2002년 6월 9일까지 교부된 어음의 할인료에 대해서는 공정거래위원회고시 제2000-4호 (연 9%)를, 2002년 6월 10일부터 2009년 8월 20일까지 교부된 어음의

할인료에 대해서는 공정거래위원회 고시 제2002-7호 (연 7.5%)를 적용한다.

부 칙 〈 2012. 8. 20 〉

제1조(시행일) 이 고시는 2012년 8월 21일부터 시행한다.

제2조(종전 고시의 폐지) 종전의 어음에 의한 하도급대금 지급시의 할인율 고시는 이를 폐지한다.

어음대체결제수단에 의한 하도급대금 지급시의 수수료율 고시

제정 2007.10.10. 공정거래위원회 고시 제2007-8호
개정 2009. 8. 20 공정거래위원회 고시 제2009-49호
개정 2012. 8. 20 공정거래위원회 고시 제2012-41호

하도급거래 공정화에 관한 법률(이하 "법"이라 한다) 제13조(하도급대금의 지급 등) 제10항에 의하여 하도급대금을 어음대체결제수단으로 지급하는 경우 적용되는 수수료율을 다음과 같이 고시한다.

2012년 8월 20일
공정거래위원회

어음대체결제수단에 의한 하도급대금 지급시의 수수료율

I. 어음대체결제수단에 의한 하도급대금 지급시의 수수료율

원사업자가 법 제13조(하도급대금의 지급 등)제7항에 따라 하도급대금을 어음대체결제수단으로 지급하는 경우, 원사업자가 부담하여야할 수수료에 적용되는 수수료율은 연 7%로 한다. 다만 법률에 근거하여 설립된 금융기관과 원사업자가 체결한 약정상 어음대체결제수단의 수수료율이 위 수수료율 보다 높은 경우에는 원사업자가 금융기관과 체결한 약정상의 수수료율로 한다.

II. 재검토기한

「훈령·예규 등의 발령 및 관리에 관한 규정」(대통령훈령 제248호)에 따라 이 고시 발령 후의 법령이나 현실 여건의 변화 등을 검토하여 이 고시의 폐지, 개정 등의 조치를 하여야 하는 기한은 2015년 8월 20일까지로 한다.

부 칙(2007. 7. 10)

이 고시는 2007년 10월 20일부터 시행한다.

부 칙(2012. 8. 20)

이 고시는 2012년 8월 21일부터 시행한다.

신고 내용

1. 「하도급거래 공정화에 관한 법률」 제6조에 의하면 수급사업자에게 제조등의 위탁을 한 원사업자가 발주자로부터 선급금을 받은 경우에는 수급사업자가 시공을 시작할 수 있도록 그가 받은 선급금의 내용과 비율에 따라 선급금을 받은 날부터 15일 이내에 선급금을 수급사업자에게 지급하여야 하고, 원사업자가 발주자로부터 받은 선급금을 법 제6조제1항에 따른 기한이 지난 후에 지급하는 경우에는 그 초과기간에 대하여 연 100분의 40 이내에서 「은행법」에 따른 은행이 적용하는 연체금리 등 경제사정을 고려하여 공정거래위원회가 정하여 고시하는 이율에 따른 이자를 지급하여야 한다고 규정하였습니다.

2. 피신고자는 2015. ㅇ. ㅇ. 발주자인 신고 외 ㅇㅇ종합건설 주식회사가 ㅇㅇ시 ㅇㅇ동 ㅇㅇ-ㅇ에 신축하는 지하 5층 지상 15층 건물의 신축공사를 도급금액 50억원에 일괄 수급하면서 선급금으로 돈 5억원을 받은 다음 위 공사 중 철골 및 비계 공사를 분리하여 신고 외 ㅇㅇ철골 주식회사와의 사이에 하도급금액 25억원으로 정하여 하도급계약을 체결한 사실이 있습니다.

3. 위 ㅇㅇ철골 주식회사는 2015. 5. 5. 위 공사에 착공을 하였으므로, 피신고자는 위 ㅇㅇ철골 주식회사에 대하여 선급금 2억5천만원을 같은 달 20일까지 지급하여야 함에도 불구하고 이를 지급하지 아니하였고, 위 선급금을 2015. 6. 20. 지급함에 있어서는 공정거래위원회가 정하여 고시한 이율인 연 15.5%의 연체이율에 해당하는 돈 3,229,000원을 가산하여 지급하지 아니하였습니다.

(신고 내용 해설)

- 이 사안의 범죄가 성립하기 위해서는 ①원사업자라는 신분(身分) 있는 자, ②수급사업자라는 신분 있는 자, ③제조등의 위탁 내용, ④발주자와 원사업자 사이의 계약금액 및 원사업자와 수급사업자 사이의 계약금액, ⑤발주자가 원사업자에게 선급금을 지급한 사실 및 금액, ⑥수급사업자가 착공한 시기, ⑦원사업자가 수급사업자에게 15일 이내에 비율에 따른 선급금을 지급하지 아니한 사실, ⑧연체이율에 따른 돈을 지급하지 아니한 사실이 특정(特定)되고, 입증(立證)되어야 한다.
- 이 사안에서 만약 원사업자가 수급사업자에게 공사비로 어음을 지급한 경우에는 공정거래위원회가 정하여 고시한 어음할인료를 선지급하여야 한다.
- 입증자료로는 각 사업자들의 사업자등록증 사본, 법인등기부등본 및 도급계약서 사본 등을 신고서에 첨부하여 제출하면 될 것이다. 나머지 사항들에 대하여는 공정거래위원회가 조사 과정에서 밝히거나 검찰에서(공정거래위원회가 고발을 한 경우) 밝힐 것이다.
- 신고서는 공정거래위원회에 직접 제출하거나 국민권익위원회에 제출하고, 국민권익위원회가 공정거래위원회에 이첩하게 하면 된다. 2016년 9월 현재로서는 공정거래위원회가 포상금의 결정 및 지급절차 등에 관하여 '고시'를 제정하지 않았으므로, 신고서는 국민권익위원회에 제출하는 것이 옳을 것이다. 그러나 앞으로 공정거래위원회가 제정하는 '고시'에서는 고시가 제정되기 전에 이미 신고한 사건에 관하여도 소급하여 포상금을 지급하는 내용을 마련할 것으로 예상된다.

마. 정당한 사유 없이 수급사업자에게 경제적 이익을 요구한 원사업자

제30조(벌칙) ① 다음 각 호의 어느 하나에 해당하는 원사업자는 수급사업자에게 제조등의 위탁을 한 하도급대금의 2배에 상당하는 금액 이하의 벌금에 처한다.
 1. 제3조제1항부터 제4항까지 및 제9항, 제3조의4, 제4조부터 제12조까지, 제12

조의2, 제12조의3 및 제13조를 위반한 자
↳제12조의2(경제적 이익의 부당요구 금지) 원사업자는 정당한 사유 없이 수급사업자에게 자기 또는 제3자를 위하여 금전, 물품, 용역, 그 밖의 경제적 이익을 제공하도록 하는 행위를 하여서는 아니 된다.

〔피신고자〕

상호 : 주식회사○○(대표이사 ○○○)
주사무소 :
전화번호 :

〔신고 내용〕

「하도급거래 공정화에 관한 법률」 제12조의2에 의하면 원사업자는 정당한 사유 없이 수급사업자에게 자기 또는 제3자를 위하여 금전, 물품, 용역, 그 밖의 경제적 이익을 제공하도록 하는 행위를 하여서는 아니 됨에도 불구하고, 원사업자인 피신고자의 대표이사 ○○○는 2016. ○. ○. 수급사업자인 신고 외 ○○종합건설과의 사이에 피신고자가 신축하는 ○○시 ○○동 ○○-○ 소재 '○○빌딩 신축공사(도급금액 30억원)'와 관련하여 도급계약을 체결함에 있어 피신고자가 소유한 경기도 ○○군 ○○면 ○○리 ○-○○에 있는 공장 내에 공사비 약 2억원 상당의 창고 1동을 무상으로 신축할 것을 요구함으로써 자기를 위하여 경제적 이익을 제공하도록 하였습니다.

〔첨부하는 증거〕

도급계약서 사본 1통.

> 사업자등록증 사본 2통.
> 법인등기부등본 2통.
> 건축물대장(창고) 1통.

(신고 내용 해설)
- 이 사안에서는 ①원사업자, ②수급사업자, ③위탁(도급)사업의 내용, ④금전, 물품, 용역, 그 밖의 경제적 이익의 제공을 요구하고, 그에 응한 사실, ⑤제공한 경제적 이익이 범죄구성요건 요소이다.
- 수급사업자가 원사업자 또는 원사업자가 지정하는 자에게 경제적 이익을 제공하는 행위 중 도급계약을 체결할 목적으로 - 이른바 '울며 겨자 먹기'로 - 경제적 이익을 제공하는 일을 막아줌으로써 원사업자의 이른바 '갑질'로부터 '을'인 수급사업자를 보호하려는 것이 이 법의 입법취지이다. 따라서 신고서에는 이와 관련한 정황 등도 자세히 적어줄 필요가 있다. 위 예시는 단지 범죄의 구성요건에 해당하는 사실만을 선보인 것에 불과하므로, 실제로 신고서를 작성할 때에는 위 '신고 내용'에는 정상(情狀)에 참작할만한 내용 등도 비교적 상세히 적어주어야 한다. 특히 신고자가 조사 또는 수사기관에 출석하여 진술하는 일을 꺼릴 경우에는 상세한 내용의 신고서를 제출하여야 할 것이다.

바. 공사대금 지급보증을 하지 아니한 원사업자

제30조(벌칙) ① 다음 각 호의 어느 하나에 해당하는 원사업자는 수급사업자에게 제조등의 위탁을 한 하도급대금의 2배에 상당하는 금액 이하의 벌금에 처한다.
2. 제13조의2제1항 또는 제2항을 위반하여 공사대금 지급을 보증하지 아니한 자
  ↳제13조의2(건설하도급 계약이행 및 대금지급 보증) ① 건설위탁의 경우 원사업자는 계약체결일부터 30일 이내에 수급사업자에게 다음 각 호의 구분에 따라 해당 금액의 공사대금 지급을 보증(지급수단이 어음인 경우

에는 만기일까지를, 어음대체결제수단인 경우에는 하도급대금 상환기일까지를 보증기간으로 한다)하고, 수급사업자는 원사업자에게 계약금액의 100분의 10에 해당하는 금액의 계약이행을 보증하여야 한다. 다만, 원사업자의 재무구조와 공사의 규모 등을 고려하여 보증이 필요하지 아니하거나 보증이 적합하지 아니하다고 인정되는 경우로서 대통령령으로 정하는 경우에는 그러하지 아니하다.

1. 공사기간이 4개월 이하인 경우 : 계약금액에서 선급금을 뺀 금액
2. 공사기간이 4개월을 초과하는 경우로서 기성부분에 대한 대가의 지급 주기가 2개월 이내인 경우 : 다음의 계산식에 따라 산출한 금액

> **대통령령 제8조(건설하도급 계약이행 및 대금지급 보증)** ① 법 제13조의2제1항 각 호 외의 부분 단서에서 "대통령령으로 정하는 경우"란 다음 각 호의 어느 하나에 해당하는 경우를 말한다.
> 1. 원사업자가 수급사업자에게 건설위탁을 하는 경우로서 1건 공사의 공사금액이 1천만원 이하인 경우
> 2. 원사업자가 「자본시장과 금융투자업에 관한 법률」 제335조의3에 따라 신용평가업인가를 받은 신용평가회사가 실시한 신용평가에서 공정거래위원회가 정하여 고시하는 기준 이상의 등급을 받은 경우
> 3. 법 제14조제1항제2호에 따라 발주자가 하도급대금을 직접 지급하여야 하는 경우

$$보증금액 = \frac{하도급계약금액 - 계약상 선급금}{공사기간(개월 수)} \times 4$$

3. 공사기간이 4개월을 초과하는 경우로서 기성부분에 대한 대가의 지급 주기가 2개월을 초과하는 경우 : 다음의 계산식에 따라 산출한 금액

$$\text{보증금액} = \frac{\text{하도급계약금액} - \text{계약상 선급금}}{\text{공사기간(개월 수)}} \times \text{기성부분에 대한 대가의 지급주기(개월 수)} \times 2$$

② 원사업자는 제1항 각 호 외의 부분 단서에 따른 공사대금 지급의 보증이 필요하지 아니하거나 적합하지 아니하다고 인정된 사유가 소멸한 경우에는 그 사유가 소멸한 날부터 30일 이내에 제1항에 따른 공사대금 지급보증을 하여야 한다. 다만, 계약의 잔여기간, 위탁사무의 기성률, 잔여대금의 금액 등을 고려하여 보증이 필요하지 아니하다고 인정되는 경우로서 대통령령으로 정하는 경우에는 그러하지 아니하다.
↳대통령령은 제2항 후단에서 규정한 "대통령령이 정하는 경우"에 관하여는 규정하지 않았다. 따라서 위 단서는 효력이 없는 규정이다.

건설하도급대금 지급보증 면제대상

폐지제정 2012. 8 .20. 공정거래위원회 고시 제2012-44호
개정 2013. 11. 6. 공정거래위원회 고시 제2013-05호

1. 건설하도급 대금 지급보증 면제대상

하도급법시행령 제8조(건설하도급 계약이행 및 대금지급보증) 제1항 제2호에서 규정하고 있는 "공정거래위원회가 고시하는 기준 이상의 등급"이란 「자본시장과 금융투자업에 관한 법률」제335조의3에 따라 신용평가업을 인가받은 2개 이상의 기관이 발급한 "회사채에 대한 신용평가 등급 A0 이상"을 획득한 경우이다. 단, 동 등급은 유효기간 이내의 것이어야 한다.

2. 재검토기한

「훈령·예규 등의 발령 및 관리에 관한 규정」(대통령훈령 제248호)에 따라 이 고시 발령 후의 법령이나 현실 여건의 변화 등을 검토하여 이 고시의 폐지, 개정 등의 조치를 하여야 하는 기한은 2016년 11월 12일까지로 한다.

부   칙 〈2012. 8. 20.〉

제1조(시행일) 이 고시는 2012년 8월 21일부터 시행한다.
제2조(종전 고시의 폐지) 종전의 건설하도급 대금 지급보증 면제대상 고시는 이를 폐지한다.

부   칙 〈2013. 11. 6.〉

이 고시는 2013년 11월 13일부터 시행한다.

〔신고 내용〕

「하도급거래 공정화에 관한 법률」 제13조의2제1항제1호에 의하면 공사기간이 4개월 이하인 건설위탁의 경우 원사업자는 계약체결일부터 30일 이내에 수급사업자에게 계약금액에서 선급금을 뺀 금액에 해당하는 금액의 공사대금 지급을 보증하고, 수급사업자는 원사업자에게 계약금액의 100분의 10에 해당하는 금액의 계약이행을 보증하여야 한다고 규정하였습니다.

피신고자는 원사업자 겸 도급인으로서, 신고 외 ○○전기 주식회사는 수급사업자 겸 수급인으로서, 2016. ○. ○. 원수급자가 건축주로서 신축하는 '○○빌딩'의 신축공사 전기공사 부분에 관하여 도급금액을 8천만원으로 정하여 계약을 체결한 사실이 있고, 위 ○○전기 주식회사는 계약체결 직후에 계약이행을 보증한 사실이 있습니다.

위 계약은 공사기간이 4개월 이하인 경우에 해당하므로, 피신고자는 위 계약의 체결일로부터 30일 이내에 위 공사대금 8천만원에 대하여 공사대금 지급을 보증하여야 함에도 불구하고, 현재까지 이를 보증하지 않았습니다.

〔첨부하는 증거〕

1. 사업자등록증 사본 2통.
2. 법인등기부등본 2통.
3. 도급계약서 사본 1통.
4. 계약이행보증보험증권 사본 1통.

(신고 내용 해설)
- 이 사안에서는 ①원사업자에 해당하는 사실, ②수급사업자에 해당하는 사실, ③위탁계약의 내용, ④계약의 체결일, ⑤수급사업자가 계약이행을 보증한 사실, ⑥원사업자가 공사대금 지급을 보증하지 아니한 사실이 범죄구성요건 요소에 해당한다.
- 위 사례에서 문제가 되는 경우는 수급사업자가 공사대금을 지급받지 못하고 있기 때문일 것이다. 그러나 이 법을 위반한 행위는 '수급사업자 본인' 및 '수급사업자의 임원'에게는 이 법 자체의 규정에 의한 '포상금'은 지급되지 않는다. '임원'이라 함은 법인의 이사 및 감사를 말한다. 사외이사 및 외부감사도 이사 및 감사에 포함된다. 따라서 신고인이 누가 되어야 하는가에 관한 어려

운(?) 문제를 푸는 일은 독자의 판단에 맡긴다.
- 첨부하는 증거는 신고자가 입수할 수 있는 것만을 첨부하고, 첨부하는 것이 곤란한 자료는 조사기관 또는 수사기관에서 어떠한 방법으로 확보할 수 있다는 취지를 신고 내용에 적어주면 충분하다.

30. 「학교급식법」

가. 법률 이해하기

이 법을 위반한 행위자를 신고한 사람에게는 「공익신고자 보호법」의 관련 규정에 의하여 국민권익위원회가 내부신고자에게는 '보상금'을 지급하고, 외부신고자에게는 재량에 의하여 '포상금'을 지급할 수 있다.

이 법의 벌칙규정들은 「농수산물의 원산지표시에 관한 법률」 및 「농수산물 품질관리법」의 특별법 규정들이다. 따라서 이 법을 위반한 행위가 동시에 위 법률들의 규정도 함께 위반한 경우에는 이 법의 규정을 우선적으로 적용한다.

이 법은 원산지를 거짓으로 적은 농수산물을 사용하는 행위만을 벌할 뿐 원산지를 아예 표시하지 아니한 원산지 표시 대상 농수산물을 사용한 행위는 벌하는 규정이 없다. 이는 입법정책이라기보다는 입법자의 과실에 따른 결과로 보인다.

나. 원산지표시를 거짓으로 한 농수산물을 사용한 학교급식공급업자

제23조(벌칙) ① 제16조제1항제1호 또는 제2호의 규정을 위반한 학교급식공급업자는 7년 이하의 징역 또는 1억원 이하의 벌금에 처한다.

↳**제16조(품질 및 안전을 위한 준수사항)** ① 학교의 장과 그 학교의 학교급식 관련 업무를 담당하는 관계 교직원(이하 "학교급식관계교직원"이라 한다) 및 학교급식공급업자는 학교급식의 품질 및 안전을 위하여 다음 각 호의 어느 하나에 해당하는 식재료를 사용하여서는 아니된다.

1. 「농수산물의 원산지 표시에 관한 법률」 제5조제1항에 따른 원산지 표시를 거짓으로 적은 식재료

　↳ 「농수산물의 원산지 표시에 관한 법률」 제5조(원산지 표시) ① 대통령령으로 정하는 농수산물 또는 그 가공품을 생산·가공하여 출하하거나 판매(통신판매를 포함한다. 이하 같다) 또는 판매할 목적으로 보관·진열하는 자는 다음 각 호에 대하여 원산지를 표시하여야 한다.
　　1. 농수산물
　　2. 농수산물 가공품의 원료

　↳ 대통령령 제3조(원산지의 표시대상) ① 법 제5조제1항 각 호 외의 부분에서 "대통령령으로 정하는 농수산물 또는 그 가공품"이란 다음 각 호의 농수산물 또는 그 가공품을 말한다.
　　1. 유통질서의 확립과 소비자의 올바른 선택을 위하여 필요하다고 인정하여 농림축산식품부장관과 해양수산부장관이 공동으로 고시한 농수산물 또는 그 가공품

　　↳ 「(농림축산식품부)농수산물의 원산지표시 요령」
　　제2조(원산지의 표시대상) 「농수산물의 원산지 표시에 관한 법률 시행령」(이하 "영"이라 한다) 제3조제1항에 따른 농수산물 또는 그 가공품의 원산지 표시대상은 다음 각 호와 같다.
　　　1. 국산 농산물, 수입 농산물과 그 가공품 또는 반입 농산물과 그 가공품, 농산물 가공품의 원료 원산지 표시대상은 [별표 1]과 같다.
　　　2. 국산 수산물, 수입 수산물과 그 가공품 또는 반입 수산물과 그 가공품, 수산물 가공품의 원료 원산지 표시대상은 [별표 2]와 같다.

신고 내용

1. 「학교급식법」 제16조제1항제1호에 의하면 학교급식공급업자는 「농수산물의 원산지 표시에 관한 법률」 제5조제1항에 따른 원산지 표시를 거짓으로 적은 식재료를 사용하여서는 안 된다고 규정하였습니다.
2. 피신고자는 학교급식공급업자인바, 2016. ○. ○. ○○시 ○○동에 있는 ○○중학교에 대하여 원산지표시 대상 농산물인 쌀을 공급함에 있어 피신고자가 제공하는 쌀은 ○○정미소에서 중국산 쌀을 국내산 쌀로 재포장(이른바 '포대갈이')한 것임을 알면서도 위 쌀 20kg짜리 100포를 공급함으로써 원산지 표시를 거짓으로 적은 식재료를 사용하였습니다.

첨부 : 사진 ○장.

(신고 내용 해설)
- 이 사안의 범죄가 성립하기 위해서는 ①학교의 장, 학교급식 관련 업무를 담당하는 관계 교직원 또는 학교급식공급업자라는 신분(身分) 있는 자, ②원산지 표시 대상 농수산물, ③원산지 허위기재, ④원산지를 허위로 적은 농수산물을 사용한 행위, ⑤고의(故意)가 증명되어야 한다.
- 이 사안에서는 '과실범'은 벌할 수 없다. 여기에서의 '고의'란 원산지 표시가 거짓으로 적힌 사실을 알고 있는 것을 말한다. 원산지를 거짓으로 적은 자가 누구인지는 묻지 않는다.
- '학교급식 관련 업무를 담당하는 교직원'은 그 학교 소속 영양사를 말한다.
- 이 신고서를 인터넷 국민신문고를 이용하여 제출하는 경우에는 경찰청 또는 국민권익위원회에 제출하고, 우편 또는 출석하여 제출하는 경우에는 관할 경찰서에 제출하면 된다.

31. 「화재예방, 소방시설 설치·유지 및 안전관리에 관한 법률」

가. 법률 이해하기

이 법을 위반한 행위자를 신고한 사람에게는 국민권익위원회가 내부신고자에게는 '보상금'을 지급하여야 하고, 외부신고자에게는 재량에 의하여 '포상금'을 지급할 수 있다.

이 법 자체의 규정에 의하면 일정한 위반행위를 신고한 사람에게는 각 광역지방자치단체에서 '포상금'을 지급한다고 하면서도 포상금의 지급기준 및 지급절차 등에 관하여는 지방자치단체의 조례로 규정하도록 하였다. 그러나 2016. 9. 현재까지는 지방자치단체에서 이 포상금과 관련한 조례를 제정한 사례를 찾아볼 수 없다.

이 법은 일반인이 학습하기엔 다소 어려움이 예상된다. 법령이 복잡한 구조를 이루고 있고, 전문기술분야이기 때문이다. 따라서 공익신고자가 증거를 쉽게 수집할 수 있는 내용만을 잘 골라내어 학습하면 좋을 것이다.

한편으로는 증거의 수집이 용이하다는 장점도 있다. 소방시설의 기능을 저해하고 있는 현장은 사진만으로도 증명이 쉽기 때문이다. 단, '특정소방대상물' 및 '소방시설'에 관하여는 충분한 이해가 필요하다.

이 법은 「건축법」과 밀접한 관련이 있으므로, 그와 연계하여 이해하면 유익할 것이다.

나. 소방시설을 폐쇄·차단한 특정소방대상물 소유자

제48조(벌칙) ① 제9조제3항 본문을 위반하여 소방시설에 폐쇄·차단 등의 행위를 한 자는 5년 이하의 징역 또는 5천만원 이하의 벌금에 처한다.

  ↳제9조(특정소방대상물에 설치하는 소방시설의 유지·관리 등) ① 특정소방대상물의 관계인은 대통령령으로 정하는 소방시설을 국민안전처장관이 정하여 고시하는 화재안전기준에 따라 설치 또는 유지·관리하여야 한다. 이 경우

「장애인·노인·임산부 등의 편의증진 보장에 관한 법률」 제2조제1호에 따른 장애인등이 사용하는 소방시설(경보설비 및 피난설비를 말한다)은 대통령령으로 정하는 바에 따라 장애인등에 적합하게 설치 또는 유지·관리하여야 한다.

> 「장애인·노인·임산부 등의 편의증진 보장에 관한 법률」 제2조(정의) 이 법에서 사용하는 용어의 뜻은 다음과 같다.
>
> 1. "장애인등"이란 「장애인복지법」 제2조에 따른 장애인, 「노인장기요양보험법」 제2조제1호에 따른 노인등, 「국가유공자 등 예우 및 지원에 관한 법률」 제4조에 따른 국가유공자 등을 말한다.

> 대통령령 제15조(특정소방대상물의 규모 등에 따라 갖추어야 하는 소방시설)[22] 법 제9조제1항에 따라 특정소방대상물의 관계인이 특정소방대상물의 규모·용도 및 별표 4에 따라 산정된 수용 인원(이하 "수용인원"이라 한다) 등을 고려하여 갖추어야 하는 소방시설의 종류는 별표 5와 같다.

③ 특정소방대상물의 관계인은 제1항에 따라 소방시설을 유지·관리할 때 소방시설의 기능과 성능에 지장을 줄 수 있는 폐쇄(잠금을 포함한다. 이하 같다)·차단 등의 행위를 하여서는 아니 된다. 다만, 소방시설의 점검·정비를 위한 폐쇄·차단은 할 수 있다.

신고 내용

피신고자는 ○○시 ○○동 ○○-○에 있는 ○○빌딩의 소유자인바, 위 빌딩은 특정소방대상물임에도 불구하고 2016. ○.경 위 빌딩의 4층 복도에 있는 옥내소화전설비의 앞쪽에 ○○○○기계를 설치함으로써 화재 등 비상시에 위 옥내소화

---

[22] '국민안전처장관이 정하여 고시하는 화재안전기준'은 국민안전처 홈페이지에서 각 경보설비 및 소화설비를 구분하여 화재안전기준을 마련해놓고, 이를 고시하고 있다.

전설비를 사용할 수 없게 하였습니다.

첨부 자료

1. 사진 ○장.
2. 건축물대장 1통. 끝.

(신고 내용 해설)
- '특정소방대상물'의 범위는 법 시행령 별표 2에서 나열하고 있다.
- '소방시설'이란 소화기, 옥내소화전설비, 스프링클러설비, 물 분무 소화설비, 비상경보설비, 자동화재속보설비, 피난사다리, 구조대, 완강기, 유도등, 유도표지 등을 말한다.
- 이 사안의 신고서에는 ①소방시설의 관계인, ②특정소방대상물, ③소방시설이 특정되어야 한다. 법은 '관계인'이 누구를 말하는지에 관하여 설명을 하지 않았다. '소유자', '관리자' 및 '전세입주자'가 여기에 해당할 것이다. 그러나 '임차인'은 관계인이라고 볼 수 없다.
- 특정소방대상물이라는 사실은 건축물대장에 의하여, 소방시설의 폐쇄 또는 차단은 사진에 의하여 증명하면 된다.
- 이 사건은 일선 경찰서 경찰공무원도 수사를 할 수 있으나, 각 지방에 있는 소방서에 특별사법경찰관이 있다. 따라서 인터넷을 이용하여 신고서를 제출할 때 선택할 수 있는 기관은 국민권익위원회, 국민안전처, 경찰청이다.

32. 「환경범죄 등의 단속 및 가중처벌 등에 관한 법률」

가. 법률 이해하기

이 법을 위반하는 모든 행위를 신고한 사람에게는 「공익신고자 보호법」의 관련 규정에 의하여 국민권익위원회가 내부신고자에게는 '보상금'을 지급하고, 외부신고자에게는 '포상금'을 지급할 수 있다.

한편 이 법 자체의 규정에 따라 관할 기초지방자치단체에서는 300만원의 범위 내에서 '포상금'을 지급한다.

이 법은 「대기환경보전법」, 「수질 및 수생태계 보전에 관한 법률」, 「토양환경보전법」, 「화학물질관리법」, 「하수도법」, 「가축분뇨의 관리 및 이용에 관한 법률」, 「폐기물관리법」, 「농약관리법」 등에서 규제하는 환경범죄 중 일부 범죄에 관하여 가중처벌하기 위한 목적으로 제정된 법률이다. 이 법에서는 특히 용어의 정의를 꼼꼼히 숙지할 필요가 있다.

이 법의 특징은 형벌이 무겁고, 과징금의 액수가 다액이라는 점이다. 따라서 신고자가 지급받을 수 있는 상금의 액수도 다액이 될 가능성이 높다. 다만, 지방자치단체에서 지급하는 상금은 300만원이 상한액이므로, 이 포상금을 지급받기보다는 국민권익위원회가 지급하는 상금을 지급받는 편이 대부분의 경우 신고자에게 유리할 것이다.

나. 오염물질 불법배출자

제3조(오염물질 불법배출의 가중처벌) ③ 오염물질을 불법배출한 자로서 다음 각 호의 어느 하나에 해당하거나 「수질 및 수생태계 보전에 관한 법률」 제15조제1항제4호를 위반한 자로서 제3호에 해당하는 자는 1년 이상 7년 이하의 징역에 처한다.
  1. 농업, 축산업, 임업 또는 원예업에 이용되는 300제곱미터 이상의 토지를 해당 용도로 이용할 수 없게 한 자

신고 내용

1. 「환경범죄 등의 단속 및 가중처벌에 관한 법률」 제3조제3항에 의하면 오염물질을 배출하여 농업, 축산업, 임업 또는 원예업에 이용되는 300제곱미터 이상의 토지를 해당 용도로 이용할 수 없게 하여서는 안 된다고 규정하였습니다.
2. 피신고자는 2016. ○. 중순경 경상북도 ○○군 ○○면 ○○리 ○○-○ 소재 피신고자가 운영하는 공장에서 배출되는 폐기물인 폐알칼리가 섞인 오니 약 500t을 인접한 농수로인 ○○천에 흘려보냄으로써 그 하류에서 농업에 이용되는 논(같은 리 ○-○○) 약 600㎡를 농지로 이용할 수 없게 한 사실이 있습니다.

첨부하는 자료

1. 토지대장 1통.
2. 지적도등본 1통.
3. 사진 ○장. 끝.

(신고 내용 해설)

- 이 사안의 범죄가 성립하려면 ①오염물질을 배출한 자, ②오염물질, ③농업, 축산업, 임업 또는 원예업에 이용되는 300제곱미터 이상의 토지를 해당 용도로 이용할 수 없게 한 결과가 특정되고, 증명할 수 있어야 한다.
- 위 사례는 '고의범(故意犯)'에 대한 신고 내용이다. 만약 위 사례의 행위가 '업무상 과실' 또는 '중과실'에 의하여 저질러진 경우라면 법 제5조제3항이 적용된다.
- 오염물질로 인하여 토지의 본래 기능을 상실한 해당 토지에 관한 토지대장, 오

염물질의 배출장소 및 오염된 토지에 관한 지적도등본 및 오염물질 배출장소에 대한 사진 등을 증거로 첨부하면 무방할 것이다.
- 이 법을 위반한 행위는 특별시·광역시·도 및 시·군·자치구에 근무하며 환경 관계 단속 사무에 종사하는 공무원이 특별사법경찰관의 직무를 수행한다. 따라서 신고서는 국민권익위원회 또는 관할 지방자치단체에 제출하면 된다.

다. 환경보호지역에서 토지 300㎡ 이상을 형질변경한 행위자

제4조(환경보호지역 오염행위 등의 가중처벌) ② 환경보호지역에서 「자연환경보전법」 제15조제1항제2호(「자연환경보전법」 제22조제2항에서 준용하는 경우를 포함한다), 「독도 등 도서지역의 생태계보전에 관한 특별법」 제8조제1항제3호, 「자연공원법」 제23조제1항제3호(공원구역 중 공원자연보존지구와 공원자연환경지구의 경우만 해당한다), 「습지보전법」 제13조제1항제1호 또는 「수도법」 제7조제4항제3호를 위반하여 토지를 300제곱미터 이상 형질변경한 자는 2년 이상 15년 이하의 유기징역에 처한다.

↳ **「자연공원법」 제23조(행위허가)** ① 공원구역에서 공원사업 외에 다음 각 호의 어느 하나에 해당하는 행위를 하려는 자는 대통령령으로 정하는 바에 따라 공원관리청의 허가를 받아야 한다. 다만, 대통령령으로 정하는 경미한 행위는 대통령령으로 정하는 바에 따라 공원관리청에 신고하고 하거나 허가 또는 신고 없이 할 수 있다.
  3. 개간이나 그 밖의 토지의 형질 변경(지하 굴착 및 해저의 형질 변경을 포함한다)을 하는 행위

  ↳ **대통령령 제18조(신고사항)** 법 제23조제1항 각 호 외의 부분 단서에 따라 공원관리청에 신고를 하고 할 수 있는 행위는 다음과 같다.
    1. 공원마을지구에서 주거용·농림수산업용 건축물을 기존 연면적을 포함하여 200제곱미터 미만으로 증축하는 행위. 다만, 도로경계선으로부터 10미터 이내에 설치하는 경우에는 허가를

받아야 한다.
2. 「산림자원의 조성 및 관리에 관한 법률」 제13조제1항에 따른 산림경영계획 및 「국유림의 경영 및 관리에 관한 법률」 제8조제1항에 따른 국유림경영계획 수립시 공원관리청과 협의된 벌채·육림·조림행위
3. 공원자연환경지구에서 벌채목적이 아니면서 1헥타르당 50본 미만으로 자생종 나무를 심거나 1헥타르당 100제곱미터 미만의 면적에 풀을 심는 행위
4. 공원마을지구에서 상업시설 또는 숙박시설을 주택으로 용도변경하는 행위
5. 제14조제2호에 따른 섬지역에 거주하는 주민이 사망하여 그 섬지역의 공원구역에 「장사 등에 관한 법률」 제14조제1호에 따른 개인묘지를 설치하는 행위

대통령령 제19조(신고생략사항) ① 법 제23조제1항 각 호 외의 부분 단서에 따라 신고를 생략하고 할 수 있는 행위는 다음과 같다.
1. 공원마을지구에서 주거용 또는 농림수산업용 건축물 기타 공작물을 개축·재축 또는 이축하는 행위. 다만, 도로경계선으로부터 10미터 이내인 경우에는 허가를 받아야 한다.
2. 공원자연환경지구·공원마을지구에서 연면적 10제곱미터의 범위 안에서 화장실을 개축하는 행위
3. 공원자연환경지구·공원마을지구에서 농경지(실제로 사용되는 농경지만 해당한다) 정리를 위하여 토지의 형질을 변경하는 행위
3의2. 공원구역에서 「도로법」 제23조에 따른 도로 관리청이 도로 주변의 정리를 위하여 토지의 형질을 변경하는 행위
4. 영림계획이 수립되지 아니한 경우에 공원마을지구에서 자생종 나무 또는 풀을 심는 행위

5. 공원자연환경지구 · 공원마을지구에서 농림수산 및 생활용수의 인수를 위하여 하천 또는 호수의 수면의 변동이나 수량의 증감을 초래하는 행위. 다만, 지하수를 개발하는 경우에는 허가를 받아야 한다.
6. 공원자연환경지구 · 공원마을지구에서 꿀벌을 기르거나 공원마을지구에서 1가구 5두 이하(조류는 1가구 20마리 이하)의 가축을 기르는 행위
7. 공원자연환경지구 · 공원마을지구에서 농림수산물을 쌓아두거나 농작물수확을 위하여 일시적으로 10제곱미터 미만의 원두막을 설치하는 행위
8. 자연공원 안의 거주민(공원구역 안에 거주하는 자로서 주민등록이 되어 있는 자를 말하며, 거주민이 협의체를 구성하는 경우에는 협의체를 포함한다)이 공원관리청과 자발적 협약을 체결하여 공원자연환경지구 · 공원마을지구에서 공원자원을 훼손하지 아니하는 범위안에서 약초 · 버섯 · 산나물 · 해산물 등을 채취하는 행위

8의2. 법 제18조제2항제1호사목에 따라 거주민(공원구역 안에 거주하는 자로서 주민등록이 되어 있는 자를 말한다)이 공원관리청과 자발적 협약을 체결하여 공원자연보존지구에서 행하는 임산물의 채취행위
9. 공원자연보존지구 외의 용도지구에서 농업용 비닐하우스를 설치하는 행위

9의2. 법 제23조제1항 각 호 외의 부분 본문에 따라 공원관리청의 허가를 받은 건축물의 규모를 축소하거나 주거용 건축물을 제14조의3부터 제14조의5까지의 규정에서 정하고 있는 행위기준 내에서 동수나 층수의 변경 없이 한 번만 연면적을 100분의 10 이내로 확대하는 행위

10. 산림청장 또는 지방산림청장이 「산림보호법」 제7조제1항제5호에 따른 산림유전자원보호구역에서 행하는 다음 각 목의 행위. 이 경우 공원관리청에 그 내용을 미리 알려야 한다.
   가. 「산림보호법」 제2조제4호 및 제5호에 따른 산림병해충의 예찰·방제를 위한 행위
   나. 「산림보호법」 제2조제8호에 따른 산불방지를 위한 행위
   다. 「산림보호법」 제9조제2항제1호에 따라 허가를 받은 행위(같은 법 시행령 제3조제2항제7호에 따른 전신주나 이동통신기지국의 설치 행위는 제외한다)
   라. 「산림보호법」 제13조제1항에 따른 보호수의 지정·관리를 위한 행위
   마. 「산림보호법」 제43조에 따른 산불피해지의 복구 및 산림복원계획의 시행을 위한 행위
11. 제1호부터 제3호까지, 제3호의2, 제4호부터 제8호까지, 제8호의2, 제9호, 제9호의2 및 제10호에서 규정한 행위 외에 자연환경의 훼손이나 공중의 이용에 지장을 초래할 염려가 없다고 공원관리청이 판단한 경미한 행위

② 제1항제8호 및 제8호의2의 규정에 의한 자발적 협약의 내용에는 대상구역, 협의체의 구성(협의체를 구성하는 경우에 한한다), 채취의 시기·대상·방법, 채취량, 채취가 허용되는 자임을 표시하는 증표의 부착, 원상복구 및 협약불이행에 대한 조치 등에 관한 사항을 포함하여야 하며, 자발적 협약의 절차 및 방법은 공원관리청이 정한다.[23]

---

[23] 공원자연환경지구·공원마을지구 : 공원관리청이 「자연공원법」 제18조제1항에 의하여 공원계획으로 결정하고, 같은 법 제16조에 따라 고시한 지구를 말한다.

신고 내용

「환경범죄 등의 단속 및 가중처벌에 관한 법률」 제4조제2항 및 「자연공원법」 제23조제1항제3호에 의하면 공원자연보존지구와 공원자연환경지구 안에서 300㎡ 이상의 토지에 대한 형질변경을 하는 행위를 가중처벌하고 있습니다.

피신고자는 2016. ○.경 공원자연환경지구인 ○○○도 ○○군 ○○면 ○○리 ○○-○ 임야 약 1,500㎡에 있는 잡목 등을 제거하고, 위 토지를 계단식으로 정지한 다음 바닥에 콘크리트와 자갈을 깔아 토지의 형질을 변경한 사실이 있습니다.

첨부 자료

임야대장 1통.
국토이용계획확인원 1통.
사진 ○장. 끝.

(신고 내용 해설)
- 이 사안에서는 ①공원자연보존지구 또는 공원자연환경지구에 해당하는 지역, ②토지 300㎡ 이상에 대한 형질변경행위가 중요한 요소이다.
- 토지의 지목이나 형질을 변경한 목적 등은 범죄의 구성요건 사실은 아니지만, 참고사항으로 밝혀주는 편이 유익할 것이다.
- 증거자료로는 형질이 변경된 토지를 특정하기 위해서 토지대장 또는 임야대장을, 용도지역을 특정하기 위해서 국토이용계획확인원을, 형질변경행위를 특정하기 위해서 현장 사진을 첨부하면 될 것이다.
- 이 법은 '형질변경'에 관하여 정의를 두지 않았다. 따라서 형질변경행위가 무엇인가에 관하여는 「농지법」 및 「산지관리법」 등의 규정에 따르면 될 것이다.
- 법 제4조제2항을 위반한 행위는 '업무상과실'이나 '중과실'에 관하여는 벌하지 않는다.

'김영란법' 등에 따른
공익신고의 모든 것

2025년 4월 15일   1판 2쇄 인쇄
2025년 4월 30일   1판 2쇄 발행

저　　자   최 종 배
발 행 인   김 용 성
발 행 처   **법률출판사**
　　　　　　서울시 동대문구 휘경로 2길3. 4층
　　　　　　☎ 02) 962-9154 / 팩스 02) 962-9156

등록번호 / 제1-1982호
ISBN 978-89-5821-294-2   13360
e-mail : lawnbook@hanmail.net
Copyright ⓒ 2025
본서의 무단전재·복제를 금합니다.

정가 25,000원